U0919947

【北京社科名家文库·纪念辑】

QIANDUANSHENG ZIXUANJI

钱端升自选集

BEIJING SHEKE MINGJIA WENKU JINIANJI

钱端升◎著

首都师范大学出版社
CAPITAL NORMAL UNIVERSITY PRESS

图书在版编目(CIP)数据

钱端升自选集/钱端升著．—北京：首都师范大学出版社，2010.1
ISBN 978-7-81119-858-4

Ⅰ.①钱…　Ⅱ.①钱…　Ⅲ.①社会科学—文集　Ⅳ.①C53

中国版本图书馆CIP数据核字(2010)第000720号

北京社科名家文库
QIANDUANSHENG ZIXUANJI
钱端升自选集
钱端升　著

项目统筹：杨林玉　　责任编辑：喜崇爽
责任设计：王征发　　封面绘画：王征发
责任校对：王亚利　　责任印制：沈　露
首都师范大学出版社出版发行
地　址　北京西三环北路105号
邮　编　100048
电　话　68418523(总编室)　68982468(发行部)
网　址　www.cnupn.com.cn
北京嘉实印刷有限公司印刷
全国新华书店发行
版　次　2010年1月第2版
印　次　2010年1月第1次印刷
开　本　787mm×1 092mm　1/16
印　张　37　插　页　1
字　数　458千
定　价　75.00元

《北京社科名家文库》编委会

出版说明

1978年，中国改革开放的元年。自那一年开始，中国已经走过了波澜壮阔的30年。这是伟大的30年，是改变中国的30年，是震惊世界的30年，也是哲学社会科学蓬勃发展的30年。

在哲学社会科学这30年的辉煌成就里，浸透着为新中国哲学社会科学奠基的老一辈专家呕心沥血的求索，也镌刻着寻着他们足迹的后来者追求真理的步伐。“学之大者，国之重器”。我们有责任将这些“大者”潜心研究的成果，重新编辑出版以飨读者。为此，北京市社会科学界联合会和首都师范大学出版社将这一套《北京社科名家文库》奉献给读者。她以自选集的体例形式，每年推出一批，争取在几年内达到百种以上。《北京社科名家文库》将系统展示当代哲学社会科学名家学者30年来的学思精华，展示他们的学术探索历程和风采。同时，为使这套《北京社科名家文库》更加丰富，编委会决定在首都师范大学出版社已出版的《当代著名学者自选集》中挑选符合体例的图书，编辑成《北京社科名家文库·纪念辑》，这将更完整地反映北京学人在学术风范和学术使命上的历史延续。

我们相信，《北京社科名家文库》将能够成为具有文化传承价值的经典性大型出版工程，成为集中展示首都哲学社会科学重要成果的一个窗口。由于我们水平所限，定有不足之处，希望读者和同仁给予批评指正。

编　委　会

2009年11月

目录

THE GOVERNMENT AND POLITICS OF CHINA

中国政府与政治(节选)

论文

北京社科
名家文库

第1版自序

我的一生与政治学结有不解之缘。我不到二十岁就钻进政治学的书堆里，其后就是学习、研究和讲授政治学和从事政法教育工作。在政治学的研究中，我以各国政治制度及其运行作为我的主要课题。

我的主要著作有：《德国的政府》、《法国的政府》、《比较宪法》、《民国政制史》、《战后世界之改造》(均为商务印书馆于三、四十年代出版)以及用英文撰写的《中国政府与政治》(哈佛大学出版，1950年)。《德国的政府》是讲希特勒上台之前，魏玛宪法时期德意志共和国的政党与政制。《法国的政府》是关于法兰西第三共和的政制。这两本书虽然都是论述有关国家本世纪①初的政治制度及其运行状况的，但却有助于学者了解和研究各国的政制史，特别是从书中可以窥见大陆国家早期就十分重视立宪和法制的一斑。

选入本书的部分，我以为应该是对研究各国政制较有参考价值的那些章节。例如，对于《德国的政府》，我选了第一章宪法史，该章除了阐述德意志民族政制发展之外，对魏玛宪法也作了一些扼要的论

① 本书所涉及的"本世纪"均指20世纪。为保留原书风貌，文中不再做另行修改。

述。我还选了关于基本权利及义务的第二章和关于德国总统的第四章。我认为这两章可能说明魏玛宪法的一些特色。对于《法国的政府》除了第一章宪法及宪法史之外，我特别选了法律及法院一章，因为法国在这两方面，尤其是行政法方面比较成熟，而且它们之今昔变化与法国政制其他方面相比，似乎改变较少。又例如，对于《比较宪法》，我选了“议会”和“基本权利和义务”，因为我认为这两章有较大的概况性。此外也选了辛亥革命后民国初期的宪法，原因是这部宪法较能体现孙中山先生的政制思想，与其后的民国宪法有所不同。

关于论述我国政治问题的文章选得不多，其中一篇是关于中央和地方分权的历史论述，我以为这个问题始终是我国政治生活中的大事。另外，关于抗战时期地方自治和《政治活动应制度化》两篇文章，那是表达我当时对民主政治的一种向往。新中国成立后，我在英文《中国建设》中所写的一篇短文也选入此集，其目的在于说明我对人民政府的热忱，同时也向读者袒露了我对实际政治的天真。但为什么又不避其拙而选它呢？无非想以此表明理想和现实的差距，虽政治学亦难毕尽其功，读者若能以我为戒不亦可乎！

这本书能够及时与读者见面，除了出版社同仁的努力和督导外，杜汝楫君偕小孙钱元强协助的编选和沈叔平君的参与实乃成事之关键，谨向他们致以谢意。

1988 年于北京

德国的政府

（节选）

第一章　宪法史

德国现行宪法成立仅十三四年，初看起来，像是最新不过的一个宪法；但是它的根苗却早伏于中古时代的神圣罗马帝国。德国为什么是一个联邦国而不是一个单一国，为什么共和政体的国家反叫做“莱希”①；这些和类似这些的问题不从神圣罗马帝国时的制度中去探讨，是永远不会找到答复的。

神圣罗马帝国

原来德意志民族从古时起即逐渐组成无数的，不相统属的小邦。在第十世纪时，这些小邦中较大的一个邦叫做萨克森(Sachsen)，其国王奥托(Otto)继承祖宗侵略征讨的余业，攻克了罗马，教皇约翰二世便迁就事实，立他为罗马帝，以继已亡的西罗马帝国之后。承认奥托为帝的德国

① Deutsches Reich 中的 Reich 一字通做“帝国”解，实则它的涵义和“帝国”的意义不必尽同。在新宪法中 Reich 实用以表示德国民族所组织的民族国家之意。译作“帝国”或“共和国”俱不妥。不得已，因用音译。它的历史的意义见后。

各邦因即总称为神圣罗马帝国。中古时代本为教权极盛时代，教皇享有绝大的威望，奥托今后不特可为人人景仰的罗马帝国的后继者，且得因教皇的圣眷而得以“神圣”二字冠诸国号之首，他自己以及德国民族的自得也可推想而知。帝国在德文作“莱希”之音，莱希为德国民族绍述罗马，最早统一(虽徒有其名)时的荣称，德国人乐用莱希之名当然再也自然不过了。

然神圣罗马帝国诚如华耳特尔(Voltaire)所云，既无神圣，又非罗马，更不帝国。皇帝既非教士，又是德人，当无神圣及罗马之可言；至于它非帝国则更值得我们的注意。所谓帝国者，必皇帝有统治全国的威权，然自奥托迄法兰次二世自 962 至 1806 年，八九百年中皇帝更易至四十余人之多，而无一人真能统治所谓帝国之全部。在神圣罗马帝国的下半期中，皇帝必由奥大利的大公充任，等于世袭，然大公的所以得为皇帝仍根据于各邦郡主互推之仪式，所谓皇帝者不过是一种尊号，实权和其他君主相伯仲。各邦受治于各该邦的君主，皇帝也仅能顾问本邦的事，而不能干涉它邦的事。所谓“帝国国会”(Reichstag)在法兰克福不过是各邦代表一个外交会议式的集合和近代国会不一样；它既不时常集会，更不能发布命令或是制定法律。

神圣罗马帝国自始即不能当做一个国家看，到了末年更是有名无实，丝毫不得代表德意志民族的精神。因此拿破仑的武力所及竟至全德披靡，如摧枯拉朽，而几无抵抗力的可言。拿破仑于 1805 年战败奥大利后，即助莱因流域各邦脱离帝国而独立，并组织所谓“莱因联邦”(Rheinbund 1806 年)以与帝国对峙，而自号为“联邦的保护者”。神圣罗马帝，鉴于形势的剧变，同年取消帝号，并宣布帝国的解散。但莱因联邦实仅拿破仑的附庸，在他的极盛时代，除了奥大利、普鲁士和其他一二小邦以外，全德各邦固曾一一加入，但到了 1813 拿破仑失败的那年，它也跟着消灭，始终没有成立一个代表各邦的会议。所以莱因联邦在政治史上尽管怎样重要，然在宪法史上则仅如昙花一现，不值得注意。

德意志联邦

继莱因联邦的后者为德意志联邦(Deutscher Bund)。成立于1815年，它的完全是维也纳和会的精神。嫉妒是它的基础，散漫是它的原则。它的组织法虽称“联邦约法”(1815年6月8日)，实则仅是各邦首领间的一种条约，它本身也仅是一个邦联。德意志民众团体的代表虽曾向维也纳和会日以继夜地请愿成立一个联邦的宪法，当局者却没有分毫采纳。

德意志联邦初成立时共有41邦(此后因合并之故仅有39邦)，包括德国的全部。奥大利因为一向执神圣罗马帝国的牛耳之故，被推为主席，但主席不过是一种尊号，并没有特殊的权利。联邦的中枢机关为联邦议会(Bundesversammlung)，常设于旧帝国的首城法兰克福(Frankfurt am Main)。议会的职权至为狭小，且行使亦极不易，它所通过的法令不经各邦政府的分别采纳，即不能发生效力。它不能缔结条约，因缔结条约的权属于各邦政府而不属于联邦。它也不能征收赋税，它只能要求各邦依照人口之多少而分担联邦的经费。它本可有一常备军，亦由各邦依人口多少，征集队伍合组而成，但应出丁数最多的奥大利始终不大热心，所以联邦军队也始终薄弱而无力。照约法它还可以解决各邦间的纠纷，并处置各邦内因宪法问题而酿成的乱事；但因为缺乏相当的武力的缘故，它只能委托一邦或数邦执行它的命令，结果，挟联邦议会以令各邦之事也就不时发生。

联邦议会的集会有全体会议及常务会议之分，通常的事务归后者决定，较重要的事件，如新邦的加入，领土的变更，约法或组织的修正，须经全会的协议。全会共有70票：奥普等6王国各4票，巴敦等5大公国各3票，布伦斯威克等3公国各2票，其余小邦各1票。常会共有17票，较大的11邦各有1票，其余小邦并成6组，组各1票。联邦议会实际仅是一个常设的外交会议，而不是一个议会，因为各代表于投票之前，须先向政府请示而不能径行投票；而且投票的办法亦十分笨重，常会的表决取决于多数，但因各组的票，则非所属各邦表示一致，便不生效力。故在常会中大邦的势力绝大。反之，在全会中则小邦的势力绝大，因为除了和战问题经三分之二的多数即可表决外，其余问题概须全体一致。在全会中最小的邦也有一票，故一个小邦即可阻挠其余各邦所同意的改进。德意志联邦的所以一事无成，毫无进步，就因它组织的缺陷。

法兰克福宪法

德意志联邦的不能满足德意志民族统一的精神既如上述，无怪当1848年革命风潮澎湃的时候，德意志人民自动地起而组织统一的新德国。是年3月由革命民众召集的预备国会曾于法兰克福，并下令各邦各地依人口的多少用普选方法选出一个宪法议会。这个宪法议会于同年5月集会于法兰克福，经长期的会议，于1849年3月28日制定一个簇新的、民主的、德意志帝国宪法。依这个宪法，德意志袭用“来希”旧名，而成为统一的联邦。国家的机关有德皇，帝国国会及帝国法院。国会采美制，分为众议院及联邦院，有完全的立法权。行政方面采用英制，皇帝的命令等等俱须经国务员的副署，国务员则须得国会的信任。宪法中关于人民的基本权利更有非常详密的规定和保障。

当法兰克福宪法(即上述宪法)尚在讨论之时，宪法议会已推举奥国大公约翰为帝国执政(Reichsveweser)，暂行元首职权。约翰亦组织临时政府于法兰克福，旧日的联邦议会且正式办过移交手续。新宪法下的德国及新政府似乎可以一帆风顺，正式成立；然终因奥大利的反对和普王的拒受皇位，宪法议会如鸟兽散，新宪法顿成历史上的文书，旧日的联邦及联邦议会完全恢复。德国民族的统一和立宪运动至是又受一极大的挫折，虽则法兰克福宪法的议会并不是完全劳而无功，虽则法兰克福宪法的不少部分在七十年后又重见天日。

北德意志联邦

在德国民族史及宪法史中，1849 后的几年可算是最黑暗、最反动的几年，但新的时代也正在那时萌芽。普鲁士自 1819 年起已为关税联合(加入联合的各邦采用同样的税率，货物得通行各邦间，不另征税)的盟主。自经奥大利的重大侮辱(1850 年 Olmütz 会议)后，它更注意于实力的增进。1866 年即有普奥之战，结果普胜奥败，普得以改组德意志联邦为北德意志联邦(Norddeutscher Bund)，而奥及南德数邦则退出联邦之外。

普奥之战及北德联邦是俾斯麦所手创，所以联邦的宪法，也是俾斯麦的著作。在普奥之战以前，他已将宪法草案征求北德各邦的意向，普胜奥败后，各邦同意于北德联邦的设立，并决定由各邦参酌法兰克福宪法议会所制定的国会选举法，颁布国会选举法，且选举国会议员。1867 年 2 月普王承各邦政府的委托召集新国会于柏林。并将已经各邦代表会议通过的宪法草案交国会议决。国会议决的新宪法复经各邦代表会议及各邦的议会通过，然后由各邦政府公布。

德意志帝国

北德联邦的宪法在大体上就是1871年4月16日的德意志帝国宪法。经普法之战后俾斯麦劝令南德四邦加入，把联邦改名为德意志帝国(Deutsches Reich)，但宪法则绝少修改，仅将主席正名为皇帝，并将涉及北德联邦的名称统改为帝国而已。举一可以知二，所以我们如知道帝国的宪法也就可知北德联邦的宪法。

德意志帝国为联邦而非邦联。原属于北德联邦者共有22邦，帝国则共有25邦①，各邦中的大者虽在表面上仍维持独立国的形式，例如：巴雅恩等王国继续享有使节权，但主权的行使已不在各邦而在联邦院(Bundesrat)。

联邦院为联邦最高机关，它的代表由各邦政府委派，普有17票，其他各邦自6至1不等，大致仍照德意志联邦时各邦在联邦议会的全会中所有的票数。(普鲁士本有4票，但加上陆续并入的各邦的票数应得17。余仿普。)惟不论票数的多少，一邦只能投一致的票。代表全德人民的则为帝国国会(Reichstag)由人民直接选举，不分邦界。立法权由国会及联邦院共同行使，政府提出于国会的议案须先经联邦院通过，国会所通过的法律案亦须经联邦院的同意。行政方面以帝国冢宰(Reichskanzler)为首领，各部长等仅居辅佐的地位，和一般国家的阁员完全不同，宪法上也没有说到。冢宰由德皇任命，向他负责而不向国会负责。司法方面以帝国法院(Reichsgericht)为最高法院。帝国并不另设下级法院，而以各邦的法院为帝国的下级法院。

---

① Hesse的北部本属北德联邦，帝国成立后Hesse南部也加入，故总数为25而非26邦。

联邦的主席在北德联邦时已属于普鲁士国王，联邦改名为帝国后，主席叫做德皇（Deutscher Kaiser）。威廉一世本愿得德国皇帝（Kaiser Deutschlands）的荣称，但德国皇帝有君临全德的意义，故巴雅恩等的国王不肯让步。按照宪法，皇帝并没有大的实权，但因为他有任命冢宰的权（冢宰必兼联邦院的院长，又互为普鲁士首相），同时他又是普王，有指挥联邦代表之权，事实上他在帝国政府中遂享有绝大的立法及行政权。

在联邦中普鲁士为庞然大物，面积占全体三分之二，人口五分之三。各邦间的实力相差这样的大，联邦的精神自不易贯彻。国会的大多数是代表普鲁士的；联邦院的三分之一也是普鲁士的；再加上好多唯普代表之马首是瞻的小邦代表，多数也不啻是普鲁士的；德皇是普鲁士的；冢宰也不啻是普鲁士的；普鲁士支配联邦的权真是无从抵抗。

普鲁士

普鲁士既然是这样一个大邦，它的政治精神影响于联邦的政治者当然很大。然而普鲁士究竟是哪一种的国家呢？立宪国呢？法治国呢？还是专制国呢？普鲁士政府在德国各邦中本以反动著称，它虽于1850年为敷衍民众起见有宪法的颁布，然民主的基础仍未树立。国会采两院制，上院为贵族院，而下院则不以普遍的、平等的选举权为根据，而采用所谓三级制，富人的选权可数百、数千，甚至数万倍于穷人的选权。国会的立法权及财政权并不完备，更无监督政府的权。国王及由他任命的国务员差不多有无限制的行政权。且普鲁士向有军国之称，军队尤为国王所垂注，所以军人跋扈非常，国家的和战大计，连国务员几无从干预。

帝国的政治

普鲁士既然是联邦的主体，联邦的政治也就可想而知。左翼各派的国会议员自始即主张国会有监督政府之权，政府需向国会负责。然而言者谆谆，听者藐藐。照常理说，冢宰及各部长既时常出席国会，如不得国会多数的赞助时自以辞职为是，否则各种政务将难以进行；然普鲁士的政府向来不对国会负责，联邦的政府又怎能克己让步？俾斯麦在国会中曾多次阐明帝国政府和国会的关系，它的理论也往往狃于普鲁士的成例。

国会虽不能推翻政府，政府却可以得联邦院的同意而解散国会，这也是普鲁士的办法。当然，在这种不平衡状态(政府与国会间)之下，民意是无从伸张了；而且无力的国会也不能说是民意的正确代表。因为国会共有议员397，全国在1867及1871即已划成为397个选举区。此后工业区，人口剧增，而选举区从不重新分划，所以政治色彩较左的工业区及市区常比偏向保守的农区要吃亏好几倍。

扼要的说起来，帝国时代的政府是和民权说背道而驰的。主权不由代表全国人民的，而由代表各邦郡主的机关行使；所谓国会，既不能完全代表人民，又没有进退政府之权，结果，不负任何法律上或政治上责任的普王和随他的文武官吏得以控制一切，而造成专制的，不负责的，军阀政治和官僚政治。

1918年的革命①

1918年的革命前，改革宪法的要求早已时可闻见，但因反动势

① 自革命起讫新宪成立可阅 Georg Jellinek，Revolution uid Reichsverfassung(Jahrbuch des Offentlichen Rechts，Ⅸ，1—128)。

力未衰之故，起先总是无望而已。在革命以前，改革派所要求的大体上可说是以法兰克福宪法为目标，换言之，即议会政治而已。政府为取得各派同情起见，到了欧战吃紧时，已有容纳改革派意见的表示。威廉二世于1917年4月7日以普王名义发表改革普宪的诏谕，以保守党的反对，未见实行。到了欧战的末了二三月，前线的形势愈吃紧，左派各党的要求也愈激烈，9月杪威廉有进一步的革新表示，而拥护皇室的开明派更热心于改革的现实，他们明知政府如不彻底自动改革，革命且将爆发，而宪法将根本推翻。到了十月初，素表同情于自由主义的巴敦·麻克斯大公(First Max Von Baden)继为冢宰后，即努力于改革的实现。10月28日政府公布两个法律，把宪法修正，这就是所谓“十月改革”。它的内容除了树立责任内阁制度——规定冢宰和他的辅佐者(指副宰)须得国会的信任，国会议员可兼任各部部长，武官任免须得冢宰或军政部长的同意——而外，并增加国会宣战媾和的权。这些改革要是早些通过，或者革命不会发生。但到了九、十月，德国的败绩既日益显著，而美总统威尔逊又表示不信任德皇，所以极左各党对于十月改革仍不满意；它们公然要求德皇退位。麻克斯为保全国家的实力起见，曾于11月初屡劝威廉退位，威廉未见，而革命已于4日起于基尔(Kiel)。麻克斯明知现状无法维持，但仍欲使法统不坠，所以一方宣告德皇及太子的退位，一方更命社会民主党首领，国会议员爱柏特(Ebert)为后继冢宰，在摄政(由法律产生)之下执行职权，并希望在爱柏特政府成立之后，即基于普选法律举行宪法议会之选举，以决定政体。麻克斯的宣言由公报发表时为9日下午2时，12时至1时间，爱柏特等曾通知麻克斯，说明为免除流血起见，他们不得不取到政权。所以麻克斯于3时许即政权交给爱柏特，爱氏亦承认他的接受政权是基于宪法的，且袭用冢宰之称。德国一部分宪法学者每谓革命前的，和革命后的德意志法统上是连贯的，也是因为爱柏特之权是从合法的冢宰麻克斯传下来的。

然9日下午2时社会民主党的又一领袖夏德门(Scheidemann)已向集于国会前的民众正式宣布德国为共和国。10日以后，因独立社会民主党的要求，爱柏特的政府已改称为人民委员会，爱氏则自称为主席。这个由两个社会民主党所合组的人民委员会且得柏林劳兵代表会的正式承认。经此一举，政局的更迭又似乎完全在法统以外，而形成革命的性质。

自11月10日人民委员会(Rat der Volksbeauftragter)起到1919年2月11日临时宪法及合法政府成立止，柏林革命政府的变化真有些五花八门之妙，但为明了政制的沿革起见，我们也不能不有简单的说明。

人民委员会

11月10日所成立的人民委员会共有6委员，社会民主党(今后常称多数社会民主党)及独立社会民主党各3人，而以代表前者的爱柏特及代表后者的哈瑟(Haase)为平行的主席。当晚柏林劳兵代表会(即劳兵的苏维埃)开全体大会，除了承认人民委员会执行政府职权外，复选出一个执行委员会(Vollzugsrat)多数党6人，独立党6人，兵士代表12人)为监督机关，一若苏俄的中央执行委员会。然执行委员会所代表者只柏林的劳兵，非全国的劳兵，而人民委员会则以代表全国的劳动者自居(因社会民主党为劳动阶级的政党，党员又遍布全国)，自不愿听命于柏林的执行委员。两者间的冲突历多日不能解决，到了22日两者间成立一种协定，人民委员会承认执行委员会为最高机关，但纠纷并不因此而消灭。

在这个时期中，两党的主张已日益显著，多数社会民主党主张民主共和，而独立社会民主党则偏向苏维埃制度。柏林群众表同情于后者甚多，而全国各地则比较稳健。各地对于柏林政府的不满也在意料之中。11月25日政府尊重各邦的意思，召集各邦政府的代表于柏林，商决一切，由爱柏特为主席。代表会议通过召集宪法议会以决定国家大计。根据这个决议，政府即于月底下令选举宪法议会，并公布选举法。独立党本主张劳农兵专制者，宪法议会则与阶级专制不相容，所以到了这时，民意既窥见一斑，而独立党的失势也可以预料。

然而党的势力虽已见分晓，而劳兵苏维埃的制度为22日协定的根据，尚不能突然取消。爱柏特等为抵制柏林劳兵苏维埃的势力起见，于12月16日召集全德劳兵代表大会于柏林，代表中多数社会民主党占大多数，而独立党则处失败的地位。代表大会于18日否决独立党所提出的苏维埃制度，次日复同意于宪法议会的召集，并定1919年1月19日为选举期。在宪法议会未召集前，暂以代表大会为最高权力机关，由代表大会推出中央代表会(Zentralrat)，再由中央代表会推出人民委员会为直接治理机关，人民委员会人选不变。中央代表会会员共27人。因为多数党占多数，故独立党拒绝加入。全国代表大会本为抵制柏林苏维埃而召集，它的权力又高于柏林的苏维埃，所以到了这时，独立社会主义党除了暴动外，几无法挽回残局。自12月24日起，极左派在柏林暴动不止一次，然并没有成功。29日独立党的人民委员为抗议政府的“反动”起见，全体辞职，多数党委员亦随而辞职。新任人民委员系由中央代表会推举，除了多数党的旧委员仍旧被推外，新委员亦概属多数党，爱柏特和夏德门同为人民委员会主席。至是，力主苏维埃制，反对宪法议会的独立社会民主党可说是完全失败，而宪法议会可以进行无阻。

临时宪法

宪法议会的选举在1919年1月19日，而召集则在2月6日。宪法议会的主要职务当然是新宪法的制度，但正式宪法非短时期所可完成，在宪法制定期间，尤贵有一暂行或临时宪法，庶几政府可有根据。在宪法议会已经举出而尚未开会之时，人民委员会即委托内政部长普劳斯(Preuss)负责起草临时宪法。普氏的草案经各邦代表协商同意后即于2月8日提出于宪法议会，10日经议会通过，同日即公布为临时宪法。

临时宪法可分作两部分讲：一部分为宪法议会自限职权的各条文，又一部分规定各国家机关的组织及职权。后者为应有的条文，前者则为消除人民和各邦对于宪法议会的怀疑。

依照临时宪法，宪法议会的职权以完成宪法为限，遇有必要的法律须制定时，宪法议会必须征求集邦委员会(Staatenausschuss)的同意。更动各邦原有的疆界时，它亦须取得有关系邦的同意。政府结构大部仍沿用旧宪法，但易德皇为总统，联邦院为集邦会员会。国会的职权则由宪法会自任。但结构虽与旧制相似，而精神及各机关相互间的关系则完全不同。以前的联邦院是代表君权的，而今之集邦委员会所代表的各邦政府则俱为民主的；以前国会的权很小，今之宪法议会的权很大；以前的冢宰不向国会负责，今之国务院(Reichsministerium)则完全向立法机关负责。

临时宪法公布的那天，夏德门即以人民委员会主席名义将大政交还宪法议会(因主权在民，而宪法议会则为全民的代表，故曰还)。到了次日(11日)中央代表会亦正式将大政交还议会，因照苏维埃的理论，在劳兵代表大会的闭会期间，中央代表会是最高权力机关，由它把政权给还宪法议会才为名正言顺。总之，到了10日、11日那两天，革命可说成功，而新法统重又建立。我说这法统是新的，因为无论新德国和旧德国的制度怎样相像，无论宪法上种种名词怎样相同，然而夏德门的改帝国为共和，及人民委员会的产生都没有经过合乎宪法的手续，所以旧帝国早已于11月9日死去，而法统一贯之说究属牵强附会。

临时宪法成立，人民委员会及中央代表会奉还大政后，宪法议会即举爱柏特为总统，随后国务院及集邦委员会亦相继成立。规模粗具后，宪法议会即从事于它的使命的完成。

宪法议会本是德国人全体——除了主张苏维埃制的独立社会民主党或共产党外——的要求，爱柏特的人民委员会于1918年11月12日的大政宣言中早已说到。11月25日召集的集邦代表会议和12月16日召集的全德劳兵代表大会都主张由宪法议会决定国是。11月30日人民委员会下令选举宪法议会，并颁布了一个最宽大的选举法，凡年满20岁的德人俱得参加选举，并采用比利时式的比例选举制，所以各党所得的议员额数亦至为公允。选举日期，根据全德劳兵代表大会的决议，为1919年1月17日。投票总数达3千万，为世界空前的大选举。法兰克福议会的选举在德国宪法史上本算是最普及，最合民治的了，但和1919议会的选举比起来则又远远不及。

各党在宪法议会的势力如后：

政　　党①	票　数	议员数
德意志国族党	3121500	44
德意志民族党	1345600	19

① 政党原名见第57及58页。（此处页码指原书页码。——编者注）

续表

政　　党	票　数	议员数
中间党	5980200	91
德意志民主党	5641800	75
社会民主党	11509100	163
独立社会民主党	2317300	22
前方军队代表	4848800	2①
其他		7
共计	34764300	423

各党的成分和政策等等在第三章中当有较详的论述，在此处我们只能简略的一说。国族党本旧日的保守党，他们的最大让步是君主的议会政治，除此以外，无论哪种改动，他们俱不欢迎。民族党和旧日的国家自由党相仿佛，他们注重个人主义的经济制度之维护，而政制之怎样规定倒为次要之事。中间党对于宗教自由很关心，他们的政治思想尚属偏向进步。民主党为知识阶级的集团，力主民治制度的完成，自由主义的发展；于社会主义他们是不热心的。社会民主党是宪法议会中最大的政党，他们矢忠于社会主义，而又主民主，所以在政治经济方面俱提倡改进。独立社会民主党因嫌社会民主党太缓和而独立的，他们表同情于苏俄，他们的理想制度是苏维埃制度。

宪会的议员中名角甚多，大概各党知名之士都被举为议员。议员大半皆老练，39 女议员也非例外。女议员中有 27 人的年龄在 40 与 60 之间，男议员的百分之六七．五亦同此年龄；可见议员中太幼或太老之人居极少数。这也是党见虽纷歧，而最终仍能调和的一个重大

① 俱属社会民主党。

原因。

新宪法

宪会会址在魏玛(Weimar)而不在柏林，这是因为当时柏林暴动时起，宪会的讨论甚有被过激派劫持的可能。而且魏玛在德意志民族史上占光荣灿烂的一页，在19世纪初曾为文艺及政治自由的中心，用以做议宪的环境是再好不过的。

上面已经说过，宪法议会通过临时宪法后即从事于正式宪法之制定。制宪费时几七月，其间经过步骤可依日期之先后排列如下：

1918年

11月15日　普劳斯奉命长内政部，并起草宪法。

1919年

1月3日　草案(普氏第一草案)完成，内政部并附以意见书。

1月20日　新草案(普氏第二草案)公布。

1月25日　政府将草案提交集邦代表会议。代表会议二次推举委员会讨论，并修改该案。

2月17口　政府将集邦代表会议的修正案(政府第一草案)提交集邦委员会讨论，委员会亦加以修正。

2月21日　政府将集邦委员会的修正案(政府第二草案)提交宪法议会。

2月24日至3月4日　宪法议会初读通过，交宪法委员会审查。

3月5日至6月2日　宪法委员会初读通过。

6月3日至6月18日　宪法委员会二读修正通过。（修正案成为宪法委员会草案）

7月2日至7月22日　宪法议会二读修正通过。（修正案成为宪法议会草案）

7月29日至7月31日　宪法议会三读修正通过。

7月31日　宪法议会将宪法全文通过。

8月11日　总统及国务员副署于宪法，宪法完成。

8月14日　宪法公布，同日实行。

综上所述，新宪法凡六易稿后始告成立。六种草案之首二者俱为普劳斯博士手笔，他属民主党，为著名法学家。政府派他做内政部长的用意就是要他负领导制宪的大业，所以他于6月中因政潮辞内长职务后，政府仍派他出席魏玛议会，做政府代表。他的第一草案最彻底的，他把全国（连奥大利在内）分做约略相等的十六邦，旧时的邦则一扫无存。因为这样倾向单一制的宪法决不易得各邦的同意，所以普氏另草一案，在这个第二草案中，旧有的各邦虽也可大分小合，然已无第一案的彻底。关于政制方面，普氏的两个草案取法于法兰克福的宪法者甚多，对于宪法的强制复决也已加入。

普氏的第二草案经集邦代表会议及集邦委员会的讨论后，又受了极大的变动。这两个机关都是代表各邦利益，而反对统一趋势的，所以关于中央可以任意并各邦，或严密监督各邦的条文俱被删除。在普氏草案中国会本有众议院及集邦院两院，集邦院为各邦人民的代表；但在政府提交宪法议会的草案（即经集邦委员会修正之案）中，则国会仅有一院，而另设一莱希院（Reichsrat），以参加莱希的行政立法，地位和组织一如旧时的联邦院。此外，各邦仍有所谓保留权，莱希非和各邦成立条约，不能任意将保留权取消。

政府提交之案实离普氏原案的精神甚远，但政府为减少反抗计，也不能不尊重各邦的私意。宪法议会初读这案后，即交宪法委员会审查，委员会有委员 28 人，非各党的领袖人才便为知名的公法学者。委员会经长期的缜密的、湛深的讨论以后，对于政府草案有三类的修正：(一)各邦的保留权差不多完全取消。普鲁士在莱希会议中的代表半数须由普鲁士各省的代议机关举出，借此可以分裂普鲁士的特殊势力。这一类修正的精神可说是走回普劳斯原案的路上。(二)复决及创制权的推行。这类修正与普案精神无妨，惟更进一步而已。(三)人权保障的条文本不甚繁，今则扩成专篇，而于经济生活的规定尤为详尽。普劳斯为正统的民治主义的信仰者，他不欢喜社会主义化的制度，如经济会议之类，自在意中，故修正案于此层实与普劳斯的原意相反。我们还记得劳兵代表大会所举的中央代表于 2 月 11 日将大政交还宪法议会时曾表示两种愿望：(一)劳兵代表会的制度曾包含在新宪法之内；(二)宪法不曾承认各邦享有主权，或容忍其类似的分割精神。意见的供献，不能有束缚宪法议会的力量，然劳工及兵士的倾向亦可见一斑，所以宪法委员会的修正案也自在意料之中。

宪法议会的二读三读仅将委员会的修正再略加修改而已。7 月 31 日晚，宪法议会对于全文最终投票时，赞成者 262 票，反对者仅 75 票。独立社会民主党、国家党及国族党投反对票，其余各党则俱投赞成票，盖不啻表示宪文为这几党的调和品。我们如果将宪法的条文和这几党的主张比较，调和的所在的确也不难一一找出。

因为 1919 宪法是社会民主党、民主党及中间党的宪法，所以它的精神也是这三党的精神。民主政治是三党一致的主张，所以合于民主制度的普选权，直接立法，责任内阁等等一一采纳。统一是社会民主党及民主党所要求，所以新德国的单一性要比旧帝国大许多。人权保障及信教自由为民主党及中间党所视为必要，所以新宪法中关于人权及宗教的条文既详且尽。社会主义为社会民主党所笃信，所以新宪法也染了不少的社会主义的色彩。总之，凡上列三党重要主张没有一种不影响到 1919 宪法的。

新宪法共分两主要部分：第一部《莱希的组织和任务》，共七节(第一至一〇八条)：即(一)莱希及各邦间的关系，(二)莱希国会，(三)莱希总统及莱希行政院，(四)莱希院，(五)莱希立法，(六)莱希行政，(七)莱希司法。第二部《德人的基本权利及义务》，共五节(第一〇九至一六五条)：即(一)个人，(二)群社生活，(三)宗教及宗教团体，(四)教育及学校，(五)经济生活。此外另有十六条(第一六六至一八一条)附加文规定新宪法的实施方法。全法共长一万四千字左右，为宪法中最长的一个。

德国国名仍为“德意志莱希”(Deutsches Reich)。宪法议会对于这点本有三种不同的主张偏新的人主张正名为“德意志共和国”，但共和为政体的一种，多数不主把政体嵌入国名里头。又一派人主张改国名为“德意志联邦”这也不能取到多数的赞成，因为它有复古的形迹，有奖励分裂性的意味。最终普劳斯原先的主张，即仍用“莱希”称号，为宪会所采纳。“莱希”虽有误解为帝国的可能，然它的历史意义最为深长，可以表示德民族的统一，也可以表示德民族已往的光荣及前途的进步。

到底新国是联邦，还是单一国？新国的统一性到了哪种程度？这些我们将于第十一章内作详细的讨论。这里我们可说的是：新宪法的性质和 1871 年宪法的不同；旧的大家都承认为一种条约，而新的则完全是一种法律；旧的基于许多独立国家的共同意旨，而新的则基于全德人民的意志。这点新宪法的绪言中曾有明示。

宪法的修改

一般的公法学家总把宪法分做刚性的或柔性的：容易修改的，或修改手续和立法一样或相近的，宪法属于柔性的；而不易修改的属于刚性。照这样说法，德国新宪法为柔性的，因为用普通的立法手续就可将宪法修改(第七六条)，不过普通的法律只需国会多数的通过，而修改宪法的法律则须国会三分之二以上的出席，议员三分之二以上的多数方能通过。莱希院提出普通法律案时只需多数通过，而提出修改宪法的法律案则亦须全体会员过半数的通过。又普通法律案于复决时经投票人民过半数的通过即可成立，而修改宪法案则须全体选民过多半的赞成方得成立①。

新宪法成立以来已逾十年，然大体上尚无修正可言。地方性较重的南部各邦虽屡次要求扩大邦的权限，但总无结果。1925 年开始时，内政部长希来(Schiele，国族党)曾建议重要的修改数则，政府亦未予同意。直到现在，修改案之更动原文者一共只有八次，而其中二者属于暂时的性质，今已毫不相干；两者仅涉及某一地方，无关大体；三者虽有永久性，且也涉及国家机关，但亦无关宏旨②。稍为重要者仅 1932.12.17 修改第五一条的法律而已③。但是，宪文虽未更动，而宪法实质却受变动，因而党以修改宪程序制定的法律则迄 1928 年底反

① 参阅下面第 224 页。(此处页码指原书页码。——编者注)

② (一)1923.12.15 的法律，补充宪法第五三条的法律；
(二)1926.5.22 的法律，成为宪法第四〇a 条；
(三)1921.3.24 的法律，修改宪法第六一条。

③ 以莱希法院院长为总统的代理人。

有 19 案之多①；如再加入国会因恐与宪法实质抵触，故用修宪程序来制定的四法②，则共有 23 案之多。此外，别的机关认为与宪法实质抵触，国会却不这样看，法因而仍以立法程序制定的法律亦尚有十三③。但这些法律俱为应付一时的法律，初不根本地变更了宪法，故新宪法至今尚未经过重要的修改或增删。至于何者为普通法律，何者为宪法法律——换言之，法律如何便成宪法法律——则实缺乏一定的标准，除非宪法的文字也受更动。我们只能承认国会肯以修宪程序通过者为宪法法律。

［补记］ 根据 1933.3.23 希特勒国会所通过的全权法，政府有以命令代行立法之权。此项立法除了不能取消国会、莱希院两机关及宪法赋予总统的权外，可以自由变更宪法。故 1933 年 3 月以后德国实已无宪法可言。

---

① 见 Poetzsch—Heffter，Vom Staatsleben unttr der Weimarer Verfassung (jahrbuch des Öffentlichen Rechts，XIII，227－230)。

② 同上，XVII，140－141。

③ 同上，XIII，231－236。此外因有人认为是宪法法律，因而未能只凭立法程序而即成为法律者亦有六案。同上，236－238。

第二章　德人的基本权利及义务

宪文的新颖

关于人权的条文本是成文宪法所常有的。美国的独立宣言和联邦宪法，法国大革命时代的各种宪法以及19世纪中受了美法的影响而制成的许多宪法，总有多少条文提到人权。即法兰克福宪法和普鲁士1850年的宪法也不是例外。那末，1919年的宪法为什么因规定人权而值得大家的注意呢？这不外乎下列几个主要原因：(一)条文的周详。在一般宪法中关于人权的条文大概不会多于数条或十数条，故仅占全文的一小部分；但在德国宪法中则占两大部分之一，共有五节五十七条。(二)范围的广泛。普通所谓人权是指个人在国家中所应享受之各种自由权，而德宪中则不仅指消极的自由权，且涉及积极的公益权或修养权，不仅指自然人的权，且包括法人的权，不仅指权利，且并举义务，所以范围比一般的人权章要广阔好多。而且(三)德宪详列权利义务的目的也和普通宪法不同，普通宪法列举人权的目的在限止国家去侵犯人权，而德宪的目的则在昭示德意志民族政治生活途径；前者设立了法律上的一种界限，而后者则充满了德人所谓世界观①。

宪文制定的经过

宪法议会在讨论人权时本有三种不同的主张：有一派人根本不主张宪法中有任何关于人权的规定，他们觉得宪法中列举的人权往往还得由法律来确定内容；换言之，宪法中的条文本身不易发生多少实效。1871 年宪法所以丝毫没有提到人权，也是因为有效的人权反正总得由帝国法律来确立，而宪法混说的则可被一纸律文摧残净尽。根据 1871 年的先例，这派人因主张新宪法一仍旧贯。又一派人则主张照世界最普通的办法，将主要的各种人权要言不烦的列入宪法之中，他们以法兰克福宪法的人权条文为根据。政府的主张属于这派。第三派人以为新德国应是一个适合新的社会潮流、新的政治思想、新的法律观念的新国家，所以不但要有人权的条文，而且要将人民的权利义务根据于新的潮流，思想和观念而为周详的、缜密的叙述。三派主张各不相同，也没有一派能得完全胜利。宪法议会最终采纳的办法是合乎第二派和第三派之间，而比较的偏近于第三派。

民主党议员瑙曼(Friedrich Naumann)为第三派的主张最力者，他的提议如果经宪法议会整个通过，那我们在新宪法中不啻可以找出一部政治哲学纲要，倒也不会令读者得到一个破碎矛盾的感想。可是议会虽赞成详说人权，而说些什么则莫衷一是，瑙曼的提议当然也不会

---

① 参阅 Carl—Hermann ule，ueber die Auslegung der Grundrechte(Archiv des offentlichen Rechts，neue Folge，XXI，37—123)及 Ernst Rudolf Huber，Bedeutungswandel der Grundrechte(同上，XXIII，1—98)两文。它们俱是泛论人权章的意义的，但第一文则于德宪第二部的意义更有专论。

通过。结果，你说一句，我说一句，条文固然是很长，而一贯的精神则绝对找不出来，不要说整个的人权篇是多种不同观念的综合，往往一节——甚至一句——中也有两种(或两种以上)相反的观念并存。例如一五三条首行刚说私产应受宪法的保障，而次行即说国家可依法征用私产。这是因为议会多数虽欲拥护私产神圣，而社会主义各党又否认私产不可侵犯的原则；没有次行，连首行也将通不过了。因为人权篇既多矛盾，复欠斩钉截铁，所以某议员(Frich Koch)《各党联合政纲》之谥诚非过酷。

宪文的效力

就法律的性质说起来，人权篇五十余条也极不一致。有的是效力完全的律文，有的仅是格言，有的则合乎两者之间。依效力的大小，全篇的条文不妨分成五种。第一种是对于行政及司法具有直接的效力的，例如第一三一条。关于公务员因疏忽而引起的责任问题，宪文本身即已是可以执行的法律。第二种是对于立法机关的一种命令，而为后者所不能不遵守的，例如第一〇九条第三段之禁止特殊权利。第三种条文规定立法的计划，故立法机关有依以立法的义务，第一四三条的首二段关于教育的政策即是一例。第四种条文宣示一种方针。这一类条文和上一类间的不同是不甚易于分辨的。简单地说起来，上一类已经说明了一种政策，故立法机关只有遵从，而不能任意；下一类则仅指示一种方针，立法机关可以立法，也可以不立法，即使立法，亦仍有斟酌余地。第一五〇条即是这一类的条文之一，因为所谓保护古迹美术等等者不见得非立法保护不可，而保护之方则更是立法机关可以自定之事。第五章条文更是空泛不近实际，它们虽则也表示一种倾向，但实缺乏一定的意义。例如第一五一条说经济生活应依公平的原则，然什么叫做公平则便可仁者见仁，智者见智了。这种空泛不实的条文新宪法中甚多甚多，人权篇之所以受人讥议，其主要理由也在于此。

权利的类别

从权利的性质而言，所谓人权又可有公民权（Bürgerliche Rechte）、公益权（Kommunale Rechte）及政治权（Politische Rechte）之分。公民权与自由权之范围相类似，普通所谓人权保障即自由权之保障。这种权利凡公民皆可享受。公益权为积极的权利，指国家救灾，恤贫，援助穷苦之义务而言。德国为带社会主义色彩的共和国，故人权中并列公益权。政治权指人民参加政治之权，如选举等等，向来视为一种特殊权利，享受者必须具有相当之资格。在德宪中，这种政治权本没有列入基本权利之中，而另于它处（如第十七条，第二二条）附述。本章所欲讨论的基本权利因亦限于公民权及公益权，政治权则留待讨论到选举及复决等等时再及。

上述之所谓公民权及公益权间，有一种根本的区别。公益权的性质往往是积极的，宪法中列举公益权因此便带有授意国家去做此事，或做那事之意。反之，公民权的性质可以说是消极的，人民的自由，即等于国家之不自由。在君主国家，人民自由的对象是君主；在共和国家，自由的对象是国会的多数；在联邦国家，邦亦为自由的对象之一。宪法上不规定自由，则君主可以专制，多数亦可蹂躏少数人民的权利，在联邦国家，代表邦权的机关亦可以剥夺民权而不受制裁。所以德国宪法规定种种公民权的目的不特在杜绝国会的专制，也在限制各邦侵犯人民之自由。但在宪法中明说可以依法受限制者，则列举的意义仅在限制行政及司法机关之滥用职权；对于立法机关的限制，最多不过是意义上的，最多不过希望立法机关不轻易去剥削所列举之自由而已。

德人与外人

在没有分头讨论各种权利以前，我们尚须先明白所谓“德人”的意义。我们首先要讨论德国国籍问题，要知道谁是德人？谁可取得德国国籍？非德人的地位又怎样？

按照新宪法一一〇条，莱希的及各邦的国籍的取得或丧失，俱依莱希法律的规定，某邦的人民亦即莱希的人民。这本和帝国宪法中规定没有多少不同，新德国成立后国籍法并未重新制定，故 1913 年的国籍法仍旧有效，不过战后有许多变更疆土的条约，对于那种地域内居民的国籍往往有特殊规定而已。

照国籍法，德国国籍可有间接及直接之分：因有某邦的籍贯而兼具莱希的籍贯者叫做间接的国籍，不属于任何邦而直接为莱希的人民者则具有直接的国籍。凡有德国籍的人民，无论直接间接，所处的权利义务的地位当然是一律的，但于取得国籍时则有多少的不同。

间接国籍的取得当然是指取得某邦的籍贯，因而兼得莱希的籍贯之意。某邦籍贯的取得可因下列五种情事：(一)诞生、子女取得父或私生母之籍贯；(二)宣告合法、私生子女经法律认为取得正出子女的地位时亦取得父亲之籍贯；(三)婚嫁、子女嫁后取得丈夫的籍贯；(四)入籍(Aufnahme)；(五)归化(Einbürgerung)。入籍是对于德国人而言，德人移居某邦时即取得该邦的籍贯，这就叫做入籍。入籍是德人的权利，除了因故失却自由行动之人外，皆可要求入籍。归化是对于外国人而言，凡外人移居某邦(取得邦籍同时取得莱希之籍)者，叫做归化。归化的条件较多，手续繁重，且政府得以拒绝外人归化；

惟为莱希服务(Reichsdienst)的外人则归化较易，不必具备各种条件，亦不必经过各种手续。

直接的国籍的取得者不住居于任何邦土之内，例如为德国驻外使领馆服务的外人，直接就取得莱希的国籍。就事实而说，在昔德国有属地时，此项直属于莱希的人民较多，自属地无存后，这类人民的数目极小。

直属于莱希的人民可不为任何邦的人民，但邦的人民则同时必须为莱希的人民，这是自然的结果，也是宪文所明定的。联邦国家的国籍本是一个复杂问题，北美合众国在南北之战前曾闹过有邦籍的人是否必定兼有联邦籍的问题，且因而引起南北之战，但在德国则这个问题是无从发生的。

国籍的丧失可因下列各种事故：(一)脱籍的宣告；(二)已经取得外国籍而德国又无永久住址；(三)私生子女宣告为外国人的合法子女；(四)女子嫁于外国人为妇；(五)因为国家服务而取得德国国籍之人服务终止而移居外国满一年以上者。

宪法本明说任何德人在某邦内所享权利及所负义务和该邦的人民相同，这似乎可以补充1871年宪法的缺陷了，因为旧宪法第三条只说到公民权应相等，政治权的不相等，不特意在言外，而且为旧帝国时事实。但所谓权利平等，在新宪法之下也不能包括政治权的全部，或公益权。公益权享受之应限于居住于某邦而有该邦籍贯的公民，是不能发生异议的，因为公益权和纳税有关系，不纳税的外邦人，自不能享受公益权。至于政治权是否全部相等，则论者的意见较为分歧，有的以为外邦人和本邦人享有同等的政治权，有的以为仅宪法第十七条所声明的选举权应同样享受，而其他的政治权则外邦人可不享受。主张前者的人，以为不如此则第一一〇条所说的“权利相同”便无意义可言，但后者的主张更要合理些，因为在宪法议会中会有人提议明说公民权及政治权的相等，但结果则政治权没有提起，而第十七条亦仅言全体德国人可有选举权，所以选举权以外的政治权，如任官权等，外邦人实不能享受。如果各邦自愿让外邦人同本邦人同样享受政治权（例如普鲁士宪法第四条赋给全体德人以选举及创制复决之权）自是另一问题。

至于外国人在德国所受待遇自然更要低下。他们的权利并不受宪法的保障，而仅凭国际公法以生存。然国际公法亦不许一个国家任意处置外国人，故外国人在德国实际上也具有公民权之大部，仅移居权、职业权，财产权，及结社权不像德人的完整而已。

平　等

人权篇开宗明义第一句（第一〇九条）即说："德人在法律上均属平等"。平等本有两种意义：一为自然的平等。这是法国 1793 年人权宣言所弹的高调，而为事实所不能容许的；又一为法律上的平等。法国 1789 年人权宣言中所倡导的，及一般宪法所保障的平等即法律上的平等。然所谓法律上的平等亦缺乏一定的意义。德国有一班学者以为这不过是动听的空论，于实权无补。另有一班人以为平等仅限于法律的援用，而不禁因不同的人而有不同的立法；换言之，仅有法律上外形的平等而无实质的平等。更有一班人则坚持宪法上所谓平等不特指援用，且指立法的规则。原来在旧帝国时不特法律因人而异，实质极不平等，且同样法律的执行或援用亦往往因人而异，因为人有严厉执行，弛放或不执行之别。自新宪法确立平等的原则后，援用各异之习，究属不能继续存在而不受法律的制裁，故第一派人的所见未免过于悲观。然立法是否亦不得因人而异，则诚有辩论的余地。人类有天然的分别，法律本不必尽同；兵役限于男子而不及妇女，且视为当然的立法原则，而无人讶为不平等的法律者即因这个道理。然一般人须充三年兵役，而大学毕业生可仅充一年，或富人可纳税逃免兵役，这样一个法律便不见得仍能合乎平等原则。这样的法律曾在帝国时成立过：在新宪法之下，照第三派人所说，便为违宪，照第二派人所说则也许还可站住。在酷爱平等的英美等国，凡因人而异的法律，如异得不近人情时，便不合宪法或常法，但不近人情的观念，本非容易可以决定，故因人而异的法律，要异到哪种程度方为不平等，实在不易解说。德国多数的法家，既赞同第一派的主张，法律上的平等，本不能限制因人而异的立法，近乎或远乎人情的问题，在德国自亦无从发生。我们曾忆 1926 年德人曾因充公王族私产之案而有复决之举，政府认该案与宪法第一五三条私产征用手续抵触，故勒令用修宪手续；然该案并不因人而异(该案充公王族之私产而并不把其他人之私产充公，实是因人而异的法律)，而发生违反平等的嫌疑。于此更见平等的范围，仅限于法律的援用。

因性别，出身，及阶位之不同，而发生之不平等，新宪法明白禁止。在旧时代，男女间有种种不同的地位及待遇，今则公民的权利义务(第一〇九条)既须相等，而选举权(第十七条)及被任为员吏权(第一二八条)亦不得有所歧视。但所谓男女间的平等，宪法所言者亦不过是示立法者以方案，而不能即刻现为事实，迄至今日，选权的行使固已无男女之可分，然旧日民法上及员吏任用法上的歧视尚有须赖立法以取消者。

新宪法并禁止基于出身及阶位而生之公法上的特权(第一〇九条)。所谓出身即指私生子女及正出子而言；所谓阶位即指贵族平民而言。然第一〇九条所言，亦不过为立法的原则，在制定补充的法律没有制定以前，特权亦并不因宪法而即能废止；因之，贵族所享之特权普鲁士等邦虽先后以法律取消，而私生子女所受之不平等待遇，则至今尚有存者。贵族的称号，旧有者只准用为姓名之一部，而此后则不能再有新的爵号或荣典，德国国民亦不能受外国政府所颁的爵号或荣典，但已有的荣典，(指勋章之类)则仍得佩用。因官位而生之称号为宪法所容许；学位则更不受限制，得博士者终生被称为博士。凡此种种，宪法之用意，盖在消灭不平等之形式。

个人自由

我们今依次讨论各个人民的自由权，属于个人而和社会无关的自由权。这种自由权大别之可分为数项：(一)为人身的自由，即各人的身体自由(第一一四条)，此项自由非依法律不得有任何的侵害，且因故而被剥夺时，最迟于剥夺之次日前，受害人有被通知关于剥夺的机关及剥夺的理由的权利。与人身自由紧关的家宅自由亦为宪法(第一一五条)所保障，非依法不得侵入人民的家宅。人身自由及家宅自由本为最不可少的自由，无此则其他一切俱无从说起。但宪法更有非依法不受侵害云云之条文，则自由之实在范围仍须视立法之范围而后定，如国家可以制定任何侵害自由之法律，则自由等于无有；如国家的立法范围极有限，则自由的范围可以近于无限制。在德国，为治安、卫生及风化起见，身体家宅之自由，向可以受法律之限制，战后因房屋稀少之故，为均配住房起见，家宅之自由亦可以受相当之限制。(二)为在国内自由迁移的权(第一一一条)。(三)为自由向外国移植之权(第一一二条)。但此项自由权又可以受莱希移居法的限制，所以应服军役之人，应纳税而未纳税之人，以及十八岁以下之女子，而又无合法之亲族同行者，皆不得出国。(四)为国民中不作德语之弱小民族自由发展特殊文化——尤其是语言——之权。此项自由国家亦不得干涉(第一一三条)。(五)为购地及选择职业之自由权。此项自由权亦可以受莱希法律的拘束。尤其购地一层，更因经济观念日新之故，自由颇受限制。但此点以后当尚有讨论。

通讯自由

第二种自由权虽同是属于个人的，却是和各人在社会的活动有关系：一为通讯的自由(第一一七条)，又一为意见的自由(第一一八条)。通讯包含信函及一切由邮电传递的消息；所谓通讯自由即通讯秘密不受侵犯之意。邮电在德国为国营事业，所谓邮电秘密者，盖为限制公家侵犯人民通讯的自由。至于信函秘密，则更含禁止私人偷窃信件之意。然通讯秘密固可受法律之限制，故第一一七条之规定，仅为对于私人及行政人员而说，而立法机关并不受一定的束缚。

意见自由

所谓意见自由，即人民有发表意见之意。语言、文字、印刷品、图画、招贴、标记，等等，凡可以发表意见者俱在被保护之列；演戏，音乐的演奏等等，则不在其列。意见自由，任何德人得享受，不因职务关系而有所分别。新宪法之注重此层乃因鉴于昔日官吏兵士等等并无意见自由之故。检查为宪法所禁止，但电影则不在保护之列，淫秽的书籍文字，国家亦得取缔。又为保护幼年人的德行起见，国家可以取缔公众表演的戏剧演奏。因此，意见自由在原条(第一一八条)中本已受了不少的限制，何况国家为保持安全，而暂时停止各种的人权(第四八条)时，最易受影响者又莫过于意见自由？所以关于德人的意见自由权，我们实无从做非分的奢望。

以上所述的个人自由，在宪法中属于第二部分的第一节。自第二节以迄第四节所论的群社生活，宗教，学校，及经济生活等等，往往权利与义务混在一起，不若第一节所论者殆全为权利。又自第二节以降，空泛的高调和有实质的权利亦错纵并谈，难以分解。我们今先择各项主要的权利加以讨论。

集会权

集会自由规定于宪法第一二三条，无须事前的通知或官厅的准许，在1908年的结社中任何集会须事先报告官厅，今则惟露天或通衢的集会，官厅仍可要求事先的通知。在1908年的法律中，此项集会且须先得官厅的允许。以新宪法和1908年的结社法相比，新德国的集会自由，显已有极大的发展。不幸宪法又云，露天的集会和公众的安宁有直接危害时可以禁止，此则不啻留下一剥夺自由的线索。

结社权

结社自由(第一二四条)以不触犯刑法为范围。正当的结社，即属于宗教性质者，亦不能藉口预防而加以限制。然社团贵在能取得法人的资格，如社团而不能依民法之规定，以请求被认为法人，则组织极难持久。在1908年的结社法之下，社团往往因有政治，社会政治，或宗教的作用之故，而不准立案为法团，此种上下其手的弄法，新宪法已加以禁止，宪法对于正当社团的法人权利已加以明白的保障。

诉愿权

德人的请愿及告诉自由载在宪法第一二六条，此项诉愿可向官吏，或议会提出。条文中于请愿及告诉之分别并未提起，但两者间大有区别。告诉的性质往往是消极的，顾及一己的私利，且大抵提出于官吏之前；而请愿的性质则往往是积极的，顾及大众的公益，且大抵提出于立法机关之前。诉愿权的使用不仅限于个人，多人的团体或社团亦可以提出诉愿于相当机关之前。

宗　教

关于宗教的条文，宪法中列为专节(第三节)，计共七条，分述人民的信教自由(第一三五条)，宗教团体的组成及生存的权利(第一三六至一三八条)，及国家对于宗教团体的协助(第一三九至一四一条)。全节本代表两种矛盾政策的调和。社会民主党的政策是在夷宗教团体为最普通的会社，如律师协会，文学研究会之流，使它们为完全私人的组织而与公家无关，使人民有绝对信教或不信教的自由。但中间党(即旧教徒之党)的政策，则刚刚和左党的政策相反。它虽不至于主张建立国教，它却不愿意国家及教社完全分离。它以为国家有维持教社的义务，宗教团体的财产权及法人权它尤其是关心。宪法议会中社会民主党及中间党本是合作的，它们绝不能因宗教问题而使新宪法濒于危险，结果遂不能不出于妥协。第三节的各条文，在文字上树立了信教自由及教国分离的原则，这即所以敷衍社会民主党；而在实质上则宗教团体在公法上向来享受的种种权利大都仍维持得好好的，这即所以满足中间党的要求。

所谓信教自由本来可分为信仰自由及仪式自由(Kultusfreiheit 或作礼拜自由)。信仰是内心的，不必有具体的仪式；如果信仰而不见诸仪式，犹之有意见而不表示于外，虽专制帝王亦难加以干涉。然人类往往因信仰而有祷告(作最广的义解)，于是而信仰仪式化，于是而宗教产生。举世的宗教类皆重视仪式，故内心的信仰和外表的仪式几不可分，没有仪式自由，则信仰自由也有无所寄托之概。因仪式之遵守必须有赖于相当之组织，于是宗教之团体亦应运而生（在基督教中此种团体即叫做教社 Kirche）。宗教团体生存及发展之自由，在实际上且比信仰自由尤为重要。

信仰自由是个人的自由，照新宪法，德国的居民可以有信仰，亦可以没有信仰；可以信任何宗教，亦可以不信任何宗教。任何人不得强迫他去参加宗教的仪式，或采用宗教的宣誓，或表露宗教的信心。他可以自由给儿女以宗教教育（第一四九条），并自由作宗教的宣传（参酌第一一八及一二三条）。公民权和政治权之享受，与宗教无关，权利不能因信教的异同而有所轩轾；即人民对于国家及社会的义务亦不能因宗教之故而有所轻重。信仰自由的限制只有两种：一为不能因宗教而危及治安，二为不能因宗教而触犯刑章或逃避责任。露天传教本为不禁之事，但行之于车马往来之通衢则不可。又服兵役为公民的义务，不因教义上反对杀人而可以免除。

至于仪式自由实是团体的自由，必宗教团体有自由而后仪式的自由可以维持。此所谓自由者在消极方面讲似乎只国家不加干涉之意；但在积极方面，而且重要的方面讲，则尤贵国家之不维护某种特殊的宗教团体，因为扶此等于抑彼，助甲教等于限制乙教，不平等即没有自由。所以仪式自由最贵教社与国家分离。在形式上宪法固禁止有国教（即国家特垂青眼，特予赞助的宗教）的设立，而注重于宗教团体之自由生存，及各宗教团体之不平等，但在事实上则新宪法仍未建立教国真正分离的局面。依照宪法，宗教团体可以自由结合，自行组织，自行委任职员，且自行管理事务。这固极合教国分离的精神，一扫昔日许多邦政府或地方政府参加教社组织的旧习。照宪法，各宗教的权利亦一一相等，即研究伦理的团体，亦可取得同样的权利；这亦与教国分离的主旨暗合。因为在旧时候，有些宗教(即旧教及路德教的两宗派)的团体受国家的殊遇，有些至少可取得法团的权利，有些则仅得存在而没有法团的权利；在新宪法中此种歧遇已一扫而尽。然而即以法团的权利而论，亦不能谓为完全平等，因为旧日已经认为法人的宗教团体可不经重行请求而得维持向日的权利，新的宗教团体则须经国家视为有永久存在之可能性始能邀法团的待遇。

教国的真正分离因中间党的反对而不能成为事实。国家须视宗教为完全私人的事务而不加闻问后，宗教方能脱离国家而自存。然在新宪法中国家仍多方的袒助基督教。基督教礼拜日及节日仍受法律之保护。这即等于歧视非基督的回教等等。又军队、学校，及其他公众的机关，如医院，监狱等本亦无须让宗教搀人，然宪法定有专条，一方给军士以参加宗教仪式之便利，一方又允许宗教团体在公众机关宣教，并担任学校中的宗教教育，甚至设立教会学校；凡此种种无非表示国家尚不能毅然把宗教丢在一边而已。

且宗教团体所得于国家的帮助尚不仅此。依新宪法凡宗教团体俱可依民法关于法团的规定而取得法人的权利，凡在旧时已经取得者得继续为公法上的法人。凡有法人资格之宗教团体合并时，亦当然为法人。至于新的团体，上面已经说过，须经国家认为有永久存在之可能性时，始得获取法人的地位。在德国，公法上之法人，如市乡等等本可兼有财产权、征税权，及自治权；宪法又明白以此种权利给予宗教团体。从前各邦给予宗教团体的岁费津贴等等在原则上好像取消，但在事实上则须经法律之修改始得变更向有的待遇，而此种法律则至今没有成立，以故旧有的宗教团体仍然照旧收受国家的帮贴。总而言之，在文字上，好像宗教团体一一平等，国家取旁观的态度而不有所偏袒，但在实际上则旧有宗教团体的地位及权利仍无减于昔日，而国家和它们的关系仍如旧日的密切。从人民方面说起来，信教的自由固为宪法所保障，但从宗教团体方面说起来，则彼此间的机会并不相等，有的因多得国家帮助之故而发展易，有的因少得或得不到帮助而发展难。在教国没有真正分离以前，信教诚不能有完全的自由。

经济生活

在人权篇中占重要的地位，可是又不易索解者，要推关于经济生活的那一节。本来财产自由及工作自由等等在别国的宪法中亦普通得很，但 1919 年的宪法把德人的经济生活列为专节，权利与义务并重，而社会化的经济政策亦一一纲举目张，则实为新的发展，而与欧战前《人权宣言》不同其道。

“经济生活”节开端即说：“经济生活的措施应适合于公平的原则，而以确立人人的合乎人道尊严的生存为目的。在此范围以内，各个人民经济上之自由权应受保障”(第一五一条)。全节的文字盖尽根据于首句而来。因此，在一方面德人固享有经济上之自由权，而在又一方面，则国家可以藉口为全体谋幸福之故，推行种种社会化的政策，而限制各个人民之自由。

宪法上所给予人民的有工作自由(第一五七及一五八条)，结合(指劳工团体的结合)自由(第一五九条)，契约自由(第一五二条)，经营工商业之自由(第一五一条)，财产自由(第一五三条)，及继承自由(第一五四条)，且都受宪法的保护。骤视之，德人所享经济上的自由似乎不亚于个人主义较发达的国家的人民。然概括地说起来，各种的自由都不能超过上述的范围；分别的说起来，则财产、田地、私人的企业，以及继承权，宪法中且明示限制的场合。[①] 所以德人在经济上的自由权实是一种分量无定的权利。政府而不向社会主义的途径上进行，不制定社会化的法律，则自由权甚大；反之，立法愈趋向社会化，则自由权愈小。所谓“正义”及所谓“合乎人道尊严的生存”本不是有一定界限的，而自由的界限亦随之而可大可小了。

自由权的限制

上列种种人权可以统称为公民权，大抵皆前世纪所习闻的人权。在新宪法中，它们既可受立法之限制，而又须赖立法以资发展及保护。换言之，它们(除了极少数的权利，如第一一六条法律不追溯既往的规定)，可不需立法为之施行，也不受法律的限制以外，类皆缺乏一定的意义而有待于立法的补充。宪法的用意固希望立法者能尊重明文规定的自由而不加以限制；即限制或例外为宪法所许，亦应出于必不得已而为之。然德宪近似柔性的宪法，而法律之合宪与否全由立法者自决，宪法中并没有设立特殊的机关以司解释宪法的责任；故立法者尽可自由的确定自由权的范围。例如：通讯自由可有例外(第一一七条)，何者为例外，固由立法机关定之。又如发表意见之自由，须在通常的法律范围以内，而范围的限定，固又是立法机关的分内事。凡此种种例外及法律，立法机关以外之人殊不能有所置喙。

① 如为社会的公共利益所需要则私产可以依法征收(第一五三条)，承继权之一部可以依法归于国家(第一五四条)。限制变更遗产所有权之制(Fideikommisse)有使产业积聚于少数人之手中之危险，故宪法明文废止(第一五五条)。不劳而获的地价增殖归诸国家(同条)。

例外状态

而且自由权不仅可受立法的限制，更可受行政的限制。宪法第四十八条第二段授予总统以便宜应付事变之权。如莱希的公安及秩序受有严重的骚动或恐吓时，总统可采必要的处置，甚或利用武力，以恢复公安及秩序，他并可暂时停止第一一四条（身体），一一五条（家宅），一一七条（通讯），一一八条（意见），一二三条（集会），一二四条（结社），及一五三条（私产），所明示的基本权利的一部或全部。严格的说起来，德国公法向不承认政府有颁发所谓紧急命令（Notverordnung）的权利（即在危急时，政府可以命令变更法律之权）。宪法议会亦拒绝以紧急命令授权诸政府；然在旧宪法中，皇帝向有宣告“被围状态”或“作战状态”之权（第六八条），其足以侵害人民平时的权利视紧急命令权正相伯仲。新宪第四十八条所云本从旧第六十八条蜕化而来。德人把第四十八条二段所说的非常情形叫做“例外状态”（Ausnahmezustand）即变态之意。例外状态和被围状态其意文本相类似，其侵害人权之可能性自亦难以分别。

照宪法所云，必莱希中的公安或秩序受有重大的骚动或恐吓时，总统始得采取必要的处置，甚至暂停止七种基本权利的享受，然所谓“重大”、“骚动”、“恐吓”、“必要”，等等皆无一定的意义，而以当局的主观为从违。广义和狭义的解释相差极大，故政府伸缩之权亦极大。通常的命令如有超过法律的范围时，法院固可不予执行，但政府基于第四十八条而发的命令，则可以停止人权，可以变更法律；因为政治性质太重，故法院甚难于事后有所纠正。唯一的制裁厥为政治的制裁。如总统所采取的办法，国会认为非必要时，总统须立时取消，所发的命令亦随而作废；然总统（即政府）及国会的意见能趋一致，则

第四十八条二段所赋予总统之权可常为侵害人权的工具。

十余年来总统基于第四十八条二段而发布的命令已逾二百。就中，因曾任财长之厄兹柏格 Erzberger 被人暗杀而发的保护共和令(1921.8.29)予官吏以便宜取缔报纸及集会之权；1922 年因拉特诺(Rathenau 曾任外长，亦为拥护共和之有力者)被杀而发的两道命令(6 月 23 及 29 日)则取缔不正当之出版物及集会，同时更限制曾为德国各邦君主的家属之自由权。到了 1923 年秋为停止在罗尔(Ruhr)区域之消极抵抗运动而发的例外状态令①(1923.9.26)，则于停止多种人权之外，更任国防部长为全国的军事迭克推多(Militärdiktator)。在此状态之下，人权的享受当然更不完全。自 1924 年起国内的秩序较好，而共和政体也较稳固，故总统利用四十八条停止人权之举颇不多见。但自 1931 年后，因国社及共产两党常喜凭藉暴力扰乱秩序之故，限制人权的命令又见频繁起来。

此外，各邦在本邦内，如遇有迫不及待的情形时，亦可援用总统处置事变的办法而为例外状态之宣告(第四十八条四段)。各邦得有之权与总统之权相等；不过各邦颁布之命令为临时的性质。关于同样事情莱希如有命令后则便从莱希命令之规定，而各邦的政府应取消所颁的命令之一部或全部。这种命令迄 1928 年底巴雅恩共有过十七道，为各邦之冠。

---

① 1923 年春法人因赔款问题进占罗尔，德人采消极抵抗为报复手段，但行之数月，经济力已竭，故于秋间取消抵抗。是时极左之共产党及极右之国族党皆主继续抵抗，盖希望共和由此益失令誉，而苏维埃或君主制度可以起来。政府为严厉执行取消抵抗的政策起见，不得不便宜行事。

特种法律

人权除了可受四十八条的限制外，更可受特种法律的限制。在美国等国，因为宪法刚性之故，国会不能任意以法律来限制宪法所保障的人权。但德国则不然，德国国会遇必要也可限制人权。这当然是不足怪的事。总统尚可以命令来限制人权，国会哪能够没有这权？与人权最不相容的法律有两种：一种为保护共和法，又一种为授权法（Ermächtigungsgesetze）。上面所说 1922 年 6 月因拉特诺被杀而发的两道命令。国会视为侵犯立法机关之权过甚。故极不满，然当时反动的势焰甚炽，共和垂危，为保护共和起见，又不能不有严厉的法律。故国会于 1922.7.21 制成一所谓保护共和法。于是人权的限制，由命令的根据，一升而有法律的根据。此项法律，剥夺个人自由之处甚多，且系以修改宪法的多数通过者，故不能发生违宪的问题。① 有此法而后，反动派人乃无自由可言。②

授权法者即授给行政机关以便宜行事之权之谓。国会于 1923.10.13 应斯特勒衰门内阁之请而通过一授权法；依照该法，凡涉及工作的时数，工人的房租，及工人保险三种事项者，政府得颁发与法律效力相同的命令。斯特勒衰门政府解体后，继起的马克斯政府于 1923.12.8 取得一范围更广的授权法，按照该法无论何事政府均可

① 因该项法律而犯之罪，依该法的规定，由莱希法院直接受理，而不由各邦法院审理，此与宪法所定有出入处。是时巴雅恩等邦与莱希不睦，后者深恐前者藉口违宪而拒绝执行该法，故以修宪之手续通过该法。

② 保护共和法于 1926.3.31 有过修正。1927.6.2 国会更宣告停止执行二年。1930.3.15 又有新的保护共和法出现，有效期至 1932 年底止，用意则在限制极左及极右各党的活动。

颁发紧急命令，便宜行事。这两个法律的寿命虽然俱仅有一二月之长，但其侵害自由的可能性则比当时的保护共和法及总统的迭克推多权更大了。①

公益权

以上所述者为自由权及其限制。

其次我们当一述德人的公益权。公益权亦可称为积极的权利。上面种种的自由权都是消极性质的，但公益权是积极性质的。消极的只是国家的不干涉，积极的则国家须替人民谋福利。

公益权计有三种：一为家庭的，二为教育的，三为经济的。国家对于家庭(第一一九至一二二条)须予以特殊的保护。婚姻为家庭之肇始，国家之栋梁，故国家应加保护；而家庭的纯洁，健康，及向上心，国家亦有促进之责。为人母者劬劳逾常人，故国家应予扶助，子女多者家累重，故国家应予救济。童年为一生之关键，故国家应加爱护，私生儿女之地位向太恶劣，故国家应和正出儿女同样扶植。

关于教育(第四节)者，国家须保障学术之自由而加以培植，且须广设公立学校。人民须受八年的义务教育，且须继续在补习学校(Fortbildungsschule)上学至十八岁时为上。在此义教期内，免费读书为德人的权利。到了中级及高级学校，穷乏的德人尚有请求国家补助的权利。又求学的机会，一律平等，无贫富贵贱之别。

关于经济者，我们可说德人有享受舒适生活的权利。他应有自食

① 1930 后，迭克推多权始大有增大。

其力的机会，即使一时没有相当的职业，国家亦应资助其生活；①(第一六三条)为保障经济上之安全，及预防生活之困难起见，国家更应设立一无所不包的保险政策(第一六一条)。土地为家宅之所需，故人人得有相当的土地(第一五五条)。

上述的公益权骤视之颇觉宏大，然细察之则殊不近实际。要公益权之变为实质的权利，第一须有实施的立法，而尤贵有伟大的财力；国家的实力不丰，则所谓保险政策及所谓救济失业等等自无从见诸事实，而公益权不亦等于画饼。所以从这方面看起来，积极的人权反及不到消极的人权的可贵。

其他的权

新宪法中还讨论到市乡自治之权(第一二七条)及人民得充吏员，及吏员应享之权利(第一二八至一三一条)。这两者宪法虽亦视为共同生活的人权，但于论及地方自治及员吏任用制度时当有较详的讨论，故此处姑从简略。

义　务

以上所论者尽是权利，今当一述德人的义务。

第一，为对于后代的义务。为人父母者有教育其儿女之义务(第一四五条)，表面上虽似为儿童的义务，实则儿童既未成年，亦仍为父母的义务。

---

①　宪文中为供给失业人必要的维持(生活)。1924.2.16的失业救济令仅责令各市集团关心失业者的利益，而中止他们的失业状态。以云维持生活，则相差尚远。

对于国家德人有尽其体力物力的义务(第一三二至一三四条)。公共的开支他须尽财力之所及以负担起来；国家的职务需要他的协助时他也得以身赴之。服兵役的义务，充陪审员的义务等等，都为他分中之事。

紧随上者而来，德人更对于社会及人类有尽智力、体力，及财力的义务。有享受私产及田地的权利，即有因私产及田地而生的义务(第一五三及一五五条)；换言之，私产之运用不能专为一己谋福利，而应顾及大众的幸福。拥田数万顷，广植奇花异木，以供一己之欣赏，于己固为利，然而于社会即为损失，此即未尽因私产而生的义务。又德人于保持身体自由的范围以内，应有竭其体力智力以尽为全社会幸福所需要的责任(第一六三条)。此项责任虽宪法明说为道义上的，然而在社会化的国家之下似亦不难变真实的责任。

我们对于德人的基本义务及公益权利有同样的感想。公益权的实际范围依社会化的程度而变化，多数基本义务的范围亦然。除了服兵役等等的习见义务较有一定的意义外，其他新规定的义务都是空泛的，不落边际的。如国家职务的观念不变，而国家仍依旧为所谓“警察国家”时，则上述的义务大抵皆无从发生。它们只是伦理的教训，而不是法定的义务。但如国家日趋社会化，人民的一举一动俱受国家的指导监督，则上述的义务俱可以法律强迫执行。国家可以法律令人民服种种的身役，纳种种的财帛；举凡经始零台，经之营之以及毁家纾难之事，国家似乎都可制定法律，以令人民去服从。不过这又讲到社会主义的本身了。在人性未变之前，社会主义究竟可以实践到如何程度我们是无法预知的；所以道义上的义务何时始可变成法律上的义务的问题我们此时亦毋庸追求太急。

［补记］ 在希特勒政权之下，政府根据了 1933.3.25 的全权法有以命令代替法律并不管宪法之权，故人权保障自无从说起。而且希特勒党的政策即在摧残异己者的自由，故事实上宪法第二篇今已等于具文。

第四章　莱希总统

宪法议会的讨论

宪法议会讨论到新德国的行政机关时，绝大多数当然觉到有设立总统之必要，但也有反对者。独立社会主义党的代表哈塞(Haase)即主张不设总统，而仅设一向国会负责之内阁。他以为总统绝无用处：如总统而唯负责内阁之命是听，则等于装饰品之虚设；如总统违反议会政府之精神而予智自雄则更为不祥之物。这种若合逻辑之议论，在事实上当然不会取得多数的同意；世界上独立之民主国除了瑞士以外，皆有总统充国家的元首，新德国又何能独异？何况在临时宪法之下，总统之制度早已成立，即从理论上说起来，总统亦是不可少的。自来共和国中之无单一的元首者，势必采用委员制的行政机关。如行政委员由民选，则他们所委任而向国会负责之内阁势必力量微弱，而议会政府制之精神无存。如行政委员直接由国会产生(如瑞士之制)，则难收调和各党，指挥易如之效。合议制既不相宜，舍总统外又有何种出路？此即普劳斯答复哈塞之理由。

德之总统制

总统又可有不同的两种：一为美国总统制的总统，一为法国内阁制的总统。宪法议会的大多数既愿新德国为议会政府制的共和国，自不愿采取美制。德人根于往昔之教训，最怕独裁制之复现；美总统权力既大，又无负责之内阁在向受专制压迫之德国辄会谈虎而色变。然德国人也不愿完全仿效法国的制度。在乱离之世，强有力之政府不啻是解除内忧外患之必要条件，若取法国之制，则总统等于废偶，内阁则受制于国会而不能有积极之设施；在多难之德国此实等于自杀政策。德人之所要求者，即如何而总统可以有力抵制国会的跋扈，而同时又不至破坏议会之精神；换言之，如何而可以兼有法美之长而无其弊。

为免得总统成为装饰品起见，宪法规定总统由人民直接选举(第四一条)任期 7 年，且得连举连任(第四三条)。法总统之所以弱而美总统之所以强，一大原因即由于一则由国会推举，而一则由人民推举。由国会推举者，为国会所宰制，而由人民选举者则可与国会相抗衡，此所以德总统如美制而为民选。美制本采间接选举法，但实际上仍等于直接选举，故德宪亦从直接。至于任期则美短而法长；且美更有不得二次连任之宪法习惯。任期短地位不稳而权力亦薄弱；故德宪采法国之制，任期既有 7 年之长，而于连任亦毫无限制。

民选固足以壮总统之胆，然总统与国会冲突时而无向人民诉告之可能，则总统仍不足以与国会平立，故宪法又禅总统以解散国会(第二五条)及发交人民复决国会通过之法律(第七三条)之权。后者非法总统之所有；前者法总统虽有之而不能实行。宪法以此禅总统，盖亦欲总统得藉人民之方而使国会不敢违反民意。

同时制宪者又深恐总统之过于有力，故职权之行使，总统须听命于内阁，且须得阁员之副署。又总统可解散国会，而国会亦可要求人民为罢免总统之总投票。凡此俱为防止总统专制跋扈而设之条文。

总统选举法

宪法仅言总统须由民选，如何选举则有待于法律的规定。总统选举之法是非常重要的，宪法议会虽因意见相差之故来不及于宪法中妥为规定，但亦不能不及早制定法律。政府最早所提议者为决选之方法：第一次投票如无人能得票过半数时，则第二次投票应就得票最多之二人中决选一人。此种办法宪法委员会剧烈反对，因为照此办法，各党于初次选举时将努力为本党候选补人吸收票子，到了决选时则投甲者之用意不在拥甲而在拒乙，如是，总统将难为物望所归。委员会所提倡之办法为比较多数选举法，即得票最多者即可当选，不必举行决选。此其弊不亚于前者，因为德国政党极多，当选者将为一党之代表而难得全国之拥戴。第三种的办法我们可称之为转票法，选举只有一次，但投票者于投了某甲之外，更可附举次选之某乙。如某甲得票太少而不当选时，某乙亦可入选。如是，决选的麻烦(第一法)及少数选举的弊病，(第二法)固可免除，然手续繁重，而党纪严整之党又可占过分之便宜，故亦不为议会所采取。宪法议会于 1920.5.4 所通过的总统选举法①仍采用二次选举之法，但第二选时候选者并不限于第一次得票之人，更不限于得票较多之人。照该法第四条，第一次选举时，得票过半数者当选为总统；如无人得此票数则举行第二次投票，得票最多者当选。推立法者之用意，盖欲藉首次投票以使各党自知其

① 1925 之总统选举即依此法。此法于 1924.3.6 又公布一次，故亦有引为 1924.3.6 之法者。1925.3.13 之修正法与实际极少变动。

势力之大小，及候选人之吸引力；藉第二次投票以给各党以互相团结之机会，而推出最得民心之候选人。至少在理论上此法确比其他三种办法为佳。

选举总统之细则与国会选举大致相同，[①] 数票亦以国会选举区为单位，由各区之选举委员会行之。综集后，由莱希选举委员会数票。第二次选举结果如最高的二人得票相同时，则由莱希选举监督(兼委员长)以抽签法决定之。受理国会选举诉讼之选举诉讼法院亦为判断总统选举诉讼之机关。一区之选举有不合法时，该区之选举为无效；全国之选举有不合法时全国之选举为无效。惟因选举无效而重行选举时，须全国举行，不得仅于一区或数区重行选举，此乃所以表示总统之全国性。

总统候补人的提出或由选民 2 万以上的连署，或由某党党员 20 人以上的连署，只消该党在国会中有议员，而且在上一次的国会选举中尝得过 50 万以上的选票。

总统的资格

当选总统之资格极宽大简易，凡德国年满 35 岁者皆可被举为总统(宪法第四一条)。在宪法议会中曾有摈除革命前曾为各邦君主之家属于被选之列之提议，更有人提议凡候选人须诞生于祖国或取得国籍 10 年以上；但俱因违反平等原则而通不过议会。

第一次总统选举

宪法虽规定总统由人民直接选举，且选举法亦早日成立，但因国

① 总统选举法第八条所定大都皆抄国会选举法。

家多故，反共和派跃跃欲起之故，宪法议会总不肯让自己所选出之总统爱伯特解职，虽则他曾一再言辞。当1920年极右各党有推欧战英雄兴登堡为候选总统之风说时，社会民主及民主各党，因恐发生武人效拿破仑三世篡国窥政之故，有修正宪法，改民选为国会选举之动议；嗣后鉴于当年各种异动(如“Kapp Putsch”)之失败始深信武人独裁之阴谋难获人民之同情，而民选总统的危险亦于以减轻。然而国会一时仍不肯让人民选举总统，终且修改宪法第一八〇条，而使宪法议会所选出之总统留任至1925年6月底为止。①

不幸爱伯特于是年2月末日死了，于是总统选举不得不提早举行。是年之总统选举②尚为新宪成立后破题儿第一回。当时政党之形势可有左右两集团之分，而极左之共产党及极右之族性党则不易与人结合。在第一次选举时(3月29日)“莱希集团”(“Reichsbloc”)拥戴民族党之耶勒斯(Karl Jarres)为候选者；而左方各党则各拥各的，并没有一致的代表。当时右方的目的是在防止社会民主党获选，而左方的用意则在防止反共和派之当选。民主及中间两党本可左可右；然它们既不信任莱希集团之各党，而又不能早日与社会民主党合作，故第一次投票之结果，耶勒斯得票最多，而莱希集团固已先着一鞭。第二次选举时(4月26日)，中间，民主，及社会民主党合成为“民族集团”(“Volksbloc”)以拥护魏玛宪法为号召，并推中间党之马克斯③为候选人。马克斯时为冢宰，其声名远过耶勒斯，莱希集团为对抗起见废耶勒斯而另推欧战英雄兴登堡大将为候选人。于是前次不甚热心于耶勒

① 1922.10.27之法。

② 关于此次选举可参阅The American Political Science Review，XIX，592—600。

③ Wilhelm Marx在第一次投票时即为中间党之候选人。

斯者今亦投莱希集团之票，族性党亦然。初选时投票者仅及选民68.9%，第二次选举时，则达77.6%。马克斯所得之票比民族集团之三党在初选时所得之票数仅多50万，而兴登堡所获比耶勒斯及其他各右党在初选所获几多300万，由此可见英雄之仍能麻醉民众之心理，而国家之利害反比较地落在脑后。

讲到此次竞选策略，在第一次投票时，因候选人太多之故，个人的互相诋毁自然不能免除。第二次投票时则两大集团对峙之势已成，故于彼此立场不同之处转多所讨论。莱希集团之着重处在国际地位之提高及国家实力之培养，然敌人则诋为谋颠覆共和；民族集团的着重处在国际和平之保持及共和国体之维护，然敌人则讥为畏葸无能。拥护兴登堡者誉之为强有力之爱国英雄，敌人则毁之为军阀及帝制之余孽；拥护马克斯者誉之为贤能之政治家，敌人则毁之为小政客。两方固各有颠倒是非之处，然要为选举竞争中之所难免。

第二次总统选举

兴登堡总统于1932年5月满任。到了1932时，左有共产右有国社；两者皆为反对魏玛宪法之党，两者的势又皆方兴未艾，而兴登堡则已成为宪法的拥护者。如依照宪法改选，则国社党或有攫得高位的可能，这当然不是当时的统治各党所愿见之事。所以1932年1月布吕宁(Brüning)政府有请求国会用修宪手续通过法律展长总统任期之拟议。爱伯特的任期既可展长于前，则兴登堡的任期本也未始不可有同样的展长；但国社党既有获胜的可能，它哪肯放弃选举的机会，所以希特勒于1月17日致书政府，抗议拟议的办法，更声言国会无代替人民表示直接民意的权力。国族党亦为反对这个办法者，它的反对使政府无从在国会中取得必要的多数①。当时尚有一种拟议则欲联合钜数人民请愿总统援用宪法第四八条来展长他自己的任期。这个办法兴登堡不愿采纳，故亦未实行。

1932 年的选举比 1925 的更是竞争激烈。第一次选举(3 月 13 日)时，竞选者共有五人，即兴登堡，希特勒，及国族，共产，民权三党的候选人。希特勒代表国社党，布吕宁政府为抵制他起见，不能不央求兴登堡作中间各党的候选人。国社党以爱祖国为号召，但兴登堡固是祖国的功臣，这多少可减少希特勒的宣传及鼓动力量。社会民主党本无所爱于此欧战的英雄，但为防止希特勒的胜利起见，亦和中间，民族及国家数党一致拥护兴登堡。国族党对兴登堡在总统任内之所为深表不满，故另推一人。民权党为表示对于当局的金融政策不满起见，亦另推一人。共产是向不和人合作的，当然仍拥其 1925 年所拥的领袖为总统。第一次投票的结果，兴登堡所获的票数虽为最多数，但不满投票者的半数，故须举行第二次的投票(4 月 10 日)。第一次投票结果揭晓后，国族党及国权党的候选人自动撤退，国权党所获之票本极有限(11 万票余)，故不足重轻；但国族党的 260 万票则多半的为希特勒所吸取，故他的票数自 1140 万增至 1342 万。共产党台尔曼(Thälmann)的票数则自 500 万，减至 370 万。这百万余票也许因失败之不可免而不复投票，也许因痛恶希特勒之故而改投兴登堡，那我们

① 关于国会是否可以延长总统的任期问题，参阅 Gerhard Leibholz，Die Verfassungsdurchbrechung，Betrachtungen aus Anlass der geplanten Parlamentarischen Reichsprasidentenwahl vom Januar 932(Archiv des Öffentlichen Rechts，neue Folge，XXII，1－26)，及 Otto Koelreuter，Verfassungstheoretische Bemerkungen zur Güeltigkeit der geplanten parlamentarischen Reichspraside tenwahl 932 XXII，129－146 两文。前者否认国会有此种权力；后者则认为并不违宪。

无从查考。但兴登堡最后所获的票数将近1940万，比首次也增加了70万余，故他仍当选为总统。[①]

从这两次的选举并观察起来，我们可说各党的野心与其说是在谋自己党内的候选人当选，还不如说是在防止本党所不欲的人当选；因为求己方之当选须得联盟各党的同意，而求敌方的不当选则同盟各党的同意是可不求而得的。推举候选人时所最应注意的是：如何而可以吸收模棱两可之选民，使不投对方的候选人，更如何而可以不遭同盟各党的反对。这样的选择标准很有使各党只选稳当的而不选杰出的之倾向；然绝没有把握的政党当然可孤注一掷，选出一个有名的人物以吸引各方的选民，好像1925年莱希集团之抬出兴登堡那样。[②] 或是志在必胜的政党则自必也会提出有力的人物来竞选，如像1932年的国社党。至于第二次选举之是否可免，则当然须看第一次选举前之形势。如有相亲的数党自知可占投票总数半数以上，则他们势不愿立即为集团之运动，因之第一次投票便不能有两大集团对峙之形势。而仅将成为各党势力之预赛。如果政党的形势已造成相等的两集团之对峙，则其中之一方或双方于第一次选举时即会推举联合候选人，而余下的一方也不得不亦步亦趋，不然第一次选举的结果或即为对方取得绝大多数以去。凡此种种观察，一因选举历史太短，二因政党形势突变，当然不见得能适合于今后的总统选举。

总统的撤职

总统在任期内除了病故，辞职，或应选为国会议员(第四四条)外，

---

① 关于1932的选举，可参阅 The American Political Science Review, XXVI，486—496。

② 但读者勿误以与之对抗之总统候选人中间党之马克斯为庸碌无能之人。

宪法上只规定了两种撤任的办法：一为罢免选举，又一为弹劾去职。

罢免选举

总统本是不负责任的，总统所做之事皆须阁员副署，由阁员代负责任。这样看起了，除了因违法而被纠弹去职以外，似乎再不必有罢免的必要了；然而于此处我们不得不钦佩魏玛制宪等之思想周密。德国是多政党制的国家，内阁的责任没有像在两政党制国家的显明。所谓责任即指向国会多数所负之责任。在两政党制的国家，孰为多数一看即明，故孰为应负责之阁员亦丝毫没有疑义。但在多党的国家则每当内阁更替之时，团结多数之办法极多，有时则仅可成立只得少数信任之内阁。而国会不得不解散另举。在此种环境之下总统之欲擅权专政者尽可命令其羽党组阁，借赖了他们的副署以胡行一切，一面则解散国会以图补救。新举的国会当然仍是多党的国会，总统仍可藉口多数内阁无法产生而再予解散。他此种行为并不违法，然而危险已不可言状，若不予国会方面以制裁总统之法，则总统将出于国会之上，平衡失其重心，而责任内阁之用意亦尽失。宪法议会为防止此种弊害起见，逐有国会有三分之二多数之赞同时可交人民的罢免选举之规定（第四三条）。国会的决议并不须举明理由，而只为不信任之表示。国会有此表示时，总统即须停止行使职权。如国会之决议得人民多数之赞同，则总统去职；如人民不通过国会之决议，则国会立即解散，而总统等于新选，可再任职七年。

弹　劾

总统如违反宪法或法律时，则可和冢宰及阁员受同样之弹劾处分（宪法第五九条）。国会可以满百或过百议员之提议，全体议员三分之二出席，出席议员三分之二同意，提出弹劾案于国务法院(Staatsgerichtshcf)。国务法院乃专为弹劾案而设立，所受理之案限于公法上的违法罪，而不涉民刑之事。如总统经法院判为有罪，则须立即去职。此外尚有何种刑罚则宪法没有提及。照国务法院法第十二节所定，法院只能为有罪无之判决，而不能宣告任何刑罚。如被劾者同时违反刑法时，应仍受普通法院之审理，其先后由国务法院定之。

刑事上的责任

宪法似乎又默认第三种撤免总统之法。照第四三条所云，如非国会同意，总统不受刑法上之检举及告诉；换言之，总统非如英王之不能错做，而无刑事上之责任，特此项责任在任期内可以不问，犹如国会议员在开会期内之可不负刑事责任(宪法第三七条)。但万一总统所犯之罪太不成话，而国会同意于法院之受理时，则总统之地位将与民平等，而有罪之宣告势必逼他去职。此亦总统可被免职之一法①。

总统的代理

德国并无副总统之设。照 1919 的宪法总统如因故不能执行职务或去职时，如为暂时的，则由冢宰代理总统职务；如为较久的，则由法律规定代理之人。所谓暂时的当是指疾病，出国，在被控或被弹劾时，或罢免选举正在进行之时。所谓较久的当是指重疾，精神病，死亡等等。然何为暂时，何为较久，当然须凭国会的决定。国会如无特

---

① 此处我们可以乘便提起总统在民事上之责任。关于此层，总统虽非公务员之一，而责任则与公务员等。因个人之过失而引起之损失，总统亦须完全负责。

殊法律时，则由冢宰摄行；如有，则依法律之规定。所以当1925年爱伯特死后，先由冢宰代理；继则依3月10日之法律，而由莱希法院院长西蒙(Walter Simons)为代理总统。但宪法第五一条已于1932年底修改过。[①] 照现行的条文，总统因故不能执行职务，或任满出缺时概以莱希法院院长代理。

总统的酬给

德国总统的俸给每年6万马克，公费(Aufwandsents chädigung)倍之，退职后又有养老金[②]。计退职时可领恩俸(Gnadenquartal)及所谓过渡金一次：恩俸等于年俸四分之一，过渡金则等于年俸四分之三。此后每年又可支荣赠金(Ehtenfold)，等于年俸之半。总统如因公去世，则他的孀妇孤儿亦可如普通公务吏之孀孤领取抚恤金。共和国总统所享之待遇诚不为菲薄，宪法上所赋予总统之职权极大，今当分头讨论。

国家的元首

在昔，皇帝本为莱希的元首，宪法虽没有提及总统是元首之语，然在字里行间亦承认他有这种地位。他的就职誓言所包极广(宪法第四二条)。他对外为国家的代表(第四五条)，在国内之地位又异常尊崇，常为重要典礼之主席。他不仅是行政机关之首领，且为行政，立法，司法，三机关间之调和者。他并调和人民及国会间的关系。所以

---

① 国社党人所提出。

② 见Gesetz über das Ruhegehalf das Reichsprasidenten vom 31. Dez. 1932及1925.6.3的修正法。

今日新总统犹如昔日的皇帝，他们俱为莱希的元首。

任免权

就总统的行政权而论，最重要者惟组织政府及任命文武官吏之权。冢宰由他选任，其他国务员则由冢宰提请任命（宪法第五三条）——虽然这都以取得国会信任为目的。所以没有总统，也就不能有莱希政府。且他的任免文武官吏之权（第四六条）亦无所不包，他并可把此权委下属机关代行。根据于许多的命令，文官的任免权，现大部操诸于行政各部。武官的任免权则根据于 192.6.14* 的命令，由国防部长代行。

总统和政府

总统任命冢宰时在理应受国会中政党形势的限制，然他仍有选择的余地。在两党对峙的国家，内阁此仆彼起，故任命权几乎完全是机械的。然德国为多党的国家，而政党形势又常常不易产生一多数集团，故总统在组阁时所享的自由极大。在爱伯特做总统时，国会对于内阁之应如何组成本有较大的发言权，故总统常于内阁改组之时召集可以凑成国会多数之各党领袖会商组阁之法，然他仍握有多少取舍之权。1921 年 10 月威尔特（Wirth）之再度组阁，即出爱伯特的意思。兴登堡为总统后，因国会更是不易产生多数集团之故，总统的任命阁员权更不受政党的束缚。1928 年的国会选举本为社会民主党的胜利，然总统虽任社会民主党的党魁米乌勒（Müller）为冢宰，却不肯让社会

---

* 此处根据商务印书馆 1934 年 6 月版，作者原稿已无，故无法更正。——编者注。

民主党有组阁的全权。[①] 1930年所任命的布吕宁政府则更为总统自由行使宪权，不顾国会意旨的好例。布吕宁内阁的阁员虽大多数仍为国会议员，但与政党结合的形势无关，绝不是一个多数党的内阁。喜来博士(Dr. Schille 国族党人，但已和呼根堡分离)的入阁，也是总统所坚决主张而为布吕宁所不能不勉从者。1932年所任命的巴本政府及什拉显尔(Schleicher)政府则尤与国会的爱憎无关。两人俱和军队有好感。兴登堡也许以为任命他们便可一方可以收今出惟行之效，一方可以稍制希特勒党的实力。总统之所以能这样自由地任命国务员者，良因宪法既未限制他的任命权，而国会中政党的形势亦不能强总统以非遵国会意旨不可。如果国会中的多数党有一定的结合，则总统自不能不在任命此结合的首领为冢宰，而任其组阁；不然内阁必难得国会的信任，而总统最后仍不能不屈服于国会。所以兴登堡之能于1932年时曾两次拒绝希特勒请为冢宰之求，然1933年便不能不请他为冢宰者，即因他有号召国会多数之力之故。所以，总统近年来之能不顾国会的意向，甚而可以逼内阁辞职[②]，与其说是他的好专权，毋宁说是他的不得已。而且照普劳斯制宪的原意，总统本也应有补救国会的分裂及维持政局的安定之功用的。然而话虽如此，总统的实力却因之而大增了。

莱希政府(即内阁)为莱希的行政枢纽，而总统为行政的首领，故政府会议的情形以及阁员施政的方针等等，阁员俱得向总统报告。[③]

---

① 6月27日总统于告国人书中宣言“根据宪法赋与他的权利，关于组阁之事，他碍难听命于任何一个政党。”1923年11月底爱柏特于答国族党领袖 Hergt 信中亦有同样的措辞。见 Jahrbuch des öffentlichens Rechts，XIII，164。

② 1932年布吕宁内阁与国会尚洽，因和总统不睦，竟不得不辞。总统初本为它的赞助者，后因军队不助它，故他亦不助它。

③ 见《莱希政府办事规程》(Geschäftsordnung der Reichsregierung vom 3. mai 1924)第四节。此项规程亦须得总统的核准方能成立。

此项报告可用书面陈述，但总统亦可要求阁员前往面述。重要的关系文书亦须一一送呈总统过目。宪法第五五条说，莱希政府会议(即内阁会议)由冢宰主席，但没有谈起总统之出席问题。莱希政府办事规程亦仅规定总统府中书可以列席。但在共和初年，爱伯特早有主席重要会议之实例；① 而近年来，总统亦时常召集临时阁议而自为主席。故宪法上虽未提起总统参加阁议之事，习惯上他已取得特开阁议之权。不过他非阁员，所以投票权他仍是没有的。

海陆军统率权

总统更有统率海陆军之权(第四七条)。这在法律上更比昔日皇帝之权要完全；因为今者国防为莱希的职权，故总统可以统领全莱希的军队，毫无例外，不若昔日巴雅恩等之军队并不归皇帝统率。总统基于统率权而为之种种处置，当然须得国防部长之副署。依 1919.8.20 之命令，总统且将统率之权委诸国防部长行使。但总统仍保留因宣告例外状态(第四八条)而调动军队之权。那时之遣动军队仍须凭总统之直接命令。

外交权

总统为莱希之对外代表，莱希外交之权皆以总统名义执行。他派遣驻外之使节，他又接纳外来之使节。他以莱希名义和外国归结联盟或订立各种条约。但联盟及条约之涉及立法者，须得国会之同意。旧宣战媾和只须得联邦院之同意，故皇帝之自由极大；新宪法为消灭从

① 昔日之皇帝可以召集御前会议(Kronrat)，故论者谓，总统之主席阁议乃沿旧习而来，或谓由于召阁员面谈之权而来。

前之危险起见，明定宣战媾和须以法律行之。此亦总统所享的外交权之一个重大限制。

命令权

宪法第七七条规定莱希政府为执行法律起见得以发布命令。总统为实施各种职权——无论关于内政，外交，或军事——起见，自然亦有同样的命令权。命令权在昔之范围极大，今较狭小。所谓法律命令(Rechtsverordnungen)非有法律的特许行政机关今已不能自由制。发但所谓行政命令(Verwaltungsverordnungen)之权则今犹如昔。此项行政命令权所包实已不少，即设置，合并，或废止行政各部亦胥以总统之命令行之。

宪法第四十八条

然以上所述之行政权类皆英法元首所有之权，没有多少新奇。在行政方面，德国总统所有之权要以宪法第四八条所赋予之权为最广大，最可惊人，也最值得注意。该条所赋之权有两种，一为强制各邦执行莱希法律之权，即所谓强制执行权(Reichsexekution)，又一为有名的“迭克推多权”(Diktaturgewalt)。①

① 关于宪法第四八条所赋之权，参阅下列三篇文章：Georg Lenz，Demokratische und diktatorische Elemente in Reichsverfassung (Zeitschrift für Politik，XXI，319—333)；Adolf Thiesing，Das Recht der Diktatur nach der Reichsverfassung(Gesetz und Recht，1931，S. 271 — 278)；及 Lindsay Rogers et al，German Political Institutions II：Article 48(Political Science Quarterly，XLVII，576—601)。从某一种说起来，迭克推多权包括强制执行权在内。

强制执行权

第四八条首段说："某一个邦如不恪尽莱希宪法或法律所责成它的义务时，莱希总统得以武力的协助来强制它去遵行。"从字义上讲起来，总统得以强制各邦恪尽某种义务，但不一定非强制不可。各邦的过失如仅是微小的，则总统当然可以充耳不闻，藉保莱希与各邦间的感情，然他如根据宪法第十九条而执行国务法院的判决时，则他只有铁面无情地强迫有关系的邦去服从，而毫没有通融的余地。惟他即遇非强迫各邦尽责不可时，他也并不一定须用武力，他可以和各邦磋商，或用其他的必要方法，武力则仅为最不得已的办法而已。十余年来总统于实际上固常有强制各邦的措施，但除了 1932.7.20 对普鲁士所发的命令外，其余皆凭迭克推多权而达到目的者。即 1932 年任莱希冢宰兼统普鲁士政府的命令亦兼以迭克推多权为根据；故强制权在实施上已不啻成为迭克推多权的副产品之一，且亦非赖迭克推多权不能收敏捷完全的效力。

"迭克推多权"

所谓"迭克推多权"在第二章中已略有论列。宪法议会中的大多数本极厌恶旧宪第六八条中所说的紧急命令权。然我们如将它和新宪第四八条的迭克推多权相比较起来，则后者似乎更无限制。第一，根据第六八条，[①] 皇帝欲颁紧急命令须先有戒严（Kriegsustand 或

---

① 按第六八条的实施应依一帝国戒严法的规定在未有帝国法律以前则暂依普鲁士 1851 的戒严法。帝国戒严法是从未制成，故依据第六八条云者实等于依据普鲁士的戒严法。

Belagerungszustand 二者通用)的宣告，而总统则无须此种宣告。既云戒严，则必有变乱或作战的情形存在，故皇帝决不能任意制发紧急命令；然总统则“为恢复莱希的公安及秩序起见”，便可以采取任何必要的手段——连武力也在内——他只问安全及治安有无危险，他可不问有否真的变乱或战事，(此所以他的权力称为迭克推多权)。第二，皇帝的紧急命令权限于国会不开会之时，而总统则可无此种限制。在实行上新宪第四八条竟是青出于蓝。此容非魏玛制宪者之所能逆睹。

按照宪文莱希的公安及秩序受有严重骚动或恐吓时，——总统得有迭克推多权。如采通常的解释，其范围似与戒严的相似。然所谓公安及秩序的涵义总统有解释的全权，而法院不能干涉。① 所以总统在初几年所发的紧急的命令确尝限于狭义的治安之维持。但自 1922 年秋季以后，则紧急命令的大部分皆为涉及经济之事。总统何以能以紧急命令干涉经济生活呢？那他可以说，在现代社会中经济措施的失当便可以使莱希有颠覆的可能，或呈危殆的现象，故他不能不采用适当的紧急处置。

自宪法成立以迄 1932 年的 9 月底，总统根据宪法第四八条第二段而发的命令共有 233 个之多。② 这许多命令中，变更法律者有之，变更普通命令者有之，变更紧急命令本身者有之，变更邦的法律或命

① 莱希法院曾于 1924.1.8 的判决书中拒绝审查总统的见解。

② 1919(10 月起)……6　1920……37　1921……19
1922……8　1923……42　1924……23
1925……2　1926……2　1927……5
1928……1　1929……0
1930……6　1931……41　1932(9 月止)……41

其中有 41 个是取消某一个或某几个紧急命令的。详见 American Political Science Quarterly，XLVII 583－594。

令者也有之。大概时局愈紧张则紧急命令亦愈多，宪法成立的初几年中秩序未定，暗杀及暴动时有所闻，故紧急命令甚多。自 1925 年 2 月至 1930 年 7 月则秩序已定，故新发的紧急命令一无所闻。[①] 1930 以后，经济衰落，失业增多，而极端派的不法举动亦增，故紧急命令又成应时之品。本来紧急命令愈多，则议会政治愈虚假；然当国乱民危之时，行政机关的便宜行事，似又为不可避免的现象。从德总统行使紧急命令权的历史中，我们或许可认定议会政治——至少纯粹的议会政治——之不宜于乱世吧！

就上述 233 个命令的对象而论，119 个是带着经济性质的，其余的则大多以维持治安为目的，或取缔暴动，或禁止私运军火。总统为维持平常的所谓治安而行使迭克推多权时，他可采用数种轻重不同的办法。如治安无重大的危险时，他可酌量增加普通官吏的权力，而令之恢复治安；有必要时则停止七种基本权利之一部或全部；如骚动较甚时，总统可特派委员，裨以指挥骚动区域内一切文官——不论为莱希的或各邦的——及便宜行事的全权，以恢复治安为止。有必要时委员且得直接或间接请求当地军队之协助。委员可文可武，如为文职则往往受内政部的指挥。当地各文官可令继续行使职权，也可易以武人。司法的情形可如平时，但也可设置特别法院以受理关于停止人民基本权利的案件。1923.10.29 总统铲除萨克森苏维埃政府时即用此法。第三种的办法最为彻底，总统如认为某地的骚动可以危及全国的治安或全国的治安确已发生危险，他可委派军人为迭克推多，以担任恢复地方治安之责。危险发动地方的文武官吏则皆须听迭克推多的命令。为停止消极抵抗运动(对于法人占据鲁尔而起)，兼为制止希特勒

① 那几年中的紧急命令都为取消紧急命令者。

在巴雅恩的暴动起见。总统尝于1923.11.8下令置全国军人于迭克推多之下，而以国防部长为军事迭克推多。然以上三种办法分析十余年的习惯而得，总统既可便宜行事，他所可采的办法自不限于这三种。

1932.7.22巴本(Papen)冢宰兼管普鲁士政府之令固为耸动一时之举，且其用意也确在推翻社会民主党的内阁。但就形式而言，这个命令和1923.10.29总统令冢宰消灭萨克森共产政府之令无大分别。反共产的莱希政府固可视共产政府为治安之敌，但和社会民主党敌对的巴本亦可尝不可视恋栈的布郎为危及治安的可能者？何况当时莱希政府及普政府间冲突甚多，故巴本更可兼凭第四八条的首段来改组普鲁士的政府，也确尝引起很大的争辩。① 但巴本政府之令在宪法上究是可以争辩的问题，而且总统利用迭克推多权来干涉经济生活之举，在1922年10月即已开端，但到了布吕宁时始大大利用。布吕宁时国会几不开会，故立法权几完全寄托于迭克推多权之下。通过预算本为国会最重要的职权之一，但布吕宁则于1930.7.16可以紧急命令来公布经国会否决的预算。这个命令固然因国会的反对而随即取消，但国会也因之被解散，而原预算在大体上又于1930.7.26以命令来公布。

---

① 布郎(Braun)为普之内阁总理，由来已久，但普议会经1932.4.24改选后，布郎内阁已不复有多数。同时国族党及国社党也未能集合多数党而组一合法内阁，故布郎恋栈不辞，巴本自任为莱希委员后，普政府诉之于莱希法院。法院10月25日判决认总统命令为合法，但同时也认布郎内阁依旧是普鲁士的政府。根据这判决，总统又于1932.11.18发布命令规定莱希委员及普内阁间内权限，行政权属于前者，而遣派莱希院代表及出席普议会之权则属于后者。1933年1月希特勒当权后，普议会中国社党员自动提议解散。提议未能通过，故总统于2月6日下令着布郎政府毋庸为普鲁士的政府，而以其残余权一并委诸新任莱希委员巴本。此令显与法院的判决冲突。但希特勒当权后的德国本不是恪遵宪法的国家，所以宪法之争本是辞费。

新国会于十月底曾将预算交付预算委员会讨论，但因惮于再度解散，① 故故意不作表决，庶几总统仍可于国会休会中利用宪法第四八条来处理预算。

在布吕宁时代有所谓四大命令者，即 1930.12.1 第一令，1931.6.5 的第二令，1931.10.6 的第三令及 1931.12.8 的第四令。举凡预算，金融，及生产的统制俱受这四大命令的规定。当时经济及金融情形瞬息万变，欲国会来制法应付本有缓不济急之虞，故布吕宁得以独裁的手段来处置一切。习惯于国会立法，政府行政之制者对此固会咋舌惊异；然德国的宪法学家则竟大多数承认那些命令为合法，因为迭克推多权本是一种非常之权之故。②

强制执行权及迭克推多权皆极大的权力，然有力的限制，除了副署不计外，止有两种。一为权力的行使须受施行法的限制，然此种施行法至今尚未成立。二则总统所为之处置须即通知国会，如国会反对，须立即取消；然此亦不过是事后的限制。而且将近二百的命令(不计取消命令的命令)中，经国会的反对而被取消者一共只有两个，第二次的撤销(国会反对预算令)且引起解散国会之举。③ 第六届国会之被解散(1932.9.12)亦因恐国会会请求撤销 1932.9.4 的复兴工业令

① 解散重举则国社党的势力或更会增加，故中间各党投鼠忌器，不敢尝试。

② 参阅 Johannes Heckel，Diktatur，Notverordnungsrecht，Verfassungsnotstand，mit besonderer Rücksicht auf das Budget Recht，(Archiv des öffentliches Recht，neue Folge，XXII 257—338)。

③ Erzberger 被刺后，总统于 1921.9.28 发布一限制自由激烈的命令。该令经国会要求(12 月 16 日)而撤销。1930.7.16 关于莱希及各市集的两预算令，国会于 2 日后也要求撤销，然国会旋被解散。

之故。[①] 这更是仅宾为主，行政机关俨以立法者自命的表现。所以国会的制裁实无效力可言。至于法院方面则更不会轻易干涉总统大权的行使。布吕宁政府解散国会后重颁预算令的举动尝被莱希法院所认为合法。[②]

关于国会之权

除了行政权而外，总统对于国会方面亦有多种的职权。他可以解散国会，他规定选举国会的日期，他又可以要求国会议长早日召集国会(宪法第二四条)。总统解散国会之举自 1924 以来已有七次之多。自宪法成立以来没有一届国会曾满了任期。

公布法律权

总统亦有公布法律之权。他可以因种种的场合，而为如期公布，暂缓公布，不予公布，或交人民复决之处置此中底细，当于讨论到立法时，[③] 再为详述，我们此处所应知道者即总统有参加立法之权，而且藉个人之声威，往往有督促国会速成或放弃某种立法之实力。

赦 免 权

除了行政及立法外，总统尚有赦免权(宪法第四九条)，但亦可委托所属机关代行。大赦为立法范围以内之事，总统不得专主。

---

① R. G. Str., Bd. 65. S. 364。

② 解散令中明白说出缘故。

③ 见第九章。

总统事务处

总统的职务既如上述之繁重，他自不能无一佐理之机关，此所以有总统事务处(Büro des Reichspräsidenten)之设，而以属于文官最高级之中书(Staatssekretär)①为负责长官。凡宪法所赋予总统的职权行使时俱须经过事务处。凡总统与莱希及各邦官署往来之文件亦然。

副　署

总统之职权骤视之好像极大，然我们万万不要忘了一切文告须得阁员副署的条件(宪法第五〇条)。因为德国的政制是责任内阁制度，所以总统的职权实即政府的职权，总统不过徒有其名而已。

总统的实力

那末总统竟是装饰品么？是无实力的傀儡么？这当然不是。我们在本章之首曾经说过，宪法议会有设立一强有力的总统之意，推宪法议会之意，内阁应有抵抗国会的权力，而总统又应有稳定政局的力量。要内阁能和国会抗衡，故内阁的权力(即宪法赋予总统者)极大；要总统能稳定内阁，故总统发展实在势力的机会亦极大。

总统之所为固一一须得内阁代负责任，然总统左右内阁的势力绝大。总统即有任命阁员之权，阁员自不能忽视总统的意旨。英人巴哲浩(Watler Bagehot)谓英王有三种权利；他可以鼓励内阁，他可以警

---

① 关于他的地位参阅1926.7.20的命令。Otto Meissner自始即长事务处。他为有名的公法学家，属社会民主党。兴登堡继任时，也不把他撤换。因此之故，总统事务处中书之地位亦日见重要，特外界则不大注意而已。

饬内阁，而内阁又必遇事和他商议。这三种权德之总统固亦具备无缺；且德宪之所望于总统者，不仅为一高拱无为之贤政治家。每当国家纷乱，政治极不稳定之时，总统尚有斟酌轻重，维持各国家机关(如人民，国会，及内阁等)的平衡，并消灭或末减无谓的政争之责。内阁而贤明，总统固应事事从命；内阁若为党争所困，执政无力，则总统可尽调和驱策之职。或若内阁昧于国情，滥用威权，则总统至少可以消极的态度抵抗它的行动。例如国会方经解散重选。而内阁因得不到信任之故又欲解散，则总统之拒绝解散，在宪政之精神上，似乎不能说不是。又如国家的安全并没有显著的危险，而内阁偏要宣告例外状态或采用特殊的手段，则总统亦可以拒绝其请求。凡总统为遵守宪政精神起见而采取的态度，即与内阁的意旨相反，亦仍为宪法所许，不然总统不必有任何政治的责任，而罢免总统的条文可以不设。是以总统的实力全以内阁为转移，如内阁能而贤，则总统惟有尽其唯唯诺诺的能事；如内阁庸而总统能，但两者的政见同出一辙，则总统可在负责内阁之后大展其实力；如内阁的政见和总统不同，总统亦至少可以阻滞政府鲁莽灭裂及不利国家的行动；如内阁无国会的多数为后盾，则总统的权力更大。

爱柏特及兴登堡

证以实际的情形，总统的地位及实力诚亦如上所说。德国自新宪法成立以来，虽仅有爱柏特及兴登堡两总统可供我们研究，然即此二人我们已可窥见总统地位及实力的一斑。爱柏特为社会民主党领袖之一，为一平稳的政客，并不才能著称，然于在位的六年(1919—1925年)中，已为总统积下极大的权力，他本人亦为全国所景仰。每当变乱纷起之时(如1920及1923两年)，人民且视总统为国家安全之所由寄而深致依赖。

继任总统的兴登堡(1925 年 5 月起)本以统军得名，且以同情帝制闻于世。在选举时左党都把他看做危险分子，深恐复辟之实现。然就任之日他即以维护共和为誓；此后更能遵守共和宪法，以国家利益为重，而无丝毫复辟的嫌疑。当国族党无理反对《洛加诺条约》(1925—1926)及《杨格计划》(1929—1930)时，他且力制他们的举动。1929.12.22 国族等党所创制的所谓《自由法》(反《杨格计划》者)之人民否决亦多半得力于总统之公然反对。同时他也反对左派各党没收王室产业的创制(1926)及普鲁士布郎(社会民主党)政府之压迫钢盔团(1930)，因为他认为这种设施徒足以引起国内的分裂。兴登堡(爱柏特亦然)盖绝不以政派首领自居，而为全国民的政治首领自命。希特勒的上台固足以使爱护魏玛宪法者叹息，其结果或将大不利于宪法；然这是大势所趋，非任何一个人的力量之所能阻。如兴登堡不让希特勒上台，后者恐亦会取得政权，不过同时或更令引起流血的革命及宪法的名实俱亡。故我们也绝不能因任命希特勒之故而遽为兴登堡病。

德国十余年来所经过的波浪不能谓为不险不恶，苟总统而庸碌无能，事事退让，或妄用威权，破坏责任内阁的精神，则国家的命运或尚没有实际所经者之佳。又或总统虽努力，而他的地位权力一如法国总统的狭小，则国力的进步恐亦不能如十余年所经者之快。宪法本希望总统在政治上占重要的地位，而两总统又能在合法范围以内充分发展总统的权力；于是制宪者的希望得以实践，而总统的重要亦遂远在一般内阁制国家的元首之上。[①]

［补记］ 1933年4月以后的总统又和以前的总统截然不同。希特勒有国会绝大多数的拥护；他得国会的授权而成为莱希真正的独裁者。在这种局面之下，总统自然又只得退居于次要的地位，而惟希特勒的命是听。希特勒固不是议会政府的拥护者。因此兴登堡有阿附希特勒蹂躏宪法之嫌。实则希特勒即得国会的多数的赞助，则总统固非让之负全责不可。或云希特勒的种种非法行动总统应拒绝签署，然总统如果这样办法，则希特勒必连总统都不要，亦何补于宪法的完整？所以即从魏玛的眼光看起来，兴登堡近数月来的行为诚亦未可厚非。

① 关于总统权力由小而大的演化，可参阅 Carl J. Friedrich，The Development of the Executive Power in Germany（The American Political Science Review XXVII，185—203）。

法国的政府

（节选）

第一章　宪法及宪法史

法国现行的宪法成立在1870年普法之战以后。它似乎是很新的，它的年龄不及美国宪法的一半，更不能和英国宪法相比。然细考第三共和国的一切制度，则无不有悠久的历史，或是从大革命以前的王国传递下来的，或是曾经第一第二共和国试验过的，或是因袭拿破仑一世及三世时的帝制的。有人说：法国的政府兼具共和的形式，王国的制度，帝国的精神，现行宪法的背景亦于此可见了。

旧　制

在法国的立宪史中1789年是最重要的一年。在这年以后法国方有真正宪政的试验；这年以前，虽然也曾有过所谓《基本法》(lois fondamentales)，由积习所造成的《基本法》，但是它们的目的仅仅在规定王位的继承，王土的不可弃让，及国教的自由独立；它们和人民却漠无关系。它们值得称为宪法的地方及因它们的束缚力，它们有束缚一般法律及命令的力量。例如：1420年时国王查理六世曾订一条约，否认他私生子查理的继承权，而以英王亨利五世为继承者。这个条约虽经巴黎的议会和大学注册，及全国等级会议的批准，然而查理六世一死，他的儿子七世依然践位，上述条约以违反基本法的原故丝毫不能发生效力。路易十三世及十四世所颁布的继承诏谕也曾因同样的理由而被巴黎的议会宣布无效。在这些事例中，我们可以看见法国在大革命以前已有基本法及普通法的区别，而基本法的观念也早已存在。

但是我们所悉知的立宪政治则完全为大革命的产物。大革命的三大口号——自由、平等及博爱绝不是偶然发生的。因为从前没有自由、平等及博爱，革命的群众才以它们为口号。革命以前的法国政权集于国王个人。除了上述的基本法以外，国王不受任何法律的拘束。上述的基本法，于人民的权利既无丝毫保障，国王当然不知道何为人权。政府的系统中也没有像国会或议会一类可以立法或监督行政的机关。所谓“等级会议”——即僧侣、贵族及平民，每级各推代表若干所组织的会议——自始即没有英国国会在中古时代所享有的权力；且召集的权，完全操于国王之手，国王永久不召集，等级会议即永久不开会。法国在中古时代各地固也有议会（parlement），就中以巴黎的议会尤为著名，但它们是司法和解释法律的机关，而不是立法的机关。等级会议本来有进于国会的可能，英国国会的起源也不过是一个等级会议。但是英国的等级会议因有与国王抗争的机会而进为能立法，能通过预算的国会；法国的等级会议从 1614 年迄 1789 年从不召集，及至路易十八世厄于财政之绌而召集等级会议时，则革命已成不可免的步骤，而等级会议也无由循英国人的旧道。等级会议既始终没有监督国王的权力，国王遂得自立其法，自执其法，自行其政，毫无限制。路易十四世的豪语“朕即是国”，遂成事实。

且大革命以前的法国亦无地方自治可言。大而各省，小而一市一村，俱无民选的议会。凡治理地方的官吏，无论为督察长官，为检察吏，为税吏，或为狱吏，无非是国王所任命官吏。他们奉行国王的意旨，以统御人民；国王的意旨即是法律。举凡信教自由，言论自由，陈述自由等权概为当时人民所不知，拘捕监禁亦不需依固定的手续。总之，当时人民无人权的保障可言，也无自由可言。

法国在旧制之下既无自由又无平等；僧侣及贵族俱为享有特权的阶级。当时全国的土地七分之一为教会所有，而僧侣可以不纳一文的税。贵族所纳的税亦甚轻微。大部分的负担落于农工商的肩上。朝廷愈穷奢极侈，则小民的负担愈重。且征收制度宛如中国的包办政策。税局税吏向政府认纳一定的成数后便向人民任意搜括以饱私囊，于是小民更不聊生。纳税而外，小民更须为贵族及僧侣尽种种之劳力，及经济上的义务。小民的义务虽这样大，然政治上的权力则尽归于贵族。凡高官厚爵，不论文武，俱为贵族所包办，小民只能充兵卒及小吏。这就是政治上的不平等。

那时候各省各地间的分裂性也很大。部高尼(Bourgogne)的人先为部高尼人，次为法国人，诺曼底(Normandie)的人也先为诺曼底人，而次为法人。各省有各省的习惯法，各自不同；没有一种适用全国的习惯法。城市与乡村之间交通不易，感情亦不佳。城市中人鄙视乡人，而乡人也恨城市中人。乡间进城的货物概须纳入城税。此地到那地的货物也须完纳过路税。哈佛尔(Havre)到巴黎不过二百余公里，而税卡共有十所。各地间交通不便，习惯不同，贸易不旺，因之法国的人民也没有四海一家的博爱观念。

大革命

大革命一开始时，自由、平等及博爱，即为人民的口头禅。革命的结果，旧制完全推翻。政体由君主而共和，王后则上了断头台去。国教取消，教会所有的土地一律充公，僧侣的特权也一律取消。贵族制度被废除，贵族的产业也充公了不少。地方自治及选举权则一一赋予人民。

1791及1793年的宪法

在大革命的过程中，宪法也如雨后春笋的突起。第一次为1789年的《人权宣言》。这个宣言最重要的两点，是人类平等和人权保障。到了1791年正式宪法成立，政府组织也有规定。照这宪法，立法院由有产业的人民间接选举，国务员则向立法院负责行政。这个宪法比较起来要算是保守的，它连人民平等的原则也没有承认。革命领袖像罗伯斯庇尔（Robespierre）及丹东（Danton）等俱不满意于它，所以1793年更颁布了一个激烈的宪法。这个宪法正式承认法国政体为共和政体，立法机关为一院制，执行机关为委员制。它已经过了人民的总表决，但始终没有实行。“恐怖时代”以后，温和派渐渐得势，因有1795年的新宪法。

第三年宪法

新宪法在法国历史上通称为第三年宪法，因为那年是革命历的第三年。它规定立法机关有两院，选民有资产的限制，行政采委员制，以两院所选举的五总裁，组织总裁机关。当时为总裁者皆为温和派的领袖，国家也从“恐怖”中逃了出来。但当总裁制的时期（1795—1799年）中，法国天天在仇人包围之中，各总裁虽富有能力，而仍不易有所设施。

第八年宪法

1799年拿破仑返自埃及，易总裁制为执政制，而自为首席执政。拿破仑为军人，不甚表同情于民主政治；他主张宪法应提纲挈领，简要而易修改。1800年他就把第三年的宪法根本修改，另成第八年的宪法，把立法机关的权限大大缩减，把行政首领的权限大大增加。这时拿破仑本已取得了君主的全权，但他还不满意。他于1802年任他自己为终身的首席执政，二年而后(1804)，复下令人民总投票，承认他为法国人民的皇帝。自革命之日起至拿破仑称帝时为止，仅隔十五年，而法国的政体则由王国而共和，复由共和而帝国；变化的快实为历史上所不经见的事。

拿破仑

拿破仑当权后即举行各种设施。在地方政府方面，法国在革命后早已废省而设郡，全国划成八十余郡。拿破仑所置的郡长都是他的私人。他下令下级地方官吏受郡长指挥，而郡长则受中央的指挥。法国的中央集权，实拿破仑开其端。他深信没有宗教便不能有治安，因和罗马教皇订结条约，承认宗教旧时所有的地位。革命时所充公的教会田产早已分售于小农夫，因之不能发还；但拿破仑允以国币充实教会的经费。他又觉得没有贵族及荣典不足以奖进人才，因于封立新贵族而外，复创设荣誉军(légion d'honneur)，藉以笼络有才的人。

拿破仑的盛名固由武功而来，但有永久价值者却是他的文治。他除了改组地方政府外，于行政理财方面亦很有改良，最大的功绩则为法典的颁布。1804年的民法，又称为《拿破仑法典》，实树法国近百年来法律的基础。同时，司法的手续也大大革新，不复像从前的纷乱无章。大革命的种种理想所以能永久于法国的民心者，拿破仑的内政改良实为莫大的助力。

波旁的复辟

拿破仑既失败，路易十六世的幼弟复辟为十八世。路易十八世内因国人的要求，外因列国的授意，不得不颁布一种宪法，以示让步。1814 年 6 月 4 日所公布的约法大体上是仿照英国宪法的。当时英国的政制：行政有国王及其大臣；立法有上下两院所组成的国会，上院为贵族院，议员几全为世袭罔替的贵族，下院为众议院，议员由人民选举。大臣非上院议员必为众议员，而大臣中的中坚分子则自号内阁，阁员亦即多数党在国会的领袖。内阁向众议院负责，非众院的多数党即不能组阁。内阁更代国王负行政的责任。国王的权则有名而无实。这就是所谓议会政府及虚君立宪的内容。路易的约法即以此为榜样，所以也有贵族院、众议院，及责任内阁等种种制度。同时凡英国的人权，如陪审制，保护状，出版自由，身体自由等等也一一有明文规定。在形式上看起来，好像法国的政治可有英国政治的开明了，但在事实上，则英国宪政的精神丝毫没有学得。路易及继他的查理十世俱不能始终以能得下院信任的人组织内阁，国王常常与下院发生冲突，终因非法解散国会的缘故，酿成 1830 年的七月革命，而不习好的波旁王朝也即一蹶不能复起。

奥林朝

继查理十世者为奥林(orléans)朝的路易·菲立普(Louis—Philippe)。1830 年 8 月 18 日的新约法虽由 1814 年的约法修改而成，但究与旧者不同。旧约法为路易十四世所给予法人的，而新的则由法人制定而国王接受者。代表大革命的三色旗复替代旧制的白色旗而为法国国旗。旧约法中命令变更法律的权也明白禁止。新约法更废除国教，并取消新闻纸的印前检查。但约法的条文尽管比前者进步，而不能确遵宪法的精神仍如往昔。英国政制的最有精彩处乃在主持大政的内阁能代表民选议会的多数党，路易·菲立普则始终拒绝选举权的扩大，且复包揽议会的选举。人民既始终不能实际上参政，政府的失政复不可枚举，于是路易·菲立普不能不去，而第二共和国遂随1848年的革命而成立。第二共和国的宪法类似美国的宪法。美国政制取民选总统和民选国会相峙的制度。照1848年宪法，总统亦由人民投票选出，而内阁则由总统委派，不受议会的拘束。法国非联邦，故国会仅有一院。

第二共和

上述统制宪法之是否能永久施行，当然须看总统是何等样人。第二共和国的首任总统——也即唯一总统——路易·拿破仑(拿破仑一世的侄)，本来不是有名的人。他的当选一半荫袭他伯父的盛名，一半由于共和党及王政党的竞争。别人在相争不下的时候，他居然依赖伯父的余泽而当选为总统。他的才具虽然不及伯父大，但是他的野心并不小于伯父。总统的任期本来仅有四年，且不得连任，路易·拿破仑因要求得以连任。而国会既拒绝修正宪法，他遂于1851年底用政变的手段把他的任期延长为十年，把国会解散，把宪法修改。他更追随拿破仑利用人民总投票的办法，以追认政变的结果。下年(1852)人民且表决赞成帝制的复兴。

第二帝国

第二帝国的宪法就是1851年政变后路易·拿破仑所手定的宪法(1852.1.14)，而将总统改为皇帝者。根据这宪法，皇帝的权非常的大；他可以任免内阁，内阁则向他负责。议会为两院制：一为民选的立法院，权限很小；一为钦派的参议院，权限甚大，立法权外，更有解释和修改宪法的特权。在这种制度之下，路易·拿破仑当然成为大权独揽的君主。

拿破仑三世称帝共十八年。最后几年中反对党甚为活跃。为缓和反对起见，他于1870年又颁布一新宪法，把民选的立法院的权增加，把钦派的参议院的权减削，并恢复了责任内阁制度。但人民总投票的制度始终没有取消。拿破仑叔侄皆赖总投票以取到帝位，故深信的总投票可始终利用。

1870年的宪法实行尚不到三月，而普法之战发生。路易·拿破仑被德人所拘获，巴黎民众也宣告(9月4日)另组临时政府以继他的后。

第三共和

临时政府成立不久即举行国会的选举。新国会于1871年2月召集后，举梯也尔(Thiers)为行政首领，不久，正其名为总统。总统及他所任命的国务员俱须向国会负责。梯也尔本为国会议员，且又兼行总统及内阁总理的职务；他似乎应十分有权，但那时国会十分专制，故行政长官到处要受牵制。到了1873年梯也尔卒因和国会冲突，愤而辞职。国会选举麦克马翁(Mac Mahon)大将为总统并定期任期为七年。

麦克马翁本为路易·拿破仑的大将而不表同情于共和政体者；国会举他做总统的意思就是为未来的君主预留位置。原来1871年所举出的国民会议赞成共和者仅二百五十人，而赞成君主者则有五百余人。如果这五百余人都属一派，那共和早已推翻，君主立宪的宪法早已成立。然而这五百人中有二百人是拥护查理十世之孙的波旁派，有二百人是拥护路易·菲立普之子的奥尔良派，更有数十人是拥护拿破仑的后裔的。这三派的议员同床异梦，各不相上下，所以始终不能定出一个君主立宪的宪法来。因为多年推不出君主，故他们不能不暂且同意于无君的政体，而制定1875年的三个立宪法律。这几个法律对于政体本是含糊其辞的；幸而在将要通过的时候，有人突然提出一修正案，把国家的元首正名为“共和国的总统”，更幸而这修正案以353对352票通过国民会议，于是共和政体始算确立。

1875年的宪法

1875年国民会议所通过的立宪法律共有三个：第一个规定参议院的组织及职权，在2月24日通过；第二个规定政府及其他各机关的组织和职权通过于2月25日；第三个规定各机关间互相的关系，通过于7月16日。

1875年的宪法实为一种畸形的宪法。它们当然不是不成文法，但也不像普通的成文宪法。普通的成文宪法总是完整的，法国的宪法却有三个法律，而许多重要的事件，如人民的基本权利，内阁阁员的任命，法院的组织等等，仍是一概没有提及。法国人的制宪经验本极宏富，第三共和国以前，法国已有过十一种不同的宪法，每种都是完整而合于理论的文章。1875年宪法的所以零零碎碎，实是因为那时的国民会议对于宪法的制度甚不热心，于无可如何中才有这三个法律的制定。

最值得注意的是，完整的宪法，象 1793 年或 1848 年的，从不能得多少实验的机会，而破碎零落的新宪法反能历久不坠，至今通行。这个原因也不难推知。法国以前的宪法都是适应当时的理论而产生的，故往往不易实行。1875 年的宪法却是那时政治状况的结晶，所以实行时的妨碍反少。新宪法极易更改，自然无整个推翻的必要。而且凡与现行宪法无冲突的旧有制度也可随时采用，故简陋的缺憾也无从感觉到。因此种种，新宪法便成为最合国情的大法。

宪法的修改

照常理言，宪法愈难修正，则革命及政变也愈不可免。第三共和未成立以前，法国的历史充满了革命及政变。1875 年的制宪者有鉴于此，把宪法的修正定得十分容易。宪法本有刚性柔性的分别，1875 年宪法的柔性甚大。修改宪法的权操于国会，制宪及立法不同的地方仅在两院联席会议的是否必要。关于日常之法，两院各自表决；关于宪法的修正则两院须在凡尔赛开联席会议。两院开联席会议时叫做国民会议。国民会议为法国最高权力机关，国民会议的权力是毫无限制的。譬如说：众议院因要修改总统的任期，而请求参院同意于国民会议的召集。在没有召集的时候，参院固不妨与众院成立谅解，言明除原提案外，国民会议不得讨论其他问题，但会议一开，它便成为最高权力机关，而任何事都可以讨论得到①。但法国人自第三共和成立以来颇能了解政治上公平的规则，故这类反背约定的事情并不常见。

---

① 参阅 Henri Dupeyroux, Du systēme Francais de révision constitutionnelle(Revue de droit public, XLⅢ, 445－472)。

1875年的宪法并不因易于修改而屡经修改。实际上，自那年来，宪法仅经过三次的修改。第一次的修改案是在1879年，这案把首都由凡尔赛移回巴黎。第二案在1884年，这次除了声明共和政体不得有所修改外，更把1875年2月25日宪法中关于参院选举的部分宣布无宪法效力，而另以法人所谓根本法(loi organique)者以为替代。第三次的宪法修正在1926年8月10日。是年卜恩卡赉(Poincaré)组织所谓“法郎内阁”，要务在维持财政。他恐国会有所牵制，故把设立490亿法郎的偿债基金一案以制宪形式通过。实则这三次的宪法修正于1875年宪法的整个并无改变。

然我们却并不能说除了这三个正式的宪法修正案外，宪法绝无别种的变动。法国的法院没有解释宪法之权，所以国会所通过的法律，法院皆认为合宪而予以执行①。换言之：寻常法律亦可变更邦法，变更宪法的法律亦能生效。但这点我们也不足引以为异。制宪与立法在法国本无多大难易的分别。国民会议只是两院的汇合。国民会议得多数同意便可修改宪法。固然，甲院请求乙院开联席会议讨论某种修正案时，乙院得以拒绝请求；但这未必就算是制宪难于立法的佐证；因一院所通过的法律它一院如果拒绝通过，亦足使法律不能成立。

---

① 1875的宪法对于法院有权解释宪法与否的问题并未提及。法国学者的意见则自来即不一致。1925年众院调查委员会利用1914.3.23的法律以采取证辞时，有许多人(有参议员在内)即藉辞1914法律之不合宪法而拒绝宣誓作证。这些人被检举时仍以此求免于罪。Berthélemy，Duguit，及Hauriou等当时主张法院即行使解释权，但Carré de Malberg等则加以反对。最高法院于1926.6.11的判决书中认巴黎法院《司法机关无权干涉议会的决议》之宣告为并为违法。最高法院向来避免对于有否解释之权的问题作直接的答复，但1926的判决则几已明认法院无解释权。参阅 P. Duez，Le contrôle juridictionnel de la Constitutionalité des lois en France〔Les Mélanges Maurice Hauriou(1929)〕。

又法人所谓根本法则其效力与平常法律完全相同。根本法所以在事实上有较高的地位者，乃由于内容的重要。根本法往往涉及政府的组织，故其重要常不在宪法之下。根本法自然可用普通立法的程序来修改。

第三共和以前，世人往往嘲笑法人没有恒性，然 1875 年的宪法已行使了五十余年尚不动摇。修订宪法的提议固然常有所闻①，然大多数的法人俱不赞成时有修改或常有修改，1875 年的制度在今日的法国盖已是根深蒂固的了②。

---

① 例如 Maurice Ordinaire，Le vice Constitutionnel et la revision（Paris，1932），及 Collége Libre des Sciences Sociales 所出版的 Lecons sur la réforme de la constitution（Paris，1933）。

② 参阅 Mirkine—Guetzevitch，La révision constitutionnelle（Revue politique et parlementarire，10 mai 1933）。

第八章　法律及法院

欧美各国所引用的法律有英美通常和大陆罗马法之别。法国的法律是属于罗马法系统的。

法律史

原来罗马帝国势力所及的西欧诸国都用过罗马法，法国这样，英国也这样。西罗马帝国亡后，众雄割据，封建制度产生，英法俱沦陷于混沌局面之中，罗马法在法国失了效力，在英国也失了效力，诸侯对于王室(如果是有王的话)的服从是表面的，王室的统一也是形式的；诸侯各自为政，各地有各地的《习惯法》(coutumes)。但英国的王室在12世纪时已把英国统一，中央政府对于司法就有一致的办法；各处的习惯法经过中央的抉择取舍而后，居然成了通行全国的通常法。在法国则诸侯继续把兵弄权，各地习惯法的势力就根深蒂固起来，而彼此间的不同也益形显著。惟在法国南部，习惯法尚不是法律的重要部分；因为在那里，罗马法在11世纪中早已复活，且变成当地法律的主要部分。法国南部有“成文法国”(Pays de droit ecrit)的名称也就因为这个缘故。

习惯法是随地而异的，是代表封建制度的。到了十三四世纪时国王已有颁发法令通行全国之举。嗣后国王的威权愈大，则颁行的法令也愈多而愈重要。到了十六七世纪时，这种法令益加繁杂。然直到大革命的时候，虽全体都奉行几世纪来国王所颁行的法令，而法律仍未一致。

现行法典

大革命时法国的民族主义很是发达。为统一起见，行省被取消，全国分成几十郡，郡皆直隶中央。为统一起见，分化的习惯法也不得不宣告废止。大革命时期的议会废除习惯法后，更从事于法典的制定。但因革命时期内忧外患的交侵，法典直至拿破仑称帝后始得完成。自 1804 年起到 1810 年止，民法、民事诉讼法、刑法、刑事诉讼法、商法等五种法典一一颁布，而民法典又称拿破仑法典，在诸典中尤为重要。这些法典大抵以罗马法为根据，但习惯法中适用于全国的部分，以及数百年来所颁行的单行法令中的有效部分也经采入。自此而后罗马法始通行于法国全部，而法国的法律也成为最新的，最有系统的法律。封建时代分崩败裂的状态能至此消灭。

法国法典的优美

上述几种法典已经包含了近代法律的全部，再加入法院编制法就成了普通所称的六典。这些法典虽已经过几次的修正，然大体则原来的典文至今仍未更动。它们的完美也于此可见。近代各国，无论德意日本以及中国，逢到制定新法典时，直接间接差不多都以法国五典为张本。所以在现代法律中，法国的法律比英美的通常法尤为重要。

因为法国法典的范围广大，所以法国国会中所讨论的法律案关于行政者要多，而关于人权物权者比较要少；这点法国和英美等国是不同的。同时，因为法国法典的条文甚周密，所以法院解释法律的权力甚为狭小；这点法国和英美也是不同的。英美是不成文法的国家；法院解释法律权的范围非常广泛。法院的解释实等于新的法律；因法院常常有解释，故现行法律也日在增加。且法院今时的解释，将来的法院有遵守的义务，不然解释分歧，而法律必致杂乱无章。在法国则法律的解释不能享受同样的重视。

行政法

但法典的范围虽然十分广大，而行政法则另成一系，不在五典之中。行政法的形式和别的法典不一样。法典都为成文法，而行政法则为判例法。行政法院历来的判决和解释就是行政法的主要部分。成文的，经过法律或命令明白规定的，行政法仅占行政法的一小部分。就形式及成立而论，法国的行政法很像英美的通常法。

但是法国行政法的实质实亦非常充实及详尽。这有两个理由。一因它是判例法，既是判例法，则当然巨细不遗。二因行政诉讼不属于普通法院。行政法院既然自成一个系统，则关于诉讼程序等等的规定自然也不能不详而且尽。行政法不特包含行政机关的组织，行政人员的任用，行政的程序，国家及地方因行政而损害人民身体或财产而发生的责任；如何而命令应作无效，如何而官吏的越权可以制止，如何而人民可以请求政府赔偿损失：在行政法中也都有准则可寻。

行政法院的独立

不但行政法和其他法律不相混合，连受理行政诉讼的法院也和普通法院各成系统。在这个地方法国和英美又是刚刚相反的。在英美行政法很不发达，设立行政法院以受理行政诉讼更为不可多见之事。且国家不受控告之原则在英美保持甚严，非得国家的允许，人民不能有要求国家负民事责任的权利，刑事责任更不可能。国家既不能处被诉的地位，则行使国家职务的公务员自然也不便处被诉的地位。所以你只有把公务员当做平民而控告他，他在公务员的地位却不受控告。公务员既然不能有特异的地位，专司行政诉讼的法院或机关自然也无由产生。因之公务员在英美等国犯罪，无论因公与否，也一律受普通法院的制裁。

行政法院在法国的所以要分离，要独立，别有重大的理由。法国大革命时三权分立说的势力绝大。既然三权分立，行政机关当然也不能受司法机关的干涉。在事实上，革命时法国法官的权力非常薄弱，要他们秉公裁判人民和官吏冲突的事件或保障人民的权利，实为不易做到的事，但在又一方，大革命前法院之频频干涉行政也是自以为能代表民权革命的行政机关所不能容忍的事件。如行政诉讼不隶属于行政机关，则司法行政两机关间的冲突，将无可幸免。冲突结果，非司法独立不能保持，必行政机关处处受法院牵制。而且法国为中央集权的国家。中央为便于统治起见，指挥不能不统一而敏捷；行政法的详尽固由于是，行政诉讼之必须另设行政法院也由于是。所以自大革命后，行政诉讼由行政法院处理，而行政法院和普通法院也分道而驰，不相统属。

普通法院的编制

法国的普通法院的编制采四级三审制，自下而上，有治安法院，县法院，上诉法院，最高法院四级。和上诉法院平行，而专司刑事案件的审理者则有陪审法院。

治安法院(Tribunaux de paix)即治安法官(Juge de paix)的法院，组织极为简单。法国共有三千余保，每保有治安法官，所以治安法院也有三千余。治安法院所受理的案件至多，每年总数达百万余，但性质异常轻微。仅600法郎以内的民事，和罚金不过50法郎，或拘役不过五日的刑事案件，治安法院得以受理；仅300法郎以下的民事，和罚金不过5法郎的刑事案件治安法院得有终审的权，其他皆可上诉。但事实上上诉之案件甚少。治安法官受理刑事时叫做简易警察法官(Juge de simple police)。

治安法官由司法部长呈请总统任命。他虽不必有精深的法学，但必须得过初级法律文凭。曾任民选的官吏，如市集长等，十年以上者虽没有文凭，也可充任。治安法官无故不得免职。治安法官的真正职务不在判案而在做和事佬和解人民间的纠纷①。他的和解本领是很大的，不然治安法院每年所受理的案件或且达数百万。

区法院

治安法院之上有区法院(Tribunaux d'arrondissement)原则上一区一个。但即在1926大裁并以前。亦有若干县自设区法院者②。1926.9.3卜恩卡赉政府为简政起见，以命令法律裁并区法院。原有的359个区法院并成131个郡法院(Tribunanx de departement)及分院(sections)③。每郡设一个郡法院，人口较多之郡则酌设一个或数个分

① 按照民诉法第四八条，人民琐屑的争讼本须先就治安法官试行和解。

② 1926秋季以前区有385，但区法院亦仅有359。

③ 但Seine，Algiers，及阿尔萨斯—劳伦的法院未动。

院。但简政虽为当时公议的急务，而裁并法院则又为众院大多数议员及地方士绅所不满，故实行颇有困难。根据 1931.4.22 的法律，已裁的区法院自 1931.10.2 起又已大都陆续恢复。

县法院的法官大概为 5 人，在繁盛的地方也有不止此数者。凡法官数目在 6 人以上的地方，法院得酌分为几组，审案时，全组或全院的法官须全体出席，其中的一人任主席法官。判决须得全体出席法官的同意。此外另有检察官一人，司刑事案件的检举责任。

区法院也称初审法院(Tribunanx de premiere instance)，因为一切民事案件的初审，除了最轻的案件及法律别有规定者外，俱有区法院管辖。但民事案件之超过千五百法郎者俱得由此院上控。由治安法院及劳工仲裁会议上诉的案件则区法院为终审者。区法院并为轻罪的初审机关。按法国刑律，罪有过失(contraventions)轻罪(délits)及重罪(crimes)三种之分。过失之初审操之于治安法院，而终审者则为区法院。案件最繁的轻罪(不逾五年的徒刑者)则归区法院初审。区法院审理刑事时称为纠正警察法院(Tribunanx de police correctionnelle)，取纠正罪过之意。

上诉法院

再上即上诉法院(cours d'appel)；法国本部有 27，属地有 3，共 30，上诉法院分庭处理案件，有民事庭，刑事庭及公诉庭(chambre d'accusation)之分。公诉庭提出公诉。每庭至少有推事 5 人，中 1 人为主席推事。更有总检察官(procurer-general)1 人或数人。上诉法院的管辖权几限于受理上诉，而举行重审。大部分案件到了上诉法院便算终审。

上诉法院审理民事案件的程序通常为律师程序，故很少会得传原被告对质。原被告各雇律师往复呈递辩论书，最后法官始令双方律师举行口头辩论。判决取决于推事的多数。

陪审法院

与上诉法院并行而专理刑事案件的陪审法院（cours d'assize）共有89个，每郡1个。他们叫做陪审法院，因为他们是有陪审官的法院。陪审法院有推事3人，主席推事由司法部长从上诉法院的推事中指派而来；其他2推事则或为上诉法院或为区法院的推事临时充任。陪审法院每年开庭4次，并不常年存在。审判时事实的决定由陪审员掌之。陪审员共有12人，乃从公民单中抽签组成。陪审制度本模仿英国而起。他在法国的经验，并不良好。陪审员大都为小商贾，对于危害财产之事偏于严，而对于危害生命名誉之事则偏于放纵。法国人最富情感，因一时情感的冲动而犯的罪，陪审员尤易从宽发落。

最高法院

最高法院实即撤销法院（Cour de cassation），因为它可以撤销下级法院的判决。最高法院分为三庭，一为民事查案庭（Chambre des requetes），一为民事庭，又一为刑事庭。它有院长1，庭长3，推事45，更有总检察官1人，检察官数人。它为终审法院，它无初审案件。关于上诉的案件，它只问法律的援用是否正常，诉讼的程序是否合法，而不讨论到事实问题。关于民事案的撤销请求，如查案庭认为理由不充分，便不进行；如认为有所根据，才由民事庭正式受理。刑事案的撤销请求则直归刑事庭受理。诉讼两造以书而状叙述理由后，得以口头说明案件中的要点。审查的报告先由一个推事预备再由全庭公决。如下级法院的判决没有错误，案件便算终了；如有错误，最高法院并不自行判决，他不过指示法律要点令一个下级法院重行审理而已。万一下级法院仍沿用原判决，而上诉如故，则最高法院的全体推事得以最庄严的手续开庭审查。最高法院或维持原判，或再加以撤销，令第三个下级法院重行审理。第三下级法院有服从最高法院的意旨的义务，关于再审(Révision)的案件——即判决虽已执行，而判决的根据发现错误或缺漏，因而要求再审之案——最高法院得自行审判，且判决。除了管理上诉及再审之案外，最高法院更司法官惩戒之责。

最高法院的声望甚佳。最高法院推事的待遇虽不见得优渥而做推事仍为下级法官最后的目标。

刑事诉讼的程序

民事诉讼的程序偏重于律事程序。刑事诉讼的程序则比较的要繁重些。除了过失的案件归治安法院初审外，其余的刑事，无论所犯者为轻罪或重罪，于拘禁后24时内即由侦查推事(Juge d'instruction)举行侦查。侦查为秘密的，但其他程序则与正式开审相似。审讯甚为周到，证人一一召集。被告并得请辩护律师出席。如侦查推事认被告有重大嫌疑，他便将被告连同侦查报告移交区法院初审，如所犯的为轻罪或移交上诉法院的公诉庭，如所犯的为重罪，区法院的审理由全体推事任之，并不繁重。公诉庭于接到报告后即详加讨论。如认被告为无罪，便把他释放；如认他为有罪时，则提出公诉。公诉庭取合议制，须5人以上的推事共同裁决。公诉书很长，包含种种证据，由法院的检察官起草，但全体推事俱须署名，故枉屈之事甚难发生。

公诉庭之公诉乃向陪审法院提出。陪审法院有推事及陪审员12人，候补陪审员1人或2人。陪审员及候补陪审员乃从36人的陪审员单抽出。被告及检察官方面俱可要求某人回避，或反对某人充陪审员。但被反对者不能过 23 或 22 人，因陪审员总须在 36 人中抽定。

陪审员抽定后，主席推事即开始审问犯人，犯人有问必答，但他人俱不得搀言。此项审问极为详尽。问时主席先把他所知的原末宣布，然后问犯人确否。审问犯人毕后，检察官附带民事诉讼人，及被告方面之证人即继续宣誓而陈述证言。依刑事诉讼法，证人可言所欲言，法庭不得加以间断，但证言太逸出范围，与本案无关时，则主席推事亦得制止。证人发言毕后，主席推事得以发问。发问毕，检察官也可直接向证人发问，但被告或附带民事诉讼人之律师则仅能请主席推事转问证人。陪审员及推事俱有发问之权，但甚少发问。

证人作证毕后，各方面开始辩论，检察官最先，附带民事诉讼及被告的辩护律师随之辩论。一方不拘一次，但被告有最后的辩论权。辩论终结后，主席推事即提出问题若干，请求陪审员决定。问题中的一个即为如果被告犯罪，是否尚有末减的情节。于是陪审员即至外室，决定答复的办法。各个问题俱取决于多数，以秘密投票定之。往往陪审员先问明主席推事，何种罪受何种刑后，始肯定罪。法国陪审员对于政事犯往往失之于宽，而对于窃盗之罚则失之于猛。

推事根据于陪审员的报告，而判决罪名，宣告刑罚。如推事不能同意时则取决于多数。如陪审员的判断为 6 与 6、或 7 与 5 之比，而 3 推事能意见一致，则法庭得为无罪之判决。如陪审员认被告有末减的情节时，所定的刑罚亦应减等。

当事人或检察官对于陪审法院的判决有不服者得上诉于最高法院。最高法院即认下级法院的判决为不当时也不得把判决任意撤销，他只能交另一陪审法院重行审理。

辅助法院

除了普通法院以外，法国更有商事法院(Tribunaux de commerce)及劳工仲裁会议(Conseils de prud'hommes)。商事法院之数在200以上，在有较大城市的区中才有，法官则由商人中公推，女子亦得应选。巴黎有推举商事法官资格的商人约有六七万人。商事法院的上诉也在上诉法院。

劳工仲裁会议为半法院式的机关，也就较大的城市设立。仲裁员资方及劳工各推一半。如两方各执一词，无法解决争端时，则以治安法官为主席。凡超过300法郎以上的案件，可上诉于区法院。

法国还有一种估定被征收的土地的地价机关(Jury d'expropriation)则完全由16陪审员所组织的陪审委员会行使职权，并不另设法官。

参议院亦可充做法院，这于讨论参院职务时已经说过。

正式法院的法官皆由总统根据于司法部长的呈请而任命。法国法官的任用及保障虽视法院的性质而异，但大体都采用考试制度，及无故不得撤换的原则。治安法官须有相当的法学知识或具有司法或行政经验，如法院书记官，市集长，郡议会会员等等，而考试及格者。治安法官的免职虽不见明令，但司法部长必须采纳由最高法院推事3人，检察官1人，及司法部员数人所组织的委员会的意见；所以无故把他们免职也是不易有的事。最高法院的推事的任免也没有法律的限制，但事实上总由下级法院中的推事升任，而免职也是不常见的事。至于其他正式法院的法官，低级的俱经严格的考试，高级的则由下级法官中擢升，司法行政长官并不能自由用人。免职更不易易，因为不得最高法院推事 7 人所组织的惩戒委员会[①]的同意，法官不得受免职或降职的处分。司法行政长官的唯一自由权乃在从晋级单中择喜欢之人先予晋级，或以私人补经已晋级者之缺。但晋级单中的人并不众多，且由法官所组织的委员会制定。每个法院有一个单，每年则修改一次。故司法行政长官上下其手的范围不能甚大，又每年的缺虽至少四分之三须从单中擢升，而其余可由其他有特殊资格中的人提用。但此处司法行政长官的升缩余地也不甚大。

律　师

法国的法官与律师为截然不同的行业，法官是法官，律师是律师。法律学校的毕业生想做法官者，自始即考入法院服务。此后按年限及本领而晋升。律师想做法官者也只能从下级法官做起。只有曾任律师或大学法律教授，或参政十年以上者始有被补实缺法官的可能，因为照法官任用法，每年不过四分之一的法官可以这种人补入，而不必以法官推升。

检察官

检察官和审判官在法国为法官。检察官俗称为“立的法官”，因为他们开庭发言时立而不坐；而推事则俗称为坐的法官。检察官的登庸与推事相同，唯检察官职司在检举罪犯，负有为国家保持治安的责任，故不能不和行政机关的意旨相合。故政府把检察官选调或降职之事，并不罕见，不像推事的降调是很不易能的事。

---

① 法文为 Conseil superieur，直译应成高级会议。

行政法院

以上所论的是普通法院及其法官等等。行政法院的组织则另成系统。

参事院

行政法院分二级，一为郡参事院(Conseils de préfecture)，又一即参政院。参事院向日一郡一个，但1926年大减政时，参事院亦改为数郡合设一个①。参事院设参事4人，由中央任命，所在地的郡长为参事院院长，但普通并不出席，而由参事中的1人任副院长，且代理主席。参事都为曾任公务员之人，但才具极有限。法人视县参事院为庸人的渊薮。参事甚少升官希望，有野心者也不入参事院。参事院的权限亦狭小无比②：虽每年所受理的案件总数达30万左右，然19皆性质简单的征税估价的问题，且一切俱可上诉。参事院处理诉讼的程序亦极为简单。告诉人告发后，即由参事1人调查事由，并做一报告。参事院根据报告，传集有关系人问话，如是即可为判决的处分。但须有参事3人或3人以上的出席。郡长虽不常出席，他却可左右一切。

---

① 根据1926.9.6的改组令，除Seine郡的参事院外，其余共合为22个联合郡参事院(Consieisde préfetnreinter departementaux)。

② 依法，参事院得受理关于公共建筑，大道，国有土地，直接税，有危险性或不合卫生的企业，军事征夫，联络道路，县市议会的选举，市集的账目等等的争执。

参政院

参政院为最高行政法院。他有两种职权，一为供政府的咨询，一为裁判行政诉讼。凡比较重要的行政诉讼俱由参政院受理，郡参事院的判断亦得上诉讼参政院。

官吏的行为

行政官吏的行为，就行为的性质而言，可分为三种。一为营业性质的事物之执行(Actes de gestion)，如邮电事务。二为治理性质的事务之执行(Actes d'autorité)，普通的发号施令多属此类。三为政治性质的事务之执行(Actes de gouvernement)，如解散国会，令国会休会等等。关于第一种行为的诉讼，受理者为普通法院，而非行政法院。但因该种行为而要求国家或地方赔偿损失的诉讼则归行政法院[①]。关于第二种行为的诉讼归行政法院。第三种行为的范围学者争论甚烈。政府对外的行为，如撤回驻使，或驱逐外籍侨民等等，及对于国会的行为，大家固都认为政治性质的行为。凡政治性质的行为不特行政法院不能干涉，即普通法院，为尊重分权起见，亦不能干涉。然关于国家治安的处置，如逢国家危险时禁止言论自由之令等等，是否成为政治性质的行为抑仅是治理性质的行为，则为争论之点。如为前者，则行政法院不得干涉；如为后者，则行政法院可以干涉。近年来参政院的判决是偏向于后者的解释的。

① 但侵害不动产之损失赔偿仍归普通法院。

参政院的处分

就不合法的程度而言，参政院所受理的案件亦可分为三种。一为因行政官吏之命令或行为超出法定范围(Excés de pouvoir)而请求撤销。二为因行政官吏之命令或行为妄用职权(Détournement de pouvori)，而请求撤销。三为请求赔偿因行政官吏之行为而发生的损失。此三种的分别实有说明之必要。越权行为即指法律所未赋予而官吏擅自执行者，例如部长不经法律所规定的手续而将部员撤职。妄用职权即指法律虽赋予职权，然而用不得其当者，例如因不合卫生而封闭火柴制造厂固为法律所许，但国家在设立火柴专卖时，因无钱收买而封闭私营火柴公司，藉可不花钱而没收，则为妄用职权。救火警察疾驰马路本不违法，但如因疾驰而伤及行人时，行人仍可请求赔偿，此则属于第三种。

撤销行政机关的命令之权，不因发命令者的地位而有不同。总统所颁发的命令，参政院亦可撤销。参政院原把总统的命令看做有政治性质及治理性质之分；停止国会之命令为前者，而规定关吏检查入口货物之命令为后者。但大部分的命令实不能辨明属于何种性质。近来的倾向是把后者的范围看大。因之总统的命令也很少是参政院所不能过问的。国会以外的议事机关，如郡议会或市集议会，所制定的法令也可以受撤销的处分。

普通法院有拒绝执行非法命令之权

上面已经说过，法国普通法院没有宣告法律无效之权。但对于命令，普通法院虽不能撤销，却可以拒绝执行①。如人民违反命令，经检察官吏或警察检举后，被告可藉口命令的不合法而不认有犯法之行为。普通法院对于命令的态度大抵视参政院决断为从违。如命令已经撤销而官吏仍把它执行者，则被害之人可于普通法院提出控诉，控官吏的非法行为。如官吏的行为毫无法律根据，则人民仍可于普通法院中控告其违法，行政法院之设本在便利行政，除非给官吏以特殊的保护，故官吏违法的行为仍属普通法院的管辖范围。

行政诉讼的程序

行政诉讼的程序甚为简单。被害的人民或自以为有关系的人民向参政院递一有一定格式的呈文后，即由查案员调查情由，将两造的意见和他自己的观察报告于参政院。参政院中有两组专理行政诉讼。其一叫做特别诉讼组(Section spéciale du contontieux)以主席1人，常任参政12人，及查案员、襄理员各若干人组织之，专理关于选举及直接税等比较不重要之事件。它又分成6个小组，每个小组可以独立裁判。其二叫做诉讼组(Section du contentieux)。组织与上相同，但所受理之案较为繁重。它分成4个委员会(comités)，及2个分组；前者司侦察；后者司审判。性质严重的事件，如关于越权的处分等，须由全体常任参政公开审判；其他事件，经政府参政院副院长或所属组之参政1人提议，亦须受全体的审判。审判时手续颇简单；见证之陈述以涉于事之本身为限，法律上小节则无须拘泥。诉讼的手续既简单，

① 依理普通法院不得过问行政行为。但刑法典第四七一条裨普通法院以惩治“违反合法命令之人”之权。因此，普通法院遂取得审查是否“合法”之权。普通法院之所以仍不能撤销不合法之命令者则为尊重行政权之独立也。

诉讼的事件也随之而多。现在的参政院因之也免不了有案件堆积的弊病。

行政法院的公平

参政院的成绩可以祛除人们关于行政法的疑惑。有人恐怕行政法院偏护官吏，而人民吃亏，但事实上并不如此。参政院对于官吏越权或误用权力的行为毫不假借，而对于人民所受的损失则甚能公平保护。在不承认有行政法的国家，因官吏疏怠而发生的损失，国家是不肯赔偿的。假如英美衙署因年老坍毁而压伤人民，国家必不肯赔偿。但在法国虽官吏无违法行动，但公屋的坍毁总是由于官吏的疏怠，故政府仍负赔偿之责。同时行政法对于官吏也有方便。官吏如无特殊地位则对于有许多事务难以尽责。英国有船舶检查法，但检查官对于不适于航行的船只，因恐船主控告损害权利，往往不敢扣留。但在法国则因执行法令过严而发生的损失概由国家负责赔偿，官吏可以不问，所以官吏倒可奉行法律，无所畏忌。官吏只消忠实的奉行法令，即有损害人民之事，官吏决不至自负责任。同时人民仍可以极简单的办法，随时阻止官吏的疏忽或过分严峻的行为。所以行政法一方保护人民的权利，一方又维持行政的效率。行政法的结果在法国是十分圆满的。

管辖权的冲突

法国行政法又把私人的行为(Fait personnel)和职务的过失(Faute du service)分头并论。私人的过失非执行职务所必须，可与行政分离，故归普通法院管理。职务的过失乃执行职务时所必要，与行政不能分离(例如因执行命令或误解法律而起之事)，故归国家负责，由行政法院管理。但有许多事件的性质介乎二者之间，不易分清，普通法院与行政官吏往往会得发生争执。为解决这种纠纷起见，法国更有管辖权法院(Tribunal des conflits)的设立。参政院和最高法院在这个法院中处均势的地位，两者各举3人，由公举的6人再举出2人，再加上司法部长，共9人组织这个法院。司法部长仅为虚名的院长，一切事情由法院自举的副院长主持。凡因管辖问题而发生的争执统由这个法院裁断；裁断后，案件方能由普通法院或行政法院受理。

比较宪法*

（节选）

* 此书为王世杰、钱端升合著。

第一编　绪　论

一切治宪法学的人，自应首先对于宪法与国家这两个名词，有相当的了解。本书第一编的目的，即在分别说明我们对于这两个名词必须具备的几种概念。

第一章　宪法的概念

第一节　宪法的特性

“宪”及“宪法”，为吾国旧有名词。如尚书所谓“监于先王成宪”，国语所谓“赏善罚奸，国之宪法”，皆是。这些旧名词的意义，系指“典章”，“法度”而言，系指一般的法规而言，与今人所谓“法”者尚约略相当；与今人所谓“宪法”则有分别。国人今日称用宪法这个名词，系借旧词以表新意，系西文 constitution 及 Verfassung 等字的转译；不复含有一般法的意味。但是今人虽不复以宪法泛指一般法律，而宪法这个名词，在今人用语中，却是一个含有歧义的名词。这是因为宪法本身的特性含有形式的与实质的两面。今人称用宪法这个名词，有时系指其形式的特性而言，有时系指其实质的特性而言，所以彼此尽管用同一个名词，而其意义往往并不一致。然则从宪法的形式上及实质上分别观察：所谓宪法的特性者究竟何在？

（一）形式上的特性　从形式方面来说，诚然没有一种特性，可以说一切国家的宪法都能具备。但就现代大多数国家的实例而言，宪法却都具有下列两种特性之一，或兼具下列两种特性。这两种特性，都是属于宪法形式方面的；这两种特性，也就是现代宪法的特色；也就是现代宪法的观念的特点：

第一，宪法的效力高于普通法律　这就是说宪法与普通法律有主臣之别；普通法律与宪法条文相抵触时，则普通法律失其效力。这是现代一般学者所认为宪法应具的一种特性。一般学者彼此意见上的互异，不在宪法之应否具有此种最高性，而在此种最高性之应否具备一种有效的保障。许多国家，不独承认宪法的效力高于法律，并且对于宪法此种最高性，设有一种有效的保障——即法院对于违反宪法的普通法律，得以拒绝适用。有些宪法学者，尽管承认宪法的效力应高于普通法律，尽管承认普通法律不得抵触宪文，却不主张设置此类保障。有些国家的宪法，实际上亦尚未设有此类保障。凡此当于论法院的解释宪法权时细为论列①，这里暂不多说。

第二，宪法的修改异于普通法律　这就是说，修改宪法的机关或手续与修改普通法律不同。这个特性，只有一般所称为刚性宪法者才有。但现代国家虽然不都采用刚性宪法，刚性宪法却是现代极大多数国家的宪法所采取的形式。所以这个特性，实际上亦可以说是现代一般宪法的特性。不但如此，宪法的效力既然要高于普通法律，则在理

① 第四编，第三章，第三节，第1目。

论上讲，变更宪法的机关，自应与普通法律有异；就令机关相同，变更宪法的手续，亦应与普通法律有别。假定宪法与普通法律，都由一个机关变更，这个机关变更宪法的手续又与制定普通法律一样，则不独宪法与法律效力的不平等，于法理上将不能得着一个完满的说明，事实上，宪法亦必不易取得或维持一种优越的权威。所以在理论上讲，宪法的这个特性，可以说是前一个特性的附属性。

（二）实质上的特性　如仅据上述两种形式上的特性，来为宪法这个名词下一定义，则现代各国中，便有少数国家——最著者为英意——可以说是完全没有宪法；因为在这些国家之中，一切法律的效力都是相等的；一切法律都是由同一机关（即议会）依同一手续制定的。但是宪法这个名词，除却其形式的意义而外，亦尚有其实质上的意义。学者间称用宪法这个名词，往往不是指着一种形式上具有何种特性的法律而言，而是指着一种实质上具有某某特性的法律而言。所谓实质，就是宪法里面所规定的内容。就宪法的实质说，宪法的特性，在规定国家根本的组织。根据这个标准以立宪法的定义，就是英意等国自然也有他们的宪法。

然则关系国家根本组织的事项，究竟又是哪些事项？这个问题的答案，理论与各国实例颇不一致，而有分别解释的必要。

就理论言，宪法既为规定国家根本组织的法律，则宪法的内容，应以下列三项事件为范围：

第一，个人的基本权利与义务　所谓个人的基本权利，在18世纪美法大革命时代，殆限于当时“人权宣言”中之所谓“人权”，即人身自由，言论自由，集会自由等等。近人所谓个人基本权利，尚不止此。所谓个人的基本义务，在法国第三年（1795年）宪法的“人民权利与义务的宣言”中，即已有所宣示；惟该法所宣示者，仍不过是服从法律，捍卫国家，与负担租税等几种义务，以比晚近宪法所列举的个人基本义务，其种类或范围，殊形狭小。但无论权利与义务的正当范围，应如何划定，宪法既为规定国家根本组织的法律，当然也是规定个人与国家的关系的根本法律，从而个人的基本权利与义务，总应于此根本法中有所规定：因为所谓个人的基本权利，既是国家权力的限度，亦即是国家所不应侵犯的权利；所谓个人的基本义务，即是人民所必须牺牲的自由，亦即是人民对于国家所必须负担的义务；二者有了规定，国家与人民的活动才可不相冲突。

第二，国家最重要机关的组织职权及其相互关系　所谓国家的主要机关，虽无确定的范围，然最高行政，立法，司法各机关的组织，职权，及其相互关系，固不容不于宪法有所规定。此类机关的组织，职权，及其关系，虽然仍有许多部分必须以普通法律为补充的或具体的规定，然凡与国家组织有重大关系者，固不容不规定于宪法之中。至于中央机关与地方机关的关系，在单一国家，虽不于宪法上有何规定，在联邦国家，则中央与各邦的权限，固莫不于宪法上划定。

第三，宪法的修改　在18世纪期内，欧洲大陆学者间对于宪法修改问题，颇有几种不甚切中事理的主张。其一，以为宪法的变更，应永远取得人民全体一致的同意；凡不同意者，得脱离国家。瑞士18世纪有名公法学者华特尔(Vattel)即作此种主张。依此说而加以推论，宪法的修改，在原理上既须具备必要的条件，则宪法之给以规定与否，转无何等重要。其二，以为宪法的修改，尽可由人民随时自由决定其机关与方法，而不必有一定的手续，因为人民即主权的主体。人民既为主权的主体，其意志自不受限制，由是宪法上便不应预定修改的手续；宪法只在束缚议会，只在束缚根据宪法而产生的机关(即法人所谓 pouvoir constitue 者)，而非所以束缚享有制宪权的人民，或其所选出的制宪机关(即法人所谓 pouvoir constituane 者)。法国大革命时代政论家西耶斯(sieyes)即作此种主张。依此说而加以推论，人民的制宪权既不受任何预定的限制，则宪法上自不应有规定宪法修改手续的条文。然就实际而言，以上二说的弱点，固甚鲜明。倘宪法的修改，概须取得人民全体一致的同意，而凡不能同意者便须脱离国家，则修改宪法一次，便即改造国家一次，人民或领土亦将随宪法的修改而变更。倘宪法的修改，应不受预定的限制，则宪法修改一次，便同于革命一次，其修改时的困难与危险，又将达何程度？所以两人的主张，终亦未为当时一般人所笃信。当时人士之所笃信，与近代宪法之所采纳者，乃为下述的一种主张，即宪法的修改，应本宪法条文之所规定。换言之，关于宪法修改的机关与手续，虽无一定不易的原则，而此种机关与手续之必须规定于宪法，则不容否认。卢梭即为首倡此种主张者。①

以上所述，都只是从理论上推究宪法应有的内容；且即在理论上讲，所谓人民的基本权利与义务，所谓国家最重要机关的组织，职权，及其关系，亦初无一定不易的范围。实际上一国有一国的政情；一国人民有一国人民的政治观念；甲国人民所认为应该入宪的事项，乙国人民或认为不需入宪。所以，实际上各国宪法所规定的事项，彼此往往互异，有些宪法，甚至极端的与上述理论上的范围不相一致。今举数例，即可了然于实际与理论的如何出入以及各国宪法互异的程度：

法兰西 1789 年大革命发生后，制宪机关的第一宣示，便是“人权

① 以上诸说，见 Esmein，Eléments de droit constitutionnel(1927)，L，608—619。

宣言”，盖即人民的基本权利的宣示；在共和第三年(1795)时，且将人民的基本权利与义务并列入宪法之中，而成为人民权利与义务的宣言。但是法国1875年的宪法(即其现行宪法)，却无关于人民权利与义务的条文。反之，德国1871年的宪法，初无规定人民基本权利与义务的条文；而1919年的新宪法，则特设专章，为极冗长的规定。中国辛亥革命后第一次颁布的临时宪法(《中华民国临时政府组织大纲》)，亦毫未列举此种权利或义务；民国元年南京参议院制定临时约法时，对于此种权利与义务，始设专章为之规定。由此以观，足见各国宪法，对于人民基本权利与义务问题，有给以规定者，亦有完全省略者；甚至一个国家的宪法，有时给以规定，有时毫不给以规定。但就一般国家的宪法而言，此种权利与义务的规定，究为构成宪法的重要部分，彼此的互异，只在此种权利或义务的种类与范围。

至于关于国家重要机关的组织，职权，及其相互关系等问题，各国宪法亦有详略极不一致的规定。或则对于绝对不容抹煞的问题，亦省略而不给以规定：例如加拿大及澳大利亚的内阁，俱系对议会负责的机关——即所谓议会内阁制者，——然加拿大及澳大利亚宪法，固无规定内阁对议会负责的明文，而仅令此制存于习惯之中；法兰西1830年宪法，亦未以明文规定议会内阁制，然在路易·菲力普王朝内(1831—1848)，此制亦显然行于法国。由此可见关系国家根本组织的事项，有时亦为宪法所含糊过去或全被省略①。或则对于特权问题，虽与国家根本组织绝不相同，于宪法条文之内却有详细规定：例

① 中华民国元年临时约法，对于内阁是否对议会负责问题，规定亦不十分明了；其第四十四条所云“国务员辅佐临时大总统负其责任”一语，词义亦不免带着几分含糊。

如瑞士宪法，对于中央与各邦的权限，规定便极繁杂，我们倘通览全文，将见极具体的问题，如渔，猎，牲畜，疾病以及赌博，开彩等类的事件，亦一一在宪法中有了规定。除了上述几个极端的例子而外，其他宪法，因为有几种问题，——例如议员选举权及被选举权，预算，决算，会计等等——其应否规定于宪法，与应否详定于宪法，在理论上多少尚有可以讨论的余地，繁简遂亦各异。但就近十余年来各国的新宪法考之，则其内容大都有趋于繁长的倾向①。

就是宪法修改问题，各国宪法，亦有完全省略不予规定者，意大利的现行宪法即是最著的一例②。

第二节 宪法的种类

宪法的分类，亦与其他事物的分类一样，可有种种分类的标准。分类的标准不同，分类的结果自异。如以宪法的形式为分类的标准，

---

① 欧战后新兴国家的宪法大都趋于繁长，1919年德意志宪法即其一例。近十余年来新成立的宪法，除1924年土耳其宪法。1932年暹罗临时政府宪法，1935年波兰宪法及中华民国训政时期约法较短外，其余如美洲多米尼加(1924)，洪都拉斯(1924)，智利(1925)，巴西(1934)，欧洲希腊(1927)，立陶宛(1928)，西班牙(1931)，葡萄牙(1933)，及亚洲伊拉克(1924)等国的宪法，亦莫不繁长，而西班牙新宪法为尤甚。

② 意大利现行宪法，仍是1848年所颁布的根本法(Statufo Fordamentalo del Regne)。自颁布以迄法西斯蒂当权，在这期内该宪条文从未正式有过修改；虽则实际上被习惯或议会所制定的法律所变更者很不少。自法西斯蒂党当权以来，意宪的精神及实质，更新许多新的立法而大变，即如1925年12月24日的政府首领的权力法及1928年12月9日的法西斯蒂评议大会权力法等法，亦未将该宪条文正式删改。至就理论而言，则意大利法学家向不认该宪为永远不可变更之物，他们认为意大利议会即有修改的权能。参看McBain and Rogers, The New Constitutions of Europe(1923)，550及以下。

则各国宪法便有成文宪法与不成文宪法的分别。如以宪法修改的难易为分类的标准，则各国宪法便有刚性宪法与柔性宪法的分别。

（一）成文宪法与不成文宪法　历来学者，大都分宪法为两种：一为成文宪法，一为不成文宪法。“不成文法”一词，系沿自罗马；但罗马法家所谓“不成文法”（iuson scriptum），其原义系专指习惯法而言，今人所谓不成文宪法，则其义初不只此；所以我们不能望文生义，而视不成文宪法与习惯宪法为一物。今人所谓成文宪法与不成文宪法，其义如下：

凡将关系国家根本组织的事项，以一种文书或数种文书规定者，谓之成文宪法。所以成文宪法亦有称为文书式的宪法（documentary constitution）者。各国宪法之具成文形式者，大率为单一的文书，换言之，即一种法典，例如日本的宪法。但亦有以数种文书构成一种成文宪法者，法兰西的现行宪法，即其明例；因为它实包含着1875年内自2月至7月所陆续颁布的三种法律①。反之，如关系国家根本组织的规定，未尝并诸一种文书或数种文书之内，而散见于习惯法与多种文书（即单行法律）中者，则为不成文宪法。在现代国家中，凡关于国家根本组织的事项，绝没有完全存诸习惯中者；就令某一国的宪法为不成文宪法，亦只是一部分的宪法散见于习惯之中，另一部分则仍为文书式的法律。所以不成文宪法一词，不能与习惯宪法混为一物。英国就是这样的一个例子。英国宪法的一部分，固存于习惯法之中，然与英国政治组织有根本关系的事项，亦有许多部分已经文书规定；例如1688年限制国王特权的法律（Bill of Rights），1701年规定王室

① 即1875年2月25日的公共机关的组织法；1875年2月24日的参议院的组织法；及1875年7月16日的公共机关的关系法。

承继及其他问题的法律（Act of Settlement），1911年规定上下两议院权限的法律（Parliament Act），固都是文书式的根本法①。

虽然，上述成文宪法与不成文宪法的分别，亦不过就大体而言。严格地讲，现今立宪国家，其宪法有一部分存于习惯，而不存于条文者，实不限于采用不成文宪法的国家；即在采用成文宪法的国家，往往因宪法条文的疏略与含混，或因宪法条文与实际情形难于融洽，亦不免产生许多的宪法习惯，以为成文宪法的补充，甚或与成文宪法的条文公然抵触。例如美国宪法，本未明白禁止总统作二次以上的连任；但自华盛顿宣言一人不宜连任三次总统，因而拒绝为第三任总统的候补人而后，总统的不能三次连任，竟成了美国的一种宪法习惯。相类的例子，殆无国不有。所以严格讲来，成文宪法与不成文宪法的

---

① 英国宪法之存于习惯中者颇多，以下即最著的数例：

一、内阁不得众议院信任，则须离职，或则解散众议院以诉诸选民（即奉行众议院的改选）；如新选出的众议院仍不予以信任，则内阁必须去职；

二、国务员全体对于议会须连带负责；

三、在下议院能支配多数议员的政党，有组阁的特权；

四、议会至少须每年召集一次；

五、一切财政案（Money Bills）具须首先向众议院提出。

下列诸法，则为一般人所认为英宪的成文部分者：

一、1215年大宪章（Magan Carta），其内容系限制国王的课税权及其他事权；

二、1628年权利请愿书（Petition of Right），此项请愿书曾经国王批准，其内容系规定课税须得议会同意等事项；

三、1688年权利宣言（Bill of Rights），其内容系规定国王不得停止法律的执行，非经议会许可，国王不得于平时设置常备军；议员在议会中所发言论，在议会外不受干涉等事项；

四、1701年王位继承法（Act of Settlement）；

五、1832年，1867年，1884年，1918年，及1928年的众议院选举法；

六、1911年议会法（Parliament Act），其内容系规定议会上下两院的权限。

分别，仍不过一个程度问题而已。

至就成文宪法与不成文宪法的优劣而言，则前者较后者可说有两种特长：第一，成文宪法较为明晰，人民的权利，因亦易受宪法的保障；倘采不成文宪法，则宪法上一部分或大部分问题，既仅存于习惯之中，一般人民，于其本身的权利，与国家机关的权限，便不易有明白坚强的意念；因为习惯毕竟不及法律的明了与确定，所以运用宪法者，往往能蹂躏玩弄，而不虞反抗。假便操握政权的人，缺乏优越的政治道德，则玩弄或蹂躏宪法的事实殆极难免。第二，成文宪法既然较为明晰，则虽缺乏优良的政治训练与知识的人，抑或能运用自如；反之，不成文宪法，则因其内容欠缺明了与确定，故其运用者所需的训练与知识，自亦较高。不成文宪法的运用，既需要优越的政治道德与知识，所以论者直认此类宪法只宜于一种优良的贵族国家，而不适用于民治国家①。就实际而言，采用不成文宪法者，在近今立宪国家中，除英国而外，欧战前只有匈牙利；欧战后，欧洲大陆新造国家，至为不少，但其所采者俱为成文宪法；就中沿用不成文宪法者，仍只有匈牙利一国。

(二)刚性宪法与柔性宪法　英人蒲来斯(Bryce)首倡柔性宪法(flexible constitution)与刚性宪法(rigid constitution)的分别②。他这种分类方法，与前述的分类方法有异；因为他所谓刚性宪法虽必为成文宪法，但现代的成文宪法，固不尽为刚性宪法；不成文宪法虽必为他所谓柔性宪法，但现代的柔性宪法亦不尽为不成文宪法。

柔性宪法这个名词，系指宪法修改的机关与手续，俱同于普通法

① Bryce, Studies in History and Jurisprudence(1901), Essay iii.

② 同上。

律者而言。换言之，凡以宪法修改权，交给普通立法机关(议会)，而修改手续，又与普通立法手续相同者，则其宪法为柔性宪法。其所以名为柔性者，即因其修改同于普通法律，并无特殊困难之故。苟以此种定义为标准，则现代宪法实少属于柔性者；除英吉利匈牙利两个不成文宪法的国家当然属于柔性宪法的系统外，成文宪法的国家中，仅意大利的为一种柔性宪法①。

所谓刚性宪法，系指宪法修改的机关或其修改的手续，不同于普通法律者而言。细分起来，刚性宪法，实言有两种：在第一类中，修改宪法之机关与普通立法机关有别。或则以宪法修改权，完全交给特殊的制宪团体，不令普通立法机关参预；美国各邦的宪法，多以修宪起草权，交给由人民特别选出的制宪团体(convention)，而以修宪批准权交给公民全体，普通立法机关——议会——丝毫不能参与，即是一例。或则虽以修宪起草权交给普通立法机关，但宪法修改案的成立，仍须经其他团体的批准；如美国联邦宪法的修改，虽得由联邦议会两院以三分之二的同意通过草案，但其成立则尚须经过各邦议会中四分之三议会的批准；又如瑞士联邦宪法的修改案，通过联邦议会后，必须提交公民团体批准。在第二类中，普通立法机关固为修改宪法的机关，但修改的手续，仍与普通的立法手续不同。不同的形式亦有多种：有对于宪法修改案讨论时的法定出席人数加以特殊限制者；有对于宪法表决时的赞成人数限定三分之二或四分之三的多数者；有规定宪法修改，须开上下两院联合会议者；有规定宪法修改案通过而后，须即改选议会而以修改案交付新议会表决者；有兼采以上各种限制者；尚有采用其他形式的限制者。凡此种种，本书第六编论宪法的

① 参本书111页注②。

修改时当更详述，这里姑且不论。总之，刚性宪法的种类，至为繁杂，刚性最大的，如美国联邦等宪法，其修改的艰难，殆已达于极点；刚性最轻的，如欧战前的普鲁士宪法，则其修改的手续几与普通立法手续没有难易的分别①。所以刚性宪法与柔性宪法的分别，严格地讲，亦只是一个程度的问题。

至于柔性宪法与刚性宪法，两者间的优劣．则可分述如下：

柔性宪法较有消弭剧烈的政争或革命风潮的机能。因当政争甚烈，或革命将发的时候，倘使宪法易于修改，便可径以修改宪法为弭争息乱的手段；此种事例，在英国 19 世纪以来的宪政史上已数见不鲜，如 1832 年选举之争，与 1911 年上下两议院权限之争，俱属最著之列。然柔性宪法之能防争息乱，尚不仅因其实际上容易修改；修改的容易既为人所共知，即反对修改者，事前亦自必努力与要求修改者从事协商，而不持蛮横态度；因此调和的成功较为可能，而革命亦较易免除。反之，刚性宪法，既不易以实行修改为平服革命风潮的手段，而要求修改者，因预知其修改者的不易，抑或不愿努力以求合法的修改，而悍然诉诸法律以外的方法；因此，刚性宪法有时不免为酿成革命的原因。

刚性宪法，从不致诱致革命，至少常足以阻碍社会的进化；因为宪法条文对于未来事变，常不能一一预知；倘社会的政治经济等等状况已发生重大变迁，而宪法却因修改不易，无以适应其已经变更的环境，则宪法自将为社会进化的阻力。故就法律须随时适应社会要求的原则而言，刚性宪法实有极大的弱点。处这社会变迁非常迅速的时

① 普鲁士旧宪法的修改，与普通法律的修改相较，仅有一种特殊限制，即宪法修改案的两次议会间，至少须相隔 20 日。

期，刚性宪法这个弱点，更不容我们忽视。

以上所述，是柔性宪法比较优于刚性宪法的两点。但柔性宪法有一最大弱点，而刚性宪法则有一最大优点。

柔性宪法，因修改甚易，故缺乏固定性。宪法关系国家根本组织，倘因缺乏固定性，而致频频变更，则政治秩序与社会规律，将亦无从巩固。且宪法如缺乏固定性，即令实际上变更，不至过于频繁，但人民既知其易于修改，自将不免常作要求修改的尝试。此种尝试，如常常发生，亦大足影响人心社会，而使人民尊重宪法的观念与习惯难于发育。所以采用柔性宪法的国家，其人民必须有极强的尊重法律与现存的秩序的精神，才能收柔性宪法的好果；柔性宪法在英国的成功即因此故。

反之，刚性宪法的优点，即在其含有固定性；而此种固定性的存在，不仅能保障宪法的不致频频变更，且能减少许多要求修改宪法的尝试。换言之，刚性宪法，一面固有不易适应社会新要求的弱点，一面却能使政治秩序与社会人心，易臻安定。所以近代国家遇得下列各种场合时，常采用刚性宪法：(一)人民于革命成功之后，欲预防统治阶级侵犯其基本权利；(二)一国之内，有数种民族或阶级存在，而少数民族或阶级，欲巩固其最小限度的地位或权利；(三)几个独立国家，当其合并而成统一国家时，欲以联邦形式的组织，巩固其所欲保留的权利。

因上种种，现代宪法中，柔性者乃极少；欧战后，新起国家，其所采宪法，亦大都为刚性宪法，虽则刚性的程度，均不甚高。

但是，以上乃仅指一般的立宪国家而言，近年稍见盛行的个人独裁国家，则其宪法俱属于柔性的一类。

意大利的宪法，本属于柔性，可以不论；德意志的宪法本属刚性，但根据 1933 年的授权法及 1934 年的革新组织法，则希特勒(Hitler)政府可以命令变更宪法，政府的命令可与宪法有同等的效力；因之，德国的宪法实际上已自刚性变为柔性①。

独裁国家之采用柔性宪法为一种自然结果。倘使宪法不是柔性，则独裁者势必将处为宪法所牵制，而无从独裁。他们只有两种方法可凭采择：其一，是采用柔性宪法，或使刚性宪法变成柔性；其二，便是不要宪法。希特勒所采的是前一种，而南斯拉夫前王亚历山大所采的则是后一种，亚历山大于 1929 年宣告独裁时，便将宪法完全停止。但是在实际上，德意之有宪法，等于南斯拉夫之无宪法，因为德意的独裁者一方既有以命令变更宪法之权，而他方又丝毫无尊重宪法与现存秩序的精神。于是其所幸存的宪法，乃绝对缺乏固定性。换言之，德意的宪法已不具形式上的特性。

第三节　宪法观念的沿革

单从实际上的特性说，中国自与其他国家一样，历来亦自有其宪法；这种宪法并且已久具成文宪法的形式。中国成文宪法起源于何时，今虽尚难确定②，然自唐以后，确长有成文形式的宪典——唐开元时代所颁布的六典，即此类宪典之最古而至今尚未散失者。该典略仿周礼六官之制，分为理典，教典，礼典，政典，形典，事典六部；

---

① 1933 年 3 月 24 日授权法的第二条如下：“在不变更国会及参议院(Reichsrat)的地位的范围内，内阁所制定的法律(即命令)得与宪法有出入，但不得减削总统的权力。”1934 年 1 月 30 日革新组织法的第四条如下：“内阁得制定新的宪法。”

② 周礼颇具成文宪法的形式；论者遂有以周礼为中国成文宪法的起源者；然周礼所记是否为周代的遗制，亦不见得就是周公所编纂的或周代所颁行的一种法典。

分别规定国家各重要机关的组织与职掌，及其施政的准则。明清两代的会典，亦即与六典相类。据乾隆钦定大清会典凡例所述，则所谓会典者，系“以典章会要为义，所载必经久常行之制”；凡“官司所守，朝野所遵”，皆“总括纲要”，并入于此项“国家大经大法”之中。则此数语，已可略见此类宪典之性质。虽则凡典国家根本组织有关的事项，未尝悉数并入此项宪典(例如皇位继承问题，便未经此项宪典给以规定，而仅存于习惯之中)，而此类宪典，究不因一二事项的省略，而失却其成文的性质。不过晚近论者尚有不愿以宪法之名，施诸专制国家的任何法律者，依他们的看法，宪法为人民权利书，立宪国家必须是承认人民享有若干参政权的国家；一个国家，如果绝对不允许他的人民参加政权的行使，便不能说是一个具有宪法的国家，或立宪的国家。照此说法，则即仅就宪法的实质而言，中国历来便也没有宪法；因为六典，会典之类，尽管可以说是一种根本组织法，却不是一种人民权利书。

至就宪法的形式上的特性而言，宪法观念尤为西方文化的产物，而为中国固有文化之所无：中国历来关系国家根本组织的法律，如六典，会典之类，固系由臣僚起草，由皇帝裁可颁布；即其他法律(例如历代刑律)亦俱由臣僚草拟，由皇帝裁可颁布。彼此的制定，初无根本差异。一切法律既俱由君主制定，则一切法律之效力相等，当然成为一种自然的结果。所以就法律的效力言，中国法律历来并无等级可言；例如唐六典与唐刑律，明会典与明刑律，清会典与清刑律，俱是效力相同，不生统属关系。

宪法的特性，虽说可有形式的与实质的两面，然近代宪法与近代人士的宪法观念之异于往昔者，固在形式方面。从形式上的特性说，中国历来既然完全缺乏与近代宪法相似之物，本书以下所述，因亦仅以西方史实为限；至于中国自清末以来，制宪问题的经过，则当另编论述，今亦不赘①。

（一）希腊罗马时代　古代希腊与古代罗马，俱尝有过高度的民治；他们自然亦各有他们的宪法。亚历士多德尝辑成希腊158国的宪法一书，这里所谓宪法即指规定国家机关的组织及权限的法律。他更尝谓法律应以宪法为根据，且须有纠正宪法的缺点的功能②。所以亚历士多德对于宪法及法律的区分，与今人之划分法律为宪法及普通法者，颇有耦合而近似的地方。在罗马，关系国家根本组织的法律，似乎比在希腊更显尊严。普通的法律，罗马行政长官（Magistiate）即可变更，但关系国家根本组织的法律，则须有护民长官（Tribune）参加，才可变更③。可是从法律的制定而言，古代希腊，与古代罗马，在原则上俱以一切法律的制定权，交给一种公民大会；关于国家根本组织的法律，初与其他法律无异。就法律的效力说，凡公民大会所制定的法律，其效力亦均相等，不特亚历士多德的见解纯属主观，宪法与其他法律并不可分；即在罗马，何种法律可由行政长官单独变更，何种须经护民长官参加，亦无客观的标准可资鉴别。所以我们如说古代希腊与古代罗马各有宪法，亦只是从宪法的实质而言，如从宪法的形式说，当时人士实无近代人士的宪法观念；当时的法律，亦尚无与近代宪法相似之物。不但如此。就是从宪法的实质说，希腊罗马的宪法，

---

① 看本书第六编。

② Aristotle，Politics，Bk，IV，ch，i，第二节首句。Politics书中govenment一字，其原文与On the Constitution of Athens书中Constitution一字的原文相同，俱系组织的意思。

③ 此外，罗马法中有所谓rem publicam constituere者，与近代宪法所规定的事项也很相近。

亦不过与现代英吉利的宪法相似，只散见于单行法律及习惯之中；初不像近代一般国家的宪法，具有一种法典的形式。所以成文宪法，在当时亦尚不存在①。

(二)欧洲中世纪时代 欧洲中世纪时代(约略自5世纪西罗马帝国灭亡起，至16世纪宗教革命止)，是封建时代，也可说是近代宪法观念萌芽时代。在这个时代内，君主的势力，每受各地方封建诸侯(大率即当时的大地主)或各城市团体的限制；而国王对于所属诸侯或所属城市，往往以特别法律承认各诸侯或各城市的特权。此项特权，即为国王权力的限制；此项法律，亦颇类于近代的宪法或根本法。最著之例，则为英王约翰于1215年所颁布的“大宪章”(Magna Carta)，该宪章实可谓为英王与当时大小贵族(即当时的封建诸侯)及僧侣所结的一种契约，其目的在限制国王的权力，——尤其是国王征收租税的权力。14世纪的法国则已有“国法”(lois du royaume)与“王法”(lois du rof)的分别；当时并已有称“国法”为根本法(lois fondamentales)或宪法(lois constitutionnellei)者。当时的所谓“国法”，系指国王不能自行变更或废止的法律而言；尚欲废止或变更，则国王必须取得“等级会议”(Etats generaux，即由贵族，僧侣，及平民三阶级的代表组织而成的议会，与英国当时的议会 Parliament 相似)的同意。此种根本法的观念，实在是一个新的观念，与近代人士的刚性宪法观念相类似；自此种观念成立以后，君主乃不过是一个普通立法者；根本法的变更或废止，则非君主一手之力所能实现，而需有待于议会的协赞；一如

① 关于宪法观念的沿革，可参看：
Bryce，Studies in History and Jurisprudence(1 61)，Essay iii；
Jellinek，Allgemeine Staatslehre(1922)，Kap. xy.

近代各国的宪法，其修改废止，不属于操有普通立法权的议会，而属于人民或其他特殊的制宪机关。所以中世纪的根本法观念，就是从形式一方面说，亦与近代人士的宪法观念相接近。

（三）自欧洲宗教革命至美法革命时代　自16世纪宗教革命，至18世纪末期英法革命的期间，可以说是近代宪法观念逐渐成熟的时代。在此时期内，“根本法”这个名词（拉丁文为 lex fundamentalis），已逐渐成为学者间及政治上常用的名词。当时学者对于根本法这个名词的新观念，其意见虽仍未十分一致，然就一般的意见而言，则当时所谓根本法者，即指人民与国家或政府间的一种契约，即卢梭等所谓“民约”（Contract Social）。此种契约观念的产生，一部分或由于中世纪的根本法观念——根本法为封建诸侯及城市与国王间的一种契约——又一部分则系是耶教社的“教约”（Covenant）观念为渊源。① 当时宗教革命分子，以为教社的存在既公认为基于教社与信徒间的一种“教约”，则国家的存在，自亦基于国家与人民间的一种契约。所以欧洲十六七世纪的宗教革命，间接直接可以助长根本法观念，及其他政治思想的地方甚多。

当时人士视根本法为一种民约，已如上述。然此种民约式的根本法，其形式与其权威的特点，毕竟在于何处？这个问题的解答，可于下述17世纪时产生的两种根本法中求得；这两种根本法，实为近代

① 关于此层，有一显著之例：克伦威尔（Cromwell）军队中的急进分子，即抱持“教约”（Covenant）观念之人；他们认为各种教社的成立，应各以一种经由各信徒共同承认的“教约”为根据。各教社的信徒应有选举教社职官之权，而代表耶稣为教社的最高机关。后来克伦威尔向议会所提出的人民公约（Agreement of the people），其初稿即是由此项军队草拟；而该人民公约便即现代宪法远源之一。

成文宪法的渊源，而皆产生于16世纪末至克伦威尔秉政的英国宗教革命期内。当时的宗教革命者——即清教徒——最初不过反对英国教社中的繁文缛节与其专横。然因英王当时实为教主，所以清教徒的宗教革命运动，乃进而为政治革命的运动；下述两种根本法俱由清教徒建立：

一为美国康内的各特根本约章(Fundamental Order of Connecticut，1639)。17世纪初年，英国清教徒，因不堪詹姆斯一世的虐待与仇视，乃有百余人，于1620年相率赴北美洲的纽普里穆斯(New—Plymouth)，创立殖民地。此百余清教徒，美人至今呼为“朝圣始祖”(Pilgrim Fathers)。他们于赴美舟中，曾仿照教社的“教约”，草有一种简单公约(即所谓Mayflower Pact者)，以为赴美建国的约法。此约法并曾经全体签字。今人每称此项约法为现代成文宪法的渊源。然此约法的条文究属简单。英人赴美殖民者所成立的第一完备宪法，当推1639的康内的各特根本约章。此约章即为康内的各特(后为美国独立时代十三邦之一)殖民者的建国宪法，曾经公民全体大会的表决，文中并承认国家的最高主权属于人民全体。

二为英国克伦威尔军队草拟的人民公约。此为1647年克伦威尔军队中清教徒所草拟的宪法草案，而曾经克伦威尔提交英国议会者。该约初稿列举人民若干种权利，认为即议会亦不能有所侵犯；所以其权威实应在议会所制定的普通法律之上。该约并规定须得人民的同意，始能成立；所以其制定权，亦不纯属于议会。该约虽始终未及成立(未及通过议会，亦未交付人民表决)，然其足以代表当时人士的根本法观念，则甚明显。

由上所述的两个实例，可知当时人士对于根本法的形式与权威，实含有三个观念：第一，根本法的权力高于普通法律，即议会亦不能侵犯；第二，因根本法为建造国家的公约，且因根本法的权威，必须在议会所制定的普通法律之上，制宪权与普通立法权，乃亦不能不分；因此，根本法的成立，不能仅凭普通立法机关（议会）的决定，而须经由人民表决；① 第三，因根本法为限制议会权力及其他国家机关权力的法律，其内容乃有明白详尽地规定的必要；因此，根本法乃不得不为一种成文法。所以我们说，这个时期是现代宪法观念成熟的时期。②

（四）18世纪美法革命时代　现代宪法观念，虽于十六七世纪宗教革命与政治革命时期即已成熟，但近代的立宪运动，究以18世纪末期北美独立，与法兰西大革命为其原动力与出发点。在此期间内，以前所述十六七世纪的根本法观念，不特益形昭著，而且对于以前所述的根本法观念，更有扩充或补助条件产生。所以北美独立与法兰西大革命期内所产生的宪法，实为现代宪法观念的直接渊源。今取前述十六七世纪的三种观念——即根本法须为成文法，根本法须经特别制宪机关制定，与根本法的效力高于普通法律的效力三个观念，——为标准，而研究他们在此美法革命期内，发扬巩固的经过。

---

① 当时学者，因认宪法为建造国家的公约，甚至主张宪法的制定及修改，不独须得人民的同意，并须取得人民全体一致的同意；多数取决的原则，遂被认为只能适用于普通法律的制定与修改，而不过用于宪法的制定与修改；对于宪法的制定或修改不能同意的人民，应许其自由脱离，而不能强其加入。因此，宪法的制定或修改，不独须与普通法律的制定修改异其机关，并且应与普通法律的制定修改异其手续。此类意见，如德国自然法派巨子蒲风道夫（Pufendorf），渥尔夫（Welff），以及瑞士有名国际公法学者华特尔（Vattel）等，于其著述中，俱主张之。参看本章第一节。

② 以上所述，详见：Jellinek，Allgemeine Staatslehre(1922)，Kap. XV；Borgeaud，Etablissement et revisian des constitutions en Amerique et en Europe(1893)，3—18.

其一，北美独立时代的宪法观念　北美十三州于1776年脱离母国而各自宣布独立。宣布独立之后，一面则各新邦自行制定宪法，一面复订立一种邦联(confederation)性质的中央约法，组织一个中央政府。至1787年始合众为联邦，成立联邦宪法，而成为今日的北美合众国。这个期间中所产生的新宪自然甚多。就当时人士对于宪法的观念考之，第一，所谓根本法须为成文法的条件，殆已不成问题。就理论言，当时人士已觉根本法之不容散漫含糊，而有明白规定于一种法典的必要；就积习言，各州在1776年以前隶属英国之时，即有一种类似根本法的"特许状"(charter)。这尤足使成文宪法观念易于发展。即如前述的康内的各特根本约章，最初，虽由康内的各特州的人民制定，但仍于英王查理二世时代，呈由英王核可，而成为该州的"特许状"者。1776年独立后，此"特许状"又经该州人民的核可，而成为该州独立后的首次宪法。其他各州，亦曾自英王先后取得相似的"特许状"；其最老者，甚且沿自中世纪末期。这些"特许状"，大体上都以规定各州的特殊权利及州政府的组织为目的，故谓为各州的成文宪法，亦无不可。第二，所谓根本法须得人民同意的条件，亦为当时人士的普通信仰，而卢梭主权在民之说，与16世纪的"教约"观念，对于当时人士的影响，尤为重大。因此，自1776年至1782年的革命期间内，各邦宪法的制定与公布，大都须经由一种特别制宪团体，有若干邦，且以宪法交付公民全体会议(即所谓Town Meeting者)表决者。到了1787年十三邦联合建设联邦，于费城(Philadelphia)召集特别制宪会议，起草宪法时，草宪之人，虽未及主张以所通过的宪法案交付各邦公民大会表决，然亦于该草案之末，规定该草案须经由各邦分别选举的特别制宪会议(Conventions)表决，然后发生效力。制宪权与普通立法权的必须分离，固亦显然为当时人士的信仰之一。第三，所谓根本法权力高于普通法律的观念，自北美十三州革命而后，不独益形昭著，抑且获得一极有效力的新保障。各邦于1776年后陆续所制定的邦宪法，均含有一种“权利宣言”(Bill of Rights)，此种“权利宣言”中所列举的人民种种自由，在当时人士的见解中，实为国家普通法律所不能侵犯的权利。故宪法已显然高于普通法律。然普通立法机关的法律，如竟有违反宪法的规定之事，又将奈何？对于此点，美国当时人士，尚认法庭有权根据宪法，以否认违宪的法律。此即当时人士对于根本法高于普通法律的这个原则所增设的一种新的保障。此项保障，初为各邦宪法所采纳，继为1787年美国联邦宪法所采纳，至今垂为美国联邦宪法的一大特彩。

其二，法兰西大革命时代的宪法观念　法国1789年大革命的爆发，距美国联邦宪法的成立，不过二年。当时法国人士，对于根本法的见解，一面固与美人同受十七八世纪以来一股思潮的影响，一面更深受美人的影响。美国既已成立一种成文宪法，则他们于1789年“等级会议”集会后，自然也应从事于一种成文宪法的制定。至于制宪权之应异于普通立法权，则法国当时思想的代表者西耶斯(Sieyes)言之颇详：他认为制宪权当与立法权分离，前者应属于国民，即有因版图太广，不能以制宪权属诸公民全体者，亦当以制宪及修宪之权，交给特殊的制宪团体。征诸事实，法国大革命后的首次共和宪法(即1793年宪法)即曾交付公民表决；当时制宪团体并有“非经公民表决者不得称为宪法”的宣示。从此可知宪法须经人民同意，宪法的制定应异于普通法律，实为当时人士彻底的深切的信仰之一。此外，宪法效力应高于普通法律，亦极为当时人士所崇信；1789年所发表的“人权宣言”，及1789年以后的宪法上所载的“人权宣言”，其作用即在限制国家立法机关的权力。严格地讲，当时人士，不仅欲藉“人权宣言”以限制国家立法机关的权力，他们并认此种权利，为人民永远保有的权利，即国民制宪团体，亦不能变更。然美人对于宪法高于普通法律这个条件所设的一层新保障，——法院有否认违宪的法律权——则因种种原因，始终未被法人所采纳。

（五）19世纪以来的变迁与最近事例　自法兰西大革命而后，欧洲各国即陆续的产生一种立宪运动；自1800年至1880年之间，欧洲各国前后成立或改订的宪法，总计不下三百种。欧洲各国，除俄国而外，至1880年，盖无一不有一种宪法；除英吉利及匈牙利宪法而外，且无一非成文宪法。不过19世纪时期内成立的宪法，多半仍出于君主的颁给，或君主与人民的协议。纯粹民造的宪法，除瑞士前后各宪法外，尚少其例。当时，法兰西大革命期内民主政治的失败，尚深入一般人的脑海；故即革新分子，亦只注意于君主权力的限制，而未尝遽思以共和政体代替君主政体。1918年欧战完结而后，各国的新宪法，始相率容纳民主主义；对于宪法的成立与修改，亦相率承认宪法须由人民直接表决或由人民所特别选举的制宪机关表决的原则。至于宪法效力高于普通法律的观念，19世纪以来，不列颠帝国的各自治殖民地，如加拿大，澳大利亚等，以及中美南美各国的宪法，且已陆续容纳美国宪法上的前例，而予法院以根据宪法，否认普通法律之权。欧洲各国，欧战而后，亦有容纳此种原则的趋势。所以在若干年以前，欧洲十六七世纪人士的根本法观念，及18世纪美法革命时代的根本法观念，曾已获得普遍的实行。

不过到了最近数年，成文宪法的意义在独裁国家，又受一剧烈的变动。近年实行独裁的国家，其仍保留成文宪法者，无论其宪法属于刚性（如苏联），或属于柔性（如意及德），皆不复承认宪法有限制国家权力的效能。他们都是所谓极权国家（totalitarian state），国家的权力完全无缺，大至于极，故不能有任何样的限制，即宪法亦不能加以限制。于是，宪法只能规定国家机关的组织以及各机关行使权力的方法，却不能保障人民的自由权，或限制国家的权力。国家的最高权力机关有自由行动的权利，而变更宪法亦为此权利范围以内之事。所以过去三四百年来关于成文宪法的流行观念，——即宪法须经特别制宪机关制定，与宪法的效力高于普通法律的效力两种观念——在独裁国家已不存在。在独裁国家，宪法尽可为成文宪法，但其效力不必高于普通法律，且普通立法机关亦可以任意修改。如果国家的权力定须毫无限制，如果国家定须为极权国家，这也许是必然的结果。然而极权国家的所谓宪法，已不复是 19 世纪与欧战初告终后盛行于全世的一种宪法。极权国家的宪法，其所规定的事项容与普通法律不同，但其性质与普通法律无别，既无前述的形式上的特性，也不尽具有实质上的特性。

第二编　个人的基本权利及义务

在现代国家的宪法中，规定个人基本权利义务的条文，大都成一重要部分。“基本权利”及“基本义务”尚非一般宪法所习用的名词。① 我们称用“基本”二字，无非要表示这些权利，是各国制宪者所认为个人必不可缺少的权利；这些义务，是他们所认为个人必不能免除的义务。

现代宪法，固大都设有关于权利义务的章节，但如本书前编第一章第一节所述，亦有完全不设这类规定者。不主张于宪法内设置这类规定者，其理由不外两层：或则认这类规定为无益，或则认这类规定含有危险性。法国 1789 年制宪时代，议会中有一小部分人反对以人权宣言列入宪法；德国 1919 年制宪时代，议会中亦有一小部分人反对于宪法中规定个人的权利及义务：他们就大致抱着这种见解。法国 1875 年宪法(即现行宪法)，与德国 1871 年宪法之完

① 1919 年德国宪法第二编，关于个人权利义务的规定，系以“德国人民的基本权利与基本义务”标题；南斯拉夫 1921 年宪法第二章，以“国民的基本权利及基本义务”标题；1936 年苏联新宪法第十章，亦以“公民的基本权利及义务”标题。

全省略这类规定者，大致也是基于这种见解。何谓无益？盖个人的权利，无论如何充分，总不能不有一种限制——即甲于行使某种权利时，必不能妨害乙之行使那种权利。因此，宪法上所规定的权利，在原则上无论如何正当，实际上总还需要普通法律给以具体的规定；宪法本文决不能规定得十分具体。在无普通法律给以具体规定以前，论者以为那些权利，实际上便不能行使，那些权利实际上不过是一种约言。权利如此，义务也是如此。这就是论者认为无益的一个理由。再者，任何权利，如果不受法庭的保障，实际上便同虚设。德法等国对于违反宪法的普通的法律，既不承认法庭有拒绝适用之权——即所谓宪法解释权，——则凡个人宪法权利遭受普通法律侵犯时，遭受侵犯者初不能向法庭请求救济；因此，宪法上所设的权利，实际上亦将等于虚设。这也是论者认为无益的一个理由。然则所谓危险性者又在那里？宪法所规定的权利，在理论上虽不能不各具相当的限制，然以宪法承认特种权利，实际上终不免使一般人感觉着那些权利是不受限制的权利，感觉着一切限制那些权利的法律是违宪的法律。那末，以宪文承继个人享有任何权利，实际上无异引诱人民入于抗法自恣的途径。这是论者认为含有危险性的一种说法。另一种人，则虽同样认宪法之列举人权为含有危险性，而其理由则适相反。他们以为宪法如列举某种权利，则未列举的权利，立法机关自可任意剥夺。这很足以造成立法机关的专制，而所含的危险性亦大。①

上述各种理论自亦各具一部分真理；可是个人的权利与义务，究不因此而不当入宪。以宪文规定这种权利与义务，实际上可以实现下列四种目的：

---

① Federalist，No，84 即作这种的议论。

第一，可使立法者，行政者，及司法者有一行为的准则。各国宪法上关于个人权利与义务的规定，多半诚然是些抽象的主义或原则，在实际上诚然需要更具体的律文为之补充；可是这些主义或原则，亦很足以昭示未来的立法者以立法的方针，未来的行政者与司法者以行使行政权与司法权的轨范。法国 1789 年人权宣言①所注重的就是这个目的。那个宣言，总共不过十七条，条文亦极简单；内中如禁止法律溯及既往，禁止不依律文而处罚，担保人民在法律上的平等等规定，俱系采取 18 世纪的政治思潮而成立的抽象律文；其主要目的，俱在范围未来立法者，行政者，或司法者的行为。其他国家的宪法，往往于采取时代的新思潮而外，对于该国既存法律上所已承认的人民权利，与夫保障人民权利的方法，亦往往撷其精要，标为原则，著诸宪典；如美国联邦宪法，将美国法制上夙已存在的陪审权著诸宪典，即其一例。这也是为未来立法，司法，或行政等机关的行为，设定范围。1919 年德国宪法关于人民权利与基本义务的规定，大部分固然采自现世纪的新思潮，一部分亦系采自德国中央或联邦既存的民刑等律。

第二，可以为人民权利谋有效的保障。人民的任何权利，诚如论者所云，都不能不有相当的限制；可是宪法上所规定的权利，不一定都须普通律给以补充的规定，人民才能行使。这全然要看宪文如何规定。有时候，宪法上所规定的权利，即无任何法律为之补充，人民亦尽可行使，亦尽可以法庭为行使该项权利的后盾。宪文所规定的权利，即令尚须普通法律为之补充，普通法律初亦不能违反宪法所规定

① 法国第一次人权宣言于 1789 年 8 月 26 日通过议会。及 1791 年法兰西大革命后第一次宪法完成之时，该项宣言即被照样列入宪法。

的原则，否则受损害者应亦可诉诸法庭。由此看来，以宪文规定人民的权利义务，不仅可以表现一种主义或理想，不仅可为国家机关立定行为准则，实在还可以发生真正的法律效果。自然，这都是假定法院享有宪法解释权而言。在事实上，有些国家并未承认法院享有此权；但法院之应有此权，在理论上究属不容否认。①

第三，可以纠正特殊的弊端。大凡宪法的成立，即不是革命的结果，至少也是对于既存政制的一种改革。过去政制如有特殊的弊端，对于人民权利如有显然蔑视的地方，则于宪法权利篇中特别指正，往往可以发生相当的功效。法兰西大革命在铲除封建制度，所以 1789 年的人权宣言，对于封建流弊防范特严。德意志 1918 年的革命在剪除君主，贵族，及军阀的特殊势力，所以 1919 年的德宪中的权利篇，对于这些特权亦禁止特严。

第四，可有政治的教育作用。以宪文规定人民的权利及义务，条文尽管简单——并且正因为条文简单，——很可对于一般人民灌输一些基本观念。否则一般人民或不免永远缺乏这种观念，因为他们绝没有充分时间或充分能力去理解很繁杂的普通律文。所以各国制宪机关，关于以宪文规定个人权利义务问题，往往特别重视。② 这种规定，对于一般人民的政治心理的改造，往往也是一种极为有力的工具。

根据上述各种理由，一般国家，对于个人的权利义务问题，乃大都在宪法中有所规定；其所异者，只在规定的详略。就新近宪法而

---

① 见下第四篇，第三章，第三节。

② 1919 年德国国民会议制宪时，亦极注重此层，宪文内并且规定，学校对于毕业离校的学童，须各给宪法一册(1919 年德宪第一四八条)。

言，这种规定，并且大都趋于详明。① 不过，这当然仅指一般的国家而言，至于“极权国家”，则是例外。极权主义者，否认人民有基本权利之说，在“极权国家”中，人民的权利，根据于法律，而统治者又有无限制的立法权；故人民只有无限制的义务，而无基本的权利可言。即令关于权利义务的规定，仍存在于宪法之中，其效力也等于零。

第一章　人民的基本权利

何种权利应认为个人的基本权利，这自然随着时代的思潮与各国制宪者的见解而异。各国宪法有将次述三类权利一概视为个人的基本权利者，亦有不尽视为基本权利者。第一类，为消极的基本权利，即人身自由，言论自由，信教自由，集会自由等各种个人自由，为使个人知识，道德，与身体上的优性，得以尽量发展，国家对于这些自由，负有不加侵犯与防止侵犯的义务。所以这一类权利，亦可谓国家对于个人的消极义务。第二类权利，可以谓为积极的基本权利，亦有称为受益权者，如受国家供给最小限度的教育权利，及失业时或灾害时受国家救济之权等。为谋个人知识，道德，与身体上优性的教育，有时候国家尚须对于个人，积极地履行若干种活动；国家的这种积极义务，便构成我们之所谓个人的积极权利。第三类就是参政权，如选举权，被选举权，复决权，创制权，直接罢免权等。这类权利，以参预国家意思的构成，与国家意思的执行，为其内容。这一类权利与第一第二两类权利也可以说是有目的与手段的关系，因为没有这一类权

---

① 1789 年法国人权宣言总共不过十七条，文句亦极简单。1919 年德国宪法，关于人民基本权利与基本义务的规定计达五十七条之多，各条文句往往甚长。1931 年西班牙宪法亦有二十六条。

利，第一第二两个权利也许无从实现。

在 18 世纪法兰西大革命时期，一般人士，辄以参政权与个人各种自由，含有一个根本差别，他们认个人自由为先国家而存在的“人权”，应为一切人民所享有，不能因年龄，性别，或其他任何资格而有差异；至于参政权的赋予与否，他们却认为可随年龄，知识，道德等资格而定。换句话说，个人自由是普及的权利，参政权利则不必普及于一般人民。所以法国 1789 年人权宣言所列举的人权，并无参政权在内。严格地讲，这种区分，殊不精确；因为法律对于各种个人自由，有时亦不能不设为年龄，国籍，甚或其他限制；例如未成年者的书信秘密自由，及妇女儿童的工作自由，须受法律的特殊限制；又如出版，结社等自由，各国法律亦往往没有年龄，国籍，甚或其他的限制。近年一般国家都采普及选权之制，而将历来限制选权的财产，性别，及教育等各项条件废弃；参政权的性质，就其普及的程度而言，与前述第一第二两类的权利，已无何种重大差异。所以晚近的宪法(例如 1919 年德宪)往往将参政权亦视为人民基本权利之一。

关于参政权的各种问题，我们于第三编论到公民团体的权利时尚当细论；本章所论，则以第一第二两类权利为限。

第一节　消极的基本权利——个人自由

第一目　个人自由说的由来及论据

(一)个人自由说的由来　今人辄称人身自由，信教自由，言论自由，财产自由以及其他若干种个人自由，为国家权力所不能侵犯的权利。这种观念，不特为东方文化史上之所无，即在欧洲古代文化称盛时代，亦不存在。希腊罗马固皆具有民主政治的历史；然在希腊罗马民治称盛时代，一般人士，亦皆认国家权力为无限，初未尝承认人民有与国家对抗的基本权利。

欧洲中世纪期内，自然法的观念日渐发达；个人自由的观念，也跟着发展。十七八世纪以来，洛克以及其他学者，俱认所谓人身自由，信教自由，言论自由等等，为国家所不能侵夺的基本权利。北美十三州于1776年离英独立之时，于其独立宣言中，即宣示人类平等的原则，而认一切人类俱有若干种不可割让的权利——即“生存，自由，与寻求幸福”的权利。独立宣言发布以前，维基尼亚州于1776年6月制定宪法时，即曾以权利宣言，冠诸宪法。这为个人基本权利入宪的起始。其他各州于制宪时，亦相率采纳这种权利宣言。1789年法兰西大革命发生后，其议会亦首先通过一种人权宣言，① 准备列入宪法；1791年法国大革命第一次宪法完成时，该项宣言，即被列入该宪之首。② 近代各国宪法，认个人自由为人民基本权利：而以之列入宪文中者，即以美国各州的权利宣言与法国的人权宣言为渊源。诚然，承认个人自由为人民的权利，并以成文法律为之保障，即在美法革命以前，美国已有实例，如1628年英王查理斯一世承认的权利请

① 1789年人权宣言的原称为 Déclaration des droits de l'homme et du citoyen，详译起来，应为“人与国民的权利宣言”，“人权宣言”自属简译。惟该宣言所列举的权利，都只是18世纪人士所谓人权（即以人类资格享有的权利），并无普通的所谓国民权（即以国民资格所享有的权利，例如参政权）；国民字样，只在表示宣言内所列举的权利，在国家成立以前为人权，在国家成立以后，则为国民权，——即受国家保障的人权。见 Duguit，Traité de droit constitutionnel (1923)，Ⅲ，556—582。人权与国民权所指即系一物，则为称用的便利计，不妨沿用人权宣言的简译。

② 法国1848年宪法的本文中固不含人权宣言，但该宪法的绪言中，有国家“承认先于实在法并高于实在法的权利及义务”一语。若然，则人权之仍为宪法的有效部分，固甚明显。

愿书，及1689年英王威廉接受的权利宣言等等。[①] 这些文书，自为美法革命时代的人士所熟识。但是他们都只以限制国王权力为目的；美法革命时代人士的权利宣言或人权宣言，则以限制国家一切立法机关的权力为目的，而所表示的思想，则为十七八世纪学者自由，平等，民约的观念，不是英国那些旧文书的观念。所以近代宪法之列入个人自由，从大体上讲，不能说是以英国那些旧文书为渊源。[②]

(二)个人自由说的论据　为什么国家不应侵犯个人自由呢？对于这个问题，十七八世纪人士的与近今学者的见解殊不一致。

一、十七八世纪人士的解释　洛克及十七八世纪一般人士都认人身自由，言论自由等等为人权(rights of man，droits de l'homme)；他们所谓人权，即人类与生俱生的权利，即构成人格的要素，所以他们也称人权为自然权利(natural rights，droits naturels)。国家对于这些自由之所以不应侵犯，一方面固因其为人权；但依洛克等的理论，则也因这种人权，于其不侵犯他人权界以内，实为人民最初缔结契约组织国家时所保留的权利。

人权说在历史上虽然已有极大的功效，但在学理上讲，究嫌空疏。第一，此说既认人民各种自由，于其不侵犯他人自由界限以内，为人民缔约造国时所保留，则国家的起源，倘非基于一种民约，此说的根据，立成空中楼阁。然契约说之不能解释国家起源，已如本书前编所论。第二，人权说认个人各种自由，为人格构成的要素，为人民

---

① 关于这几种文书的内容，参看本书页7，注二。(指原书。—编者)

② Georg Jellinek于其Erklarung der Menscher—und Burgerrechte一书中详论法兰西1789年人权宣言的由来。他认美国各州的宣言为主要的来源，但学者间持不同的意见者亦不乏人。参看Duguit，Traité de droit constitutionnel (1923)，Ⅲ，568。

与生俱生的权利，亦只是一种虚玄的论断，而非直接或间接所能证明的事实。所以此说在实际上虽已发生重大功效，其理论上的弱点，要难否认。

十七八世纪主张人权说者，更常以个人自由为非任何法律所赋予的权利，亦非任何法律所能毁灭的权利；以宪文列举此种权利，亦只是宣示这些权利的存在；宪法初不能创造这些权利，因为这些权利是人类与生俱生的权利，是先国家而存在的权利，是人民最初立国时保留的权利。在这种见解之下，所谓个人自由或人权，与其他权利不同：其他权利(譬如参政权)是有国家而后产生的，是国家法律所赋予的权利，是国家法律所能变更的权利；个人自由或人权，则无论列入宪法与否，任何立法机关——包括制宪机关而言——在法律上俱无变更的权力。这种见解，19 世纪以来曾引起许多学者的议击。实际上，19 世纪以来，一般国家的宪法，亦已不复称个人自由为“人权”；譬如 1814 年法国宪法，关于个人自由的规定，称为“法兰西人民的公权”(Droits Publics des Français)；1830 年比国宪法称个人自由为“比国人民的权利”(Des Droits des Belges)，1919 年德国宪法关于个人权利义务的规定，称为“德意志人民的基本权利及基本义务”(Grundrechte und Grundpflichte der Deutschen)；俱系有意避用“人权”字样。中国历来已颁布的宪法或约法，及未颁布的宪法或约法草案，关于个人自由及其他权利的规定，亦俱系仅对中华民国人民而言。① 这种称谓，大率含有两层意味：一在表示那些个人权利，只是宪法赋予的权利，在法律上可依制宪者的意志而变更；又一则在表明宪法上列举那

① 例如临时约法第二章，规定个人自由及其他权利，虽以“人民”二字命题，但该章首条关于人民平等的规定，明称“中华民国人民”，而不泛言“人民”。

些权利，只是对国民而言，除非将他们赋予一切人类(国民及外籍人民)。

二、晚近学者的解释　今之对于个人自由别立新的解释者，则谓国家之必须承认个人各种自由，并非因为这些自由是一种人权，而纯因这些自由为个人发展人格时所必需。社会全体进化之有赖于人类分工现象的发展，本为公认的事实；而个人人格的发展，为促进社会分工现象发展时所必需，亦属显而易见。所以欲求社会全体的进化，实不能不给一切人民以各种自由。国家的目的既在促进社会全体的进化，则国家对于个人自由，于不妨害他人自由的界限以内，自然不应侵犯；不但不应侵犯，且应给以保障。①

这些解释，实较人权说为切实，虽则两者都承认人民的自由不应受国家的侵犯。惟历来主张人权说者，以为国家的目的，只在消极的保障这些自由；他们并不承认国家更有何种积极的义务，如给予人民以工作或受教育的机会等等；因为他们以为个人人格的发展，应由个人自谋；倘由国家积极干预，则其结果或且与预期者相反。所以持旧解释者，实皆偏于个人主义的理想。持新解释者，不仅承认国家对于个人各种自由有不加侵犯与禁止侵犯的消极义务，并且承认国家对于人民，尚有积极的义务。他们不独承认国家对于人民负有积极义务，并且以为人民对于国家，亦负有发展其个人人格的义务，如受教育的义务，及工作的义务等等。这是倾向社会主义的理论。两者间对于个人自由的问题，虽然是论据异而归宿同，但对于国家与人民的积极义务问题，则已不复保持相同的结论。

① 看 Laski，Grammar of Politics(1925)，89 及以下。

第二目　个人自由的范围与种类

国家之必须承认个人自由，已如上述。然则抽象言之，个人自由究应有何范围？分析言之，个人自由究含有若干种类？

(一)个人自由的范围　国家承认个人自由的目的，在使各个人民得以自由发展其知识，道德，与身体上的优性。个人自由，就是个人的身体，知识，与道德自由活动或表现的权能。关于这种权能的限制，法国1789年人权宣言第四条明白地说："自由包含一切无损他人的作为：各人的自然权利，其行使时，只需以不妨害社会中别的分子之享用同种权利为范围。这些范围只能以法律来规定。"这就是说，国家对于各个人民的自由，只能于保护全体人民自由的必要范围以内，以法律设立限制。这种限制，在原则上自然无可否认。可是个人自由，我以为还应另有一种限制；我以为个人行使自由的时候，不得违反国家承认个人自由的目的。国家承认个人自由，其目的在谋个人知识，道德，或身体上优性的发展。享有自由的人，如果于行使他的自由的时候，违反了上述的目的，自然应与妨害他人自由，同认为滥用自由。例如享有人身自由的人，因行使其人身自由，而甘以自己的身体为买卖的目的物；又如享有工作自由的人，因行使其工作自由，而甘充他人的奴工(即于法定期限以内，身体与工作受他人的支配者)；虽然不能说是妨害他人的自由，却与国家承认个人自由之目的，根本相反相异；因为这些行为根本的就要妨害他人知识，道德，或身体上优性的发展。所以精细地说，个人自由的范围，应具两种限制：第一，不妨害他人的自由；第二，不违反国家承认个人自由的目的。这自然都不过是些抽象的原则；实际上何种行为便是妨害他人自由的行为，或违反个人自由目的的行为，自然还是些极费研讨的问题。所以各国制宪的人，尽管都承认这些抽象的原则，其对于各种自由的具体规定，彼此仍有重大的歧异。

(二)个人自由的种类　各国宪法，不特对于各种自由的范围，规定得互有出入，即其所列举的个人自由的种类，亦繁简不一。但是现代宪法所列举的人民自由，究皆直接沿袭美国各邦的权利宣言与法兰西大革命时代几次的人权宣言，故其所列举的种类，歧异究属不多。我们可以说，现代各国一般宪法所承认的人民自由，实含有下述两大种类：

一为关系个人物质的利益的自由。属于此类者可说是有四种：即人身自由，居住自由，工作自由，与财产自由。二为关系个人精神的利益的自由。属于此类者也可说是有四种：即信教自由，意见自由，集会自由，结社自由。

各国宪法，于规定个人的基本权利与义务的时候，尚往往宣示人民平等的原则；有些宪法甚至列人民平等为个人基本权利的一种者；① 其不宣示这种原则者，几皆为偏重君权或贵族权利的宪法(例如日本宪法)。自18世纪以来，凡抱自由主义的人，盖俱以平等与自由为绝对不容偏废的原则。故在讨论各种自由的意义与范围以前，特先解释人民平等的原则。

第三目　人民平等的原则

(一)人民平等的意义　法国1789年人权宣言的第一条即宣言“人民生而权利平等”。所谓人民平等，究竟是一切人民的经济状况应一律平等呢？抑仅一切人民，应享有法律的平等呢？如为前者，则承认

---

① 法国1789年人权宣言第一条虽宣言“人民生而权利平等”，但于第二条列举人权时，人民平等却未尝列为一种人权；1793年法国宪法，则明认人民平等即诸种人权之一。参看 Duguit et Monnier，Les constitutions de la France depuis 1789(1925)，pp. ii—iii，66。

人民平等，殆非承认均产主义不可。如为后者，则人民平等的原则，初不涉及财富的分配问题。法兰西大革命时代的几个人权宣言，除了1793年的宣言之外，[①] 其关于人民平等者实只在宣示法律上的平等。他国宪法，亦大抵如此，就是1919年德国宪法也只说“德意志人民，于法律上均为平等”(第一〇九条)。民国元年临时约法第五条关于人民平等的规定，为“中华民国人民一律平等，无种族，阶级，宗教之区别。”这种规定，虽未明认人民平等为法律的而非经济的，但当时立法者未尝有承认经济平等之意，固甚显然。民国25年立法院所制定的中华民国宪法草案则且明白规定“中华民国人民在法律上一律平等”。然则所谓法律的平等，其涵义果又如何?

依据法兰西大革命时代迭次人权宣言的宣示，则法律平等的意义，即国家对于一切人民，其保护或其惩罚，均应平等之谓(1789年人权宣言第四条)。所谓保护与惩罚的平等，盖即不承认任何人民，在法律上享有“特权”(privileges)之意。大革命时代的政论家西耶斯以为法律的承认特权，综括之，殆不出两种办法，或则对于法律所禁止的事项，独令特殊人民享有不受禁止的权利，或则对于法律所不禁止的事项，不令一般人民享有行使的权利。依据这种解释，则法律平等的原则，将有下列的各种结果:

法律上平等的意义，既系否认特殊人民享有任何特权，则其第一结果，便须否认贵族制度。因为贵族如享有实质的特权——例如英吉利及日本的贵族，得因其为贵族之故，而享有议会中上院的席位之权——则无论在形式上或精神上，与法律平等的意义，显然俱相冲突。即令贵族的爵位仅为一种荣誉的表示，而不附有任何实质的特

① 1793年宣言的第三条可解释为含有社会上的平等的意义。

权，亦与人民平等的精神，不甚相容：盖此种荣誉，如为一切人民得以享有的荣誉，则不应独令特殊阶级享有；如必须为对于社会著有特殊勋业者始能享有的荣誉，则官阶国币已是为酬庸奖德之资，亦无取乎更立爵位名称与世袭制度，一方面使一般国民永存阶级的观念，一方面且使具有爵位者自身不必为曾著任何勋业之人。所以法兰西于大革命发生后，于1790年，即径以法律禁止颁给爵位，并且禁止袭用贵族名称。其他共和国家亦大率禁止国家颁给爵位。惟与爵位相类似的荣誉名位，如所谓勋章之类，则即在共和国家，仍有由国家颁给者；即在法兰西，今亦保留一种勋章制度。但若干共和国家的宪法，对于勋章及其他一切荣典，则采取彻底否认的态度。①

法律上平等的原则，既系否认任何人民可以享有特权，则其又一结果便是：国家对于一切公共机关的职务与位置，除规定智识的及道德的资格，以限制人民参加外，便不应别设其他的限制。换言之，即凡是具有法定的智识及道德条件的人民，便应一律享有充任该项职务或位置的资格。此亦法国1789年人权宣言所曾明白宣示者(该宣言第六条)。1919年德国宪法第一二八条亦有同样的宣示；该宪第一〇九条并且明白规定男子及女子，“在原则上，享有相同的政治权利与义务。”②中国民元临时约法及十二年中华民国宪法，虽尚未肯承认男女

① 参看本书第四编，第二章，第三节，第七目，关于荣赏权的论述。

② “在原则上”(Grundsatzlich)一语的意义，德国宪法学者的解释颇不一致：有谓这个疏状语的意思，是说凡因男女两性身体上的差异而不能不予以相异的待遇者，则即设定相异的待遇，初无妨于平等的原则(例如豁免女子的兵役)；有谓这个疏状语的意思，是说德国现行法律对于男女两性所设的差异，仍可有效，宪法的规定只是给予未来立法者以一个立法方针；更有谓男女两性的平等，既限于政治的权利与义务，则对于男女的私权如婚姻权，继承权，亲权等等，如果设定差别的待遇，初与该宪所谓男女平等，不生抵触。

两性间不应有所区别；但二十年的训政时期约法则已明白禁止男女间的不平等；男女平等的范围，且涉及一切权利，[①] 不仅如德宪所定，限于政治权利(即参政权)。就理论言，法律平等的原则，虽不必承认人民参政权的普及——因为人民的智识与道德等状况不必尽能满足各项公共职务所需要的条件——然于智识道德等条件而外，倘复增加性别的条件，其有背于法律平等的原则似属无可否认。

此外，法国1789年人权宣示的纳税平等，亦是当时人士所认为法律平等的一种结果。惟当时所谓纳税平等，自非谓一切人民，应负担同额的租税，只谓各个人民，应各按其能力而纳税。

(二)人民平等的论据及其批评　十七八世纪学者之承认人民平等，其根据不外两层。第一，他们以为人是天然平等的，所以法律亦当认其平等。1789年人权宣言，宣示人民生而平等，即是此意。他们宣言人民生而平等，亦非不知各人的天赋并不齐一；他们因认一切人民皆有若干种与生俱生的权利——即所谓人权——故认一切人民生而平等。第二，他们以为人民在无国家无法律的“自然状态”中，彼此原皆平等，一如今日国际社会中，国家与国家间的状态。后来由自然状态进而组织国家，人民的平等，亦为民约中人民互相承认的条件之一；所以国家不能不承认人民在法律上的平等。

以上两种论据的空泛，我们于评述契约说及人权说时，已经说过，今不赘论。今之主张社会主义者亦指斥法律平等之说。他们以为人民之间，天赋既属不齐，环境亦复互异。假使人民之间，无这种差异，则依据人民天然平等的事实，而建设法律的平等，自属公道；人

---

① 训政时期的约法第六条：“中华民国人民无男女，种族，宗教，阶级之区别，在法律上，一律平等。”

民之间，既有差异存在，则欲建设真正的公道，法律的保护亦当有所差别；换言之，凡特别须要国家的保障，如劳工妇女之类，国家即应予以特别的保障。他们不独以为法律的保护，应有差别，即法律的惩罚，亦当随着人民的天赋与环境，而有差别，而不当对于触犯同一犯罪行为之人，处以同等之罚。这即晚近刑法学者所谓“处罚从人”主义。由此看去，足见今人思想，与18世纪人士的平等主义不相一致：18世纪人士的平等主义，在保护与惩罚的平等；近今社会主义者的平等主义，则在保障与惩罚的分等。近今倾向社会主义的宪法或法律，一面宣示平等主义，一面复对于劳工，妇女，儿童等弱者阶级，设立各种特别的保障，在理论上确甚合逻辑，不是矛盾，也不仅是调和。

第四目　人身自由

(一)人身自由的意义　人身自由，可以说是个人各种自由中的基本自由；因为个人如果没有这种自由，就没有行使其他任何自由的可能。人身自由，是个人的人身自主权，是个人“居止行动”的自由。人民的“居止行动”，除了妨害他人自由，或违反人身自由的目的，应不受其他限制。人身自由就使应有限制，亦应由立法机关以法律规定，而不能由行政或司法机关，随事随人，任意决定。所以训政时期约法第八条，有“人民非依法律不得逮捕，拘禁，审问，处罚”的规定。一般国家的宪法，对于人身自由亦俱设有相同的规定。法国1789年人权宣言第七条“一切人民，非依法律所规定的场合及手续，不受控诉，逮捕，或拘禁”的宣言，及第八条无律文则无刑罚的宣言，是一般宪法关于人身自由的规定的张本。分析起来，这种规定，实包含着下列几个条件：

第一，任何人民，如未触犯法律已经禁止的行为，应不受任何刑罚。换句话说，任何行为，在其发生之前，如果未经法律明白认为犯罪行为，就不受国家机关的处罚，这就是所谓非依法律不得处罚。所谓“无律文则无刑罚”的意义。在专制国家，这个原则往往被破坏；国家处罚人民，往往不以律有明文的行为为限。① 其在中国，数千年来刑法上的“科比”制度，亦恰与此种原则相反；因在那种制度之下，司法者对于律无正条的事件，尚得比附规定相类事项的律文而科罪。但中国现行刑法，② 及一般国家的刑法，俱已否认这种“科比”制度。有些国家并已将无律文则无刑罚的原则，于宪法中以专条宣示。③

第二，人民就令有触犯法律的行为，亦必须由依法享有审问处罚权的机关，审问处罚。凡对任何犯罪案件或犯罪人，于法定审问处罚机关以外，设立临时或特别法院，以行使审问处罚之权者，也构成侵犯人身自由的行为。各国宪法对于这种法院，亦往往以明文禁止。④

第三，人民就令有触犯法律的行为，亦必须由依法享有逮捕，拘禁，审问，处罚等权的机关，依法定的手续，而逮捕，拘禁，审问，处罚。关于这些机关与手续的问题，一般国家大都完全以普通法律——刑事诉讼法——来规定，宪法本文大都不设何种规定。但依现代一般国家的法律，对于一般人民有享有审问处罚权的机关，皆限于法院；对于人民能下逮捕令或拘禁令的机关，除现行犯外，亦以法院

① 意国 1926 年 1 月 31 日之法规定，凡侨外意人，如有妨害意国利益，或有损意国尊严的行为，即使未犯任何罪名，亦可处以褫除国籍的刑罚。这种律文亦实违反无律文则无刑罚的原则。

② 中华民国刑法第一条：“行为之处罚，以行为时之法律有明文规定者为限。”

③ 例如 1919 年德国宪法第一一六条。

④ 例如 1919 年德宪第一〇五条；1920 年爱沙尼亚(Esthonia)宪法第八条。

为限。[①] 所以各国宪法中，有将非依司法机关的命令，不得逮捕或拘禁的原则，列入宪文者。[②]

上述三点，只是“人民身体，非依法律，不得逮捕，拘禁，审问，或处罚”这个原则所包涵的条件。人身自由的目的既然在给予各人以发展其个性的优点，则赋有这种权利的人，自不能将他的这种自由完全割让于他人；换句话说，就是人身不得为买卖的目的物，——无论为强卖，和卖，或自卖，俱不在可以容许之列；因为这种割让，根本就会妨及个人知识，道德，或身体上的优性的发育，与国家承认个人自由的目的不相融洽。所以法国第三年宪法（即 1795 年宪法）中的人权宣言，更设有“任何人民俱得为人工作；但其身体不得为人所卖或自卖；人身为不可割让的财产”的规定（宣言第十五条）。

中国买卖人口之风，相沿极久。凡自卖其身为人奴婢或妻妾，夫卖其妻为人妻妾，主人出卖其奴婢，俱为历来律例所不禁；官厅亦往往以官奴婢作价发卖。但历来刑律对于贩卖人口的营业，以及亲属卖其子女为奴婢等事，无论为和卖或略卖，却又设有形同虚设的禁条。清代宣统二年禁革买卖人口条例颁布后，买卖奴婢，妻妾，子孙之事，本已一律禁止。民国成立以后，暂行刑律复设有略诱和诱之条；凡以营利或非营利为目的，拐取妇女或幼年男子的行为，即构成略诱或和诱之罪。民国 3 年，暂行刑律补充条例，亦设有强卖和卖之禁；

---

① 民国 24 年刑事诉讼法亦然（看第七七，八五，一〇二等条）。实际上，该法所规定者，不免常被破坏；例如颁发通缉令之权，依该法虽然只属于首席检察官或法院，实际上行政机关仍时有自颁通缉命令之事。又依惩治盗匪暂行条例，则对于一般人民享有审问处罚权的机关，除了普通法院而外，亦尚有军事机关。这与现代一般自由国家的平时法制，亦显然相背。

② 例如 1921 年比国宪法第七条；1920 年爱沙尼亚宪法第八条。

凡对于“被扶助养育或保护之人，而强卖或和卖者以及预谋，收受，或藏匿”此项被强卖或和卖者，与犯和诱或略诱等罪者同样科罪。民国17年及24年的刑法，对于使人为奴隶或居于类似奴隶的不自由地位者更处以重刑。不过积习既深，铲除不易；在社会救贫事业，与劳工立法未具相当的规模以前，法律上的禁止，自不能收重大的效果。

（二）人身自由的保障　有些国家，不仅于宪法上宣示人民的身体，非依法律，不受逮捕，拘禁，审问，或处罚；并且对于这种自由，特设保障。美国联邦宪法以明文承认出庭状（Writ of Habeas Corpus）制度，即最著的一例；因为出庭状制就是对于遭受非法逮捕拘禁的人，所设的一种有效的救济手段。

出庭状（国人也有称为保护状者）制，肇始于英国。英国1215年的大宪章，即已承认这种制度；有人并谓该制的产生尚在大宪章以前。按照这种制度，人民如被任何人监禁，其本人或任何他人，俱得向高等法院（High Court of Justice），请求颁给一种命令，命令监禁者将被监禁者移交法院审查其监禁理由；这种命令就叫做出庭状，法院经审查后，如认为无正当的监禁理由，则被监禁者自可立时恢复自由；否则法院亦当按照法定手续，进行审判。这种请求，为人民的一种权利，法院不能拒绝。①

上述出庭状制度，美国宪法尝以明文承认；并声明除在战争或内乱时期，不得停止。但晚近宪法不完全采取出庭状，而仅空洞的规定应给被拘禁的人以提出抗辩的机会者；1919年德宪便作这样的规定。该宪第一一四条云：“人身自由不受侵犯。公共机关，非依法律，不

① Dicey, Introduction to the Study of the Law of the Constitution（1915），209—212。

得限制或剥夺人民的人身自由。对于被拘禁的人，至迟当于拘禁的次日，将剥夺自由的理由，及下剥夺命令的机关的名称予以通知，并立即予以提出抗辩的机会。”但是拘禁机关如果蔑视这些规定，被拘禁的人，究又有何种方法可以知道他被拘禁的理由，与下令拘禁的机关呢？究又向谁提出抗辩呢？所以这种规定，如果不辅以出庭状制度，是不能发生充分效果的。

民国元年临时约法，除了宣示“人民之身不得逮捕，拘禁，审问，处罚”而外，对于救济非法的逮捕监禁，未设何等救济。民国 12 年中华民国宪法已设有关于出庭状——该宪称作保护状——的规定，该宪第六条云：“中华民国人民，非依法律不受逮捕，监禁，审问，或处罚。人民被羁押时，得依法律以保护状请求法院提至法庭审查其理由。”这便是出庭状制度。惟“以保护状请求法院提至法庭审查其理由”云云，文义殊属不通，因为出庭状制，在令人民得向法院请求出庭状，并非以出庭状向法院提出何等请求。民国 20 年训政时期约法则规定：“人民因犯罪嫌疑，被逮捕或拘禁者，其执行逮捕或拘禁之机关，至迟应于 24 小时内，移送审判机关审问；本人或他人并得依法请求于 24 小时内提审。”这种规定亦系采纳出庭状制度。

不过出庭状制的实行需要法院高度的权威；如果法院的权威未著，则出庭状制仍不免等于具文。民国 16 年 2 月北京政府鉴于军人屡屡违法逮捕普通人民，尝根据民国 12 年中华民国宪法，颁布一种保护状条例；但事实上，宪法及法律两俱未生任何效力。

第五目　居住及迁徙自由

（一）居住自由　所谓居住自由，即人民居住处所，不受侵犯之意；详言之，即人民居住处所，非得本人同意，无论何人，不能侵入。就是国家官吏，亦非依法律所定的场合与手续，不能侵入，搜索，或封锢。临时约法及训政时期约法所承认的居住自由，俱不外这个意义。这种自由，也可说是人身自由——即居止行动的自由——的延展。

居住自由权，在美法革命时代的宪法中，大都有明白规定，而以法国大革命后第八年(即 1799 年)宪法的规定最为详密。该宪对于侵入人民住宅的行为，分为日间侵入与夜间侵入两种：夜间除遇有火警，水淹，或室内呼助等场合外，虽官吏之持有法院命令者，亦不能侵入；日间则官吏可以侵入，但在原则上亦必须执有国家机关的正当命令。这种规定，至今成为法国法律对于人民居住自由的保障。在现代许多国家的法律之下，人民的居住自由，除因室内呼助，不可抗力(如水警火警之类)，与现行犯发生室内等事，得由警察官吏径自侵入外，官吏的强迫侵入人民住宅，概须预经法院的决定，概须执有法院的搜索令；所以侵入人民住宅而行使搜索，在原则上只是一种司法处分，而不属于行政处分的范围。有些国家甚至以这种原则列入宪文。①

居住自由，中国旧律亦极重视：汉代贼律已有无故入人室宅庐舍，格杀勿论的一条。自唐迄清，刑律的规定亦大率如此。唐律云："诸夜无故入人家内者，笞四十，主人登时杀死者无论；若知非侵犯而杀伤者，减斗杀伤二等；其已就拘执而杀伤者，各以斗杀伤论；至死者加役流。"现行刑法亦设有侵犯居住自由之禁(第三百〇六及三百〇七条)，但没有旧律那样的苛刻逾度。

(二)迁徙自由　各国宪法于承认居住自由外，尚有承认迁徙自由者。临时约法及训政时期约法亦承认人民有这种自由。迁徙自由，就

① 例如 1921 年波兰宪法第一百条，及 1931 年西班牙宪法第三十一条。

是选择居住的自由。人民的身体自由既包含“居止行动”的自由，迁徙自由，即令不经宪文特别规定，似亦应随身体自由而存在。欧洲各国，在农奴制度存在时代，人民诚无由甲地迁居乙地的自由；但今则各国法律，除对于罪犯或外侨往往施以居住的限制而外，对于一般人民的迁徙自由，已不复设有限制；不独在国内可由甲地迁于乙地，即出国的自由，在原则上亦为法律或宪文所承认。①

一般联邦国家的宪法，对于人民的迁徙自由，往往设有详尽的规定。凡属联邦人民，在联邦国境以内，由此邦迁于彼邦，各邦政府大抵不能予以限制或禁止；且人民之由此邦迁居彼邦者，其政治权及其他权利，各邦亦大抵不能限制。盖在联邦组织之下，中央宪法如果对于这类事项漫无规定，各邦法律，对于本邦及他邦的人民，便不免有所歧视；且联邦国家的各邦，在宪法所给予各邦的事权范围以内，原不受中央政府的干涉；倘这种歧视未经宪法明白禁止，中央政府势必无法制止。

中国历来的法律或习惯，对于甲地人民之取得乙地籍贯，虽或没有条件(如居住年期之类)，而人民的移徙，倘在国境以内，则无论为耕作，或经商，或营他种职业，俱不在法律或习惯禁止之列。但明清等朝刑律，俱著有“私出外境及违禁下海”之条(即所谓“海禁”之律)，凡人民希图出国谋生者，在律俱为犯罪；所以人民的出国自由，在法律上可说是全不存在。此项律文，于道咸以后，已成具文，至清末修改大清律例的且正式宣告废除。不过此后出国自由的限制虽除，而外人排华的风习又起；所以国人仍不获享有完全的国际迁徙自由。

---

① 例如1931年西班牙宪法第二十一条。

第六目　工作自由

(一)工作自由的意义　工作自由，临时约法称为营业自由；因为这种自由的意义，就是承认人民得以自由经营任何职业之谓。所以民国12年中华民国宪法，径称为“选择职业之自由”。法国1789年人权宣言，初未明白承认这种自由；这或因当时人士，认工作自由只是人身自由的一种必然结束，没有特别宣示的必要。但法国1793年宪法中的人权宣言第十七条，却有“无论何种劳工，教育，或商业，不得禁止人民操作”的规定；这便是承认人民的工作自由。

(二)工作自由的范围　个人如果不能随其性之好，选择这一种或那一种职业，个人智识，道德，或身体上的优性，自不免缺乏尽量发展的机会。所以工作自由之必须承认，无待申论。今仅就工作自由与下列几种问题的关系，以讨论工作自由的范围。

第一，工作自由与奴工制度　国家既承认人民有工作自由，自然应禁止任何形式的奴工制度。凡身体与工作，于无定期限内，完全受他人支配者固是奴工；即令期限有定，然而工作无定，雇主可以自由支配者也是奴工。① 奴工的存在，如出于他人的强迫，固与工作自由的原则不能相容；即令为奴工者自愿为奴，亦应为法律所不许。各种自由的目的，既在使个人智识，道德，及身体上的优性得有充分的发展，则足以剥夺发展机会的奴工制，自然违反个人自由的原则。就是极端倾向个人主义的斯宾塞尔，也说过：“自由的原则绝不是说各人

---

① 美联邦宪法第十八修正案禁 involuntary servitude；联邦及各邦法律俱禁 peonage。这两者俱是期限有定，而工作无定的奴工。法民法第一七八〇条云：“凡于一定期间内任一定工作者为自由工作”，除此盖皆为奴工，而在禁止之列。

应有不自由的自由。割让自由的自由，不是自由。”[①]18世纪政治学者，如洛克卢梭孟德斯鸠诸人，亦无不痛诋奴工制度，而力主废止。虽则法国对于殖民地奴隶营业的禁令，时弛时张，奴工制度之不容存在，在法兰西第一次大革命时期，即已为法兰西人士所承认；其第三年宪法宣言人身不得为买卖的目的物，就是对于奴工制度的一种否认。[②] 法国1848年宪法，并明白规定一切奴工制度，俱不能存在于法国领土以内。美国宪法，经过南北之战而后，亦没有明文，否认奴工制度。自此而后，奴工制度，不独为各国舆论所不容，并已为一般国家的法律所不许。[③]

中国常以向无阶级制度见称，但其奴婢制度的普遍，残酷，与久远，实在令我们不能自夸。

就其普通的程度而言，中国奴婢制度不独流行于全国各地，即奴婢的数量亦甚巨大。奴婢供给的渊源，历来甚众：有出自罪犯者(大都为“缘坐”犯，即罪人妻子或其他亲属)；有出自俘虏者；有出自买卖者；有出自“家生”者(即奴婢之子息)；有出自自愿“投靠”者。至于数额之巨，更是可惊。汉元帝时贡禹上疏言“官奴婢十余万，游戏无事，税良民以给之，宜免为庶人。”汉代官奴婢(大半即罪犯)之众，即此亦可概见。汉哀帝即位，因当时王侯官吏及豪富人民，蓄养奴婢过多，乃命有司议限制；然即依当时有司所议的限制，诸侯王仍得设置奴婢二百人；列侯公主百人；关内侯，吏二千石，及豪富民，三十

---

① 看 Spencer. Justice，§70。

② 法国1789年的国民议会尝有单独禁奴的宣告，令奴主释放，不收偿金。

③ 欧洲各国的禁奴，在其本国较早，在殖民地较晚。英于1836年始禁殖民地蓄奴；法于1911年始有同样的禁令。

人。此则可见当时私人置养奴婢之众。元魏辽金蒙古入主中国之时，汉人被俘为奴婢者，数亦极巨。元清等朝，奴之子孙当然仍隶奴籍，于是“家生”奴婢，为数甚众。买卖人口，除特种场合外，虽为历来刑律所禁，但实际上买卖奴婢之事，固常为奴婢供给的主要渊源，而于天灾流行，饥馑荐臻之时尤甚。

就其残酷的程度而言，中国历来法律，大体上亦如罗马法，拟奴婢于资财，奴婢的人格，在法律上受有极大的限制。为奴婢者，不独可由主人售买，不独公权如应试出仕权之类，完全被剥；他们的其他权利，亦在被剥夺或被减削，例如他们的婚姻权便受“良贱不能为婚”的律文的限制，他们的诉讼权，便受“干名犯义”的律条(即奴仆控告主人，无论属实与否，俱须受刑之律)的限制，他们的犯罪较诸普通人民须受较酷的刑罚，等等皆是。

就其流传的久远而言，则自有史以至清季宣统 2 年禁革买卖人口条例的出现，中国奴婢制度，在法律上从未消灭，实际上且今犹存。说者以为中国奴婢制度的起源，在于惩罚罪犯，此说虽未容深信，而以罪犯为奴婢，固确为中国极早极久的一种制度。尚书云“予则孥戮女”，论语云“箕子为之奴”；说者训孥为奴，孥与戮盖俱含刑罚的意义。如果我们承认周礼所记为周代的法制，则以罪犯为奴婢，秋官亦有“男子入于罪隶，女子入于舂藁，凡有爵者与七十者，未龀者，皆不为奴”之文。汉代以后，历朝刑律，尤有收没“缘坐”男女为奴婢之条。清代末年修改大清律例，除“缘坐”之法；数千年来收没“缘坐”男女为奴婢之律；始被删去。清宣统 2 年颁布禁革买卖人口条例，奴婢买卖以及奴婢名目始获完全禁止；历来法律对于奴婢身份所设定的种种限制亦随而一一消灭。但该条例虽废止奴婢制度，却又规定一种长期雇佣制，以为代替；该条例云：“凡贫民子女不能存活者，准其议定年限，立据作为雇工。先受雇值多少，彼此面订。雇定之时，不问男女长幼总以扣至本人 25 岁为限，只准减少，不准加多，如雇时 10 岁不得过 15 年，9 岁不得过 16 年之类；愿减少者听。限满听归本家。……倘雇限以内，主家有虐待情事，准本家缴还未满工值领回。”在这种长期雇佣制之下，被雇男女之丧失工作自由，既与往昔的奴婢相似，则其受雇主的压迫，亦必与奴婢相若；虽说雇限以内，主家如有虐待情事，本家得缴未满工值而领回；然此项条件实际上亦不见得能发生若何效益，因为缴值领回与向官厅说明虐待，俱非贫民力所优为之事。所以这种长期雇佣制，实际上成了一种变相奴婢制。废止奴婢制度之时，自然不能不顾及奴婢产生的主要原因——贫民子女之不能存活——然兼筹并顾，应该是一面完全废止奴婢制度，一面实施救贫政策，决不能容忍变相奴婢制度的暂存，以为救贫政策的代替。① 民国 21 年修正的刑法将“使人居于类似奴隶之不自由地位者”与“使人为奴隶者”同科，自是较进步的律条。

第二，工作自由与契约自由　人民有缔结契约的自由，为现代一切文明国家所公认；因为没有契约的自由，人民不能享有工作自由——即选择一切职业的自由。所以契约自由也可说是工作自由的一种必然结果。但是契约自由并不是一种绝对的自由，而且应以不妨害全体自由与不违反个人自由的目的为范围；否则契约自由的结果，必不免破坏工作自由的目的。所以契约自由绝不是说人民可以缔结任何契约。

---

① 关于以上所述，可参看王世杰，“中国奴婢制度”，北京大学社会科学季刊，第三卷，第三号；及梁启超，“中国奴隶制度”，清华学报，第二卷，第二期。关于清代禁革买卖人口条例，看大清宣统新法令(商务印书馆，宣统二年)，第十二册及第十八册。

18世纪人士，本极重视契约上的义务，美国联邦宪法因有各邦不得制定“损害契约义务的法律”的规定。当时人士尚不只视契约上的义务为神圣，他们似乎还以为工作契约的条款，概可由契约当事者自行决定，不容国家法律，设定限制。诚然，奴工契约，他们亦认为国家必须禁止；可是除此而外，国家就要容许人民自行决定工作的条件。所以契约自由也可说是18世纪人士所认为应有的一种个人自由；不过契约自由这个名词，未及纳诸当时的人权宣言或宪法罢了。

近数十年来，一般人士，目击工业革命后劳工的苦况，仍群认契约自由，必须加以较大的限制。可是最初大家还以为国家的干涉，只能及于妇女与儿童的工作契约；对于成年男子的工作契约，国家仍不应干涉其内容。今则这种理论亦已为一般人所唾弃。盖在事实上，工人决难与雇主立于平等的地位：工人是无产阶级，除了凭借他人的资产不能工作；不能工作，即不能生活。在这种状况之下，工人对于雇主，自无相等的抵抗能力。所以，工人与雇主订立工作契约时，往往不能不承诺雇主所提的苛刻条件，而使他们身体，知识，或道德上的发展遭受重大的损害。晚近一般国家的法律，对于各种工作契约，设为工作时间，最低工资等等限制，对于特种工作，甚或完全禁止童工或女工加入，就是基于这个原因。① 这些限制不独为工作自由的原则所容许，并且为工作自由的原则所要求，因为自由的原则，决不容任何人行使他的自由以损害他自己。这不仅是晚近社会主义者所抱的见解；就是19世纪的个人主义者如弥勒（Mill）等人，亦已有相似的

① 中华民国训政时期约法第三十八条规定“人民有缔结契约之自由；在不妨害公共利益及善良风化范围内，受法律之保障。”民国18年10月30日工厂法则对于童工女工及工作时间等更设有诸种限制。

主张。①

第三，工作自由与职业团体 欧洲各国，自中世纪以降，从事于工商业及其他职业的人，在各城市大都各有一种基尔特(guild，corporation de métiers)，以维护同业的利益，与吾国各地的行会性质相似；凡欲加入一种职业之人，事实上并且非加入该业的基尔特不可。所以人民工作自由，实受基尔特的限制。法兰西大革命发生后，因即励行禁止一切职业团体；19 世纪前半期，欧洲各国劳工组织之所以遭受完全的或部分的禁止，基尔特制度的陈迹未始非一重大原因。但从理论上讲，法律虽可不许职业团体中人所操作的职业的行为，国家却不应因此而遂禁止任何职业团体的存在。国家的法律，当一面承认从事各种职业者，为谋同业的利益，得以组织职业团体，如今之所谓工会(trade unions，syndicat)之类；一面更承认人民之从事某某职业者，有加入职业团体的自由。工作自由的原则之所要求者，只是如此；一般国家晚近法律之所规定者，亦大率如此。但为保持工人对于资本者的对抗能力起见，各国法律亦有强制工人加入工会者。

第四，工作自由与特种职业的取缔 依据工作自由的原则，人民虽有选择各种职业的自由，然国家对于特种事业，倘因其关系公共的安全与秩序，或因其关系人民的卫生或其他利益，限定须有特殊资格者始准加入该种事业，甚或禁止私人经营该种事业，而留待国家经营，却不得认为违反工作自由的原则。② 如酒业，教师业，律师业，医师业，助产士业之类，因与一般人民的卫生或其他利益有重大的关系，文明国家的法律大都设有资格，以限制人民的经营；又如火柴

① 看 J. S. Mill，Liberty，ch，v。

② 训政时期约法第七条便根据于这原则。

业，军械制造业，因攸关全体的治安与秩序，许多国家亦设有严重的限制，甚或完全禁止私人经营。这类限制，都可以说是保护人民全体自由之所必需，与工作自由的根本精神初无抵触。

第七目　意见自由

（一）意见自由的意义　意见是个人精神上的事情，不独非法律所宜干涉，并且非法律所能制裁。所以承认意见自由，不是承认思想自由；因为思想自由，初无须乎法律的承认。所谓意见自由，只是表示意见的自由。国家所以必须承认个人享有这种自由，无非因其可以给人民以交换知识与思想的机会，并可以促进人民智识与道德的发育。近代文化可以说是完全建筑在意见自由之上；倘人民无意见自由——尤其是意见自由中的出版自由——则科学，艺术，商业种种方面，固无从进步，而近代地广人众的民治组织，亦绝不可能。说者谓古希腊罗马的民治制度，只能行于地域极小的城市国家，而近代的民治制度却能行于地广人众的大国者，即因一无报纸，一有报纸之故。

（二）意见自由的种类　国人常有称意见自由（freedom of expression，liberté d'opinion）为言论自由者；然言论自由（freedom of speech）的意义实甚狭窄，不足以包括意见自由的全部。临时约法及民国 12 年中华民国宪法俱承认人民有言论，著作，及报刊三种自由。① 这三种自由，自然都是意见自由；凡意见之以口语表示者为言论，而这种表示的自由，便是所谓言论自由；凡意见之以文字图书表示者为著作，而这种表示的自由，便是所谓著作自由；凡意见之以印

① 训政时期约法中作“发表言论及刊行著作之自由”，将刊行及著作二者混视。民国 25 年立法院通过的中华民国宪法草案作“人民有言论，著作，及出版之自由，”意义较显。

刷的文字图书表示者为刊行物，而这种表示的自由，便是所谓刊行自由。法国1789年人权宣言第十一条，亦以言论，著作，刊行三事并举。精细的说来，刊行自由不能不包括言论自由与著作自由；所以本目下面所述，仅以刊行自由为限。

意见自由，除却言论，著作，及刊行自由而外，亦尚有其他种类。教学自由，演戏及映演自由，广播自由，秘密通讯自由，信仰自由，及集会自由等等，盖无不可看作意见自由。关于秘密通讯自由，信仰自由，及集会自由诸问题，将于本书第八至第十三目另行讨论；本目以下所述，除却刊行自由而外，当略略论及教学等各种自由。

（三）刊行自由　出版事业，在欧洲文化中，本来是比较晚出的一种事业。中国木版印刷，自隋即兴，自唐已盛，即活字印刷，说者亦谓北宋时已有泥塑活字版的行用。欧洲的活字印刷，只创自15世纪中叶；即其木版印刷，亦直到14世纪欧洲纸业出现时，始行出现。中国对于文书的出版，历来俱采事前放任，事后干涉主义；欧洲诸国，则于出版事业创始时，即采取检查制度。直到17世纪以后，刊行自由，乃渐为学者所鼓吹，① 然除英吉利而外，欧洲各国刊行自由的实现，大都仍是19世纪后半期或20世纪初期之事。

关于刊行自由的范围，我们可以分作三层讨论：（一）出版的手续；（二）文字图画的范围；（三）违法出版物的处分。

第一，出版的手续　就各国过去或现行的法律而言，其关于出版手续的规定，要而言之，不外两种制度。一为预防制（systeme prerentif）。在这种制度之下，凡出版物不特于出版以后，须受法律的制

① 米尔顿（Milton）于1644年出版的“Areopagitica，a Speech For the Liberty of Unlicensed Printing”一书，英人大抵认为提倡刊行自由的最先作品。

裁，即于出版以前，亦须受警察机关的干预。所以这种制度亦称警治制度。又一为追惩制(systeme repressif)。在这种制度之下，凡出版物于出版以前，毫不受任何机关的干预，仅于出版以后，受法律的制裁；换言之，凡出版物的违法者，于出版后始须依法律的规定，而受惩罚。所以这种制度亦称法治制度，英美两国久已采用追惩制，在欧洲大陆，则预防制度，流传甚久，且亦甚为普遍。

预防制度的目的，无非欲假借行政机关的干涉，以预防人民之滥用出版自由。然既采用此制，则谁又能够保障行政机关不滥用其干涉权，以束缚人民的言论？且人民的普通行为，实亦只于行为发生而后，始受法律制裁，事先固大率不受任何机关的干预；令人民于刊行出版物以前，预经行政机关的一度干预，亦实与法律上的普通原则相反，故在英美等自由国家，刊行自由(freedom of the press)这个名词，在一般人见解中，只是个人得以书籍，报纸，告白等印刷物，传达思想与知识于他人，而于刊印及发行时，不受政府检查，或特许，或其他干涉的意思。

预防制严厉的程度，则随其所采的预防手段而异。

预防制中的最严酷者，自为检查制(censorship)。自16世纪而后，欧洲许多国家(尤其是英法两国)对于刊行自由，常采两种干涉：一为对于出版业的干涉，一为对于出版物的干涉。他们对于出版业——印刷业或发行业——则限定须归国家特许的机关或公司经营；对于出版物，则施行一种检查制度；凡出版物，非于出版以前，预经政府检查机关(censors)检查核可，不得出版。这两项干涉，在英国虽于1695年以后，即已消灭，但在欧陆其他诸国，则虽在19世纪期内，亦常见有检查制的存在。法国1830年革命的重要对象之一即为检查制。到了20世纪初年，则一般国家的宪法或法律，大率已明禁检查制度；在承平时期，盖已不认其有存立的余地。但是遇到作战时期，则检查制又多恢复。在 1914 至 1918 年欧战期内，欧洲大陆各国，甚至英国，俱设有检查报纸的机关，只有美国是例外。美国宪法禁止国会有剥夺人民言论及出版自由的法律，所以即在战时，殆亦不能设立检查出版物的机关。①

但近年来，刊行前的检查在欧洲又成为习见的制度，而对于新闻纸为犹然。苏联新闻事业向由国家经营，本无所用其检查；但意德两国政府则事实上常有检查新闻纸又杂志的举动，虽则他们尚无明设检查制的法律。奥国 1934 年新宪法则更明许检查制的存在(第二六条)。

次于检查制者为特许制。这是有些国家曾经采用以为检查制的代替者。在这种制度之下，报纸及一般的出版社，虽不受检查，但报纸的开办，则须预得警察机关的特许。例如拿破仑三世时代的法国及今日的意大利②俱采这种制度。特许制虽较检查制稍为和缓，然其足为行政束缚人民言论的危险武器，亦甚显然。今之自由国家，亦无不否认这种制度。

就各国先例而言，对于报纸的出版，尚有以保证金制与特许制并行者；法国于拿破仑三世时代便是如此。在这种制度之下，凡开办报

① 美国于 1917 年有 Espionage Act，1918 年有 Sedition Act，皆以取缔妨害作战的言论及出版物为目的。该两法初未设有检查制，但一部分学者已认该两法与美宪修正案第一条抵触。参看 Z. chafee，Freedom of Speech(1920)。关于欧战期内各国刊行自由的概况，可参看王世杰，“现代之出版自由”，东方杂志，第二十一卷，第一号；及 Encyclopedia Britannica(14th edition)，Article on “censorship.”。

② 意大利 1925 年 12 月 31 日的法律规定，凡报章杂志的负责人须得政府的认可，其投稿人则须预在法西斯蒂党部登记。照我们的分类方法，这种制度自是特许制；但在事实上政府及党部仍有于刊印前施行检查者。

纸之人，事先既须预得警察机关的特许，并须预缴若干保证金(cautionnement)。在19世纪期内，别国中亦颇有模仿法国的保证金制者。日本现行新闻纸法(明治42年颁布)，虽未采检查或特许等制，亦尚存有保证金制，凡在大都市发行关于时事的新闻纸，其应缴的保证金，至达日金二千圆。保证金制，一方面既足阻遏报纸的成立，一方面对于已经存立的报纸，亦足影响其言论，因为政府既握有保证金，则恐政府或法庭之没收保证金，自为主持报纸者必有的戒心，因是报纸对于政府的评论，便或不免过于怯懦。法国及一般自由国家的法律，今已废止保证金制，比国宪法，且以宪法条文明白禁止。①

预防制的最轻者为报告制。报告制与特许制有别。如行特许制，则出版人于出版前，不独有报告警察机关的义务，且须得其特许；反之，如行报告制，则出版者虽有报告警察机关的义务，警察机关却无拒绝其出版之权。报告制的目的，在使警察机关得预知某种出版物行将出现，而予以注意；故其性质，亦可谓为一种预防手段，惟不像上述各种制度的严酷。然如适用于一切出版物，则其束缚刊行自由，要亦不可轻视。现时法国所行的报告制，亦仅适用于报纸，而不适用于书籍及其他出版物；换言之，即凡报纸的出版，于该报纸成立之时，必须报告警察机关一次；他种出版物(例如书籍)，则可径自出版。这种报告制，既仅适用于报纸，且仅适用于报纸成立之始，实际上殆不发生如何的束缚。

第二，文字图书的范围　出版物所载的文字图书究应有如何的限制？何种文字图书便应认为合法，何种便应认为非法？这便是文字图

① 1921年比宪第十八条第一项云：“刊行应任自由；检查机关不得存立，对于著作人，发行人，或印刷人，并不得索取保证金。”

书的范围问题。就理论与各国法律言，关于出版物的记载的限制，可说是含有两类：其一为保障社会全体利益而设的限制，其二为保障私人利益而设的限制。

（甲）为保障社会全体利益而设的限制　这种限制，即在近今自由国家，仍然不能一致。就理论言，这种限制的规定，未尝不可有一个适当的标准。这个标准便是，凡出版物的记载，如仅系一种意见，便不能构成一种非法行为，必其记载的本身，已经构成妨害社会全体利益的事实，始应认为非法。法人尝谓出版法中不应含有所谓"意见罪"(deltits d'opinion)者，盖即此意。惟意见罪与非意见罪，殊不易抽象的立为界说。今姑举若干例子，以明二者间差别的大概。

各国法律，为保障社会全体利益起见，固皆承认记载下列各种情事为犯罪：如败坏风纪的淫辞淫画，鼓动人民暗杀抢劫的言论，揭示军事外交的秘密文件，揭示法院未经公判而应秘密的案件，散布知其为伪而有害公安之谣言等等。上列记载，其本身实已构成一种危害社会全体利益的事实，故认他们为犯罪，自不得目为意见罪。反之，如承认攻击团体的言论为犯罪（从前许多国家俱是如此），或诽谤元首的言论为犯罪（今之君主国家尚大率如此），或诽谤宗教的言论为犯罪〔英美法中至今尚有所谓诽谤耶教罪(blasphemy)〕，或离间社会各阶级间感情的言论为犯罪（如德国1870年刑法第一百三十条及其1874年出版法之所规定），便为一种意见罪。就理论言，这种政治的或宗教的意见，原不妨任其自由表示；苟加禁止，纵或有裨于一时的秩序，然人类思想与组织，或又无从改善。且对于此种意见的表示，严加禁阻，事实上能否有裨于一时的秩序，有时亦属疑问。

（乙）为保障私人利益而设的限制　各国法律，为保障私人的利益起见，对于出版物类皆设有几种重要的限制：其一，出版物不得有妨害私人安全，名誉，信用，或秘密的记载，违者犯罪。在多数国家，这种记载，就令属实，有时亦可构成犯罪行为。[①] 其二，为“答复权”(或称“更正权”)的设立。凡报纸记载的涉及私人名誉，信用，或安全者，该报对于当事的私人，便负有登载他的辩证函件的义务。这种义务，便构成当事者的答复权。答复权的行使，既较诉讼为简便，而答复函件的功用，有时且较诉讼为敏捷而宏大；所以答复权的规定，极形重要。其三为著作权的承认。著作权原为国家鼓励私人著作的一种政策，当然为保障私人利益的一种工具。

第三，违法出版物的处分　凡违法的出版物，究应由何种机关，采何种程序，并依何种原则，施以处分？这便是违法出版物的处分问题。

所谓处分的机关问题，便是警察官厅应否享有直接处分权的问题。所谓警察的直接处分权，即警察机关，对于他所认为违法的出版物，可否不预经法院的审判，而径行没收出版物，停止出版，或封闭出版机关等等处分之权。就原理言，警察的直接处分，无论为没收，封闭，或停止，俱无充分理由可资辩护；因为警察如有此权，便无异兼有执行法律与解释法律之权，必至擅专行事，绝少顾忌。即仅就实际利害言，不独封闭处分，关系甚大，即停止，没收等处分，有时亦大足影响报纸未来的营业与生存；倘以此权付诸警察，报纸事业实处

---

① 有些国家，对于妨害私人名誉的言论，不论事实的有无，一概处罚；例如日本刑法。这自然是过于苛刻。有些国家，却又为相反的规定；只要言者能说明事之真实，便不处罚；例如德国刑法。这也许不免太宽。多数国家，系采一种折衷制度；对于与公益无关的诽谤，则不论真伪而一概科刑；对于有关公益的诽谤，则承认诽谤者得以举证；例如法国现行出版法(1881 年颁布)，一面承认妨害私人名誉的诽谤，应不问真伪而一概科刑；一面承认诽谤公务员的人，则得因其所言属实而不受罚。这是因为公务员的人格，直接与公众利益有关之故。中国现行刑法第三百十条亦仿此意。

于极危险的地位。所以，现今各自由国家或完全否认警察享有直接处分权，或则仅承认警察有极狭小的直接处分权。[①] 没收，停止，封闭等处分，在原则上，惟依司法机关的命令始能实施。换言之，这些处分，是司法机关的职权，而不是警察的职权；属于司法处分的范围，而不属于行政处分的范围。

所谓处分的程序问题，最要者，即出版物诉讼的审判应否由普通人民——即陪审人员——参预的问题。对于出版物诉讼，一般国家，已俱采用陪审制度；盖出版诉讼，最易演为政府压迫人民的武器；倘采用陪审制，政府便不易横加压力；因为陪审人员，既为普通人民，而非常任官吏，其仰承政府意旨的可能自不至如普通法官之大。[②] 有时因律文限制言论过严，陪审制且有几分调剂作用；因为陪审人员，既为普通人民，其严守律文的习惯，自必较逊于一般法官，对于被告人民，或易为宽大的处置。例如英国刑律虽亦设有诽谤耶教罪（blasphemy）与诽谤国家罪（seditious libel）等意见罪，而这种律条实际上未易演为政府蹂躏意见自由的利器者，陪审制的存在即其一因。[③] 惟是陪审制虽可有这种良好功用，亦尚有许多流弊；权衡利害，究否宜于采用，固尚有讨论余地。但该项讨论，属于刑事民事等诉讼法的范围，故这里不必论及。

---

① 例如法国现行出版法，便仅承认警察对于淫猥的图书有没收权；对于其他任何出版物，仍无没收权；至停止封闭等权，则全未异予警察官署。但意德等国则予警察及行政官署以处分的大权。意1925年12月31日的法律授州长以警告，没收，暂停出版，及禁止出版等权。

② 例如法国1881年出版法即规定凡破坏名誉罪之涉及公务员（国会议员包括在内）者，即由陪审法院受理。

③ 看 Dicey，Introduction to the Study of the Law of the Constitution（1915），ch Vi.

所谓处分的原则问题，最要者便是违法出版物的责任问题。出版物之含有违法记载者，其责任果应谁属？这问题的解决，有互异的英比两制为例：英制认著作人，编辑人，发行人，印刷人，甚至代卖人，对于出版物的违法记载，俱须负责。英制的理由，无非欲令违法出版物，与普通犯法行为，完全立于平等地位；因为对于普通犯法行为，一切参与犯法者均须负责。比制则认违法出版物的负责者只有为首的一人：为首者应为著作人；著作人不可查知时，则由编辑人负责；无编辑人时，则由印刷人负责；印刷人不可查知时，则由发行人负责。① 比制在使著作人的言论不致受编辑人，发行人，或印刷人的阻挠；因为他们如需与著作人同负责任，则著作人的言论，实际上便不免要受他们的检查。对于一般出版物，如图书广告之类，比制殊较英制为完善，惟对于报纸，则比制未必适当：因为报纸的经理人或编辑人，对于报纸中的文字图书，是应注意而且能注意的；实际上报纸上的文字图书，也大都是曾经他们审定或指导而发表的。他们的责任，决不能受著作人责任的掩护。依法国现行出版法的规定，报纸的经理人，关于报纸的违法记载，转立于主犯地位；著作人仅得视为从犯。这自然是比较公允的办法。

以上系从理论及各国实例两方面，讨论刊行自由的范围。以下将取中国历来关于刊行自由的各种法令，为简括的说明。

中国历来对于出版物，俱采事前放任，事后干涉主义；直至清季，尚无所谓检查，特许，保证金等预防制度。文字之狱，有时诚亦

---

① 比宪第十八条第二项云："著作人已知而且住居比国时，则发行人，印刷人，或发卖人俱不受控告。"比国刑法对于本问题尚有详细规定；看 Errera, Traite de droit public belge(1918)，76—77。

甚酷；清康熙雍正乾隆三朝，士林及宦官之以折奏，著作，或出版物贾祸者尤为众多；然亦不过事后追惩，事前干涉的制度则未尝存在。事前干涉的法律，始于光绪三十四年的报律。① 该律大体上系仿照日本旧新闻纸条例（于明治 42 年废止）。对于报纸的成立，既没有报告官厅及缴纳保押费两条件；对于报纸的发行，不论为日报或非日报，并没有检查手续。该律第七条云："每日发行之报纸，应于发行前一日晚十二点钟以前，其月报，旬报，星期报，间日报等类，均应于发行前一日午 12 点钟以前，送由该官巡警官署或地方官署，随时查核办理。"这便是该律所设的检查制。这种制度，不独使办报者感觉困苦，即执行该律的官署亦不胜检索之烦。所以该律施行一年以后，民政部即有请求酌予修改的奏折。② 至于该律对于违法者所设的各种处分，如罚金，及禁止发行之类，究应由何种官署决定，该律初未明白规定；但各省审检厅，当时既未完全成立，这类事件，事实上自然全系由行政衙门任便判断。

民国成立，临时约法既承认人民有言论著作刊行的自由，清末的报律于理当然不复可以存续。然临时约法第十五条既称约法所载人民的权利，"有认为增进公益，维持治安，或非常紧急必要时，得依法律限制之。"则以法律来限制人民各种自由，实际上殆无一定的范围，因公益治安云云，都是些宽泛而无边际的名词。民国 3 年，袁世凯政府为钳制言论起见，曾颁行两种关于刊行自由的法令：一为民国 3 年 4 月 2 日的报纸条例，又一为民国 3 年 12 月 4 日的出版法。③ 报纸条

① 该报律全文见大清光绪新法令（商务印书馆，宣统元年）第九册。

② 民政部奏请修正报律条文折，见大清宣统新法令，第九册。

③ 以上两种法令全文，见政府公报，或法令大全（商务印书馆，民四）。

例所规定者，为报纸的出版；出版法所规定者，为报纸以外的“文书图画”的出版。

报纸条例，对于报纸的出版，系兼采特许与保证金制；即凡日刊，不定期刊，周刊，旬刊，月刊，年刊的出版，须于出版前预得警察机关的认可，并缴若干元的保押费。对于报纸中文字图画的范围，该条例设有下列八种禁条：

一、淆乱政体者；

二、妨害治安者；

三、败坏风俗者；

四、外交军事之秘密及其他政务，经该管官署禁止载者；

五、预审未经公判之案件及诉讼之禁止旁听者；

六、国会及其他官署会议按照法令禁止旁听者；

七、煽动，曲庇，赞赏，救护犯罪人，刑事被告人，或陷害刑事被告人者；

八、攻讦个人阴私损害其名誉者。

上述第一项认“淆乱政体”的记载为非法，便是剀切承认意见之足以构成犯罪。第二项“妨害治安”云云，词旨空泛，亦易入人于罪。至该条例于报纸所设的罚金及停止发行等处分，警察官署虽享有直接决定与执行之权，但以报纸违反呈报手续，不缴保押费，及不经特许而发行等场合为限。报纸的文字图画，如果违反该条例所定的范围，其处分权仍属于官署。关于答复权及报纸文字的著作权，该条例亦俱有明文承认。

报纸条例于民国5年黎元洪复职为总统后，即被废止。嗣后北京政府从未制定关于报纸的中央法令。所以自该条例的废止起，至民国15年1月止，报纸以及其他"文书图画"的出版，俱系受出版法的支配。出版法原仅规定报纸以外的"文字图画"的出版，故对于出版的手续仅采报告制，而无检查，特许，保证金等苛刻条件。该法对于文字图画所设的范围，亦与报纸条例的八款大致相同。民国15年1月，因各方面的严重反抗，出版法亦由段祺瑞政府以明令废止。

出版法废止以后，全国刊行自由，在法律上只受暂行刑律的支配，不复受任何特别法律支配。但京师警察厅，于民国14年4月朱深为厅长时代，对于北京地面，尚颁有一种厅令，名为管理新闻营业规则，其限制报纸及通讯社的成立，较之报纸条例尤酷。此项厅令，后虽微有修改，然严酷的程度，终北京政府的时期，没有大减。

国民政府定都南京后，又于民国19年10月16日颁布新出版法。该法所称出版品包括新闻报，杂志，书籍及其他出版品。在大体上，该法与法国1881年的出版法相同，因为该法对于新闻纸及杂志采报告制，而书籍及其他出版品则可以自由发行。但按照新出版法，出版品除禁登禁止公开诉讼事件的辩论外，并不得为左列各款的记载：

一、意图破坏中国国民党或三民主义者；

二、意图颠覆国民政府，或损害中华民国利益者；

三、意图破坏公共秩序者；

四、妨害善良风俗者①

① 法国1881年出版法并未特设出版罪，有犯罪行为者，概依普通刑法办理。但嗣后有几个单行法，对于出版品之宣传无政府主义或妨害善良风俗者特别定有罚则。

上述几种事项，如任令登载，本足以妨害社会安宁，所以此项禁止不能认为苛刻。且照民国20年的训政时期约法，“发表言论及刊行著作之自由”本可以法律限制(第十五条)，所以出版法亦并未违反约法。但该法更规定，如有违法的记载，内政部尚得轻则纠正或警告，重则将违法的出版品予以扣押。这种行政处分，如施之于定期出版品，颇足以影响其营业，所以于出版自由甚为不利。

但是，中国新闻纸之出版，尚应受若干种检查办法的管制。① 根据这些办法，凡重要都市的新闻纸，概须先受检查，然后始可发行。

至于出版法一类法律之应否存在，则是另一问题，论者亦不一其说。依据英美等国成例，人民的言论，著作，及刊行等自由，只受刑事法典所设的限制，而不受任何其他特别法令的拘束；所以英美等国于普通民刑法而外，不别立报纸法或其他出版法。1919年的德国宪法，且规定意见自由的范围，仅能以普通法律来设立(第一一八条)②。英美人士遂大都不赞成特别法的存在。他们以为凡颁行这种特别法的国家，大体上系对报纸或其他出版物增加束缚，如设立出版的手续，给予警察机关以停止发行，与没收出版物之权等等。如果人

---

①　重要者如下：(一)中央执行委员会常务会议民国22年9月21日通过的修正重要都市新闻检查办法。(二)同机关民国22年10月5日通过的修正新闻检查标准；(三)中央政治会议民国23年2月14日决议：“在检查期间，如新闻纸有不服检查者，军政机关得予以一日至一星期停版之处分，及其他必要之处分。”此外，各地党政军机关，亦常有严峻的单行办法。

②　民国十一二年各省宪法或宪法草案，亦大都依此精神，有所规定，例如民十一湘宪第十一条云：“人民在不抵触刑事法典之范围内，有用文字，语言，图书，印刷，及其他方法，自由发表意思之权，不受何种特别法令之限制，或检查机关之侵害。”但关于德宪第一一八条所说的“普通法律”，解释亦并不一致：有谓系指普通刑法而言，故出版法等法律，即为违宪；有谓如出版法等法律能对于一切人民有束缚力，亦可谓为普通法律。

民的刊行自由，只受普通刑法的支配，这些钳制自然都不存在。不过，特别法固可以增加刊行自由的束缚，但亦可减少刊行自由的束缚。这可以英国的刊行自由为喻：依照英国刑法的原则，凡参加一种犯罪行为之人，须各负刑事责任；所以著作人，编辑人，印刷人，甚至发行人，对于一种违反刑律的出版物，在英国制度之下，亦不能不各负刑事责任；因为英国人民的刊行自由，系受普通刑法支配，而不受任何特别法支配。在欧洲大陆各国，则这种责任，往往于特别法中设有特别规定，普通刑法的束缚，转获减轻。所以严密地说，各国关于刊行自由特设的法律，亦不尽在增加刊行自由的束缚。

(四)教学自由　欧洲各国尚有于宪法中特别规定教授与学习自由者。这种自由，学者间有纯认为意见自由的；严格地说，与其说是意见自由，毋宁说是意见自由与工作自由的合并。

教学自由问题在19世纪上半世纪最见重要。其原因有二。第一，欧洲中古时代的大学本为执有特许状的一种社团，所以享有高度的自由，教者可以自由讲授，而学者亦可以自由研究，几乎不受君主的干涉。这就是所谓学校自由(academic liberty)。但在维也纳和议以后，专制潮流波及欧洲大陆全部，学校自由发生重大危险。所以各国于成立宪法时，辄有将教学自由特予规定者。第二，在19世纪以前，欧洲各国的教育大抵由教社经营。及后国家设立公共学校，并施行强迫教育时，辄干涉教社所设学校的课程及训练等等，甚或根本禁止教社所设学校的存在。教社为自卫起见，遂倡教学自由的口号。

但是，国家权力既日在增加，而教育又为国家主要的职务之一，不论大学或教社，自然俱不能永久抵抗国家的干涉。大学的教学自由固日在缩小，即教社的教育权亦有减无已。至在中国，则因欧洲各大学及各教社的背景并不存在，故教学自由问题更不发生。即民国十七八年政府取缔教社所设学校最严厉时，教社似亦未尝以教学自由为号召。

(五)演剧自由　各国大抵以剧本与书籍同样看待，但在开演以前，大抵须经检查。惟检查方法各国至不一致。有根据宪法者，例如奥国；有根据特别法令者，例如法国；有根据数百年的成例者，例如英国；有由社会团体检查者，例如美国各邦；有由党部执行检查者，例如中国。①

对于电影的映演，各国的法律在大体上亦采检查制。因为电影的影响比戏剧尤为广遍，所以检查较为严厉。德国1919年宪法，本禁一般的检查制，惟独对于电影，则国会可以制定任何适当的法律，以防流弊；换言之，即检查制亦可设立。中国亦有电影检查法。②

(六)广播自由　意见自由中的言论自由在昔常与集会自由混而为一，因为无集会便无所谓言论。但自有广播无线电台后，不集会亦可以有言论。各自由国家对于广播，除技术方面的必要限制(如广播电台甲不能扰乱广播电台乙等等)外，大都采绝对自由主义。但德意等国独裁国家则禁民营电台作关于政治问题的广播。中国现制，政府于必要时得制止民营电台播发新闻；民营电台依法亦不得“扰乱或妨害国有海陆空及公众通信电台之业务”。③

---

①　奥国：1934年宪法第二十六条。法国：依照1864年的命令，戏院可以自由设立，但剧本则须经过检查：在巴黎者归教育美术部负责检查；在外地者，归州长负责检查。自1906年起，教育美术部未派委员，故法定检查，已同虚设。但警察干涉之权甚大，实际上仍有检查。英国：在伦敦者向由内务大臣派员检查，在外地者不受检查。中国：剧本经党部核准后始能开演。

②　民国19年11月3日的法律。

③　参看交通部民国21年11月24日的民营广播无线电台暂行取缔规则。

第八目　通讯秘密自由

通讯秘密自由，即人民函件与电信的秘密，不受任何官吏或任何私人侵犯的意思。本来，电信传递事业，如由私人经营，则书信秘密自由，即不于宪法或其他公法中特加规定，亦或不易遭受侵犯；因为传递者之必须保持秘密，尽可成为通讯人与传递人间的契约条件。然现代国家的邮电事业，既大都由国家专营而不许私人经营，通讯秘密自由倘无宪法为之保障，便难免遭受国家行政机关的侵犯，或立法机关的剥夺。所以各国宪法往往特设通讯秘密自由的规定；中国临时约法及训政时期约法亦有这种规定。

但各国法律对于通讯秘密，亦不能不设为若干种例外：如未成年者的书信，得由其家长或监护人拆阅；如嫌疑犯的书信，得由法庭拆阅(但各国法律，即对于这类书信的拆阅，亦往往设有严重的限制)；如含有课税物的嫌疑邮件，得由邮局令寄信人或受信人拆示其内容；如无法投递之邮件，邮局得拆阅内容，以寻觅原寄信人的地址等等。

第九目　信教自由

信教自由问题，在吾国虽不甚重要，但在欧洲一般国家，则向为重大问题。有许多国家，甚至不能不在宪法条文中，为极冗长的规定；如瑞士宪法及1919年德国宪法即最显之例。

(一)信教自由的意义　欧洲人士的自由思想，大半为十五六七世纪宗教压迫的产物；人民因不堪宗教压迫，民权之说遂应时而起。信教自由当然为18世纪美法革命时代人士所重视。然则所谓信教自由者，其意义究竟如何？一切的宗教，都可说是含有两个元素：一为宗教的信条，一为宗教的仪节。承认人民有信教自由，便须承认人民有两种自由；换言之，信教自由，实含着两种自由。其一为信仰自由(freedom of conscience)，即人民有信仰任何宗教与不信仰任何宗教的自由。所谓信仰，即对于宗教的信条而言。其二为礼拜自由(freedom of worship)，即一方面任何信教人民有履行其本教仪节的自由，一方面国家又不得强迫任何人民履行任何宗教的仪节。所谓礼拜自由，盖即指宗教的仪节而言。

(二)信教自由的范围　信仰自由，与工作等自由有别：我们承认个人有工作自由，只是承认个人有选择一切工作的自由；不一定是承认个人有工作与不工作的自由。依据晚近倾向社会主义的宪法，那些自由只是一种相对的权利，法律对于享有那种权利的人，还可令其完成一种义务，有工作的自由者于是亦有工作的义务。但是信仰自由却可以说是一种绝对的权利，——至少在现代如此；因为国家不但不能强制人民信奉某种宗教，并且不能强制人民信教。信仰自由，是信仰与不信仰的自由。不但如此。为彻底实现这种自由的目的起见，国家不独不当强制人民信教，并且不能采取任何方法，鼓励人民信奉某种宗教，或禁止人民信奉某种宗教，或一切宗教。[①] 换句话说，国家对于信仰自由问题，应该完全采取超然中立的态度，而不当有任何种的干涉。

信仰自由，本是个人精神上的事情；个人的信仰或不信仰，既非他人所得而知，实际上亦自非法律所得而制裁。法律的干涉，只能及个人对于宗教问题的表示。这种表示，不外是言词的讨论，与宗教仪节的履行或不履行。前者属于意见自由问题；后者属于礼拜自由问题。意见自由的范围，上面已经论及。礼拜自由只可以有两种限制：一则礼拜的仪节须不妨害公共的安宁；二则须不妨害善良的风纪。在

① 苏联于法律上不禁宗教团体的存在，但在事实上，则对宗教团体加以种种限制，故事实上苏联无信仰的自由。

不妨害公安及善良风纪的范围以内，国家对于任何宗教的仪节，亦不当有所干涉。

现在我们根据以上所述，来讨论与信教自由有关系的几个问题：

第一，信教自由与参政权及其他权利　在耶教及回教的国家，其现行法律或其过去的法律，对于信奉异教的人民，往往有剥夺其参政权，或其他权利之事；即如犹太教人之在英国，亦迟至1858年，始取得众议院议员的被选举权。这种规定，不独违反信教自由的原则，抑且显与人民平等的原则不相融洽。所以现代各国宪法，多以明文声明人民权利，不因其宗教信仰而有差别。

第二，信教自由与宗教经费　现时欧洲许多国家，尚有对于特种宗教，或对于各种宗教，由国家助以经费者；然既承认信教自由的原则，则其逻辑的结果，国家对于各种宗教的待遇，殆非采取平等的与超然的态度不可。果然，则国家以国币津贴特种宗教，固失平等超然之义，即令国家以国币津贴一切宗教，亦与平等超然之义不合；盖国币原为人民的负担，全国人民初不尽为教徒；国家倘以国币津贴宗教，便等于强迫不信教者，负担宗教经费，等于鼓励人民信教。这仍逃不了不平等与不超然的弊病。然许多学校中，尚有强迫学生肄习特种宗教的教义之事。晚近以来，许多国家，经过重大的教训，始于法律或宪法中，禁止任何学校强迫人民肄习特种教义，甚或禁止国立义务教育学校设立任何宗教科目(法国现行法律便是如此)。盖国家既承认信教自由，便须对于宗教问题采取超然态度，既采取超然态度，自不能强迫人民受何种宗教教育，亦不能容任何学校强迫人民受宗教教育。今之对于宗教问题抱激进主义者，不仅认国立义务教育学校应废止一切宗教教育，并主张禁止私立义务教育学校设立这种科目，以免儿童的心灵，于判断力尚未发育以前，为任何宗教信条所占有。1918

年苏俄宪法第十三条，所以一面承认宗教宣传与反宗教宣传为人民的自由，一面却规定教社必须与国家及学校分离者，也是这个意思。

第四，信教自由与国教问题　由上所述，则任何形式的国教制，俱不能与信教自由的原则相融洽。且仅仅否认国教制，亦未必能完全贯彻信教自由的原则。

因为所谓国教制，大别不外两种：或则承认一种特别宗教为国教，而强迫一切人民信奉其教义，履行其仪节；举凡不信奉该教者，便失却法律上的权利与保护。古代犹太教与近代回教各国，便是如此。或则一面承认人民有信奉任何宗教的自由，一面复承认某教为国教；国家对于国教，予以特殊的优待，且令该教与国家的关系，特别亲密；英吉利现行的国教制，便是一例。英国以英吉利教为国教，该教教社的官吏由国家任用，其经费则为一种田税的附加，叫做什一税(tithe)者。① 这两种国教制度，第一种固然违反信教自由的原则，即英吉利的国教制，亦复如是；因为英国对于宗教事宜，亦未采取平等及超然的态度。

所谓非国教制，自亦不只一种形式，今举法比两国为例。法国1905年以前，虽不承认特种宗教为国教，然对于有几种宗教(即公教，新教，及犹太教)，国家尚予以津贴，其官吏亦由国家任用；自1905年通过政教分离的法律而后，国家始拒绝津贴任何宗教，且不参与任何教社的官吏的任用，所谓平等超然的政策，至是始完全贯彻。② 比国今亦无所谓国教；国家对于各种教社的官吏的任用亦不参

① 关于英国国教与国家的关系，参看 Lowell，The Government of England(1912)，II chs，ii iii.

② Duguit，Traité de droit constitutionnel(1925)，v，495 及以下。

与，但对于几种在比国流传较广的宗教，尚由国库拨予相等的津贴。① 比国币津贴这些宗教，毕竟有强迫不信这些宗教或不信任何宗教的人民负担宗教经费之嫌。换句话说，比国政府，对于宗教问题，虽然大体上采取了平等主义，却不曾采取超然主义。故即在国教不存在的国家，信教自由的原则，也有不完全贯彻者。

民国元年临时约法，承认人民有信教的自由(第六条)，并承认信奉一切宗教者的平等(第五条)。当民国 2 年天坛宪法草案起草时，政府及其他少数人士，方主尊孔，于是该革案除于第十一条承认“人民有信仰宗教之自由，非依法律不受制限”而外，复于第十九条有“国民教育以孔子之道为修身大本”的规定。这两项条文，在民国 6 年宪法审议会时代，曾引起许多争辩。有根本反对孔教，并反对以孔教或其他任何宗教规定于宪法者。有对于原草案仅定孔子之道为国民教育之大本，表示不满者。第二派人虽亦主张人民有信仰任何宗教的自由，却要求以宪文规定孔教为国教。② 该审议会最后系采取刘恩格的修正案，以替代原来第十一条及原来第十九条的附加规定。该修正案云：“中华民国人民，有尊崇孔子及信仰宗教之自由，非依法律，不受制限。”既承认“信仰宗教”的自由，复赘以“尊崇孔子”的自由，自属漫无意义。据该修正案提案人的说明，孔教不是宗教，故不当定孔教为国教；国民教育的方针须随时代而异，不宜订诸宪法；孔子之道亦不止于修身一端，故不当仅定孔子之道为修身大本。这些说明，我们都可承认。然该提案人对于以“尊崇孔子”四字入宪，毕竟没有提出任何有

① Paul Errera，Traité de droit public belge(1918)，80 及以下。

② 例如翟富文等所提的修正案，即为“中华民国人民旧有之信仰以孔教为国教；有信仰其他宗教者亦听其自由。”见吴宗慈，中华民国宪法史(民国 13 年)，前编，页 171。

力的说明。[①] 实际上当时宪法会议所以通过此项条文，只是迁就事实。盖在一方面国教之说既为多数所不赞同，在又一方面当时的政府与一部分议员以及孔教会诸人，又力倡孔教为国教之说，宪法会议只好通过这种漫无意义的修正条文，以敷衍提倡尊孔之人。民国12年的中华民国宪法亦仍采纳六年的草案。但训政时期约法则已明定“人民有信仰宗教之自由”。

不过宪法的规定与事实又往往不能一致。中国人民固可以自由信仰任何宗教，但在蒙藏青海等地方，佛教仍不脱为一种国教；国家一面正式承认其存在，并从而许其赖地方的收入以资维持；一面又随时加以特殊的监督，并不与普通的社团同样看待。[②] 所以就佛教而论，中国以国情的特殊，实际上尚未能贯彻平等及超然的主义。

第十目 集会自由

(一)集会自由的意义 所谓集会自由，即人民得以自由集合于一地点，以演讲形式，表示其思想或知识；以或辩论形式互换其思想与知识的意思。国家承认此项自由，与承认言论，著作，刊行等自由，同其目的；其目的盖俱在助长人民知识道德的发展。不过此项自由，是否一种可以独立的自由，则欧洲大陆各国人士，与英美人士的见解，似不免分歧。

英美人士，向认集会自由，仅为人身自由与言论自由的并合。他们以为人身自由，抽象言之，原只是人民的居止行动的自由；一切人民，既俱有居止行动的自由，则人民之得以集合之一地，自为当然之事。且集会的目的，无非以演讲或辩难的形式，为知识与思想的表

① 看吴宗慈，前书，前编，附编，页27—31。

② 例如民国18年12月7日的监督寺庙条例中所说的监督。

示；若然，则承认言论自由，便须同时承认集会自由。所以英美法律对于集会自由，初无特别承认的明文；关于集会自由的限制，亦只是普通刑法中对于人身自由与言论自由所设的限制，而无特别关于集会自由的限制。① 反之，欧洲大陆各国，则大率视集会自由为一种特殊自由；对于此项自由，往往制成一种特殊法规（即集会法），于普通刑法，对于人身自由及言论自由所设的限制外，更设为若干特殊的限制。

（二）集会自由的范围　欲说明集会自由的范围，须分别说明集会的手续，与集会的解散两项问题。

第一，集会的手续　各国法律，对于集会手续的规定，亦有追惩与预防制的分别。

英美人士因承认集会自由，纯为人身自由与言论自由的合并，故对于集会手续，亦只采追惩制，而采任何预防制，因为英美法律，对于人身及言论等自由，原亦只追惩制。在英美法律之下，人民的集会，不问性质如何（政治的或非政治的），不问地点何在（屋内或屋外），不问参加者为何种人（男子或女子，成人非成人等），事前俱无须请求警察许可，亦无须报告警察。如参加集会者在集会时有违犯普通刑法的行为，则亦按普通刑法治罪。

欧洲大陆各国，因视集会自由为一种特殊自由，所以于集会法中，每每将人民的集会分为若干种类，而分别采用追惩制或预防制：有将人民集会，分为政谈集会与非政谈集会者；有将人民集会分为屋内集会与屋外集会者；有将人民集会，分为劳工集会与非劳工集会

---

① Dicey，Introduction to the Study of the Law of the Constitution（1915），ch. vi.

者；有将人民集会，分为私人集会(即与会之人限于召集人所招请之人)与公众集会(即任何人民俱得与会之集会)者；有将集会分为选举集会与非选举集会者。因集会的性质，而规定集会的手续。对于甲种集会，或纯采追惩制，对于乙种集会，或又采用一种预防制。

所谓预防制，亦有两种：一为特许制，采用此制，则集会前若干时间，须报告警察，得其许可。一为报告制。采用此制则集会前若干时间，亦须报告警察，但不必得其许可。就实际言，预防制中的特许制，固大足束缚人民的集会自由；即报告制亦可危及自由。盖集会自由，与刊行自由或结社自由不同：新闻纸的出版或人民的结社，即令事先须报告警察，亦不至发生重大障害。集会是一种临时集合，往往且为一种紧急集合，倘亦须于事先若干时间报告警察，则其所生的障碍，实际上时或甚大。① 故即采用报告制，亦只能限于特殊的场合(例如屋外集会)。提出报告的时间，距集会前，尤不能过长。

第二，集会的解散　警察官吏，自然应有权入集会地点；各国法律，且有承认一切集会，须设警察席俾得监临者。但警察官吏的监临会场者，究应有何权限？往时欧陆各国法律，有承认警察享有极广泛的解散权者。凡会场中的言论，如经警察认为非法，警察便得径自解散。但以这样的解散权付给警察，便等于给警察以解散法律的司法权，其危险之大，盖甚显然。所以法国现行集会法(1881 年法)，承认警察解散集会，应以两项场合为限：一即会场发生暴动，二即召集人自行请求解散。除此两项场合外，警察便无径自解散集会之权；就令会场中发生违法的言论，警察亦不能解散；警察所能为者，亦不过于事后诉诸法院，请求对于当时发言者施以追惩而已。英美的警察，

① 法国 1881 年集会法本取报告制，但 1907 年的修正法已免去报告。

在平时本无解散集会之权。但如认为有发生骚动的可能时，则英国的警察可以禀准内政部，当场宣读骚动法(Riot Act)。骚动法一经宣读，会众立须解散，否则警察可以武力解散。惟警察机关如判断错误，以武力解散并未含有骚动危险的会众，因而引起伤害时，则仍须负民事及刑事上的责任。美国各邦亦有类似的法律。

以上为各国法律关于集会自由规定的种种。中国于清光绪三十四年即已颁有结社集会律；就中关于集会的规定，重在取缔“政论集会”，凡“政论集会”不独须于事先报告警察，并不得容许学生教员及妇女参加；参加人数，亦不得超过二百人；至于警察，依该法律亦享有中止集会权与解散集会权。① 民国元年临时约法，虽承认人民有集会自由，却未规定此项自由的范围；民国3年袁世凯政府所颁布的治安警察法，关于集会自由的规定，略如下述：

一、分集会为政谈集会与非政谈集会；前者须于集会前十二小时报告警察；后者如“行政官署因维持安宁秩序认为必要”时亦得令其呈报；

二、复分集会为屋内集会与屋外集会；屋外集会，不论为政谈集会，非政谈集会，甚或为公众游戏的集会，俱须于集会前二十四小时报告警察，并得其许可；

三、劳动工人的一切“聚集”，如系煽惑“同盟解雇”，“同盟罢业”，“强索报酬”，“扰乱安宁秩序”或“妨害善良风俗”者，警察官吏得径自禁止；

四、集会的讲演议论，经警察认为涉及特种刑事诉讼事件，

① 结社集会律全文见大清光绪新法令，第九册。

或认为“有扰害安宁秩序或妨害善良风俗之虞”者，警察得径自中止其讲演或解散其集会；

五、女子，未成年人，僧道，及其他宗教师，小学校教员，学校学生，军人，警察官吏，以及褫夺公权尚未复权者，俱不得参加政谈集会。

以上规定，俱系直接贩自日本，间接沿用欧战前德国与普鲁士的法律；其严酷的程度，比照上面所述各国的情况，便可了然。

在训政时期约法之下，集会自由本可为法律所停止或限制，但政府迄尚无集会法的颁布，现行的正式法律中可认为有限制集会自由的效用者，仅违警罚法(民国 17 年 7 月 21 日公布)第三十四条第四项中的规定。依照该项，凡“公众会合，公安局……令其解散”，不解散者便构成犯法的行为。这种规定等于承认公安局有解散集会之权。但公安局在何种场合下方可解散集会，则又无法律可资考按。党部及军政机关所不时颁发的取缔公众集会的命令，则多缺乏法律的形式，且缺乏固定性。

第十一目　结社自由

(一)结社自由的意义　结社自由的所谓“社”，自与集会自由的所谓“会”有别。“会”为一种暂时的集合；而“社”则为一种永久的团体；所以“社”必为一种有机关有规律的组织，而“会”则常常不是这样。法兰西大革命期内的各种人权宣言虽曾明认人民的集会自由，但毫未承认结社自由。当时人士之所以未承认人民的结社自由者，其原因似有两层。第一，18 世纪政治学者，在理论上并未承认人民的结社自由。卢梭即为否认人民有结社自由的一人。他以为欲使全国人民真正的“共同意志”(Volonté générale)得以表现，便不应容认人民，在全国人民的公共大团体（即国家）以外，另组其他较小团体；因为有了小团体以后，各人的意见便不免丧失了本来的面目，而受小团体的意见的影响。① 第二，欧洲中世纪遗传下来的基尔特（guild）组织，在法国大革命时代，尝为当时人士所深恶痛绝。基尔特本为从事各项工商业者所结合的团体，其会员有垄断本业的权力，非会员则无经营该业的自由；所以大革命起后，基尔特遂被认为自由的仇敌而被禁止；② 一般的结社自由亦因此而为当时人士所承认。但就理论言，结社自由能予人民以互换知识与思想的机会，能助长人民互助与协作的习惯，能增加人民自卫的力量，其有关于人民智识与道德的发展，实不在言论，著作，刊行，与集会各种自由之下。卢梭的推论，与基尔特制度的历史，俱不足为否认人民结社自由的根据。

人民的结社，可以分作两类：一为以营利为目的的结社，各种商业结社（合伙与公司等）属之；一为不以营利为目的的结社，各种政治，宗教，学术，慈善等结社以及各种职业团体（如劳工，教员，律师，医师等团体）属之。③ 商业结社向极自由，只股份有限公司的成立受有若干限制；但各国法律，近亦已趋于解放。譬如依照法国商法旧文，股份有限公司须得政府的特许，始能成立；但自 1867 年以来，这种限制，已逐渐取消，今且无存。不以营利为目的的结社，尤其是政治结社，则往往受法律或行政机关的严重干涉。所以，所谓结社自由，往往仅指不以营利为目的的各种结社。以下所述的结社也以这种结社为限。

---

① Rousseau，Contract Social，liv. II，ch. iii.

② 在 1774 年时，Turgot 曾下令禁止过，但未生大效。

③ 德国 1908 年的结社法，即设有经济动机的社与非经济动机的社的分别。

(二)结社自由的范围　欲解释结社自由的范围，便须分别说明四个要点：即(一)结社的程序，(二)非法结社，(三)非法结社的解散，及(四)社的法人资格。

第一，结社的程序　关于结社程序的规定，各国法律亦有追惩制与预防制的分别。采用追惩制，则人民的结社，无须请求警察许可，或报告警察，所以秘密结社，只消没有违法行为，在所不禁；采用预防制，则人民的结社，须请求警察许可(特许制)，或报告警察(报告制)，所以秘密结社便不合法。[①] 各国过去的或现行的法律，有采用追惩制者；有采用预防制者；亦有特别对于政治结社或宗教结社采用预防制，而对于其他不以营利为目的的结社，采追惩制者。法国自1901年结社法成立后，不以营利为目的的结社，而又非宗教结社者，已无须请求警察许可，或报告警察。[②] 1919年德国宪法第一二四条，亦声明一切结社，无论为政治的或非政治的，俱听自由，不受政府任何预防的限制。英美等国则向来是这样的。

第二，非法结社 无论结社自由广大到若何程度，有几种结社，则不能不视为非法结社。如结社以触犯普通刑法所规定的犯罪行为(如暗杀窃盗之类)为目的，则各国法律固无不认为非法结社。以经营彩票为目的者大都亦干禁律。但尚有几种结社，是否应为法律所许，则各国法律颇不一致，且亦值得分别的讨论：

---

① 意大利1925年11月26日的结社法且明禁秘密结社，虽则据1848年的根本法(即宪法)，意人仍享有自由结社的权利。上述结社法今已成为1931年刑法的一部分。

② 按1901年结社法，报告者称为association declare，不报告者称为association nondeclare，前者有法人地位；为取得法人地位起见，依法无须报告警察的结社，事实上仍大都向警察报告。

一为反抗团体及经济制度的结社　反抗团体的结社，即无具体的犯法行为，亦往往为法律所禁止。法国现行法即认反抗共和国体的结社为非法，其他各国亦多有相似的规定。至于反抗经济制度的结社，在俄意等国则绝对不能存在，而在民治国家，则大都可以存在，但日本及美洲诸国则又大都禁止共产党的存在。

二为劳工结社①　劳工结社，在各国过去法律中，虽尝被禁止；但今则一般国家的法律或宪法，皆已承认劳工可以结社。在一般的国家中，劳工结社的自由俱包含在普通的结社自由之内，但在德意志及波兰等国，则宪法有特殊的提及。至于工会的成立，则各国法律有规定不必经由任何手续者，如英，美，比利时，丹麦，瑞士，荷兰等国；有仅规定须将会所及职员姓名报告官署者，如法兰西，挪威等国。文明各国中，迄今仍未正式承认工会者，仅日本一国。但自晚近独裁制度盛行以来，工会有成为国家组织的一部分的趋势。无论在法西斯蒂的意德，或在共产的苏联，工会皆由国家负责组织，人民并无自由结社的权利。②

劳工结社可使同盟罢工之事较易发生；从前各国法律之所以禁止劳工结社，实际上也就因为这个原故。但国家一认劳工有结社之权，国家亦即不能不认劳工有同盟罢工的自由。③ 个人本有工作与不工作的自由，所以个人罢工，如无暴动或其他犯罪的行为，便不受刑事的制裁。同盟罢工在旧时之所以犯法，乃因当时工人不能结合，工人的

---

①　关于劳工结社的自由，国际劳工局尝出有 La liberté syndicale(1927—1928)，共五卷，首卷为总论，后四卷则分论各国情况。

②　看意大利 1925 年 11 月 25 日的结社法，及 1926 年 4 月 3 日的劳工结社法。

③　宪法明许工人罢工者仅有爱沙尼亚一国。

结合在当时为犯罪的行为；同盟罢工不能不有需乎结合，所以同盟罢工也成了犯罪的行为。但自英法比荷等自由国家不禁工人结合而后，换言之，承认劳工有结社自由而后，同盟罢工自然与个人罢工同样看待。个人罢工，既非有暴动，或其他犯罪行为，不受刑事制裁；同盟罢工，也就非有暴动或其他犯罪行为，不受刑事制裁。① 在理论上讲，同盟罢工的危险性，自与个人罢工不同；但就实际上讲，就令国家承认一切同盟罢工者为刑事犯，法院仍无法使成千成万的工人受法律制裁。所以在工商业发展已达一定程度的国家，劳工结社或同盟罢工，即令不为法律所容许，律文亦往往徒成具文。日本的刑法至今视工人的结合为犯罪行为，同盟罢工亦为犯罪行为，但在事实上，工会并不因此而不能存在，即罢工亦为常见之事。

三为公务员结社　公务员加入一般结社之权，除法官及军人而外，自不因其为公务员而消灭；这里所讨论的，只是他们能否组织他们自己的职业团体的问题。学者间对这问题，颇多争论。有谓一切公务员俱不能有公务员的会社者。他们认公务员的地位，与从事其他职业者不同；倘令公务员得以成立职业团体，便不啻鼓励他们利用团体的名誉与势力，向政府或社会有所要索，甚或对抗政府或社会；所以于社会秩序与行政纪律，可以发生重大危险。有谓应按公务员所司职务的性质，而分别承认或不承认他们有成立职业团体之权者。如公务员所从事的职务属于事业的性质，如邮，电，铁路等等机关，则应许其组织职业团体，与工会同样看待。如公务员所从事的职务严格的属

---

① 至于因罢工而发生的民事责任问题，则各国法律甚为复杂。英国自 1906 年后，工会对于因罢工而起的损害，并不负责；但经 1926 年的大罢工，而有 1927 年的劳工争执及工会法后，工会须负责任。法国今仍依 1920 年的法律，工会仍无责任。

于行政或司法等性质，则不应许其组织职业团体。但在现代的社会状况之下，两者间的分别往往不易成立。有谓凡是公务员，俱应许其结社之权者；因为如果不能结社，则公务员受雇主(即政府)的压迫时，将无以自卫。至于各国的实例，其分歧亦正如学者间的意见。有否认公务员有组织工会之权者，1927 年后的英国可为一例。① 有尚无法律明文，以规定这种结社权之有无者。亦有明许公务员得与从事其他职业之人，享有同一的结社权，而可组织公务员的职业团体者。法国自 1924 年后，公务员已与普通工人同样享有结社之权。德国 1919 年新宪法第一三〇条也有类似的规定，但自 1933 年变政以来，公务员结社之权已经取消。

平心论之，公务员组织团体，以维护其本业的利益，虽或不免妨害国家行政的纪律，而使行政长官之约束属吏较形困难，但这种团体的存在，容可使国家机关的用人行政减少徇私，受贿，专横，苟且等弊病。且仅承认公务员有结社权，才对社会秩序与行政纪律，可以发生重大危险，因为公务员所处的位置，如凭借团体势力，以同盟罢工手段，要挟国家，才对社会秩序与行政纪律，可以发生重大危险，因为公务员所处的位置，实为社会秩序的锁钥，一经罢工，其危害自较其他一切职业团体之宣告罢工为巨大。但欲避免这种危险，只需否认公务员有同盟罢工的权利即可，而不需禁止他们的结社。在法比等国，公务员结社之权，颇为完全，但大多数的论者仍认他们无同盟罢工的权利。如果他们真有罢工的行为，国家殆可采严厉制止的方法。

教员结社的性质略同于公务员的结社。在一般国家，教员结社的自由往往比工人结社的自由为狭小，而比公务员结社的自由稍为

① 意国 1925 年 11 月 26 日结社法亦禁公务员组织或加入工会。

广大。

四为宗教结社　宗教结社在一般的国家与普通结社没有分别，但在若干尝以天主教为国教的国家，则法律有特为规定者；例如法国的普通结社不需经营署核准，但宗教结社则须先经核准，才得成立。

第三，非法结社的解散　人民的结社，如为非法结社，政府自然可令其解散。但解散权究当谁属，则颇有问题。如认警察对于人民的结社，得因其为非法，而径自解散，则警察便获得自行判定某结社是否违法之权。如认警察于解散任何结社时，必须预经法院的判决，则一种结社之是否非法，便不能由警察径自认定，而有待于法院的判决。在自由不甚发达(例如欧洲前的德国)，或方行独裁制度的国家(例如意德奥)，警察固有径自解散结社之权，但在自由较为发达的国家(如英比等国)，则解散权固皆属于法院。

第四，社的法人资格　法人资格的有无，与结社的发达与否，有密切的关系；因为只有具有法人资格的团体才得以团体名义置产，及为诉讼的主体。但各国法律对于各种商业会社，虽皆认其得以取得法人资格，而对于政治，宗教，学术，慈善，职业等等不以营利为目的的结社，是否亦能取得法人资格，则规定颇不一致。有承认其得以取得完全的法人资格者，亦有仅承认其享有有限的法人资格者。在比、奥、丹麦等国，这种结社皆享有完全的法人资格。在美德等国，则他们可以取得这种资格。美国各邦的法律大都规定，凡结社一经向政府完成其注册手续后，便能取得完全的法人资格；其取得财产，与经营财产之权，殆无限制(但亦有对于不动产的取得加以相当限制者)；即未经注册的结社，各邦法律亦往往认其享有有限的法人资格。论者以为这种宽大态度实美国近三十年来，人民各种结社所由发达的重要原因。德国1919年宪法第一二四条，于承认人民得以自由成立一切结社之外，亦并承认人民政治，宗教等等结社，于履行民法所定手续后，可与其他结社同样取得法人资格。在法意等国，此种结社的法人资格须经法律特别赋予，且其所赋予者多半仍为不完全的法人资格。法国现行结社法(1901 年颁布)规定，凡一切不以营利为目的的结社，得以自由成立，但须于报告警察之后，始能取得法人资格。然其所取得的法人资格，仍只是一种有限的法人资格；因为这种结社虽享有出席法庭，取得财产，与经营财产的权能，却不能向公众募集捐金。其取得财产之权，除国家或地方的辅助金而外，仅限于对于会员征收有一定限度的会费；其置买不动产，亦只限于足供本社的需用。倘这种结社，欲向公众募集捐金，则非预经行政机关认为一种“公益结社”(établissement d'utilité publique)不可。这种种限制，其目的盖在防止这种结社积聚雄厚的财产，而获得垄断政治，宗教，学术等方面的势力，因为这种结社的财产，与私人或商业公司的财产不同，私人或商业公司的财产，无论如何雄厚，总不免因继承，分红，纳税等等手续而分散，而上述结社的财产则为一宗永久的财产〔法律上称为“死手”(mainmorte)〕。[①] 惟以上所言者仅指普通结社，法国的职工结社则根据于 1920 年之法，固亦享有完全的法人资格。

以上系论述各国宪法或法律，关于结社自由的规定。中国清光绪三十四年所颁的结社集会律，对于结社，取缔自然甚严。“秘密结社”在绝对禁止之例；“政治结社”则须得官署特许，始能成立，且不得容许学生，教员，女子等加入，其社员并不得超过一百人。[②] 临时约法虽承认人民有结社的自由，但未划定任何范围。单行法之规定结社自

---

① Duguit, Traité de droit Constitutionnel(1925), v, 621—625.

② 结社集会律全文见大清光绪新法令，第九册。

由者，为民国3年的治安警察法。该法关于结社自由，有下述数项：

> 一、分结社为政治结社与非政治结社；前者必须事先报告警察；后者如“行政官署，因维持安宁秩序认为必要”时，亦得令其呈报。
>
> 二、一切结社之认为有“扰害安宁秩序之虞”，或“妨害善良风俗”者，或系秘密性质者，俱为非法结社，概在禁止之列。
>
> 三、前项非法结社，行政官署，得径自解散之。
>
> 四、女子，未成年人，僧道，及其他宗教师，小学校教员，学生，军人，警察官吏，以及褫夺公权尚未复权者，俱不得加入政治结社。

按照训政时期约法，结社自由亦受保障。但根据中国国民党党部所颁布的人民团体组织方案，① 则一切职业及社会团体的设立，须经党部事先的核准；成立后，党部仍保有监督及指导的权力。除此而外，政府对于各种职业团体，尚设有各种特殊法律，如商会法，工商同业公会法，工会法，农会法，及教育会法等等；所以各种职业团体，于设立时，除向党部请求准可外，更须依法报告官署，请求核准。其法人的资格则依民法之所定；如具备民法所规定的条件，而又经呈报主管官署备案者，便可取得完全的法人资格。

---

① 这方案于民国18年6月17日首经中央执行委员常务会议通过，后经立法院通过，于同年12月2日经国民政府公布，但于民国19年7月17日又经常务会议修正。

至于工人结社，则今依工会法①之所规定。在北京政府时代，工人向无结社之权。民国3年的治安警察法积极的既未承认工人得以组织劳工结社，消极的复对于一切工人“聚集”之具有煽惑“扰乱安宁秩序”或煽惑“妨害善良风俗”，或煽惑“强索报酬”等等性质者，明示禁止。在这类规定之下，工会的存在，自难为法律所容许——虽则实际上，许多工会当时已秘密的或公开的存在于大都会中。国民政府成立于广州后，即一反北京政府的压迫政策，而鼓励工人的结社。但民国18年的工会法对于工人结社的自由，限制甚严；该法对于同盟罢工，也设有种种限制。②

第二节　自由与戒严

凡值国家因战争，内乱，天灾等非常事变而宣告戒严，则个人各种自由，较诸平时自不能不受较大的限制，所以戒严问题与个人自由问题实有密切关系。关于戒严问题，可以说有法，德，英，美四种不同的制度。从这四种不同的制度，我们很可以看出四国法治程度的高下，与自由保障的完缺。今分别述明各种制度于后：

（一）戒严与法国法律　法国在平时即有一种戒严法③存在；该法规定戒严的原因与种类，戒严宣告的机关，与戒严宣告的结果；遇有戒严的原因发生，则享有戒严宣告权的机关便得依该法宣告戒严；由是该法所预定的种种结果，遂亦可以实现，这为法制的梗要。今更就各点分别予以说明：

---

① 民国18年10月21日颁布，民国20年12月20日，民国21年9月27日，及民国22年7月20日修正。

② 参看工会法第二三条及第二七条。

③ 即1849年8月9日的戒严法。

第一，戒严的原因与种类　法国学者，依着戒严的原因，分戒严状态为两种：其一，凡因战争地点，或军事要塞，遽受攻击，或遽受包围等非常事变，而宣告戒严时，则其所宣告的戒严状态，谓之“真实的戒严状态”(état de siège real)。[①] 其二，凡遇战争或内乱等等非常事变，为施行警备起见，对于未被攻击或包围的地域宣告戒严时，则其所宣告的戒严状态，谓之“虚拟的戒严状态”(état de siège fietif)。

第二，戒严宣告的机关　凡真实的戒严状态的宣告，自然属于当地的司令长官，因为包围与攻击等事实已经发生，且系产生于战地或军事要塞。至于虚拟的戒严状态的宣告，法国戒严法律，为预防行政机关或其所属的军事官吏，滥行宣告起见，仍认为必须由议会宣告；如戒严原因发生时，恰值议会闭会期内，则经国务会议的同意，总统便得径自宣告戒严；但遇此项事变发生，议会即于戒严宣告后二日以内，自行集会。如戒严原因发生时，议会已经解散，则应分别外战与内乱办理；如遇外战，则总统得暂行宣告戒严，同时即举行选举议员；如遇内乱，则须待议会重选后，总统始得宣告。这种规定，等于承认戒严宣告权，在原则上，属于议会而不属于行政机关。

第三，戒严宣告的结果　依着法国戒严法的规定，戒严状态的宣告，不论为真实的或为虚拟的戒严状态，俱发生下述两种结果：(一)民政机关的一切职权(如警察权，司法权等等)，在原则上均归军政机关享有；但未经军政机关收管事件，仍由民政机关处理；(二)军政机关，得依戒严法所定的范围，限制人民的人身，居住，集会，言论等自由；但个人的自由，未经戒严法认为得由军政机关限制者，军政机

① 法文 siège 一字作被包围解。

关仍不能加以侵犯。

以上两种结果，自然极其重大；然依着法国这种制度，即在戒严状态之下，法律的效力，仍未尝一刻失去，因为军政机关，仍须完全受戒严法支配，而不能违越戒严法的规定，以侵犯人民的任何自由；如竟侵犯，则当事者仍须受法律的制裁。且议会可随时以法律宣告解严。简言之，在法国制度之下，军政机关，虽在戒严时期，亦无变更法律或停止法律的权力；其一切举措，仍纯须依法而行。

（二）戒严与德奥各国的法律：德奥等国人士对于戒严问题，历来有一个特殊观念。这个观念，便在承认国家行政元首，凡遇战争，内乱等等非常事变发生，便享有一种颁布"紧急命令"（Notverordnung）之权。他们称行政元首这种权力，为"紧急权"（Notrecht）。德奥的紧急命令制度，与前述法兰西的戒严制度有两个根本不同之点：

第一，在法国戒严制度之下，遇有战争，内乱等非常事变发生，国家虽可以宣告戒严，然戒严宣告权，在原则上固仍属诸议会，在紧急命令制度之下，则凡遇战争，内乱等非常事变，紧急命令的颁布便属诸行政元首。第二，在法国戒严制度之下，军政机关（即享有军权的行政机关）的举措，仍应遵循戒严法的规定，所以国家的法律，严格言之，实未尝因戒严而遭行政机关的停止或变更；在紧急命令制度之下，则行政机关的紧急命令便可变更法律。

本来德奥这种紧急命令制度，只是君主政体的一种遗传：在旧日德奥等君主国家，一般人原认议会的职权，系以君主于宪法上所曾明白让与议会者为限；凡未经君主让与者，仍归君主保留；非常事变时代的戒严宣告权，既未经宪法让诸议会，自应仍由君主自由行使。德国许多公法学者，如耶律芮克及梅叶（Ott Mayer）等，且认行政元首当然仍有颁布紧急命令之权；依照他们的意思，行政元首的紧急命令权，殆即国家的一种自卫权(Staatsnotrecht)，与私人的正当防卫权约略相似。这种意见，在理论上既嫌牵强，在事实上亦太危险；为应付紧急状态计，法之戒严制度，似亦可以胜任。

欧战以前，奥国与德国中的各邦，大都于宪法中明白承认行政元首享有颁布紧急命令之权。① 如遇非常事变发生，而议会遇值闭会时，一切事件之必须由议会决定者，元首不经议会决定，而径以命令决行。1817年德意志帝国宪法，固未明白承认德皇享有颁发紧急命令之权，然第六十八条所予德皇的宣告“被围状态”或“作战状态”之权，其足以侵害人民的自由，亦与紧急命令权不相上下。1919年的德宪则且明白承认总统享有紧急命令权。依照该宪法第四十八条的规定，遇国家的公共安全或秩序，发生重大危难时，总统便得径采必要的手段，以恢复公共安全或秩序；为达到这项目的，总统并得暂时停止宪法上所列人民的人身，居住，通讯秘密，意见，集会，结社，及财产自由的一部或全部。总统于行使第四十八条所赋予的特权时，固须报告议会，总统所采取的办法，议会认为非必要时，总统固须立时取消；但在事实上，则政府常有以命令代替立法之举，议会并不能为有效的制止。②

日本模拟欧战之前的德奥制度，其宪法第十八条规定：“天皇为保持公共的安全，与避免公共的灾害，事关紧要，而议会又逢闭会时，得发代法律的勅令。此项勅令俟至下次会期，应提交帝国议会会议，如议会不承诺，政府应宣示不能生效于未来。”

(三)戒严与英国法律。英制，既不于平时预先制定一种戒严法，

---

① 看旧奥宪第十四条。

② 参看钱端升：《德国的政府》(民国13年)，页39—41。

留以处置非常事变，亦不承认行政机关，一遇非常事变发生，即得自颁紧急命令，以变更现行法律。所以英制法制德制，俱不相同。依照英制，即在非常事变之下，行政机关不得径自逾越平时法律所规定的权限而有所动作；即有必要，亦只司临时请求议会通过法律，授予行政机关以较大的权力；新法律成立后，行政机关始能根据法律，以增加对于人民自由的限制。

英制限制行政机关，既然这样严密，自亦不得不设一调剂方法。按照英制，倘遇紧急事变发生，而行政官吏又不能等议会通过新法，授予应付事变所必要的权力时，则他们可以斟酌情形，径采法外手段，以维持社会的秩序与安全。这种行为，虽有利于国家，但在法律上则仍违法，所以仍须受法院的制裁；但政府得于事后请求议会通过一种“赦免法”(Act of Indemnity)。有了赦免法后，当事人便可脱逃违法的责任。如果紧急的情形未到采取法外手段的程度，而行政官吏有滥用威权的嫌疑，则议会自然可以拒绝通过任何赦免法。果然，则违法的官吏仍难逃其应有的责任。

英国法中，更有每年一度通过议会的骚动法(Riot Act)者，亦系为应付非常事变而设。依照该法，行政官吏(军事的民事的)，于非常事变(如国境遽受敌人攻击，或国内有革命或暴动)发生时，得以武力扑灭叛乱人民的叛乱行为；但该法并未承认这类事变一经发生，行政机关便得执行一切民政职权，或以命令限制人民的自由；亦未承认任何行政机关，得以紧急命令变更法律。所以英国的骚动法，与法国的戒严法，及德国式的紧急命令俱不相同。但自欧战以后，英国为应付同盟罢工时所引起的危险起见，于1920年遽通过一种名为紧急权力法(Emergancy Powers Act)的法律。依据该法，行政机关于同盟罢工发生时，为维持食料，饮料，燃料等必需品的供给，便得宣告紧急状态存在；经宣告后，便得以行政命令，授予政府各机关以维持和平与这类供给的必要职权。这与法国式的戒严法不无相似，不过其适用场合只限于同盟罢工，而且有效期间，如非议会另予延长，只能延长7日。1926年5月总同盟罢工发生时，英政府即尝根据此法，以应付事变。但自1920年的劳工争执及工会法成立后，总同盟罢工已在禁止之列，所以紧急权力法的需要恐已不复存在。

(四)戒严与美国宪法。美制与英制甚相似；所不同者，英制仅以限制行政机关的权力为目的，议会的权力，则在变乱或承平之时，俱不受任何束缚；美国的联邦议会，则一如美国联邦行政机关，其职权系受宪法限制；即在战乱之时，凡宪法上所列举的各种自由，除经宪法明认得由议会于战时加以限制者外(例如出庭状制度，该宪即已明认议会得于战乱时停止)，议会亦无变更或停止之权。美宪所保障的自由于平时战时盖享有同一的效力。①

(五)戒严与中国法律。民国元年3月11日临时约法第三十六条规定行政元首“得依法律宣告戒严”。本这条文，则戒严的宣告及其结果，自须以议会所制定的戒严法为根据。议会于民国元年12月曾制定戒严法。

民国元年12月戒严法，分戒严状态为两类：一为接战地域的戒严，二为警备地域的戒严。各种戒严的宣告，属于总统，或当地的司令长官。戒严的结果，则为(一)当地行政及司法事务的管辖权，移属于军事官吏；但在警备地域以内，移归军事官吏的事务应以与军事有

---

① 此系美国学者的一种解释，该宪初未明白规定。他国宪法，并有以明文规定议会或其他机关，无论如何，不得停止宪法者。例如此宪第一三七条，便有“本宪法不得为全部或一部分的停止”的规定。

关系者为限；(二)军事官吏于戒严区域内，得停止人民集会，结社，出版，书信秘密等自由，并得限制人民的财产，居住，人身等自由。凡这规定，大体实与法制相似；所不同者，法制系认戒严宣告权，在原则上属诸议会；而中国的戒严法，则以此权完全付给行政机关。

民国 3 年中华民国约法(即所谓袁世凯约法)，关于戒严问题，一面规定“总统依法律宣告戒严”(第二十六条)，一面又谓：“大总统为维持公安或防御非常灾害，事机紧急不能召集立法院时，经参政院之同意，得发布与法律有同等效力之勅令；但须于次期立法院开会之始，请求追认前项勅令，立法院否认时，嗣后即失其效力”(第二十条)。这自然仍是德奥日本等国的紧急命令制。

民国 12 年中华民国宪法第八十六条云：“大总统依法律得宣告戒严；但国会认为无戒严之必要时，应即为解严之宣告。”依据这条，戒严宣告权，固仍属行政机关；但行政机关，于戒严时期，亦须遵循法律，并不得以命令变更法律；且议会更能迫行政机关宣告解严。更据该宪第一百六十条“法律非以法律，不得变更或废止之”，及第一百四十一条“宪法非依本章所规定之修正程序，无论经何种事变，永不失其效力”两条的规定，不特行政机关显然不能以命令变更法律，即议会亦永不能以法律变更宪法。

训政时期约法未提到戒严的问题，但国民政府在广州时代即以有戒严法的公布(民国 15 年 1 月 12 日)，于北伐时又改为戒严条例(同年 7 月 29 日公布)。现行的法律则为民国 23 年 1 月 29 日所公布的戒严法。民国 15 年的法律与条例，其内容和民国元年的戒严法并无多大出入。现行的戒严法则有两点值得注意：第一，因战争而施行戒严，其宣告之权属于国民政府，且须经立法院决议；因遇非常事变而宣告戒严，则国民政府无须得立法院的议决；第二，第一种戒严的结果与元年戒严法所规定者相似；第二种戒严的结果，行政司法之权并无变动，但军事机关亦可限制人民自由。

第三节　财产权

(一)财产的意义。财产权向亦被视为个人自由中的一种。但晚近人士对于财产的观念，已与18世纪美法大革命时代人士的观念大不相同。18世纪时代的人士率认财产所有者的一种人权，为一种自由；今之解释财产权，则认财产所有者的一种社会职务(social function)。我们倾向于今人的观念；因此财产权亦不能与各种个人自由权相提并论。至于二说的差别，则分别说明如下：

第一，财产权为人权说。法兰西大革命时代的人士，认财产权与人民的身体，居住，工作，言论，信教等等自由，同为人权。他们所谓人权，上面已经说过，就是他们所认为一切人类与生俱生的权利，就是他们所认为构成人格的要素者。但是私人的财产，何以得与私人的身体、居住、工作、言论、信教等等自由，视为性质相同的人权，殊令人不易索解；即在当时一般人士的脑筋中，亦不见得有十分明了的理解。即如当时最负声誉的政论家西耶斯，虽亦力主财产权为人权，虽亦力为解说，但他亦无非以为人身自由，包含着工作自由，而工作自由，又连带的产生了财产自由——即普通所谓财产所有权。但工作自由，何以便能连带的产生财产自由，即西耶斯之说亦复牵强穿凿，缺乏申述的价值。[①] 实际上，当时一般人士的真实目的，只在维持当时有产阶级的既得权利；他们所以认财产为人权，亦只在对于他

---

① 西耶斯之说，见 Esmein，Eléments de droit constitutionnel(1928)，II，590—595。

们的既得权利，求一最强大的保障而已。必欲求得他们理论上的逻辑，非但不必，亦不可能。否则他们固俱承认人民平等的原则者，亦固俱承认人权为一切人类所享有的权利者；财产权既亦被认为人权之一，则其逻辑的结果，殆非承认均产不可。但当时一般人士的思想，初未尝能这样的合于逻辑。①

当时的革命者，因尊重财产权为人权，所以在他们的见解中，财产权差不多是一种完全没有限制的权利。财产权之不应稍受限制，显然可从那时迭次的人权宣言中看出。1789 年人权宣言第十七条称“财产为神圣不可侵犯的权利”；1793 年宪法中的人权宣言第十六条则谓“财产为一切人民得自由处分其财富，其收益，其工作与职业所人的权利。”这些条文俱剀切承认财产权的无限制性。

第二，财产为社会职务说。今之解释财产权者，以为这种权利，并不是所有者的一种人权，而是随所有权而发生的一种社会职务。因为财产所有者，负有这种社会职务，所以于其履行这种职务时，便应受相当的保护；换言之，他有处分其财产的相当自由。这种保护，构成法律上所谓财产自由——即财产所有权。然则法律对于财产所有者何以认为负有这种社会职务？这无非因为私产的存在，在现时状况之下，尚为“社会利益”所要求；换言之，法律所以承认私产，只因社会财富的增加，与社会需要的满足，现时尚不能不利用私产制度为工具。为适应“社会利益”起见，在财产所有者的一方，应视财产权为社

① 法兰西大革命时代人士，不认财产自由为人权，而认财产权纯出于法律的创造者诚亦有人；如梅拉波(Mirabeall)罗伯士比(Raberspierre)等的言论便皆如此；但在法国大革命全期间倡均产说者，则惟麦伯黎(Mably)及巴勃夫(Babeuf)等二、三人而已。见 Duguit, Traité de droit constitutionnel(1923), III, 608—617。

会职务，而在社会一方，则应尊重这财产权。如因社会演进，社会利益对于执行这种职务的要求缩减，甚或无所要求，法律自亦可以缩减财产权的范围，甚或使一切私产消灭。所以财产权在原则上不是所有者的一种含有绝对性或不受限制性的权利，而只是所有人的一种有条件的与可限制的权利；亦可说是所有者的一种条件的与可限制的社会职务。①

社会职务说，不独在理论上较人权说为完满，即就事实言，各国晚近法律关于财产权的规定，亦实倾向社会职务说；其限制财产自由的条文，倘不采用社会职务说作解释，亦实不能得一完满的解释。以下拟说明财产权在社会职务说之下，应有何种的限制，并说明各国晚近宪法或法律，如何承认这些限制。

(二)财产权的范围。我们如果承认财产权据于所有者的一种社会职务——即增加社会财富与满足社会需要的职务，简言之，即增进社会利益的一种职务——则财产权的范围，自应有下列几种限制：

第一，财产权根本上既系以社会利益为根据，既根据于所有者的一种社会职务，则所有者便有履行其职务的义务；换言之，即运用其财产的义务。

依着财产权的旧观念——即财产权为人权，为无限制的观念——则所有者可以运用其财产，也可将其财富放弃不理；法律俱不能干涉。如果我们认财产为一种社会职务，则所有者自不能有这样的自

---

① 狄骥即为主张社会职务说最力之一人。看 Duguit，Traité de droit constitutionnel(1923)，III，617—627；更参看 Laski，A Grammar of Politics，ch. VO；关于学者间讨论财产权性质的各种学说，可看 Rationel，Basis of Legal Institutions Modern Legal Philosophy series(1923)论财产权各章——最要者为 Chs. xv—xviii。

由；享有土地者，便有运用其土地的义务；享有他种财产者，亦有运用他种财产的义务。这种义务，欧战以来，各国中甚至有以宪文规定者：1919 年德国宪法第一五三条规定“财产负有义务”；第一五五条则规定“土地的种植与使用为所有者对于社会的义务”。这便是剀切承认财产所有者有运用其财产的义务。

第二，财产权根本上既系以社会利益为根据，既根据于所有者的一种社会职务，则所有者行使其财产权时，自亦应同时有助于公益。所谓有助于公益，其意义虽甚广泛，然至少含有两个条件：即所有者行使其财产权时，(一)决不能为无益于己，而有损于旁人的行为，(二)亦不能抵抗任何有利于旁人而无损于己的行为。此类行为，如依据财产权的旧观念，抑或非法律所能禁；然依据社会职务说，则固为法律所不能容，因为与社会利益不相容。各国晚近民法，颇有明白禁止此类行为者；① 1919 年德国宪法第一五三条，亦有“所有人使用其财产时，应同时有助于公益”的规定。

第三，财产权根本上既系以社会利益为根据，既根据于所有者的一种社会职务，则因社会全体利益的要求，国家机关自得以给付代价之法，强制收用私产。

强制收用私产的原则，即在法国大革命时，已感觉有承认的必要。1789 年人权宣言云：“财产为神圣不可侵犯的权利，除显然因公共的必要，国家得以公平的与预付的赔偿金收用外，不得强令割让。”此即明示私产得由国家强制收用；惟强制收用必须以(一)公共的必

① 例如德国 1900 年民法第二二六条“凡权利之行使，仅以损害他人为目的者，为非法”的规定，即系禁止财产所有人为无益于已而有损于旁人的行为。又战后欧洲各国，因都市缺乏住房之故，常以法律禁止房主独用宽大房舍，并强令召租，如德国 1922 年 3 月 31 日之法等等。这亦根据于上述的原则。

要，与(二)预先给付公平的赔偿金为条件。晚近各国法律，不独承认强制收用的原则，抑且逐渐扩充强制收用的范围；而1919年德国宪法所规定者为尤甚(第一五五条)。但是强制收用的范围无论如何扩充，国家不能不给所有者以赔偿金。盖法律既尚承认私产，则便应给私产以相当的保护；如果私产所有者原无过失，仅因社会利益的要求，以致私产被国家无赔偿的强制收用，则究属未免有背公道。只有一方强制征用，以发展社会全体的利益，一方酌予赔偿，以顾全私人的利益，才是公道的办法。所以各国宪法或法律，关于强制收用的规定，亦莫不承认国家负有赔偿的义务，即上述德国宪法亦如此；不过德宪尚承认国家法律，得特设不给代价的例外而已。(第一五三条)

关于私产的征用，各国的法律大都对于土地为特详，或者在民法中有详细的规定，或者特立土地征收之法。中国于民国17年亦有土地征收法的颁布；该项法律后成为19年6月23日所颁布的土地法的一部分。关于房屋的征收，及动产的征用，则各国的法律尚无如土地征收法的完备。原因有二。第一，在国家可以征收土地(即expropriation)的原则得一般人士的承认以前，欧美各国向有所谓最高土地权(eminent domain)的原则——即主权者对于国家以内的土地权收用的原则。第二，征用房屋及不动产的必要，不如征收土地的必要之大；国家可以自动造房购物，而不必强制收用民房民物。所以关于房屋及不动产的收用(requisition)往往只为用兵时的一种措施。

至于银行及其他工商企业之归属于国有，如德国1919年宪法第十五六条所宣示，则系根据于另一个原则——社会化的原则，而非以私产可受限制的原则为根据，此处无须加以申论。

第四，财产权根本上既系以社会利益为根据，既根据于所有者的一种社会职务，则财产价值的增加，如不出于本人对于其职务的努力，其增加的价值，便不应为所有者所享有，而应归诸国家。私人财产价值的增加，有时系出于财产所有者的经营，有时实不因所有者本人的经营，而纯以国家警察，卫生，及企业上的设施为其原因；如卫生行政与警察行政的进步，可以使城市的房屋增其价值，因铁路电路的敷设，可以使沿路的地亩增其价值等等。此种增值，在财产权的旧观念中，自然不发生任何问题；因为财产权被认为所有者的一种人权，而非根据于所有者的一种职务，则财产价值的增加，与所有者之曾否尽力，自不生何种关系。但如认财产权，而非根据所有者的一种职务，则此种增值既不由于所有者对于其职务的努力，自亦不应归所有者享有。所以，欧战以前，英德等国，即已对于此种增值，征收一种特税，名为“自然增值”(unearned increment)税。德 1919 年的宪法，且于宪法本文之内，设为“地亩价值，如不因运用劳力或资本而增加，则其增值应归国有”的规定(第一五五条)。

第五，财产权根本上既系以社会利益为根据，既根据于所有者的一种社会职务，则财产的继承，国家自可加以重大限制。根据社会职务之说，私产本只是暂须容忍，而不是长应拥护的一种制度。私产如果完全由子嗣继承，私产制度固益见巩固，但子嗣行使社会职务的能力则或不如原来的创业者。所以晚近各国的法律皆有限制继承权的倾向，德国 1919 年的宪法，且明白宣示国家可以征收继承财产的一部分(第一五四条)。

以上几种条件，逻辑上似都为社会职务说的必然结果；求诸实际，则各国晚近法律亦尽多容纳这些条件者。故社会职务说，渐以成为各国晚近法律中关于财产权的基本观念。中国临时约法对于财产权的问题，仅于第六条中宣示人民保有财产的自由，而未规定财产自由的范围；虽该条尚需受第十五条的支配(即因增进公益，维持治安，或有非常紧急必要时，法律得以限制财产自由)，然这种限制的条文，训政时期约法第十七条虽仍保护私产，但以不妨害公共利益为范围；第十八条并有“人民财产因公益上之必要，得依法律征用或征收之”的规定。近来国民政府所颁布的土地法及其他相关法令，均多倾向于私产的限制。

第四节　积极的基本权利

本章第一节所述的个人自由，只是国家所不能侵犯，与必须禁止侵犯的基本权利，其性质是消极的。国家所以必须承认这种消极权利者，乃因这种权利与个人身体，智识，与道德的发展有关。但国家如欲助长个人的发展，并非单单履行这种消极义务所能成功；国家必须积极的履行若干种义务，更须从社会全体方面着想。国家的义务即人民的权利；国家如履行若干种积极的义务，即人民获有若干种积极的权利。

积极的基本权利又称为受益权，因为这种权利实即人民获受于国家的利益。受益权的观念当然和自由权的观念不同。前者以个人为出发点，与个人主义为同盟；后者则以全体社会为出发点，与社会主义相连系。两者不但是不同，而且多少是冲突的。社会主义愈发达，受益权的观念也越发达，同时，国家对于自由的限制则转而越大。

受益权的观念不是欧战后的产物。1793 年法兰西宪法中的人权宣言第二十一条及第二十二条，即说国家应举办社会救济及教育事业。

1848 年法兰西宪法的绪言，第八条更说及许多别种义务，如保护劳工等等。不过详列积极权利的宪法则尚以 1919 年的德国宪法为首创。自此以后，各国新宪法大都列举若干种国家积极义务，即中国的宪法，约法及宪草，亦非例外。

积极权利的最普通者约为下列几种：

第一，受国家给予最小限度的教育权利，欲令一切人民享有发展其个性的机会，自不能不承认一切人民，须受最小限度的教育。然仅承认人民有受最小限度教育的义务，而不广设公立义务教育学校，或津贴私立义务教育学校，使一切人民，在事实上得有受学之地，且令贫者亦不至于因学费及其他费用而受窘迫，则凡关于义务教育的规定，终不能完全实行。所以近代文明各国的义务教育，俱为一种无给教育；换言之，即国家对于一切人民，不能不予以最小限度的教育的机会。1919 年德国宪法，且已将国家应使义务教育成为无给教育的原则，列入宪文(第一四五条)。训政时期约法第五章亦有类似的规定。英法等国的义务教育，则已久成无给教育；甚或学校的饮食，对于贫者亦采无给主义。

第二，弱者得受国家救恤的权利，现代国家大都承认国家对于残废，衰老，而无法自存的人民，负有救恤的义务；这类人民得以要求国家，给以医治，衣食，与居住。国家这种救恤义务，即构成一般人所谓生存权。在许多国家中，国家的救恤，且不限残废或衰老的贫民，而更涉及其他弱者阶级；如孕妇，私生儿，贫儿等等。1919 年的德国宪法以及新近宪法的模拟德宪者，如南斯拉夫，波兰等国宪法，对于这些弱者阶级的保护，均设有明文。

第三，劳工阶级得受国家特别保护的权利，各国晚近法律，对于劳工的保护，已逐渐扩充其范围，如规定最低工资，限制工作时间，施行强迫保险，与特别保护女工与童工等等。但这种保护，大都仍只是国家对于劳动与资本两阶级所设的干涉。最近则许多国家更有承认国家须以实力辅助劳工阶级者；如国家建筑房屋，以廉价租与工人；

如对于工人之不能觅得工作者，由国家设立种种介绍工作的机关，以助工人寻觅工作等等。法国政府自1904年以来，曾以法律令各市立介绍所(bureau municipal de placement)；英国政府自1909年以来，在全国各地亦曾设有许多的工作介绍所(employment exchange)。但英法虽由国家设立这种介绍工作的机关，却尚未承认失业者，有要求国家代谋工作的权利。德国1919年宪法，则一面承认人民有工作的自由与工作的义务；一面复承认国家对于失业人民，有代谋工作的义务；尚使国家不能代谋工作，则多年以来，德国对于失业者的救济尚远不及英国的有效。英国政府久已对于全体失业人民发给生活费用，而德国则从无力量做到这层。由此可知，受益权的实效要看政府的经济实力。训政时期约法第四二条亦当说国家应施行劳动保险制度，但在国家缺乏经济力量的时候，这类条文当然不能发生实效。

第二章　人民的基本义务

前章所述，只是人民的权利。国家所以必须承认那些权利，乃因为那些权利为个人优性发展的条件。然个人优性的发展，亦非单由国家承认那些条件之所可实现。为使个人优性得以发展起见，国家尚不能不强迫人民履行若干种义务。所以现代一般国家的宪法，於宣示个人权利而外，往往同时宣示人民的义务。

在1789年法兰西制宪时代，即有少数人主张于人权宣言中，宣示人民的义务；但此意初未为当时人士所容纳。[①] 法兰西第三年(即1795年)宪法，则已以权利与义务并举，其第一章的标题即称人民权利与义务的宣告。这便是近代宪法并举人民权利与义务的起源。1848

① 见Esmein，Eléments de droit constitutionnel(1927)，I，595。

年法兰西宪法，本带社会主义的色彩，所以亦以权利与义务并列。1918年欧战结束后，欧洲各国的新宪法，大率模仿1919年的德宪，德宪固对于个人权利与义务各为冗长的规定者。

法兰西大革命时代的宪法，虽已有关于个人义务的宣示，但其所宣示者固极简单。第三年宪法所列举的个人义务，综合言之，便不外（一）服从法律，（二）尊重财产，（三）负担租税，与（四）捍卫国家数项。① 这几项义务，自然是个人必须负担的义务；因为人民如果不负担这些义务，国家的组织与社会的秩序，根本就无可创造或维持，而个人一切自由，亦无从保障。

晚近宪法所宣示的人民义务，其范围往往较前时为大。第一，依18世纪时代人士的观念，财产权是个人的权利，个人的义务只在尊重他人的财产权；但按近今许多国家的宪法，则个人义务却不如此狭隘，个人更有运用其财产的义务。第二，依18世纪人士的观念，人民不过有各按其力，负担租税的义务；至于“自然增值”税，遗产税以及其他含有社会主义性质的负担，则不为当时人士所容纳；今则有些国家的宪法，不仅明定人民有依其能力纳税的义务，并且以此类租税说明定于宪文之中。② 第三，捍卫国家的义务，不过是承认国家可以强迫人民服兵役，却不一定承认一切健全的国民必须受军事训练，服义务兵役；今则许多国家的宪法，不仅承认兵役可以加诸国民，并且承认一切健全国民，必须受军事训练，服务兵役——即所谓征兵制。③ 诚然，法国自1798年即已履行征兵制——论者并认法国1798

① 该宪将纳税一层列入人民权利部分，未列入人民义务部分；因该宪之所重视者，乃在人民各依其经济能力，平等纳税。

② 例如1919年德宪第一三四，一五四，一五五诸条。

③ 例如1920年捷克宪法第一二七条的规定。

年征兵法为近代征兵制的起源——然当时反对该制者甚众，且该制在大革命时代亦未尝列入宪法。①

晚近宪法，不仅如上所述，取18世纪人士所承认的人民基本义务，而扩大其内容，并且往往增设新的义务。在这些新的义务之中，最重要的，自然是受最小限度的教育义务。欲令一切人民的知识，道德，与身体俱有发展的可能，自不得不令一切人民俱受最小限度的教育。所以自19世纪后半叶以来，一般文明国家的法律或宪法无不有义务教育的规定。有些国家近来且将义务教育的期间特别延长，而令一切人民不独有受初级教育的义务，并且有受中级教育的义务。1919年德国宪法第一四五条即规定人民于未满18岁以前，俱为义务教育年龄。自然，这项义务的履行，国家只能责成应受义务教育的儿童的家长，而不能责成应受义务教育的儿童；所以此项义务，实际上只是家长的义务。其次，便是工作的义务。如仅认人民有工作自由，而不承认人民有工作自由之人，也许竟不工作，因而成为惰民。在法兰西大革命时代，一般崇信个人主义的人士，自然只承认人民有工作的自由，而不承认人民有工作的义务；因为他们以为国家的职责只在给予人民以自由发展的机会；至于人民是否利用这个机会，则尽可任人民自由。但如承认人民有工作的义务，则事实上确将发生种种困难；所以即在晚近各国亦尚不敢以明文承认这项义务。1919年德国宪法固承认人民兼有工作自由及工作义务，但亦仅认这项义务为道义的义务，而非法律的义务(第一六三条)。第三，为使用财产，以增进公共福利的义务。财产为一种社会职务，所以财产所有者不能不使用其财产，使用的目的且须为公共谋福利。英国法律，对于大地主之不自耕

① 但法国1848年宪法，其军事章已有征兵制的规定。

种者，已课以特高的税率，盖即寓有惩罚之意。德国 1919 年宪法第一五五条且明示人民有使用财产，并耕种土地的义务。第四，为服务国家的义务。当兵义务自然是服务国家的义务；但在现代国家中，人民为国家服务的义务，初不限于兵役。例如各国法律，有认选举时的投票为人民的服务者，有认法院陪审为人民的义务者，甚至有认应选为地方或中央议会的议员为义务性质的职务者。这些义务性质的职务，有由国家给予报酬者，亦有全不给予报酬者。

中国民元临时约法仅规定人民“依法律有纳税之义务”，及“依法律有服兵役之义务”。民国 12 年中华民国宪法规定人民依法律有纳税，服兵役，及受初等教育的义务。训政时期约法，除以上各种义务外，更规定“人民对于公署依法执行职权的行为，有服役之义务”。至于工作义务问题，民国 12 年 4 月北京议会宪法起草委员会所提生计章草案，及民国 14 年段祺瑞政府国宪起草委员会所草定的中华民国宪法案，俱设有“国民有不背善良风俗，为精神上或体力上劳动之义务”的规定；训政时期约法第二十六条则有“人民依法律有服兵役及工役之义务”的规定。这些规定实较 1919 年德宪尤为急进，因为德宪还承认工作义务只是一种道义上的义务，而上述宪草与约法则并未明认这种义务为道义上的义务。自然，以法律的条文，宣示某某义务为道义上的义务，在形式上殊为不当，但这类义务如竟认为法律上的义务，则律文又难免不成具文。一则因为律文对于不工作者所设的制裁，势难严格实行；再则因为国家如果要强迫人民作工，则对于无数求工不得的失业者，势不能不代谋工作。这不独难以期诸吾国，即欧洲各国的政府，对于失业问题，亦若无法措置。所以工作义务的原则，我们尽管应该承认，在法律的制裁与国家的救济未易实施以前，仍以不入宪文或任何律文为宜。[①]

① 民国23年立法院所拟的中华民国宪法草案提兵役而未提工役，自是一种较宜训政时期约法的办法；惟在民国25年最后颁布的宪法草案中，“工役”二字重又置入。

第四编　国家机关及其职权

在政治发展已达一定程度的社会，国家的职权盖多具有立法，行政，与司法的分别；国家的机关亦有三个。此为18世纪以来政治学者倡导三权分立主义的影响。晚近数十年来，攻击三权分立主义之说固不一而足：有主张将向所称为行政的权，分成执行(executive)及管理(administrative)两权，而共成四权者；①有谓国权的划分，只能有立法与行政两种，所谓司法权并无特别性质者；②孙中山先生则更倡五权——即行政，立法，司法，考试，及监察，——分立的理论。但就各国一般的情形而论，三权分立仍为最普遍的形式。③所以本编共分三章：一曰议会；

① 参阅 Goodnow，Politics and Administration(1900)16—17。

② 参阅 Duguit，Traité de droit constitutionnel(1923)Ⅱ，534—543。

③ 关于分权说的讨论，可参阅下列各书：Finer，Theory and Practice of Modern Government(1932)，I，153—180。

Esmein，Eléments de droit constitutionnel(1927)，I，ch，iii.

Jannsen，Montesquieu's Theorie von der Dreiteilung der Gewalten im staate auf ihre Quelle zuriickgeführt(1878)；

St. Girons，Droit public français：canai our la séparation des pouvoirs (1881).

二曰行政机关；三曰法院。

第一章　议　会

第一节　议会的性质及起源

第一目　议会的性质

在一般人的观念中，所谓议会系一种代表国民的团体，其全部分或大部分的分子则出自人民的选举，所谓议会制度或代议会制度，即是议会得行使国家最重要的职权的政体。这种政体与专制政体及纯粹民治政体，俱不相同。因为在专制政体之下，议会常不存在，（或虽存在，亦无重要职权），而在纯粹民治政体（例如古希腊的城市国家）之下，则国家一切重要职权，俱由公民大会直接行使，议会亦不存在。但这种观念，究只是一种政治的观念。欲从法律上去考求议会的性质，便应推究议会与其选民间究存有何种的法律关系。

关于议会与其选民间的法律关系，历来论者有下列不同的三说：

（一）委托说　此说认议会各个议员，各为其本选举区选民的受托人，法人称此说为命令式的委托说（theorie du mandat imperatif）；今简称为委托说。细析起来，此说含有两层意思：第一层意思，系承认议员与选民之间，含有一种私法上的“委托”关系；第二层意思，系承认此种委托关系，仅存于各个议员与其本选区选民之间，并非存于议会全体与全国选民之间，或各个议员与全国选民之间。法兰西大革命时有一部分人颇主此说，今亦间有附和此说者。今将此说的两层涵义，分别说明如下。

各个议员，何以仅与其本区选民，成立委托关系？欲明此点，须知主张委托说者，本是服膺卢梭的民权主义的学说者。依着卢梭的民权主义，各个人民原各享有国家主权的一部分，主张委托说者，遂以为各个人民既各享有一部分的主权，其选举议员，复为其行使主权的表示，则各个议员与其本选举区选民之间，自可认为存有委托关系；但各个议员与全国选民之间，则不能存有委托关系，因各个议员并非由全国选民选出。

其次，各个议员与其本区选民，何以仅有一种委托关系？所谓委托关系者，又是何物？本来主张委托说者，即为崇信主权不可割让之人；主权既为不可割让之物，则选民之选举议员，自不能看作一种割让主权的行为；所以他们不认议员为承受主权的割让之人，而仅为选民的“委托人”(mandataire)；换言之，即选民与议员之间，仅存有一种委托关系。依着他们的意见，议员与其本区选民间的委托关系，与私法上所谓委托关系相同；委托人对于受托人给以训示(instructions)，受托人在议会中的一切行为与表示，务须依据委托人所明授的训示为之，不能凭一己的思想与见解而自由行动；委托人并得随时撤销其委托，换言之，某区的选民，对于其所选议员，尚保有一种“直接罢免权”。

在理论上，我们是否能承认议员与其本选区选民间，存有上述的委托关系，后当别论；在实际上讲，则在议会制度产生的初期，例如中古时代的英国议会及法国往昔的等级议会(Etats generaut)，议员与其选举区或选举团体间虽往往含有这种关系，但今则一般国家的法律，已不复承认这种关系能存在于议员与其本区选民或任何选民之间。

(二)代表说　此说否认议员各为其本选区选民的受托人，而认议会全体为全国人民的受托人；否认议会与人民间的关系类似普通民法上的委托关系，而认为一种具有特殊性质的委托关系。此说法人称为代表式的委托说(theorie du mandat repesentatif);今简称为代表说。在法国大革命时代,崇信此说者甚众;至今法国一般学者,仍主此说。今将此说的两层涵义细为解说如下:

此说何以否认议员为其本选举区选民的委托人,而认议会全体为全国人民的受托人?盖倡此说者以为主权原属于人民全体,初非分隶于各个人民,因为一个选举区的选民,原只是全国人民的一部分,而不能构成主权的主体;所以一个选举区的选民,不能认为主权者或委托人,而议会议员亦不能受托于本选举区的选民。

其次,此说所谓特殊的委托关系(或代表式的委托关系)究是何物?议会全体与全国人民,又何以只应有此种委托关系?主张代表说者以为议会全体所表示的意志,原须视为与人民全体所直接表示的意志相等,而有拘束人民全体的效力;因此,议会全体与人民全体,实应认为含有一种委托关系,换言之,议会实可认为曾受人民全体的委托。但此说对于任何选举区或任何选民,则不能认其有训示拘束任何议员的权力;因为各个议员原俱是全国人民的代表,而非本选举区选民的代表,议会选举虽往往分为若干选举区,但其目的仅在谋选举的便利。如认任何议员应受某某特殊选举区或某某特殊选民的训示的拘束,便等于承认一部分人的意见得以拘束全国人民的代表或委托人;这固与人民有共同意志之说不符,主张代表说者自难予以承认。

各国近代的宪法或法律,大都默认代表说,甚有以明文承认者。例如1791年法国宪法第七条即有"各郡所选举的代表,应不认为各该郡的代表,而应认为全国国民的代表;各该郡亦不得给予该代表以任何委托。"又法国1875年议院组织法第十三条,亦有"一切命令式的委托(mandat imporatir),俱无效力"的规定;此项规定至今存在。德国1919年宪法第二十条则有"议员为全体人民的代表,应仅凭自己良心行动，而不受任何委托的拘束”的规定。其他国家宪法亦有设为相似的规定者，如瑞士宪法。凡此皆承认代表说，而否认委托说的实例。

（三）国家机关说　此说向为多数德国学者所主张，但法意各国人士，亦有附和者，例如法人梅旭(Mioud)，马尔伯格(Carre de Malberg)及意人奥兰多(Orlando)等。法人通称此说为国家机关说(theorie de l'oetat)。主张此说者，大率以为选民团体与议会，各为国家的一种机关，各有其职务；前者的职务在选举，后者的职务，则在于一定限度以内行使其决议之权；在法律上讲，彼此之间，并无任何委托关系，或代表关系，彼此的职权都来自宪法。德国著名公法学家拉庞(laband)，于其所著德意志国法学中，即剀切主张此说；因谓：“国会议员为全国人民的代表云云，在法律上实无任何意义，议员的职权并非受诸任何权利主体，而系直接根据宪法而来……”①

（四）各说的批评　委托说实有两层弱点。第一，此说与现在一般国家的宪法及法律中的规定完全相反；因为现代一般国家的宪法与法律，并不承认议员的行动，应严格的遵守某本选举区选民或任何选民的“训示”；换言之，议员与其选民的关系，实际上并不类似私法上的委托关系。第二，此种私法上的委托关系，在理论上讲，亦实不宜存在，且不能存在于议员与选民之间。不宜存在，因为议员与选民间，如果存有此种委托关系，则实际上直接民治制度的实益与代议制度的实益，将两俱不能取得。不能取得前者，因为国家既未直接的征求人民的意见，则凡议员所须遵守的训示，事实上或只是政党机关或政党

① 见 Laband，Das Staatsrecht des Deutschen Reichs 1911，I，297，关于以上各说的说明及讨论，最好是参考：Carvede Malbern，cors ibuion ala theoris generale de l'etat 1922)，Ⅱ，199 及以下：Duguit，Traité de droit constitutionnel (1923)，Ⅱ，494—641。

主持人的训示。亦不能取得后者，因为议会议员既须永远遵选民的训示，则他将无从利用其本人经验与见识以行使职权，造福国家。不能存在，因为国事变化无穷，选民于选举时所给予议员的训示，必难预测一切。如遇新的事变发生，议员便须请命于选民，此则在事实上殊难实行。

至于第三说认选民团体与议会各为国家机关，各受权于宪法，而不认议会与选民间有任何代表或委托的关系，亦非我们所能附和。议会与选民的职权，各以宪法为根据，自为我们所不能否认；但议会与选民，并不必因此而遂不能保有一种委托的或代表的关系。我们如绝不承认此项关系的存在，则议会的行动便不必与选民的意见同其项背。果然，在政理上讲，议会政治，将不免流为少数政治；在法律上讲，则各国法律中关于议会任期或解散等问题的规定(如议会须于一定任期后改选，如行政机关得以解散议会，如公民得以直接解散议会或罢免议员)，亦将缺乏意义；因为这些规定，实际上，都只是力求公民与议会间的意见趋于一致。所以对于议员与选民间的法律关系问题，我们虽不能如第一说所云，认他们间有一种与私法的委托关系完全相似的关系存在，亦不能如第三说所云，否认他们间存有任何委托的或代表的关系。我们以为议会全体与全体选民之间，实保有一种特殊的委托关系——亦可称为代表关系。这种代表关系之类于私法的委托关系者，即在代表者的行动，在法定范围以内，有拘束被代表者的效力，而且代表者须力求与被代表者的意见趋于一致，这种代表关系之异于私法的委托关系者，即在代表者的行动，不以被代表者所明授的训示为限制。主张第二说者所提出的理论，关于主权一层，虽不免有近于虚玄之处，然就其结论而言，固与我们的见解，无根本差别。

第二目　议会制度的起源

现代的议会脱胎于中古封建时期的等级会议(Estates General Etat—generaur)。封建制度本建筑于封建主与封建臣中间的契约关系之上：臣民有效忠于主，并服从主命的义务；主有保护臣民，并征询其直属的诸侯的意见的义务。所以当欧洲封建制度盛行之时，各封建国家大都有一个等级会议。等级会议即是直接属于封建君主的大小诸侯的一种会议，其职务则在供君主的咨询。如果君主所要求于诸侯的义务，超过了旧日的成规，则这种要求，须获得等级会议的同意。诸侯有大小及僧俗的不同，故会议采等级的形式，各等级各自开会，合起来则称为等级会议。

等级会议与现代的议会迥不相同，纵其名称有时相同，例如英国13世纪的等级会议称“巴力门”(parliament)，而今日的议会亦称“巴力门”。议会的议员为全国人民所推选；等级会议制则仅是各级诸侯的会议的总称，诸侯或亲自出席，或推选代表出席，则随等级而异；所以议会可以代表全国，而等级会议仅能代表各级诸侯。

等级会议之变成议会为英国独有的历史。法兰西西班牙等国家亦早有等级会议，但他们的等级会议至法兰西大革命时期，仍未改变其等级分立的性质，虽则他们俱已自封建国家进为君主王国。法兰西大革命后，议会制度始由英国传入欧洲大陆；大陆各国的等级会议，并未能自行蜕变为议会。

至于英国等级会议变成议会的经过，则可约述如下：

英国的等级会议肇始于13世纪。在有等级会议以前，英国原有所谓“巨臣会议”(Magnam Conilium)，为大僧侣与大贵族的团体。在1215年的大宪章中，亦尝有国王如增课特别租税，务须征求巨臣会议的同意的规定，但巨臣会议尚不能称为等级会议，因为大僧侣与大贵族在英国本不甚可分，而其他等级则尚无代表。到了13世纪中叶，国王为增课租税起见，始令各郡武士，各市市长，及下级僧侣推选代表，与大僧侣大贵族共同供国王的咨询。这就是所谓“巴力门”，就是英国的等级会议。但在起始几个巴力门中，有时缺少市民代表，有时缺少下级僧侣的代表。自1295年起，始永有这些阶级的代表。所以这一年的巴力门，英人称为“模范巴力门”。

严格地说起来，英国的巴力门应和一般的等级会议一样分成僧侣，贵族，及市民三个等级。1295年的巴力门诚然分成三个这样的等级，但不久即发生变化，各郡武士即与市民代表在一起开会。而且所谓某郡武士的代表实际上是该郡全体自由民的代表；全体自由民——无论是小贵族，或是自业田的平民——皆可参加选举；所以武士的代表与市民的代表俱成了平民的代表。小僧侣的代表起初固与大僧侣合成一级，但到了14世纪初年，他们即不感觉参加巴力门的兴趣，他们宁可在他们的宗教会议(Convocation)中通过什一之税，以予国王，他们自动地退出了巴力门。于是英国的巴力门，乃成了一个仅有两院的等级会议，大僧侣与大贵族合成了贵族院；而武士代表与市民代表则合成了众议院。

众议院之兼含武士代表及市民代表，实为英国宪法史上一幸运的偶然事件。英国统一甚早，到了13世纪，已是统一国家。因为是统一国家，所以国王权力较大，而大诸侯常有不满。大宪章运动即是诸侯们不满国王专权的一种表示。但是，如果他们不得郡市人民的助力，他们必不能建立巴力门的威权。又如众议院中只是平民的代表，而无智力财力较高的武士(即小诸侯)为之领导，或者武士也加入了贵族院，则巴力门纵有威权，亦将为诸侯的威权而非平民的威权。若然，则近代的议会制度亦将无从成立。英国14世纪上半叶巴力门分级或分院的实况，一方使巴力门全体得以树立威权，一方又得使众议院逐渐成为巴力门中有力的一院。这就是英国的巴力门得以变成议会的重要原因。

议会自成立后，其权限即日有增加，而其性质亦逐渐自封建时代的等级会议，变成近代流行的会议。经1688年的革命后，议会便取得了最高的地位，即国王亦不能离议会而独享大权。贵族院与众议院间权力的高下亦有不断的变化。15世纪及15世纪以前，贵族院的权力固较众议院的为大，但到了宗教改革后，众议院即已是权力较大的一院。众议院的权力愈大，则选举问题亦愈尖锐化；因之，自1832年起以至今日，英国曾有过五次关于选举权的大改革。到了今日，英国所有成年男女均为众议院的选举人。众议院选举权的基础愈广大，则其权力亦愈广大。所以贵族院今虽依旧存在，但所谓英国国会，实际上不啻即其众议院而已。①

由上以观，可知在美法革命以前，英国的议会制度，盖早已成立。美法革命本俱以民权及自由为号召，而英国的议会制度，则早已有孟德斯鸠之辈为之宣传；所以美法革命的结果，不特美国抄袭了祖国的议会制度，法国亦废等级会议，而成立国民议会。及后革命潮流波及愈广，则议会制度亦愈通行。到19世纪末期，除俄国外，议会制度盖已普及于欧美各国。

---

① 关于英国议会制度的演进，可参考：

G. B. Adams，Constitutional History of England；

Stubbs，Constitutional History of England；

Erskine May，Constitutional History of England；

A. F. Pollard，The Evolution of Parliament(1920).

第二节　议会的组成

欧战以前，各国议会的组成大都为两院制；采用一院制者，不过二三小国以及各国的地方议会。盖英国议会为议会制度的源泉，则凡摹仿英国而设议会者，遂亦仿设两院。所以美国虽无贵族，但当宪法会议议订宪法时，大多数仍主采用两院制度。法兰西百余年来尝颁过十几种宪法，但采用一院制者仅有两次(1791及1848)。这两次宪法之不能实行及失败——虽则与一院制并无关系——更坚深了一般人对于两院制的信心。所以在欧战以前，一院制仅通行于布加利亚，蒙特尼格罗，及中美诸小国。直到欧战告终以后，始有许多国家敢作一院制的尝试。当时采用一院制者，计有德国、南斯拉夫、土耳其，及波罗的海诸国。西班牙1931年的宪法也改两院制为一院制。

奥国1934年新宪法设立了一个四院制的联邦议会。这是奥国的新尝试。奥国为联邦国家，所以设省代表院以代表各省；又为独裁国家，行政首领的权独大，所以将隶属于行政机关的参政院列为四院之一；又以会社国家为标榜，所以有由会社推选的联邦文化院及联邦经济院。但这种新的制度是否真能发生实效，我们尚无从推测。

第一目　两院制与一院制的理论

(一)主张两院制者的理论　主张两院制者，其普通理由大率不外下列数种。其一，以为两院制可以防杜议会的专横。议会专制的可能，本不亚于行政机关；所以蒲莱斯(Bryce)尝谓美人之采用两院制，与罗马人之设置两个执政(Consuls)，其用意均在防杜专制。盖就个人与团体比较，个人之流于专制，固较团体为易；但就团体与团体比较，则单一性的团体，较诸复合性的团体，自又易流于专制。其二，以为两院制可以减少法律案的草率与粗疏。盖在一院制之下，一种法律案，只经由一个机关议决，即可成立；如采用两院制，则各种法律案的成立，须经由两个机关议决，所以法律案的内容，比较易臻精密。且两院制所以能增加法律案的精密，尚不仅因法律之曾经两院议决；往往甲院因惧乙院将有挑剔抵抗，故于议决法律案时，常不能不十分慎重从事，于是草率粗疏之弊亦可大减。其三，以为两院制可以减少议会与行政机关间发生剧烈的冲突。盖议会与行政机关的冲突，无论在何种政制之下，俱所难免。此等冲突，如不设有相当的调剂方法，往往可使一方或两方趋于极端，则致酿成莫大的政变。所谓调剂，则两院制亦其一法；因行政机关与议会的冲突，往往只是行政机关与议会中一院的冲突；果然，则立于冲突以外的另一院，自可任调停或公断者，以防止两方的决裂或僵持。

以上所述皆为主张两院制者的普通理由。论者尚有于此种普通理由而外，提出其他特殊理由，以主张两院制者：有谓君主国家采用两院制，便可以一院代表一般人民，而以另一院容纳贵族分子，由是贵族政治与平民政治便得一调剂之法，孟德斯鸠即持此种见解；① 更有谓联邦国家采用两院制，便可以一院代表全国人民，而以另一院代表各邦，由是各邦的个性与全国的统一，便获一两全之道；最近尚有主张两院制，以调剂地域代表制与职业代表制者。②

(二)主张一院制者的理论　主张一院制者的普通理由，亦可说是有三种：

其一，以为代表民意的机关，应只有一个机关，因为人民多数的意志就只能有一个。主张此说者以为人民多数，不论对于那一种法

---

① Montesquieu, Esprit des lois, li Ⅺ, ch, vl.

② 参看本书，第三编，第一章，第二节，第二目。

案，要不外赞成或反对，如果采用两院制，实际上或不免有一院赞成与一院反对之事。果然，则谁能代表人民多数的意志的问题立即发生。如谓只有某一院能代表民意，则何不径采一院制度？如谓两院与能代表人民多数的意见，则遇两院意见不同之时，又将作何解释？这种非难两院制的理论自亦具有相当的势力，但是主张两院制者，于此或尚有反辩的余地；因为我们即承认代表民意的机关只应有一院，亦不见得因是遂谓无设立第二院的必要。晚近主张两院制者，往往以为代表民意者仍应仅为下院，上院的设立，原不在与下院立于平等的或相似的地位，对于下院议决的法律，亦不应享有绝对的否决权；不过上院如觉得下院议决的法律，不能代表民意时，便能使该项法律于一定期间内不能成立，有如英国 1911 年的国会法所规定。在这种规定之下，即设置第二院，亦无妨于民意的统一，或且可使真正的民意较易实现。

其二，以为两院制可使法律案不易成立，其结果便不免妨碍社会的改革与进步。主张此说者，每谓议会政治较诸独裁政治已欠敏活；如采两院制，则凡法律案之通过一院者，尚须通过另一院，法律案的成立，遂益形困难，应行兴革之事，亦益难实现。

其三，以为两院制可以引起议会内部的冲突，以至议会为行政机关所操纵，而不能保有对抗行政机关的能力。盖议会为人数众多的合议机关，而行政机关则或为独任的机关，或为人数甚少的合议机关，故行政机关之操纵议会，本已不难；尚更采用两院制的议会制度，则凡遇上下两院意见不一致时，行政机关益可从中操纵舞弄，利用一院以抵制他院；于是，议会竟或完全丧失其支配行政机关，或限制行政机关的能力。

以上所述主张两院制者与主张一院制者的理由，大都各有一面的真理，为我们所难否认。实际上，某某国家之宜否采用两院制，我们以为应于上述两院制的普通理由而外，求得其他特殊理由，以为采用两院制的主要根据。如无特殊理由，则采用一院制，或如英国等国，采用第二院权力极小的两院制，或者较为相宜。

第二目　两院的组成问题

假定采用两院制，则其产生方法，又将如何？这一个问题，自然亦不能有一个绝对的解答。今取各国组成两院的各种方法说明其大要。

(一)下议院的组成　各国议会中的下院，就其组成而言，历来皆为一种民选机关，最近则且一致地成为直接选举的民选机关。意大利的下院，在实际上固是所谓会社议院，但在形式上，亦由全体人民直接选举。所以关于第一院的组成，各国间的差异，实际上颇为微小；且关于选举权资格，比例选举，复数选举，选举区划以及强制投票等事的差别，于前编论述公民选举权时，亦已有解释。今就各国关于(甲)下院议员名额的多少，(乙)下院议员名额的分配，(丙)下院议员的被选举权，(丁)下院议员兼任其他公职之权，及(戊)下院议员任期改选诸问题，分别予以讨论如后：

(甲)下议院议员名额问题　下议院究应多少议员，本不是一个可以一概而论的问题；国家领土的大小，人口的数量，民族的纯杂等等，均为决定议员名额的因素。就1934年各国实际状况而言，全世界有议会的53个独立国家中，下院人数不及一百的国家有19国，一百以上不及二百者有18国，二百以上不及三百者有6国，三百以上不及四百者有3个，意美日及西班牙各四百余，而法英德则各有六百余人。在议员人数不满二百人的37个国家中，除阿根廷及墨西哥两国外，[①] 余均为地狭人少的国家。中华民国二年的众议员名额则为596人。

（乙）下议院议员名额的分配　这个问题与选举区划分问题自然互相关联。如果采用德国1920年的比例选举制，则选举区的如何划分，成为不重要的问题，议员名额分配的问题亦不发生。如果采用单选举区制，或其他非比例选举制，则区之如何划分，往往可以影响到政党间的比较势力，而名额的分配颇成问题。美国联邦的众议员固依各邦人口多少而分配，但究应先规定议员总额，而以之分配于各邦，抑先规定每若干人民得选出议员一人，再将各邦应得名额分别推算，则为美国每十年重新分配议员名额时必发生的问题。中华民国二年众议院的分配则采用一种武断的办法。依照民元国会组织法，各省选出的众议员名额，系以人口多寡为标准，每人口满80万便得选出议员一名，但人口不满八百万之省，亦得选出议员十名。人口总调查未毕以前，各省应出议员名额暂依该法所分别规定的数目；西藏、青海、蒙古应出议员名额，亦由该法予以规定。

以上所述，只限于由地域团体选出的议会而言，至采用职业代表制的议会议员名额，应如何分配各职业团体，自然更为困难；因为这种分配，显然不能专以各职业团体的人数为标准。

（丙）下议院议员的被选举权　为贯彻民主政治的理想起见，下院议员，除具有选民的资格外，应不加具其他资格。但在事实上，则当选举议员的资格向比选民的资格为高。在19世纪初年选举权受有财产的限制时，当选权每受有更大的财产的限制。财产的限制今虽已废

① 阿根廷面积约300万平方公里，人口约1200万，但下议员有158人，墨西哥面积约200万平方公里，人口约1600余万，下院仅有153人。

止，但下述各种限制，仍颇为流行。(一)在大多数国家中，当选下院议员者其年龄须较选民为高；大国中，只英国无此限制。(二)凡由外国入籍者，如欲当选为议员，则其入籍的年限，往往须较选民为长。(三)曾受破产的宣告尚未撤销者，在大多数国家仍可继续享有选举权，但无被选举权。(四)曾因选举舞弊而依法受判决者，在大多数的国家仍可继续享有选举权，但于若干时期内往往不能当选为议员。(五)现役军人，公务员及僧侣，往往无当选权。但关于此层，各国现行法律颇不一致，而历史上的变化更是繁杂。就原则而论，停止现役军人的被选权尚不乏充分的理由；因为此项停止，一方面固可预防军人加入选举竞争与政治运动，以启军人干政之渐，一方面亦可防止军队中重要官吏，被议会吸取而去，以致影响军队内部的组织与纪律。停止公务员(司法官在内)的被选权，则似应有地域的限制；在他们所服务的选举区，他们的被选权可受停止，如不停止，他们或可利用其本身的地位与势力，而作不正当的选举竞争。但如果一为公务员，便须牺牲不论在何地方的被选权，则又未免失之严酷。僧侣的被选权之应否停止，则须看他们在其所驻教区之中，是否握有特殊势力。英国各国教的僧侣在其所驻教区确有此势力，所以停止僧侣的被选权亦有理由；但此项停止之不限于本教区，而泛及全国，则已过分严酷。中华民国元年众议院选举法亦将僧侣及其他宗教师，小学教员，及各学校肄业生的当选权一并停止。

(丁)下议院议员的兼任权问题　被选举权问题与兼任权问题自然是截然两事：凡无被选举权之人或其被选举权受停止之人，足使其当选无效？至于从事某种行政或司法职务之人员，如其被选权未被法律停止，而该项职务却经法律认为不能由议员兼任时，则从事该项职务的人员，固仍可当选为议员，不过当选后便不能兼任其原来的职务与议员的职务，要应选为议员则须辞卸原来的职务。议员之所以不能兼任其他公务，则因兼任是使议员不能专心于议会的职务；或且因监督者与被监督者往往并为一体之故，使议员对于行政或司法机关，实际上不免减少其监督的效能。但在采用议会政府制的国家，议员虽不能兼任一般的公职，通例却亦容许议员兼任国务员。盖议会政府制的目的，在融合议会与内阁为一气，其容许议员之兼任国务员，不论在逻辑上讲或在实际的便利上讲，固均有相当的理由。

至就各国的实例而言，则有禁止议员之兼任任何公职者，例如美国。美国采三权分立的原则，此种绝对的禁止，自亦有其逻辑。有仅许议员兼任国务员者，例如英国。① 有于国务员职务之外，对于若干种特殊官职，亦经法律明许议员得以兼任者，例如法国。在法国，议员除对于国务员，次长，及特派员(haut commissaire)的职务，保有兼任资格外，特种法院的法官及国立大学教授等职，法律亦许由议员兼任；其所以容许此类职务之得由议员兼任者，或因此类职务，并不过分妨碍议员的职务，或因从事此类职务之人，可予议会以专门的知识与经验。晚近以来，各国人士鉴于银行或公司——尤其是国家银行

---

① 英国于18世纪初期时，议会政府尚未成立，议会因恐行政要职笼络议员，以致议会的独立无从维持，故对于下院议员兼任特种行政官职，设有 种限制：即凡下院议员于受任特种行政官职时，其议员资格即时消灭；必须重赴选举区竞选，重复当选为议员，始能兼任下院议员；否则不能一面充任官吏，一面充任下院议员。此项限制于议会政府制成立后，自然产生许多不便；因为在议会政府制之下，阁员必须为议会议员，如设有再选(re—election)的限制，则阁员于受任之始，势难逃竞选之劳。上述再选限制，在1919年变生变化：照该年法律，下院议员之于新议会召集后九个月以内，充任国务员者，无须履行再选手续，过九个月后．仍须履行再选手续。自1926年以后，再选制已完全废除，议员兼任国务员，不论在何时期，俱无须辞职以求再选当选。

或官商合办的银行或公司——经理董事等职，往往因议员之得以兼任，以致发生种种流弊，遂亦有倡议禁止议员兼任此类职务者。

(戊)下议院议员的任期改选及补选问题　世界各国下院议员的任期，除捷克及古巴两国均为六年，萨尔瓦多为一年外，自二年至五年不等。主张短期者，在求人民与议会的意见趋于一致；主张长期者，在令议会议员获得充分成熟的政治经验，庶几于其任期的晚年，能有优良的建树与贡献。

议会议员任期届满时，自须举行改选。各国议会的改选有全院同时改选，与全院分期改选的两法；两法各有其作用，但各国下院的改选，固一致采用全院改选法，因为不如此，则下院是否能代表某时全体人民多数的意见，将无从确定。

议会议员于任期中，如因死亡、辞职、解职等事而缺额时，其补充之法，亦有两种，或则于缺额时举行补选(by—election)，即英美等国所用之法；或则于每次选举新议会时，令各选举区举出若干候补当选人，遇有缺额时，即以之补充，即欧陆各国所用之法。第一法有时可以测验民意的变迁，第二法则较为省事。

(二)上议院的组成　各国下议院的产生方法，就大体言，虽渐趋一致，虽皆为人民直接选举的机关，但各国上议院(即第二院)的组成，则参差极大。盖各国之设立上院，其作用原不尽同，故上院的职权，亦自不甚一致，职权既不尽同，其组成的方法，自亦不能互同。关于各国上院职权的差异，将于次章论述，今先就组成上论述各国上院形式的种种。

其一，为贵族性质的上院。两院制的产生，根本上就是以平民代表与贵族代表的分离为原因，前已说及。在现今君主国家，其上院仍有代表贵族阶级者，英吉利即是最著名的一例。但是，设置第二院以容纳贵族阶级，在教育尚未普及，贵族几为唯一的智识阶级时，虽不无相当理由，降至今日，则其原来的理由，已不存在。所以贵族性的第二院，即在英国，亦渐不能存续，英国亦有多人主张改造上院。①

其二，为联邦性质的上院。在联邦国家中，其下院必为代表全国人民的团体，其产生出自人民的选举，所以一般人率谓联邦国家的下院，为代表国民，或代表统一的机关。至于联邦国家的上院，则往往为代表各邦的机关。苏联的中央执行委员会固不是严格的议会，但其中有所谓"民族院"者，亦是代表各邦的机关，② 上院的议员无论为各邦政府所任命，如欧战以前德国的联邦会议，或为各邦议会所推选，如 1913 年以前美国的参议员，或为各邦人民所选举，如瑞士的联邦会议，俱认为各邦的代表。因为是各邦的代表，所以各邦的人口尽可多寡悬殊，而所出议员之数，则在绝大多数的联邦国家，俱是相等。欧战以前德国的联邦会议，及欧战以后奥国的联邦会议固是例外，各邦代表的人数固不相等，但其所以不等之故，亦与人口多寡无关，而以各邦实际势力的大小为标准。

其三，为任命性质的上院。各国上院的议员有出自行政机关的任命者。加拿大上议院议员，即全由行政机关任命，其任期且为终身。意大利上议院议员，除亲王为当然议员外，其余亦皆出自行政机关的任命，并且俱为终身制。至于行政机关任命此项议员的标准，则意大利宪法列有二十余资格；综其大要而言，不外富于特殊学识，具有特

① 英国政府于 1917 年曾设立一"第二院改造会议"(conference on the reform of the second chamber)，以布瑞丝(Bryce)为主席。1922 年内阁又设立一个委员会，以审查贵族院改造问题。嗣俊议会又有多次关于贵族院改组问题的讨论。但至今尚无具体决议。

② 苏联 1936 年宪法第三三条仍以民族院为最高苏维埃(即议会)的一院。

殊经验(行政、立法、司法、军事、教育等经验，或其他社会事业的经验)，与具有特殊资产的三种资格。日本贵族院的一部分议员，亦由天皇就富有学识或著有特殊勋绩之人中选任；其任期亦为终身。综之，各国之设为第二院以容纳任命性质的议员者，大抵在令议会得以网罗富有特殊学识与经验的人才，盖此种人才，虽大足为议会立法之助——在法律日趋复杂日趋于专门化的现代国家，此种人才或且为议会所必不可少的人才——但因他们不愿加入政治竞争与选举运动，或因他们不善为政治竞争与选举运动，以致往往不免为议会所罗取；如设有任命制度，多少自亦可资补救。至于各国任命议员的任期，所以往往定为终身之故，一半在令议员于就任后，不必结纳行政机关，以自顾其独立，一半亦因此类人才，往往在社会上负有特殊声望，并且从事重要业务，倘不予以极长的任期，他们仍或不愿弃其所从事的业务而入议会。但任命制度，纵有上述的特殊作用，仔细看去，究不宜于采纳；因在此种制度之下，行政机关或将不免有假借任命权，以为安置本党党员，或报酬本党党员的行为。果尔，则虽采用任命制度，仍或不能得着特殊人才。论者因谓此制既违反代议制的精神，而其流弊复无异于选举制度。求诸事实，加拿大显已因采用斯制，而发生此种流弊。

其四，为间接选举的上院。各国上院的产生方法，颇多采用间接选举制度者。所谓间接选举自然亦有种种形式。有由各地方议会选举者；1913 年以前美国联邦的参议院，即由各邦议会选举；中华民国二年的参议院，除蒙藏青海另组选举会外，亦由各省省议会选举。有由地方议会议员与其他民选人员组织选举团体，以选举第二院者；法国参议院议员，即由各选举区中的(一)众议院议员，(二)郡议会议员，(三)区议会议员，与(四)市议会选出的代表，所共同组织的选举会执行选举。有由第一院选举者；挪威即以每届新议会的众议院(Storthing)，就本院议员互选四分之一以组成第二院(Lagthing)，而以所余四分之三的议员留为第一院。这些间接选举制度的目的，大都亦在令第二院能取得富于经验学识的人才。此种预期的目的，实际上往往尚能达到，法国参议院，往往含有众多的此类人才，即其一例。不过此项目的的实现，似亦不尽由于间接选举，而尚有其他原因；如第二院的任期较长，议员名额较少，议员年龄限制较高之类，多少自亦有助于此项目的的实现。且为提高议会的专门知识起见，则今人所倡导的职业代表制，如以之适用于第二院选举，或适用于全议会中任何部分的选举，其效力抑或较单纯的间接选举制为大。

其五，为直接民选的上院。在此种制度之下，上下两院的选举，殆完全相类；所不同者，仅在两院议员的任期，人数，年龄，及改选方法而已。采用此种制度者，为澳大利亚，美国(1913 年以后)，及美国各邦。在此种制度之下，两院的职权，往往亦无重大差异，所以两院争雄角胜的现象至为显著；各种法律案如遇一院坚决主张，另一院坚决反抗时，除诉诸公民复决外，便无完满解决之法。澳大利亚宪法即已采用此种解决方法。在采用他种两院制的国家，第二院的职权在法律上往往较小于众议院；即令彼此对于某种法律案享有平等的立法权，第二院因非出自人民直接选举，对于众议院实际上亦常自甘退让；除非确信众议院的主张违背人民多数的意见，第二院大抵不与众议院坚决相持。英国贵族与加拿大参议院之所以能维持他们的地位以至今日者实缘于此。①

第三节　议会的职权

第一目　两院职权的分配

如果采用两院的议会制度，则议会中两院职权的分配问题，自亦随而产生，这个问题，可以说是与两院的组成问题互为因果。就一方面说，两院职权应有怎样的差别，须看两院的组成含有怎样的差别；就另一方面说，两院组成上的差别，也须随两院职权上的差别而定。今将关于两院职权分配的几种理论，及各国两院职权分配的几种实例，说明如下：

第一说以为两院的职权应完全平等或几于平等。抱此种见解的人，以为上院的产生，应同于下院，而使两者各由民选；如在联邦国家，则上院应为代表各国的机关。盖两院如俱出自民选，则他们俱为人民代表机关，其职权自应平等；即上院非出自人民选举，但为调和各邦的个性与全国的统一起见，代表各邦的上院，仍应与下院有同样的职权。但是两院职权的平等，无论具何理由，究有一种重大流弊，即两院间易有争雄角胜，两不相下的现象，以致议会的决定与行动益形艰难，议会对抗行政机关的能力，亦从而减小。

---

① 关于各国上院的组织，及其职权的差异，可参看：

Esmein，Eléments de droit constitutionnel(1927)，I，115—156；

Bryce，Modern Democracies(1921)，II，ch，lxiv；

Temperley，Senate and Upper Chambers(1910)；

Lecs—Smith，Second Chambers in Theory and Practice(1923)；

Marriot，Second Chambers(1927)；

Roberts，The Functions of an Second Chamber；

Rogers，The American Senate(1926).

求诸实例，上院职权与下院完全平等或几于平等者，几以联邦国家为限；其最著者，则为美国及澳大利亚。美国参议院的职权，仅对于财政案，略逊于众议院，然众议院对于财政案问题的优越权，亦极有限。对于征收赋税案，众议院固保有首先提案之权，但参议院仍有修改及否决之权。反之，参议院对于其他事件，其职权尚大于众议院；凡行政机关缔结条约，与任用使领官，法官及其他高级官员时，且非得参议院的同意不可。所以美国参议院的职权实尚不只与下院平等，抑且高于下院。澳大利亚的参议院，除对于财政案，仅有否决权而无提案权（财政案须首先提出于众议院）或修正权外，对于其他事项，则完全与众议院享有同等职权。

中国民元国会组织法亦令两院职权完全平等；凡议会所通过的法律案，俱须两院一致始能成立；即对于财政案，众议院亦不过享有优先议决预算决算之权，至于修正权与否决权等等，固仍为两院所公有（该法第十三第十四条）。所以在该法之下，两院职权，亦实可视为平等。

第二说以为两院关于财政案的职权应不平等。主张两院制者往往以为下院的产生应出自人民的直接选举，而上院的产生应由另一种的方法，因而他们更主张一切关系国民负担的财政案，应由下院决定。他们以为上院对于其他法律案的立法权，虽应与下院相同，但对于下院所通过的财政案，至多只应保有修正权或提案权，而不能享有否决权；换言之，上院对于下院所通过的财政案，虽亦能提出修正条款或提出新的条款，但上院的修改或提案，倘不能取得下院的同意，则上院便只有容纳下院主张的一法，而不能否决下院的原案，以抵抗到底。盖财政案原为关系国民负担之案，上院如不出自人民直接选举，则对于财政案，不令与下院共同享有决定之权，自有相当理由。且因议会对于财政案的立法权，为议会监督行政机关的一种重大武器，所以在采用议会政府制的国家中，只有令上院对于财政案的权限极度缩小，然后内阁的进退可只以下院的信任与不信任为标准，而不致受两院分歧的支配。

求诸实例，凡行议会内阁制的国家，如加拿大比利时等，其上院对于财政及其他法律案的职权，在法律上纵然与下院约略相等，实际上上院对于财政案——尤其是对于预算案——大率不敢行使其否决权，以与下院相抵抗；而且内阁的进退，实际上亦只以下院的信任或不信任为标准。此种国家，其两院职权的分配，实际上盖恰与此二说的意见相符合。

第三说以为两院的职权应全不平等。主张此说者，以为上院的作用，不再为下院的反抗机关，而在以其知识或经验，作为下院的匡正或辅助：所以，上院的职权，应仅在对于下院所主张的一切法律案——财政案与其他法律案——提出修正，或要求复议，而不在对于下院所议决之任何法律案，行使一种完全的否决权。

英国自 1911 年议会法成立以来，其两院职权的分配，即与此第三说相类；因依该法的规定，英国贵族院，不独对于一切财政案，不复享有否决权，即其他关系公共利益的法律案（即英人所谓 public bills），如于两年期间以上，继续经贵族院否决两次，与继续经众议院通过三次，则该案于第三次送至贵族院讨议时，就令仍不能取得贵族院的同意，众议院亦得径以该案送请国王颁布。欧战后各国新宪法上院职权的规定，大都亦以使上院无法与下院抵抗为原则，使上院对于下院所议决的法律案（财政案及其他法律案），只保有一种暂时的或相对的否决权，而不享有绝对的否决权。例如捷克的上院固可否决下院所通过的法律案，但下院仍可以较大的多数重将该案通过；下院如否决上院所通过的法律案时，则上院便无此项重予通过的权利。奥国1920年的宪法亦尝有类似的规定。

第二目　议会的立法权

前目所述，只是议会中上下两院职权的分配问题。就议会全体的职权而言，各国议会职权的范围虽亦极不一致，然要皆享有三种性质的职权，即(一)立法权，(二)监察权及(三)财政权。本目将论述议会的立法权；至于监察权及财政权，则当于以下两目分别论述。

第一款　立法权的意义

立法即是制定法律之意。然则欲确定立法权这个名词的意义，便须确定“法律”这个名词的范围。关于法律这个名词的范围的解说，历来可说有三种理论：①

其一，以为法律为赋有普遍性的规则。主张此说者，以为法律的特质，在其普遍性。所谓普遍性者，其涵义不外两层：第一，法律不是对某一事或某几件事所下的一种决定，而是对于合于法律条文所规定的未来一切事件所立的一种规则；第二，法律不是对于某一个或者某几个人所下的一种决定，而是对于将来凡适合法律条文所规定的任何人所立的一种规则。法律之所以得称为规则，亦即因其赋有上述的普遍性。法人爱斯曼，狄骥以及其他一切学者，大率主张此说。采纳此说，则所谓立法权，即是制定各种赋有普遍性的规则之权；举凡议会决定之案，如不含有上述的普遍性，便非法律，便不在其立法权的范围以内。

其二，以为法律为变更权利的规则。主张此说者，以为法律的要

① 以下各说详见 Malberg, Contribution à la théorie générale de l'Etat II, 285—371。

件，在能影响人民的权利；凡国家任何机关所颁布的规则，如其内容是以变更人民间的权利关系，或人民与国家及国家机关间的权利关系者，俱为法权；换言之，法律即是所谓“权利规则”(règle de droit, Recktsgesetz)。德人拉庞(Laband)及很多的德国学者，主张此说。采纳此说，则一方面议会所通过的一切决定，初不必尽具法律的性质，因议会所通过的决定，不必尽能影响人民的权利；例如议会所通过的某年库券条例，或某地博物馆建筑条例，自不具有法律的要件；即议会所通过关于国家各机关的组织的规则，主张此说亦不认为其为具有法律的要件，而仅认其为行政行为。但在另一方面，则议会所通过的案件，初不必是对于未来一切事件与任何人民而制定者始得称为法律，即使是对于特定的某一事件或某一个人而成立的决定，只要其影响足以变更人民的权利，仍当称为法律。换言之，行政机关的命令，如具有变更人民权利的性质，亦是一种法律。

其三，以为凡由议会依立法程序所成立的一切决定俱为法律。主张此说者，以为凡议会依立法程序所通过的决定，其效力既皆相等，而俱立于行政机关所颁布的命令之上，则议会的决定，无论其赋有普遍性与否，亦无论其能否影响私人的权利，其性质固皆相等，初不当认某者为法律，某者为非法律。换言之，议会决定之是否为法律，全属形式问题，而与该决定的内容或实质无关。凡议会决定之非由立法程序而成立者(例如质问案，决议案等)，既不似议会决定之经由立法程序而成立者有支配行政命令的能力，自然不能目为法律；但议会决定之经由立法程序而成立者，则对于行政机关，对于法庭，其效力固皆在行政命令法院裁判之上，因亦不能不一概目为法律。法人马尔伯格(Carré de Malberg)，依据法国法律的实况，即力倡此种形式主义之说，以排除他说。

法律本来可有实质与形式两义。如从法律的实质以定法律的范围，第一说所立的标准自较第二说的标准为确定；因所谓“普遍性”者，其意义究尚有一定的范围，至于一种规则之是否能影响私人权利，实际上便往往不易判断。如从法律的形式以定法律的范围，则第三说自属不容否认。我们在这里讨论的目的，既是立法机关所享有的立法权，则关于法律的范围的解释，自当采用第三说。不过对于此说，我们亦尚有一点补充的意思。凡由议会依完整的立法程序所成立的决定，虽均具有同等效力，而可一概目为法律；但求诸各国实例，则凡与此种决定具有同等效力者，却不必尽须经由完整的立法程序而来。美国宪法一面认条约的效力同于法律，一面却认条约的成立，仅须经由总统征取参议院的同意，而不必经过通常的立法程序，即是最著的一例。

第二款　立法程序

议会之行使立法权，简言之，可说含有两种或(在两院制的国家)三种程序；其一为法律案的提出，其二为法律案在议会中的讨论，其三为两院的协议。今就各国通例，约略说明这三种程序如后：

(一)法律案的提出　法律案的提出，因行政机关体制的不同，而有种种的分别。在采用总统制的国家，三权分立主义有较严格的实行，法律案的提议权被认为立法权的一部分，所以仅议会议员享有此权，行政机关则不得向议会提出任何法律案。在采用议会内阁制的国家，则法律案的提出，不仅属于议会的议员，抑且属于行政机关；行政机关不仅为执行法律的机关，抑且为参预立法的机关。不但如此，政府提案比议员提案且常占有种种优势；例如英国将议会每星期中开会时间的大部分，划作政府提案的讨论时间，议员提案，每因是不得讨论机会。中华民国二年议院法亦规定，政府提出之案，在参众两院议事日程中，俱须先于议员所提之案。

(二)法律案的讨论　关于法律案讨论的程序，各国宪法，议院法，及议事细则所规定者甚不一律。如果作大体的比较，则可从两点分别讨论。(一)全院讨论的次数及程序。关于此点各国有三读制与非三读制的分别。所谓三读制，即每个法律案须经三次的诵读，始能通过某一议院。英美及德国的议会俱用三读制。中华民国二年的国会亦采用此制。法意等国议会所用的制度则与英美不同。在法意的议院中，一个法律案只需经过两次的讨论，第一次叫做“总讨论”，第二次则为“逐条讨论”。但在实际上，两制间的分别并不十分显明。英美德三读之制，在实际上亦只是二读。英国的初读，往往仅读案名而不读案文，更讲不到讨论；二读为总讨论，讨论各大原则，逐条讨论则于所谓“全院委员会”(或“常任委员会”)及所谓“报告”时期行之；三读亦往往只是一种形式。在德国国会中，初读为总讨论，二读为逐条讨论，三读亦往往只是一种形式。所以英德之制与法意之制，在实际上仍是大同小异。美制则实际上既不是三读，又无总讨论与逐条讨论的两种显然可以分离的步骤，而侧重于委员会的审查。(二)委员会的审查。各国议院大都皆为人数众多的团体，要细密的审查一个议案自非委托一个委员会不可。关于此点，各国间亦有常任委员会与非常任委员会的分别。美法德等国的议院设有各种常任委员会，分司各种案件的审查；英国则不设此类常任委员会,① 遇有必须交付审查的案件，由议院临时设立一个特别委员会，以司审查之责。因此，在美法德等国，法律案例须经过委员会的审查，在美德，在初读之后，在法

① 英国的所谓常任委员会(Standing Committee)为代替全院委员会的一种组织，其职务仍与全院委员会相似，而与美法等国委员会的职务不同。

国则在提案之后；换言之，在美法，在一切讨论之前，在德国则在总讨论与逐条讨论之间；但在英国，则法律案例不需经委员会的审查，遇有审查的必要，才有特别委员会的设立。更因此，美法议会的立法权比英国议会的为完全；在英国，议会以外的内阁可以操纵立法，而在美法，则左右立法者为议会的常任委员会。法国虽为内阁制的国家，但关于法律案件，其议会委员会的势力却不在内阁之下，因为一般的法律案件须先经委员会的审查，才能由议院讨论。德国的审查时期在总讨论之后，故其委员会亦无美法委员会的跋扈。

（三）两院的协议　各国宪法，固有对于财政案不予第二院以否决权者；甚或有对于其他法律案，亦不予第二院以绝对的否决权者；但大多数国家，仍认一切法律案的成立，须经上下两院的一致通过。在此种制度之下，如非设有方法，以解决上下两院意见上不相一致之点，许多法律案件势必因两院意见之未能完全一致，而致停顿。解决之法，有下述两种。其一，开两院联合会议，而取决于出席议员的多数。此法昔曾行于法国，今仍行于挪威。采用此法，则上院往往立于极不利的地位；因其议员人数，常较第一院为少；如以挪威而言，则上院的人数只占两院全体人数的四分之一。其二，由两院各推定若干委员，组织协议会；以协议的结果，提交两院各自表决。各国之采用此法者较众；美国为最著的一例，中国民二议院法亦采此制。依该法的规定，凡甲院通过的法律案，经乙院修正通过，回复甲院时，如甲院对于修正不能同意，得向乙院请求协议，乙院不得拒绝；此项协议由两院各推定若干委员组织协议会行之，协议会的讨论，以两院未能一致的事项为限；凡协议会议决事项，尚须交由两院分别表决，但两院不得再加修正。

凡上所述，俱为议会议决一个法律案的各种程序。议会所议决的法律，在一般国家中，尚须经由行政机关的一种“公布”程序，始能发生效力。在许多国家中，行政机关于接受议会所通过的法律案时，尚保有一种否决权或要求议会复议权，其详当于次章讲述行政元首的职权时说明之。

第三目　议会的监察权

议会的监察权，即议会监察行政机关或司法机关之权。监察权的范围，在各国极不一致。在行责任内阁制的国家，议会监察行政机关之权较大；在行总统制的国家与合议制的国家，则议会监察行政机关之权便较小；至于在独裁国家，则纵有议会，其议会监察之权可说无有。

就各国实例而言，在议会内阁制之下，议会监察行政机关或司法机关的方法有(一)质询权，(二)查究权，(三)受理请愿权，(四)建议权，(五)弹劾权，(六)不信任权，及(七)设立常设委员会等权。在非责任内阁制的国家. 则监察权便无如此之多。

(一)质询权　质询权即议会对于行政或其他事件，得以书面或口头，向政府提出质询，要求答复之权。议会行使此权，其表面的目的在向政府探询某一事件的内容，在实际上则往往具有监察行政的作用。在非责任内阁制的国家，议会并无此权。

依照法国议会制度，质询的种类有二，一为询问(question)，又一为质问(interpellation)。询问为发问的议员与被问的国务员间之事，以问答相终始，不能成为辩论的出发点；但质问必附有辩论，辩论终毕，议院对于内阁全体，或某某特别国务员，往往可有信任与不信任的表示。所以询问的性质不严重，亦不会引起政潮；而质问则往往可以引起政潮。英制仅有询问而无质问，欧洲大陆各国议会制则大都类似法制，兼有询问及质问。论者因谓大陆各国内阁之不能安定，质问制的存在为重要原因之一。但英国亦有一种类似质问的制度；议员如于询问之后，对于政府仍有不满，则可提出“延会动议”，要求于当日晚上，将其他事务暂行搁起(即延会之意)，而将所问之事，加以辩论。此种动议与质问的性质颇相类似，但此种动议颇不易成立；因之，其对于政府的威胁远不如欧洲大陆各国所行的质问制之甚。

(二)查究权　各国议会，对于行政及司法机关的设施，大率享有一种调查审核之权，称为查究权(droit d'enqnete)。所以议会对于行政及司法机关的违法或失职等事件，尚得组织查究委员会加以审查；审查后，凡需乎法律的补救者，则以立法手段补救；需乎他种补救者，则以他种手段补救(例如投不信任票)。在英美等国，查究委员会并有传唤人民以搜集证据之权。

(三)受理请愿权　议会之受理请愿，其目的固不纯为监察政府，但凡人民受行政官吏或其他官吏的苛待，或对于行政司法等机关的设施有不能满意者，亦自可向议会提出请愿，以图抵制；所以议会之受理请愿，亦实含有监察的性质。

(四)建议权　议会各院对于行政或其他事件，得向政府提出建议案。依一般国家的通例，议会的建议案与议会所通过的法律有别。法律须经由两院的通过；建议案则可由各院单独向政府提出。法律案通常系对于一般事件，为概括的规定；建议案则即对于个别事项，亦可提出。在许多国家中，议会两院所通过的法律案，政府只有服从的义务，无拒绝的权能，建议案则无强制政府的能力。但在采行议会内阁制的国家，下议院向政府提出的建议案，实际上往往使政府不能不予接受，因为政府的拒绝，或会引起该院对于政府为不信任的决议。所以议会的建议案，亦实含有监察的意味。

(五)弹劾权　弹劾(impeachment)制度，肇端于14世纪的英国，当时议会制度尚在十分幼稚的时期，当时所谓弹劾，即指英国众议院对于国务员的犯罪，向贵族院起诉而请其审判处罚而言。其所以产生，则不外下列各种原因。一则当时司法机关，尚未脱离行政机关而独立，国务员的犯罪，初不易受法庭的制裁，而有特设他种制裁的必要。二则当时议会内阁制尚未产生，国务员如有犯罪或过失行为，不能由议会投不信任票以解其职；所以议会如无弹劾权，便毫无解免国务员职务的权能。三则按照英国法律，凡对于犯罪的起诉权，原属于一种由普通人民组织的陪审团(grand jury)，众议院既为代表人民机关，而贵族院历来复为英国最高法院，则授众议院以向贵族院对于国务员起诉之权，自与英人传习上的法律观念与组织，不相矛盾。但弹劾制在英国，久已废弛不用，且自 1805 年以来，英国议会从无行使弹劾权之事；盖英国法庭的独立，既足以为国务员犯罪的制裁，而自议会内阁制实现而后，英国议会尚可投不信任票以为国务员犯罪或失职的制裁。

其他各国宪法，对于行政元首及国务员的犯罪，所以仍有议会弹劾权者，则有两种理由：一因行政元首及国务员的地位隆而权威高，倘纯赖普通法庭行使制裁，实际上或不免因法庭的瞻徇顾忌，而使制裁同于虚设；再因元首及国务员的犯法或犯罪行为，往往含有政治性质；此类政治性质的违法或犯罪行为，因其意义空泛，在解释上，法庭将极感困难。

至于弹劾权适用的范围，则可分为两层，加以说明：

其一为弹劾所可适用的行为　各国宪法，或认为议会的弹劾，仅能适用于犯罪行为，例如美国宪法；或认议会的弹劾，仅能适用于与职务有关的犯罪行为，例如法国宪法；或则认议会对于一切违反宪法或法律的行为，得以提出弹劾，例如德国宪法。但无论各国律文的差别如何，弹劾权的适用，充其量亦不过能适用于一切违法行为，至于政策上处分的失当，则不能，亦不当适用弹劾的手续；盖在采用议会内阁制的国家，行政机关的政策如经议会认为失当，议会尚可行使其不信任权，使之去职，原不必借助于手续较为繁重的弹劾；如在采用非责任内阁制的国家，行政机关的行政政策，本不受议会的支配，如许议会对于其政策亦得以弹劾，在理论上又免发生矛盾。

其二为弹劾权所能适用的官吏　各国议会的弹劾权，在君主国家，则仅适用于国务员而不适用于君主；在共和国家，大都亦仅适用于总统及国务员而不适用于其他官吏；但在美国，则除总统及国务员外，弹劾权更适用于其他官吏；盖美国为采用总统制的国家，议会对于行政官吏的违法行为，较少监察的权能，故其弹劾权适用的范围，亦比较广大。

复次，关于弹劾权的审判，各国宪法及法律的规定，亦殊不一致。或以审判权委诸法院，例如比国宪法规定，凡弹劾案由下议院以过半数的多数通过后，须提交最高法院审判。或则以审判权委诸所谓护宪法院，例如西班牙 1931 年宪法第八五条即有如此的规定。其所以将弹劾案的审判权委诸普通法院或特种法院者，则因上议院系政治机关，颇不易为公平的判决。或则以审判权委诸上议院，英法美各国其系如此；但美制虽以审判众议院所通过的弹劾案之权委诸上议院，而仍设有两层限制；即(一)上院判决任何人为有罪时，须经出席人员三分之二的同意；(二)上议院判决的结果，应仅以削职及褫夺公权为限，其他刑罚，惟普通法院得科处之。(普通法院于上院判决后，对于被弹劾者，尚保有处以他项刑罚之权。)凡此限制，俱在预防上议院议员，为政治情感所驱使，或为党见所挟持，而致产生偏激轻率的判决。

（六）不信任权　凡行议会内阁制的国家，议会对于国务员全体，或国务员个人，如不能信任时，类得以投不信任票的方法，促令去职。不信任案得对于内阁政策失当的行为而提出，初不限于违法行为，并得以过半数的通过而成立。凡此皆显然与弹劾有异。因此，凡行议会内阁制的国家，内阁的政策，乃不能不取得议会多数的赞助。但各国宪法之授议会以不信任权者，大都亦授行政机关以解散议会之权；凡议会因不满意于行政机关的政策而投不信任票时，行政机关如认议会的主张与民意相反，亦得以解散议会，召集新议会的手段，诉诸选民；但新议会召集后，如国务员在议会中仍不能取得议会多数的信任，则仍不能不出于解职的一途。英国的宪法习惯便系如此；他国之采用议会内阁制者，亦大率如此。法国内阁之不能解散众议院，则为一种违背内阁制真精神的一种习惯，并非宪法所规定。

承认议会享有不信任投票权，原只是欲求内阁政策与代表民意机关的意见趋于一致。在许多国家中，严格地既只有下院是代表民意的机关，则不信任投票权亦只应下院享有，上院初不能行使此权以推翻内阁。英国宪法习惯即系如此；他国宪法甚有以明文承认此权纯属于下院者。

（七）设立常设委员会权　各国宪法，为使议会对于行政机关的行动，能为充分的监察有于议会闭会期内及议会解散期内，由议会选定若干议员，组织一种委员会，代表议会，以监察行政机关者。例如捷克1920年宪法规定，议会两院于议会闭会，停会，或解散期内，得共同设置一种委员会，倘遇紧急事故发生，则凡行政机关处分之须经议会决定者，即由该委员会代表议会决定。其他各国，倘有对于特种事宜，设置特殊委员会，以监察行政机关者。例如德国1919年宪法，一面承认国会于闭会或解散期间内，得设置一种与捷宪相似的议会委员会，以保障议会的权利，而监察行政机关的动作；一面并承认国会于此种期间内，得设置外交委员会，以监察行政机关的外交事宜。

第四目　议会的财政权

在现代国家中，财政案的议决权，固无不委诸议会。所谓财政案，概括言之，即是一切关系国币收入与国币支出的法案。此种法案的议决权，在现代国家，实为议会监察行政机关的最大利器；但严格言之，又不能完全以一种监察权视之，与议会通常的立法权也不完全相同，此种职权，应视为议会的一种特殊职权。议会所以有此特殊职权，则由于英国所树的榜样。近代国家的议会制度，类皆直接间接仿自英国，英国议会制度，本因讨论课税而产生，于是其他各国亦莫不授议会财政案之权。

所谓财政案者，其种类甚多，就中最关重要者，则为预算案与决算案。

(一)预算案　预算案的内容，在预定某一期限内国家收入及支出的数额；预算案的目的，在令政府按照预算案实行征收与支付。今依各国实例，论述与预算案有关的几个问题如下：

其一，预算案的期限　各国预算案的期限，通例为一年。此种通例，沿自英国。英国自1688年革命而后，议会为求贯彻其对于行政机关的节制权起见，遂采逐年议决预算之制；凡应经议会逐年议决的支出及征收，倘一年期满，未经议会议决，政府即无征收或支出之权。自此而后，议会得以拒绝通过预算案，为强制政府服从议会的武器。但精细言之，英制将国家支出及税入尚各分为数类，其期限初不尽为一年。就支出而言，英制分为两类。一为恒久支出，如王室岁贡及特种官吏岁俸之类皆属之；此类支出，名为总库业务(consolidated Fund Services)，盖取由总库支出之意。其他支出，则构成所谓供给业务(Supply Services)，为岁定支出，必须逐年由议会通过。就税收而言，英制更分为三类：第一类为必须逐年议决的税目；第二类税目，系可继续征收至若干年者；第三类税目，毫无时间限制，在未经议会议决变更或废止以前，该税目得继续征收。实际上第一类税目，在总税目中，只占极小部分，仅茶税，汽油税，所得税等少数税目；第三类税目殆占总税目五分之四。所以，英国预算案的期限虽号称一年，而预算案的讨论尚不至过分繁重。然英国议会仍往往不及于会计年度终结前，议决次年度的预算案。英国会计年度为 4 月 1 日至次年 3 月 31 日；议会讨论预算案，通常仅于二月开始；全部预算案，通常延至 8 月——即会计年度开始后四五个月——始获议决。在议决全部预算以前，政府常须请求议会议会，准其暂行动用国币若干。众议院则每徇政府之请，先行议决此种暂准动用的款额。直至全部预算案中支出各项讨论完毕，议会乃将曾经准予政府暂行动用各款一并纳入于一种法案之内，给以最终的表决；此项法案名为"国币支出法"(Act of Appropration)。

法国的预算制度，较英制尤为严厉，一切租税俱须逐年由议会议决；国家支出，除少数特例外，亦一律须由议会逐年议决。未经议决，政府即无征收或支出之权。倘预算期满，而议会新预算案尚未成立，则议会先行议决，准政府于新会计年度开始后若干月内，征收若干租税，与动用若干国币。法国会计年度为 1 月 1 日至 12 月 31 日，议会大率仅于 11 月开始讨论次年度预算；所以新预算案往往迟至六月始获成立。

美国的预算制度，其严厉尤在英法之上。一切支出与征收俱采逐年议决主义，毫无例外。在事实上，关税税则一经议定，常多年无有改变；但议会仍须一年一度的加以议决。且美国并无暂准政府动用若干款项的办法；预算在 6 月底以前，必须通过预算。

德国在欧战以前，其预算制度虽亦承认预算期限为一年，但对于特种支出，则预算案内每设为较长的期限；例如陆军费的预算期限为七年，海军费的预算期限为五年。此种办法为美法等国预算制度所不许，因其足以减少议会节制行政机关的权力。然当时德国议会权力微小的原因尚不在此。依照当时预算制度，凡预算年度已满，而新预算尚未成立时，政府得不经议会的决定，而径照旧预算继续征收与支付。此种办法直使议会不能以拒绝通过新预算，为强迫政府服从议会的武器，与英法各自由国家预算制度的精神，盖完全相反。关于此点，日本现行的预算制度与旧德的制度相同，故其议会的权力亦比较微小。

欧战以后，德国的预算制度亦采严格的逐年主义。无论何项的收入与支出，皆须经国会一年一度的议决。因此，其严厉颇与美国预算制度不相上下。但国会如于会计年度(4 月 1 日至 3 月 31 日)开始以前，不及通过全部预算，则国会仍可通过一暂行的预算，以利政府的进行。此点则与英法之制相似。

中国在过去二十余年内，虽亦有所预算制度的存在，但实际上则当北京政府时代，仅民二，民五及民八的预算尝经过当时的议会的通过，且亦并未实行。民国 12 年中华民国宪法，一面规定预算期限为一年，一面复规定“政府因特别事业，得于预算案内预定年限，设继续费”(该宪一一三条)。其第一一七条，并有“会计年度开始，预算未成立时，政府每月依前年度预算十二分之一施行”的规定。这本是旧德的预算制度，行政机关的自由已极宽大，但民国 12 年宪法根本并未施行。自国民政府成立后，中央颇尝努力于预算制度的确立，预算的审议权则操于立法院。依二十年预算章程的规定，立法院于每年 6

月 15 日以前应将总预算议决，呈请国民政府公布，但岁入及岁出的总概算书，既须先经中央执行委员会政治会议(现称政治委员会)的核定，立法院的议决事实上至今仍只是一种不甚重要的形式。惟就预算案成立的早晚而言，则近年中央政府的预算，已渐能于会计年度开始前或开始后一个月内公布。

其二，预算经费的支付　按照一般国家的通例，预算案内关于支出的规定，系就各项政务分别规定；政府对于各项政务的用费，不特不能超过预算案中对于各项政务所规定的用费；抑且不能挪移甲项政费的盈余，以补乙项政费的不足。为预防政府破坏此种规律起见，各国乃设有审议机关；凡政府向国库支用任何经费，俱须预经审计机关的核准；如政府的支用违背预算案的规定，审计机关便得拒绝支付。所以审计机关，在一般国家中，均离行政机关而成为独立机关。法德的审计院独立于行政及立法机关之外，英国的审计总长虽由议会任命，但亦不隶属于立法或行政机关。在五权宪法之下，审计本为监察权的一部分；以上所述的事前审核制度，亦已经中国现行审计法采行。

其三，预算案的提出与修正　在行议会内阁制度的国家，预算案自然由政府提出；但在采用分权主义的美国，预算案却由议会自行起草，自行决定；不过议会于草拟预算案时，事实上仍不能不需要行政机关予以种种报告及助力。至于议会议员对于政府所提出预算案的修正，各国宪法或法律，大率设有一种限制，即议会议员，不得提出增税，或增加岁出的修正条款。此项限制，一面在预防议会议员因受选举团体或其他方面的请托；而滥求增加度支；一面在使政府对于预算案，不易卸脱其责任，因为政府所提出的预算案，岁入及岁出既无增加，则实施后无论发生如何困难，政府自不能不负其责。

(二)决算案　各国通例，行政机关须逐年将一切国家机关的收入支出，造成决算案，先交由审计机关审核，后更将该决算案及审计机关的审查报告，提交议会议决。议会则每将此种决算案，交付一种决算审查委员会，细为审查，而以审查的结果向议会报告。议会将就报告讨论后，再加表决。如议会发见该决算案中的征收或支出，有与预算察相抵触之点，或有舞弊情事，自可否认该决算案，而责成国务员负政治上的责任，或使之更负民刑责任。

第四节　议员的特殊保障

各国宪法，为保障议员个人的安全与自由起见，对于议员，均给以两种特殊的保障：一为关于议员言论的特殊保障，又一为关于议员身体的特殊保障；前者在令议员于议会内，得以自由表示其意见，无所畏惮，亦无所束缚，后者在使议员的身体，不受非法的逮捕或其他虐待。

(一)议员言论的保障　此种保障，肇始于英国。英国当 14 至 16 世纪期内，众议院议员，在院内所提出的议案，或在院内所发表的言论，有时经过行政机关认为妨及国王权利，或认为非法，而予以控诉；甚至对于议员的表决，亦有加以控诉者。当时众议院虽尝抗议，然多归无效。1688 年革命后，英国议会遂于其权利宣言中，规定议院以内一切言词辩论，与议论手续，任何法院与议院以外任何其他机关，不得过问。他国宪法亦俱设有与此相似的规定。

(二)议员身体的保障　身体保障与言论保障，其目的俱在维持议员的自由与安全，使不致因政府的损残，而不克从事于议会的职务。身体保障之制，亦肇始于英国，但英国法律对于议员身体所给予的特殊保障，只限于不得因民事案件而逮捕议员；如议员有犯罪行为，则仍可被捕；惟逮捕的机关，于逮捕后，须立即通知议院。

他国宪法，嫌此种保障未能充分，乃认为议员除现行犯外，凡在议会会期中，即使犯罪，亦须经议员所属院的许可，始受逮捕。此外各国宪法更有保障议员，使在议会会期中，不受司法的侦查，并免除其作证的义务者，例如德国1919年宪法之所规定。

第五节　议会制度与反议会制度

议会制度向视为民主政治的归宿，因为近代国家的版图及人口俱不能容许纯粹民治政体。欧战告终时固有若干国家的新宪法，尝对代议政体为局部的修正，然大体上则仍以代议制为其政治组织的骨干。

到了今日，不但苏维埃政体已有了将近二十年的继续存在，所谓法西斯蒂式的独裁亦颇流行。马克思共产主义者固不否认民治，但他们以为议会是资产阶级的工具，而不是全民的代表机关；欲实现真正的民治，惟有赖苏维埃制度的完成及推行。法西斯蒂主义者则根本否认民治，而尤不信任代议政体；他们虽间亦提倡所谓“会社议会”，但这与历代代议政体的精神完全不同。

苏维埃制度与历来议会制不同的地方甚多，其重要者如下。其一，在一般民治国家，议会为全体人民的代表机关，苏维埃则仅为工农兵的代表。固然，在阶级制度完全消灭之后，工农兵的全体或即人民的全体；但在阶级未消灭前，苏维埃制度自不能视为全民代表机关。其二，在历来议会制度之下，议会固为人民的代表机关，但亦只是国家机关之一。代议政体与分权主义初不能分离。换言之，除了议员外，行政机关及司法机关亦各有其特殊的权力，虽则议会尽可监察此种机关，而此种机关尽可为议会所直接或间接产生，例如法国总统由议会选举，内阁及法官则由总统任命。再进一步言之，会社的权力无论大至如何程度，仍只是一部分的权力，其余的权力依宪法必须由其他机关分别行使。但苏维埃则与议会不同，苏维埃大会的权力是无限的：苏维埃大会除可行使立法权外，更可借其决议，为行政或司法的处分。其三，在一般民治国家，议会的职权，在原则上，惟议会全体得行使之；议会的委员会，无论在议会集会期间或议会闭会期间，均不能代替议会全体，行使议会所享有的全部职权。在苏维埃制度之下，苏维埃代表大会，在闭会期间，其职权可完全由其中央执行委员会行使；在该执行委员会闭会期内，其职权复可由该委员会的常务委员会行使，[①] 以此之故，苏联的最高政权名为属于苏维埃代表大会全体，实则只握于少数人所组织的委员会手中。这也是苏维埃制度与历来议会制度根本相异的一点。

法西斯蒂国家的政制至今尚无一定的形式，相同的只有党魁独裁的一点。希特勒的德国，在形式上仍维持议会的存在；但国会无实权，国会的选举，只类似一种拿破仑式的总投票。所以在实际上，现时的德国不能认为保有议会制度。墨索里尼多年来正努力于所谓“会社国家”的成立。1928 年以来，意国众议院采用了职业代表制，成了所谓“会社议院”；这几年来，墨索里尼更欲以所谓“全国会社会议”，代替旧日的议会。奥葡 1934 年的新宪法亦采纳了会社议会的制度。

但这些所谓会社议院或会社会议，俱与一般国家的议会不同。奥葡的制度极欠固定，可置不论。意大利的众议院全体议员的产生，系由法西斯蒂党圈定候选人，交由人民用总投票的方式表决；这种产生方法，已显与近代民治国家人民代表机关的产生，根本相异；而且实际的最高政权又寄于法西斯蒂党魁，众议院几不能过问。所以意大利

---

① 参看本书下册，页 42 及以下。

众议院几只是一种形式机关，初无支配或对抗政府的权能。至其全国会社会议之性质，亦不能看作议会一类的机关。

意大利全国会社会议(National Council of Corporations)初成立于1926年，后经1930年3月28日的法律予以正式承认。该会议当时即有参预经济立法的权力，但未取议会而代之。会员共有三种：(一)为十三个全国业团同盟的代表，(二)为其他若干种特定的全国会团的代表，(三)为政府人员。

意大利众议院的候选人自1928以来，本亦由全国业团同盟及若干种全国会团推荐。就组织的分子而言，全国会社会议，除了更有政府人员参加外，当时原与众议院无大分别。因此，墨索里尼于1933年11月在会社会中成立一个决议，将会社会议的会员改由生产会社(Category Corporations)举出。所谓生产会社即从事于某生产事业的一种会社，无劳资之分；所以与业团及以业团为基础而组成的各种全国同盟，性质不同。意国议会旋于1934年1月13日通过一个新的会社法(即会社组织及权力法)。根据这个法律，墨索里尼自该年五月起即分别组成二十二个生产会社，并于同年11月成立了一个由八二三名生产会社的代表所组成的全国会社会议。

1934年3月选出的众议院，其唯一的职务，即在完成设立新会社会议以前的种种准备。在政府下令召集选举时，各方即有这种了解。现在议会固尚未取消；如果取消，而令上述的全国会社会议独存，则意大利的制度将离议会制更远。盖就组织的形式而言，会社会议固可说是一个职业代表的议会；但生产会社既系由首领以命令组织，主席复由阁员兼任，[①] 则其独立行使立法职权的可能，殆极微薄。苏维埃

① 1934年2月5日会社组织及权力法，第一及第二条。

在事实上，固然也由共产党操纵，但共产党的操纵，仅是手段的运用，初无法律的凭借；意大利会社会议则即在法律上亦不脱为法西斯蒂党的机关之一。因之，从法律的见地言，意大利的会社会议，较苏联的苏维埃代表大会，去议会制似乎更远。

由上所述，可知苏维埃独裁与法西斯蒂独裁，如何的与民治主义的议会制度相反。悲观者目击这两种独裁制度的突起与存在，遂以为民治主义的议会制度已到了没落时期。但我们如从以下几项事实细心体察，颇觉这种悲观只是一种肤浅的见解。第一，一切法西斯蒂国家，均只有个人的独裁，至今并未能树立任何一种可以持久的制度，以代替议会制度。第二，苏联最近已决定改革其选举制度，使苏联政制民主化，而与一般民治国家的政制相接近。① 第三，在民治素养较深的国家，如英、美、法、比、北欧各国，以及不列颠自治地加拿大、澳大利亚、南非等等，议会制度至今仍屹然未动，其多数人的民治信仰亦并未摇动。这些都是我们所不应忽视的事实。

① 苏联1936年新宪法，以两院制的最高苏维埃(Verkhovny Soviet)为苏联最高国家权力机关；复以由最高苏维埃所组织的苏联人民委员会，为国家权力的最高执行及行政机关。凡年满18岁的任何苏联公民，均有直接选举最高苏维埃联邦院(即众议院)代表之权，选权不复限于农工兵三种人民；农民所享之权亦一律平等；城市工人与乡村农夫间不复设有差别。投票则改采秘密制度。最高苏维埃开会期内，其常务委员会亦仅能代行其一部分的权力。

第六编　中国制党史略及现行政制

第二章　辛亥革命及北京政府时代的制宪

第一节　辛亥革命至国会成立

（一）辛亥10月13日临时政府组织大纲　这是中华民国首次的临时宪法，成立于辛亥夏历10月13日，后于清廷宣布十九信条仅有一月。我们现在略述其成立经过及其内容的特点。

辛亥夏历8月19日武昌发难后，刚满一月，各省之宣告离清廷而独立者，已逾全国行省之半。于是江苏都督程德全，浙江都督汤寿潜，于夏历9月21日联名电达沪军都督陈其美，倡议各省公举代表，集议于上海，以谋组织一个联合进行的机关。关于此项会议的组成及集议方法，程等提议，由各省旧咨议局各举代表一人，各省都督府亦各派代表一人，两省以上代表到会即行开议，续到者，随到随与议。[1] 次日(22日)江苏都督府代表雷奋沈恩孚，与浙江都督府代表姚桐豫高尔登，即以相似的旨趣，联名通电各省，遣送代表赴沪集议。这是各省民军动议组织临时中央政府之始。同月25日，代表会开第一次会议，议决定名为“各省都督府代表联合会”；30日复议决承认武昌政府为民国中央军政府，以鄂军都督执行中央政务。当时鄂军都督黎元洪已有通电，请各省派全权委员到武昌组织临时政府。10月初四日联合会遂议决各省代表到武昌集会。但适因汉阳失守，武昌全城陷于清军炮火之下，代表等乃于汉口英租界设会址，于10月初十日开第一次会议，推谭人凤为议长；12日议决先制定一种临时政府组织大纲，选举雷奋马君武王正廷为组织大纲起草员；13日遂议决临时政府组织大纲二十一条，即日由各省代表全体签名宣布。说者谓此项大纲，在表面上虽为雷奋3人所起草，实则出自宋教仁之手。大纲自起草以至议决，历时不过两日，其经过程序的简略可以想见。签名于大纲者，计22人(各省人数不等，而表决权则俱为一票)；其所代表的省份为湖北、山东、福建、湖南、安徽、广西、浙江、江苏、直隶、河南十省。当时直隶河南两省，尚在清廷统治之下，未有革命政府；直隶代表(谷钟秀)与河南代表(黄可权)系以旧咨询局议员代表的资格，加入会议；其他各省的代表则俱为各省都督府所选派之人。所以这个组织大纲，就其产生的程序而言，自尚缺乏民主的基础。[2]

临时政府组织大纲只是一种临时宪法；当各省代表在汉口会议的

---

① 电文详见谷锺秀，中华民国开国史(泰东图书局，民3)第二编，第七章。

② 以上参观吴宗慈，中华民国宪法史，前书页3—4；及吉野作造，支那革命史(大正11年)，第三十五章。

时候，不独全国尚未统一，武昌南京的军事，亦正在猛烈的进行中。因之，组织大纲不独在形式上不及具备民主的条件，即其内容亦复如此。该大纲所表现的民治几乎纯以采取共和国体一事为限。共和国体的采取，在当时盖为必然的结果；因为清政府势力的瓦解，即系由于革命党人的发难，而大纲的制定，又完全出自赞同革命者之手。但除国体一层而外，大纲的内容，却很少民主的色彩。第一，大纲对于国民的基本权利与义务，毫无规定。第二，大纲所设置的立法机关——参议院——纯由各省都督府的代表组成。第三，大纲所设置的临时大总统由参议院选出；参议院既是各省都督的代表，总统自然也不过是各省都督所拥戴之人。

各省都督府代表在汉口议决临时政府组织大纲后，因闻南京克后，随即议决以南京为临时政府所在地；于辛亥夏历 11 月间复集会于南京；并按大纲第十六条"参议院未成立以前，暂由各省都督府代表代行其职权"的规定，代行参议院职权。孙中山先生的临时大总统，即由该院于 11 月初十日选出。民国元年 1 月 2 日(夏历 11 月 14 日)该院对于组织大纲尚有所修正；其最要者，则为临时副总统的增设。次日该院并选出黎元洪为临时副总统。由是，南京临时政府成立。

(二)民国元年 3 月 11 日中华民国临时约法　这是代替临时政府组织大纲的又一种临时宪法。南京临时政府成立之始，一因组织大纲无国民基本权利义务的规定，二因组织大纲所定召集正式国会的期限太促(临时政府成立后六个月以内)，即有人主张大加修改。元年 1 月 28 日，各省代表莅宁列席参议院者已达十七省，占全国省份大多数；因之，参议院遂于是日宣告正式成立。该院正式成立后，即进行制定临时约法，以为组织大纲的代替。该约法于 3 月 8 日经参议院议决。除由参议院即日自行宣布外，并于 3 月 11 日经临时大总统宣布。

就其制定的机关而言，临时约法亦缺乏一个民主的形式；因为南京参议院只能代表多数省份，而未能代表全国，该院的代表只是各省都督遣派的代表，而不是国民选举的代表。后此反抗“护法”的人，间亦以此为言。但在中华民国过去二十余年的政治史上，临时约法所曾获得的权威，仍然在一切其他宪法之上。这却有其他原因。一则南京参议院在形式上虽然不是一个国民代表机关，事实上却确确实实可以代表当时的一切革命势力。临时约法最终通过该院的时候，并且曾经出席议员全体一致表示同意。① 二则威胁利诱之事，虽然迭见于后来的国会，及其他制宪机关，南京参议院的工作，则幸无此类情事，损其威信。

临时约法系由南京参议院的一个委员会，名为编辑委员会者，起草。在草案成立以前，南京临时政府已另外草就一种草案，名为中华民国临时组织法草案，并曾致送参议院，请求作为讨论基础。所提政府草案与临时约法有两个主要的异点。② 第一，政府草案虽亦采取责任内阁制，而总统的权限则较大于临时约法之规定；所以草案虽承认总统于紧急时得以命令代法律，虽承认总统得不经过参议院的同意，而宣战媾和；在临时约法中，则总统便无此等权力。第二，临时约法并未容纳孙中山先生“五权宪法”之说，而政府草案则有“临时大总统，

① 南京参议院议事录，元年1月8日记录。此议事录系参议院的官文书，共三册，自该院正式成立(元年正月28日)，至正式国会开会(2年4月8日)，该院逐日所议事项，俱见于该议事录，惟记录极其简略。北京大学图书馆有存本。

② 南京参议院议事录仅述及中华民国临时组织法草案名称，与议场中对于该案的讨论，但未载入该案正文。郭孝成的《中国革命纪事本末》载有南京政府时代中华民国临时政府组织法草案一件(第三编，页185—190)，当即该项草案。以下所述，即以郭书所载为本。

除典试院，察吏院，审计院，平政院之官职，及考试惩戒事项外，得制定文武官职官规”的规定，盖于承认行政，立法，司法诸权独立之外，尚含有考试监察等权独立行使之意。政府草案致送于参议院后，该院仍主张自行起草；1 月 31 日该院并议决将草案退回政府。[①] 自元年 2 月 7 日起，该院即讨论编辑委员会拟定的临时约法草案；至 3 月 8 日即已完成审议，第二读会，及第三读会的顺序；所费时间，总计不过 32 日，以视后来正式宪法的难产，亦有天壤之别。

临时约法内容之异于临时政府组织大纲者计有两点。第一，约法新增“人民”一章，规定人民的权利义务。但实际上因人民章的规定极形简略，此项增添的重要亦至微弱。且该章末条既云“本章所载人民之权利，有认为增进公益，维持治安，或非常紧急必要时，得依法律限制之”，则该章所列举的一切权利，至多固亦只能限制行政司法两机关，而不能限制立法机关。第二，组织大纲采总统制，而约法则采责任内阁制。这是一个较为重要的异点。这个异点的发生，乃由于约法制定时的政象。当编辑委员会拟制草案时，南北和议已有眉目，当 2 月 7 日草案提付参议院讨论时，清帝退位的优待条件已经参议院议决(2 月 5 日)，而未来总统之必须畀诸袁世凯，已为该院同人所熟悉。基于此种事实，临时约法乃设有国务员负责的规定以及任命国务员，公使，特使，宣战，媾和，缔约，制定官职官规，须经参议院同意等条文。[②] 至于团体问题，在上海南北和议中，诚然曾经成为争点；然临时约法草案交付院议之时，清帝退位的条件业经议妥。当时君主立

---

① 南京参议院议事录，元年 1 月 31 日纪录。

② 临时政府组织大纲虽已规定宣战，媾和，缔约，及委任各部部长，与公使，专使，须得参议院同意；但在设置国务总理，亦未明定各部部长应代元首负责。

宪党人，诚亦尚有以“虚君共和”之议提供社会考虑者(当时梁启超所发表的“新中国建设问题”即倡此议)，但其声浪已十分微弱。所以国体问题，在南京参议院讨论临时约法案的时期，几乎全不存在。

(三)关于制宪机关的法律　南京参议院，于临时约法公布，及袁世凯依该法当选为临时大总统后，即议决移往北京。元年4月29日参议院在北京开始集会；统一的立法机关，由是成立。参议院议员系依临时约法第十八条之所定，由各地方“选派”而来；选派方法则由各地方自定。开院时，议员人数已达百人，较诸南京时代盖已三倍；俨然像一全国代表机关。依照临时约法的附则所定，参议院负有议定国会(即未来的制宪机关)组织法与选举法的使命。该院根据该项规定，陆续议决了三种重要法律：即(一)国会组织法，(二)众议院议员选举法，及(三)参议院议员选举法。以上三种法律，俱于元年8月10日经总统公布。民国2年4月8日正式成立的国会，即依据该三种法律产生。中华民国之有民选制宪机关亦自此始。国会成立的前一日，原来的参议院遂宣告解散。

国会组织法，对于国会的组成，采用两院制，与临时政府组织大纲及临时约法之采用一院制者相异。两院的职权，几乎完全平等；但依该法第二十一条的规定，宪法既须经参众两院联合议定，则两院对于制宪之事初不立于平等地位；因依该法所定，众院人数(556人)将超过参院人数(264人)二倍。参众两院议员选举法，俱系采用间接选举制，大选举区制，减记投票制，与限制选权制；但所定的选权资格，以与清代咨议局选举章程，及后来袁世凯时代的立法院议员选举法(民国3年)，与段祺瑞内阁时代改订的参众两院议员选举法(民国7年)相较，固甚形宽大。

第二节 国会成立至国会解散

这个时期，自民国2年4月8日起，至民国3年1月10日止。在这个时期内，国会的制宪工作，只完成了一个大总统选举法，及一个中华民国宪法草案。关于这两种法案的各种事实，今略述如下：

(一)国会中的政党 依临时约法，国会原应在约法公布后十个月以内召集。实际上则至民国2年4月8日，国会始获集会，距约法的公布盖已将满十四个月。5月1日，参议院选出国民党党员张继王正廷为正副议长；众议院选出进步党党员汤化龙陈国祥为正副议长。元年8月间，同盟会与统一共和党已合为国民党；因之，国民党于参众两院选举告终时，在两院约共占四百席，为绝对多数。其他各党慑于国民党势力的雄厚，乃亦共谋联合。当时共和党在两院不过二百余人，为抵抗国民党起见，遂与民主党及统一党(与袁政府极接近)两党议员合并而成进步党。就政治的信仰而言，进步党倾向于中央集权，倾向于扩充元首的权力；国民党则倾向于地方分权，倾向于限制总统的权力。就政治的势力而言，两党的人数，在众议院约略相当，在参议院则国民党的人数远在进步党之上。不久，国民党党员景耀月等出组政友会；此外又有超然社等小团体成立，于是国民党的势力稍减。但自民社派张伯烈等脱离进步党，而仍拥共和党旧号以独立后，进步党的势力亦大减。此外，更有进步党党员李庆芳等拥梁士诒为党魁，组织公民党，以攻击进步党，而进步党的势力益削。及赣宁革命事败，国民党一部分党员，为谋保存其政治势力起见，复兴进步及共和两党中的一部分人出而组织民宪党；于是进步党在国会及宪法起草委员会中，更无贯彻其宪法主张的实力。袁世凯之决意摧残国会，此盖其要因。

(二)宪法起草委员会的组织与程序　当民国2年1月，国会尚未成立以前，各政团对于宪法起草问题，意见颇不一致。一派主张由政府组织宪法起草机关，而以总统府，各省都督，临时参议院，及各政党所派的委员为其组成分子。倡此说者为梁启超等，附和者为当时十八省都督，共和，统一，民主各党，及迎合袁世凯的官僚策士。一派主张依元年国会组织法的规定(下详)，由国会组织宪法起草机关。这是国民党的主张。国会成立后，前一派主张自然消灭。但国会虽于4月即已成立，直至7月始获成立一个宪法起草机关。依照元年国会组织法第二十条所定，民国宪法的起草须由两院各于议员内选出同数的委员行之。参众两院依据该项条文，各选出起草员30人，于7月12日成立宪法起草委员会。该委员会成立后，复议定以北京外城的天坛祈年殿为会所；约两周后该会即由众议院迁往该处。

就其组成的分子而言，宪法起草委员会的委员，以国民党党员为最多(28名)进步党党员次之(19名)，其他小团体，因各院选举采用减记投票的结果，亦各占数人不等。进步党自始即无贯彻其主张的实力。赣宁事败，国民党一部分委员张耀曾谷钟秀等，与进步共和两党一部分委员李国珍刘崇佑等，联合组成民宪党后，进步党委员汪荣宝等在委员会中的势力益减。但该院委员总共60人，赣宁革命失败之后，当8月间，委员之被击与被枪毙者已有数人，其常到会者不过四十余人；依宪法起草委员会规则，每次却非40人列席不能开会，非30人同意，不能议决；于是委员会的议决，实际上非容纳多方面的意思，不能通过。① 所以凡该委员会所议决，实际上绝非一党或一部分人的产物，此则从该委员会所议决草案的内容不难看出。

① 看吴宗慈，中华民国宪法史，前编，第三章，第十八节，及第二十节。

至于宪法起草委员会起草的程序，则有下列各点值得注意：第一，表决案的成立，仅须委员会委员半数(30 人)的一致；但后来因委员会未能出席之人数颇多，即此层限制已够严酷。第二，委员会的工作并非完全秘密，但亦仅许两院议员旁听，而不许外人旁听，所以袁世凯派委员赴该会陈述意见时，亦被拒绝。第三，委员会所定起草方法，系分大纲起草与条文起草两项程序。关于前者则指定大纲起草员，将宪法内最重要问题提出作为议题，使委员会就各该议题，表示一个概括的意见，关于后者，则指定条文起草员，根据委员会对于上项议题所议决的原则，分别章节，系以条文，制成完整的宪法草案；此项起草，系于一切议题俱经全委员会讨论终结后举行。条文起草完毕后，再将全案提交委员会开二读会逐条议决；议决后由委员会开三读会表决全案。大纲起草者为孙钟(政友)，张耀曾(国民)，李庆芳(公民)，及汪荣宝(进步)4 人；条文起草者为孙钟，张耀曾，李庆芳，汪荣宝，黄云鹏(共和)五人。①

(三)2 年 10 月 4 日大总统选举法② 当国会成立之初，国会议员多持先定宪法，后选正式总统之议。赣宁讨袁之役既经失败，进步党议员纷纷向国会提出先选总统，后定宪法的议案。盖袁世凯获胜以后，国中总统的候选者，除袁以外已无第二人；且临时政府忽忽已延二年，宪法起草委员会，自民国 2 年 7 月间开始，已逾两月，而竣事无期；即获竣事，宪法会议又不知须经若干时日的讨论，始克完成大法。所以主张先选总统，后宪法者，颇振振有词。国民党党员因恐袁

---

① 以上看吴宗慈，中华民国宪法史，前编，第三章，第七节，第十一节，及第十四节；及宪法起草委员会会议录，第二次会议记录。

② 见政府公报，2 年 10 月 15 日。

世凯断行非常手段，解散国会，遂亦赞成先选总统，冀以缓和空气，而保持该党一部分的势力。民国 2 年 9 月 5 日，众议院遂以 213 对 126 的多数，为先举总统的决议；但总统选举问题牵涉未来宪法，非一院所能决定，因更咨请参议院请求同意。参议院于 9 月 8 日亦议决表示同意。9 月 12 日参众两院，乃依元年国会组织法关于制宪的规定，开两院联合会，讨论总统选举方法。联合会旋即议定，将关于宪法中选举总统的部分，委托宪法起草委员会起草并限五日内完成该项草案。联合会并自行议定宪法会议规则五十八条，① 以为讨论总统选举法草案的准备。宪法起草委员会的大总统选举法草案②亦依期完竣。宪法会议(即两院联合会)乃于 9 月 29 日开始讨论，至 10 月 4 日即完成审议，二读会，及三读会各种程序。因此项大总统选举法将为未来宪法的一部分(民国 12 年 10 月 10 日北京国会所颁布的中华民国宪法第七章，关于总统选举各条文，与此全同)，该会议于 10 月 4 日议决后，遂径以该会议的名义公布，而不送请总统公布。

总统选举法的几个要点如下。第一，总统的产生采用国会选举制，不采人民选举制。第二，总统的继续当选以一次为限。第三，设置副总统，以补总统之缺；于正副总统同时缺位的场合，则以国务院摄行总统职务。第四，当选为正副总统者，必须获有高额票数，第一次及第二次投票，非得票满出席人数四分之三，不能当选；第三次投票则为决选，但非得票过出席人数之半不能当选。该法成立后，袁世

① 全文见宪法会议公报，民国 5 年，第一册。

② 大总统选举法草案原文，见吴宗慈，中华民国宪法史，前编，第五章，第三十九节。

凯即依该法于10月6日当选为正式大总统。[①]

自大总统选举法成立而后，中国制宪事业，倘仅从形式上说，或可告一结束，因为临时约法，国会组织法，与大总统选举法三种法律，相互补足，实已构成一种与现代一般宪法相似的正式宪法。盖就规定的事项而言，临时约法之不得成为正式宪法者，不外两点：一则该法尚未设有国民代表机关(该法所设的参议院系由各地方自由"选派"的代表组成)；再则该法尚未规定总统的任期。自国会组织法成立，前一个缺点已经改正；自大总统选举法成立，后一个缺点亦已补足。所以并此三法观之，已属应有尽有。但此究系仅从形式而言。从临时约法所规定的各种原则而言，当时人士固尚多深致不满者。且即就形式而言，临时约法既非产自国民代表机关，亦非产自统一政府，固亦不无弱点可举。因此，一般国人始终不认临时约法可以看作正式宪法或正式宪法的一部分。

(四)中华民国宪法草案的完成　宪法起草委员会的大纲起草员提出议题共计十二则。议题提出后，委员会自民国2年8月2日至9月23日，已就各议题完成其原则上的讨论。于是条文起草员即着手起草全部宪法的条文。起草完毕，委员会即于10月4日起开始二读会；至10月31日全案的三读会即已完成，是为中华民国宪法草案(一般

---

① 10月6日最初两次投票，袁世凯得票虽比较最多，但皆不满法定四分之三的多数。第三次投票，就第二次得票较多的袁世凯黎元洪二人举行决选，袁世凯始以得票过投票人数之半当选为大总统。是日自晨八时开始选举，至下午十时始毕事。有自号"公民"者数万人，整齐严肃如军伍，包围选举场数十匝，迫即日选出他们所属望的总统，否则不令议员出议院一步。议员遂不得不忍饿终日，以行选举。直至袁世凯当选之声传出，各"公民"始高呼大总统万岁，振旅而去。翌日选举副总统，初无"公民"之迫，但第一次投票，黎元洪即以得票满四分三数而当选。

称为天坛宪法草案)。[①] 盖袁世凯破坏国会与宪法会议的决心，当时已极明显，委员会为使其工作有相当的结果，不得不急为收束之计。所以全部草案的三读会，仅于1月中完成。袁世凯下令撤销国民党议员的议员资格，距草案三读会的完成不过三日；当时国会地位的危迫，可以想见。

在草案起草及讨论时期，国会内外所最注重的宪法问题，似乎不外三项。其一，为地方机关的权限与组织问题。这个问题，在委员会内虽然已有人提起，而因宪法起草委员会急于收束，遂完全未及纳入草案，亦未细加讨论。仅草案第一条有"中华民国永远为统一民主国"的规定，以表示该草案为一种单一国宪法，而非联邦宪法。[②] 其二，为孔教问题。当时舆论及各教教民，对于这个问题，议论蜂起，文电交驰；在委员会中，国民党委员张耀曾谷钟秀等反对以孔教为国教，进步党议员汪荣宝等则主张之；最后各方互相迁就，乃于规定国民义务教育条款之下，增入"国民教育以孔子之道为修身之大本"一项。其三，为行政机关的权力问题。委员会中各派委员对于行政机关的权力，虽不抱一致的见解，而总统制则几为全体所一致拒绝。[③]但是草案虽然采取了责任内阁制，却又给予行政机关以颁布紧急命令，与财政紧急处分两种重大职权。因国民党议员的提议，草案始设有国会委员会，以限制总统紧急命令权的行使。以上三项问题，在民国五六年宪法会议审议会及二读会程序中，俱曾引起多方的争辩。

(五)袁世凯干预制宪及国会解散　赣宁讨袁之役即归失败，袁世

① 全文见吴宗慈，中华民国宪法史，前编，"中华民国宪法案会议经过对照表"。

② 宪法起草委员会会议录，第二十四次会议记录。

③ 宪法起草委员会会议录，第六次会议记录。

凯的势焰益高。但袁世凯仍欲借国会选为正式总统，以正对内对外的名义，故于国会初尚虚与委蛇。及 2 年 10 月 10 日就正式大总统职后，始对于制宪机关，不惜一再干涉，一再威逼。

袁世凯干涉的初步，在向国会提出增修临时约法案[①]。10 月 16 日，袁世凯因不堪临时约法的束缚，乃咨请国会于宪法成立以前立即增修临时约法。盖袁世凯虽依大总统选举法当选为正式总统，而正式大总统的职权，依该法附则之所规定，暂时固仍须以临时约法关于临时大总统的规定为准。在这个增修案内，袁世凯要求：(一)总统制定官制官规，不征参议院的同意；(二)总统任免国务员，外交大使以及一切文武职员，不征参议院的同意；(三)总统宣战，媾和，及缔约，不征参议院的同意；(四)总统享有紧急命令权；(五)总统享有财政紧急处分权。袁世凯提出这些增修条款，一方面固在抨击临时约法，同时也就是表示其对于正式宪法的主张。但当时国会则认宪法行将议定，约法无增修的必要。

袁世凯干涉的又一步，为咨宪法会议，要求宪法公布权。[②] 民国 2 年 10 月 4 日的大总统选举法，系由宪法会议自行公布。袁世凯以宪法全由宪法会议制定，行政机关并公布权而亦无之，无从考虑其短长，深致不满。但袁世凯拟于 10 月 10 日就正式总统职，若与国会争持，总统选举便或不能先期完成；所以起先尚能忍受。既就职后，则于 10 月 18 日即咨宪法会议，争宪法公布权。宪法会议以宪法起草案尚未完成，无开议的机会，亦置而未复。

---

① 袁世凯要求增修临时约法咨文(附增修案)，见吴宗慈，中华民国宪法史，前编，第三章，第二十二节。

② 此项咨文见吴宗慈，中华民国宪法史，前编，第三章，第二十三节。

袁世凯干预制宪的第三步，为要求派遣委员，列席宪法会议及宪法起草委员会，陈述意见。袁世凯一面提出增修约案于国会，以表示其关于宪法的主张，一面又派遣施愚，顾鳌，饶孟任，黎渊，方枢，程树德，孔昭焱，余棨昌等八个委员，列席宪法会议及宪法起草委员会，陈述意见，10 月 24 日，宪法起草委员会开会时，八委员突至，声言有大总统委任，来会陈述意见。委员会以依照该会规则，仅许国会议员旁听，其他无论何人，不特无发言权，抑且无旁听权，因予拒绝。其实当时委员会已将宪法草案的条文，大部议毕，大旨尤早经决定；即令八委员得以陈述，亦不能更易大旨。

袁世凯干涉的第四步，为通电各省都督民政长，攻击宪法草案，并嗾使反对。袁世凯以干宪着着失败，乃断然为毁坏国会之计。八委员被拒的次日(10 月 25 日)，即通电各省都督及民政长，指摘宪法草案内容的不良；11 月 4 日(时宪法草案已经完成)，复赓续发布指摘草案之电，嗾使各督军等出而反抗。① 于是各省都督民政长以及其他文武官吏，皆攘臂瞋目而议宪法；其凶黠者更力倡解散国民党，撤销国民党议员，撤销草案，解散宪法起草委员会及解散国会之议。

袁世凯干宪的最后步骤，为取消国民党议员，与解散国会。11 月 4 日，袁世凯下令解散国民党，取消国民党国会议员；凡自湖口革命之日起，籍隶国民党者，皆追缴议员证书徽章(全文见政府公报，民国 2 年 11 月 5 日)是日下午四时军警开始执行，彻夜不息，至翌晨八时始毕，被追缴的议员凡四百三十八人，初仅追缴三百五十余人，因计两院犹是法定人数，仍有开会希望，遂又补行追缴八十余人，即湖口起事以前已经脱党者，亦无一幸免。于是参众两院遂以不足法定

① 两项电文见吴宗慈，中华民国宪法史，前编，第三章，第二十六节。

人数，不能开会。不久，各省都督民政长黎元洪等，复联名电请袁世凯，遣散国会残留议员。袁世凯则据以交政治会议审议具复。① 政治会议原系一种行政会议，为熊希龄内阁所召集；其目的原在讨论地方行政事宜；其构成分子，纯由各省行政长官派遣；于民国 2 年 11 月 5 日经国务院通电召集，盖适逢撤销国会议员的政变。召集之后，政府因利乘便，改名为政治会议，冀令稍为政府蹂躏法律，摧残国会的责任。此项政治会议果于民国 3 年 1 月 10 日议覆，认黎元洪等原电所请为正当办法。袁世凯遂于是日以熊希龄梁启超等全体阁员的副署，下令停止国会残留议员的职务，国会亦遂完全解散。

第三节　国会解散至袁世凯之死

这个时期自民国 3 年 1 月 10 日起，至民国 5 年 6 月 6 日止。在这个时期内，袁世凯先后挟其政治会议，约法会议，及参政院三个御用机关，成立了各种具备宪法形式以及关系制宪问题的法律。这是中华民国制宪史上的第一黑暗时期。

(一)民国 3 年 5 月 1 日中华民国约法　袁世凯于民国 2 年 11 月 4 日取消国民党议员的资格后，复于民国 2 年 11 月 26 日，将熊内阁通电召集的行政会议，以大总统命令，改为政治会议；其构成分子，除各省派来委员外，并有总统、国务总理、中央各部所派委员，及各部总长。政治会议于民国 2 年 12 月 15 日开始集会，至民国 3 年 5 月 26 日参政院成立始消灭。在这五个月的期间内，该会议曾经表决多数法案，其最重要者则为约法会议组织条例。

政治会议一经成立，袁世凯即向之咨询修改民国元年临时约法程

① 袁令及黎等原电见政府公报，民国 2 年 12 月 19 日。

序(民国2年12月18日)。该会议迎合袁世凯意旨，于民国3年1月10日，除呈袁容纳黎元洪等请求，解散国会外，复称约法有修改必要；主张“特设造法机关，以造民国国家之根本法”。该会议旋即议定约法会议组织条例，由袁世凯于民国3年1月26日以教令公布。所谓约法会议，即由是而产生。依该条例之所定，约法会议系以“议决增修约法案及附属于约法重要之法案为其职权”。约法会议议员，依该条例规定，应由(一)京师选举会选出四人；(二)各省选举会各选出四人；(三)蒙藏青海选举联合会选出8人；及(四)全国商会联合会选举出4人。凡充任选举人者，必须具备下列四种资格之一：即(一)曾任或现任高等官吏而通达治术者；(二)由举人以上出身而夙著闻望者；(三)在高等专门以上学校三年以上毕业而研精科学者；及(四)有万元以上的财产，而热心公益者。选举权资格之严，为任何国家选举法之所无；而“通达治术”，“夙著闻望”，“研精科学”，“热心公益”云云，尤无一不授政府以操纵选举名册之柄。被选举人资格较比更严；凡当选为约法会议议员者，须以列名于政府所制定的被选举人名册者为限。其尤奇者，关于选举人的调查，选举监督“得因便宜以现在于该选举监督驻在地方者为限”；当选人于当选后仍须经政府所组织的审查会审定合格，始能充任议员！所以约法会议议员，在形式上虽亦略具选举的形式，实则所谓选举，仍无异于指派；其所产生的议员，殆无一非政府的工具。

约法会议于民国3年3月18日举行开会式；孙毓筠当选为议长，施愚当选为副议长。袁世凯当即提出增修临时约法大纲七项：(一)外交大权应归诸总统，凡宣战媾和及缔结条约，毋庸经参议院的同意；(二)总统制定官制官规及任期国务员与外交大使公使，毋庸经参议院的同意；(三)采用总统制；(四)正式宪法应由国会以外的国民会议制定，由总统公布；正式宪法的起草权亦应归于总统及参议院；（五）关于人民公权的褫夺回复，总统应自由行之；（六）总统应有紧急命令权；及（七）总统应有财政紧急处分权。约法会议不久即议决中华民国约法，于民国 3 年 5 月 1 日由总统公布（即所谓“新约法”）。该约法对于总统制、官制官规制定权与职官任用权，紧急命令权，财政紧急处分权等事项的规定，无不完全依据前述大纲，对于其他事项的规定，大体上亦皆容纳袁世凯的提议。此外，该约法对于立法权，系采用一院制，设立法院；对于行政权，另设参政院以为大总统的咨询机关。此项约法成立后，元年临时约法，元年国会组织法，2 年众议院议员选举法，与参议院议员选举法，遂俱被毁灭。

（二）民国 3 年 12 月 29 日修正大总统选举法及其他依照中华民国约法的规定，参政院及立法院的组织，亦须由约法会议议决。因是约法会议复议定参政院组织法（民国 3 年 5 月 24 日公布），立法院组织法及立法院议员选举法（均于民国 3 年 10 月 27 日公布）。参政院参政，纯由总统委任；立法院议员选举法所设定的选举权资格，则与约法会议组织条例同样严酷。参政院于民国 3 年 6 月 20 日首次开会，隐然为政治会议之续。隔数日，袁世凯又以总统命令（民国 3 年 6 月 29 日）宣布参政院依照中华民国约法，代行立法院职权。立法院始终没有成立；所以参政院始终为立法院的代替者（参政院至民国 5 年 6 月 29 日始被裁撤）。

民国 3 年 8 月 18 日，代行立法院职权的参政院，迎合袁世凯意旨，向袁建议修改民国 2 年 10 月 4 日的大总统选举法。约法会议于民国 3 年 12 月 28 日议决修正大总统选举法，由袁于 12 月 29 日公布，并经袁另以告令，布告修正理由。此项选举法亦为一种空前的文书，其内容要点：一为总统任期改为十年，连任亦无限制，而且凡届大总统选举之年，参政院参政(即总统所任命的官员)如果“认为政治上有必要”时，得为现任大总统连任的决议；二为总统继任人应由现任总统推荐于总统选举会“由参政院及立法院各选50人组织”；其名额以3人为限；而现任总统则当然的得以继续当选。所以此法颁布之后，袁世凯的地位，实际上已与终身总统无异；而民国2年10月4日的大总统选举法，也被毁灭。但不久君宪运动又起。这种承认终身总统制的选举法，于民国4年12月12日袁世凯下令承认称帝之时，亦遭唾弃。

中华民国约法并规定将来正式宪法案(该约法虽无临时字样，但约法会议不认之为正式宪法)，应由参政院推定起草员十人起草，其草案应由参议院审定，由国民会议复决(国民会议仅有可决或否决之权，而不能自行修正，倘欲修正，须将意见提付宪法起草员使依起草程序为之)。国民会议的组织，依约法之所定，亦应由约法会议议决。旋约法会议议定国民会议组织法，由袁世凯于民国4年3月12日公布。参政院亦依约法于4月初推荐李家驹等十人为宪法起草委员，且于8月由宪法起草委员会提出所谓宪法纲领六项①。但国民会议始终没有成立，正式宪法问题亦因君宪运动发生而被搁置。

(三)君宪运动　自国会解散，在事实上袁世凯已成为独裁元首；自中华民国约法宣布，在形式上，袁世凯亦成为独裁元首；自修正大总统选举法宣布，袁世凯更俨然将为终身总统。于是一般先意承旨，攀权附势的政客官僚，更倡君主立宪主义，以为袁世凯称帝张本。民国三年夏，清室遗老刘廷琛劳乃宣等，目睹袁有帝制自为之心，曾倡宣统复辟之论，以作抵制。他们俱劝袁奉还大机于清帝。袁世凯对于

① 见国宪起草委员会编，草宪便览(民14)，附录中，页五。

此种复辟运动，曾于民国 3 年 11 月 23 日特以明令严加禁止。乃方过一年，又有以拥袁为目的的君宪运动出现。民国 4 年 8 月上旬，总统府顾问美人古德诺(F. J. Goodnow)于亚细亚日报(政府机关报)发表“共和与君主论”一文，倡为君主立宪优于民主立宪以及中国不宜采用民主团体之说。古德诺的言论是否含有劝进意思虽不可知，但其为袁政府所利用固极显然。8 月 15 日，杨度，孙毓筠，严复，刘师培，李燮和，胡瑛诸人，遂有筹安会之设。在表面上该会虽声称仅从学理上研究君主立宪与民主立宪的得失，实则“函电交驰，号召各省军政两界，各派代表，加入讨论”，远出研究学理的范围以外，肃政厅虽亦曾上书政府，请予取消，但政府则庇护如故；内务部虽曾三度下令取缔，亦纯属表面文章。不久，筹安会以君主立宪应当采行，复改称宪政协进会，俨然以主张立宪的政党自居。但一种政党固无权可以变更国体，袁世凯本人，在形式上亦不便负变更国体之责。于是，始则有变更国体的请愿书出现于代行立法院职权的参政院，继复有参政院请求召集国民会议，以解决国体问题的建议书送达于政府。不久，该院复议决国民代表大会组织法，于民国 4 年 10 月 6 日经袁世凯公布。该组织法规定以国民会议的初选人为选出国民代表的基础；国体问题由国民代表大会投票表决。后参政院复接准各省区国民代表大会文电，致送表决国体问题票数，并委托该院为国民代表大会总代表。该院于民国 4 年 12 月 11 日开会，汇查全国国民代表共 1993 人，得主张君主立宪票 1993 张；并接准各省区国民代表大会文电，一致推戴袁世凯为皇帝。此次投票结果，完全出于中央及各省官吏的作伪；此为全国所通晓，无须申叙。民国 4 年 12 月 12 日袁世凯遂下令承认帝制，更于同月 31 日下令改明年为洪宪元年。然承认帝制之令方颁，而云南宣告独立之电即至(民国 4 年 12 月 22 日)。此后各省纷纷响应，袁世凯的地位转瞬便陷于极端危殆的情境。民国 5 年 3 月 22 日，袁世凯为挽救自己地位计，遂又下令取消承认帝位案。但各省仍相继宣告独立，最后且一致要求袁世凯去位。民国 5 年 6 月 6 日，袁世凯遂愤死于新华宫。

第四节　国会恢复至宣统复辟

自民国 5 年 8 月国会第一次复活，至民国 6 年 6 月复辟乱作，为制宪问题在国会里面争辩最烈的时期；但在这一年期间内，正式宪法仍未完成，中华民国宪法草案仍有一部分未及通过二读会。段祺瑞与督军团的作乱，固为国会制宪工作失败的主因；国会议员目击环境的危殆，而仍竞尚意气，玩视职责，自亦不能逃免失败的责任。

(一)中华民国宪法草案的续议　袁世凯既死，副总统黎元洪依二年大总统选举法，于民国 5 年 6 月 7 日，就大总统职。于是各省相继取消独立，承认中央，全国又呈统一现象。6 月 29 日，黎遂下令申明临时约法及 2 年大总统选举法为有效，并申明民国 3 年解散的国会，应继续召集，以完成宪法。该令云："共和政体首重民意；民意所寄厥唯宪法；宪法之成专待国会。我中华民国国会，自民国 3 年 1 月 10 日停止以后，时越两载，迄未召复，以致开国 5 年，宪法未定，大本不立，庶政无由进行。亟应召集国会，速成宪法，以协民志而固国本。宪法未定以前，仍遵行中华民国元年 3 月 11 日公布之临时约法，至宪法成立为止。其 2 年 10 月 5 日宣布之大总统选举法，系宪法之一部，应仍有效。此令。"这个命令颇含以命令恢复宪法的口气；当时论法统者，于此亦不无指摘。但这不过是形式问题。黎元洪的就职既系以约法与大总统选举法为根据，则其承认该法继续有效，固事之所必至。同日，黎并下令，以民国 5 年 8 月 1 日为旧国会开始集会之期。届期，国会在众议院行开会式；两院议员到会者五百余人。是为国会第一次恢复，称为国会第二次常会。国会集会后，即决定继续民国2年的制宪工作，而以民国2年宪法起草委员会所议定的中华民国宪法草案(即天坛宪法草案)，为两院宪法会议讨论的基础。

中华民国宪法草案自民国5年9月5日至13日，在宪法会议完成初续程序，即宪法起草委员会委员说明草案旨趣的程序。自民国5年9月15日至6年1月10日，草案已完成审议程序，即宪法会议全体议员就草案内已有(或未有而应加入)的重大问题，共同议决其原则的程序。在这期间内，审议会总共开会24次；大部分问题审议会已经讨论得有结果，但也有一部分问题，虽经审议而仍无结果。自民国6年1月26日起，宪法会议，对于中华民国宪法草案开始二读会程序，即逐条议决的程序；直至民国6年6月国会第二次解散之日，该草案仍有一部分问题，未及完成二读会。

在这期间内，中华民国宪法草案之曾经二读会议决修正者，以下述诸项为最重要。① 第一，为关于孔教的规定。尊孔问题发端于民国元年。② 民国2年袁世凯倾向专制，尊孔之说益盛；是年6月22日袁世凯未曾以明令恢复祀孔之礼。所以，进步党党员，在民国2年天坛宪法起草委员会中，极力主张以孔教为国教。该会所成立的宪法草案虽未完成容纳该项提议，然亦设有“国民教育以孔子之道为修身大本”之文(草案第十九条)。袁世凯死后，帝制已归失败，尊孔问题因亦随而沉寂；但在民国五六年宪法审议会与二读会时期，此问题依然引起

① 见吴宗慈，中华民国宪法史，前编，第四章，第三十三、三十四节。

② 民国元年7月间，在北京集会的临时教育会，于其所编的学校管理规则中，因受国民党的影响，毫无关于尊孔的规定。当时一部分人士对之颇形愤慨；遂有孔道会，孔教会等组织出现；是为尊孔问题的滥觞。

许多辩论，反对者既欲打消草案的规定，而倡尊孔说者则尚以草案所规定者为不满足。最后，则依双方的协议，废去草案的规定，而代以承认“中华民国人民有尊崇孔子及信仰宗教之自由，非依法律不受限制”的条文；此项条文之漫无意义，显而易见，无待申说。第二，为关于国会委员会的规定。草案关于此项的规定，其目的在于议会闭会期内，留一监督政府的机关；但在民国五、六年审议会及二读会中，此项规定，却为绝大多数议员所反对；他们以为寥寥40委员，难免不为政府所利用；且国会会期年既有五个月之久，亦殊无设置此项委员会的必要。因之，草案内关于国会委员会条文，在审议会及二读会时，俱被绝大多数否决。第三，为关于紧急命令权的规定。草案原定“大总统为维持公共治安，防御非常灾患，时机紧急，不能牒集国会时”，俱经国会委员会的同意，发布与法律有同等效力的命令。此项规定，在二读会时，曾受严重的攻击。攻击者以此项规定不独危险，且无必要；该草案对于一般变乱已经授予总统以依法宣告戒严之权，其于外国加兵中国的场合，并已承认总统得以径自宣战；至于天灾的场合，如大地震大水灾之类，行政机关所需要的权力，不外财政一端；而草案于此亦已设有财政紧急处分的规定。① 因是，草案中该项条文卒以主张维持者不满法定人数，被二读会废弃。此项条文的废弃，与国会委员会条文的废弃，恰相对峙，行政机关的自由，虽因国会委员会的废除而增加，却又因紧急命令权的废除而缩小。第四，为关于议员兼任国务员的规定。草案规定“两院议员不得兼任文武官吏，但国务员不在此限”；该草案既系采用议院内阁制，则就理论言或各国实例言，议员之兼任国务员，当然不应遭受禁止。但二读会竟议决

---

① 吴宗慈，中华民国宪法史，前编，附录，页117。

删去但书。第五，为关于国会集会的规定。草案虽承认国会自行集会，开会，及闭会，而常会以外的临时会，则必须由总统牒集。此项规定曾经引起各方剧烈的争辩。最后通过二读时，该项规定，改为依总统的牒集或两院议员各三分之一的联名通告，国会俱得开临时会。

凡上所述俱为民国6年二读会通过案中，与草案原文相异的要点。草案中其他的重要规定，如关于两院组织的规定，与关于不信任投票的规定，当时虽亦引起许多争辩，但草案原文卒被通过。在民6二读会中讨论无结果的问题，最要者，一为解散国会权的问题，二为省制问题。关于解散国会一层，草案虽赋予总统的解散众议院之权，却亦设有(一)须经参议院列席议员三分之二的同意，与(二)同一会期不得为第二次解散的两大限制。当时不满于该项规定者，或则主张全然不设解散权，或则尚认草案所设的限制太严。①因为议论太杂，此项条文在民6二读会中未及议决。至于省制问题，其引起当时国会议员的争执，尤远在一切其他问题之上；国会之遭受二次解散，此项争执亦一要因。

中华民国宪法草案，因完成时国会情势危殆，不及规定省制问题。民国5年宪法会议审议会中，国民党议员多主省制入宪，而宪法研究会(旧进步党党员梁启超，汤化龙，蓝公武，刘崇佑，林长民等组织)及宪法讨论会(克希克图，夏同龢，乌泽声等所组织)则竭力反对。民国5年12月8日审议会中，双方辩论时，竟至发生轰动一时的大斗殴案。事后宪法研究会并通电各省督军省长，致启督军干宪之渐；而主张省制入宪者亦通电全国，以相抵抗。扰攘一月，各党为至

① 吴宗慈，中华民国宪法史，前编，附编，页78—102。

再至三的协商，始成立一个十六条的地方制度草案[①]交付宪法起草委员会使标列章条次序，提出宪法会议。及该草案付大会审议时，汤漪，秦广礼，骆继汉，吕复等又各提出修正案。[②] 于是各方的意见又见分裂。从前反对地方制度加入宪法的政团，如研究会讨论会等分子，复纷纷提出辞职书，以表示反对之意。当时在京集会的督军团(下详)之联合訾议宪法，呈请大总统解散国会，亦系反对派运动而来。直至民国6年6月国会解散之日，地方制度案在宪法会议中，虽曾经过审议程序，却完全不及通过二读会。

当时各方争论的要点，一在省制应否入宪，一在省长应否民选。急进者主张省制入宪并主张省长民选。反对者不特主张省长应由中央任命，并且反对以任何省制列入宪文。折中派则主张省制入宪，而不主张省长民选。各党协定的地方制度草案以及汤漪的修正案与骆继汉的修正案内，俱已承认省长应由总统任命；在吕复修正案中，省长的产生，应由议会分次选举二人，由总统择一任命；惟秦广礼修正案则仍主张省长由人民选任。至于省制入宪问题，反对者所注重的固然是实际的障碍；主张者亦未始非鉴于当时实际的混乱，而思有所补救。所谓实际的障碍，便是当时各省督军的跋扈，则即以宪文规定一种地方制度，他们亦未必能就范围；果然，则宪法的权威将不旋踵而堕地。这便是反对省制入宪者的理由。所谓实际的混乱，就是中央与地方权限不分，而其所以致此，督军制度实为主因。主张以省制入宪的人注重在矫正这种混乱状态。但严格地说来，各党协定的地方制度草

① 见吴宗慈，前书，前编，页279—281。

② 汤案，骆案，秦案，吕案见吴宗慈，前书，前编，页297—299；301—303。

案以及各修正案，其内容俱未尝采取联邦主义：各案虽俱列举了若干应认为地方机关可以立法或执行的事项，但各案俱不曾明认中央立法权应受该项列举的限制。换句话说，地方事权初不因有规定而不能受中央立法机关的剥夺。① 此与南非洲宪法的规定约略相似，而不能与联邦宪法相提并论。②

（二）国会的解散与复辟　段祺瑞内阁因解决军务及对德宣战问题，特召集各省督军及各特别区都统在北京举行军事会议，于民国6年4月25日开会；督军都统亲自到会者甚众；关于外交问题，一致主张对德宣战，冀以威胁国会中反对宣战的民党，而为段内阁对德政策的声援。但国会终不通过对德宣战。国会中宪法研究会党员乘机煽动，于是始则督军团联名訾议宪法，呈请总统解散国会；继则各省督军相继宣布脱离中央。黎元洪目睹形势危殆，乃拟假外援以自保。当时别树一帜，能与段派相抗者只有张勋。黎乃召张勋入京；名为共商国是，实则借以自保。6月7日张勋由徐州率兵北上，途次电陈调停条件，请限日解散国会。黎元洪于是于6月12日，径纳张勋之请，下解散参众两院之令。该项命令当然须国务总理副署；然当时段祺瑞已免职，新总理李经羲复未履任；乃临时任命步军统领江朝宗兼代国务总理，使副署解散令。该临时约法以及当时其他任何法律，俱无关

① 各党协定的地方制度草案第四条云："省议会以不抵触中央法律为限，有左列各职权……"骆案第八条云："……省会之职权以不抵触国家法令及省长所执行者为限，议决省内行政事务。"吕案第二条云："该议会限于不违背国家法律，得制定行于该省内之法律。"秦案第五条云："省议会议定本省一切法律条例，但不得抵触国家法令。"汤案第三条云："省之法令与国家法令相抵触时，大总统依议会议决取消或变更之。"凡此规定，似俱认宪法上所列举的地方权，不能限制国会的立法权，各党协商案尤显然如此。

② 参看本书第四编，第四章，第一节。

于解散议会权的规定，其他国务员如伍廷芳等，为避违法之嫌，俱不愿副署此项非法命令。黎元洪于解散令发表之日，又另电各省，述其受迫的情形，与甘冒违法的苦衷。①

国会既经解散，张勋遂于民国6年6月14日入京，其参谋万绳栻等已先密电康有为等来京。康既入京，即与张计划复辟。6月30日晚，张勋邀集北京军警长官王士珍(陆军总长)，江朝宗(步军统领)，吴炳湘(警察总监)等告以复辟之谋，王等不敢反对，遂议定。7月1日晨3时，张勋偕王士珍，江朝宗，吴炳湘，陈光远，劳乃宣，刘廷琛等数10人，同入清宫，奏请清帝复辟。清帝当即发布上谕，宣言“临朝听政，收回大权，与民更始”；其意以为民国政府原系受诸清廷。此次复辟，系因共和试验失败而收回大政。② 同日清帝并任命内阁议政大臣，各部尚书，弼德院正副院长，南洋大臣，北洋大臣等若干人。黎元洪于复辟祸作后，即致电副总统冯国璋，请其依法代行总统职权；一面复任段祺瑞为国务总理；并声明于副总统未经正式代理以前，即由段负责处理一切事宜。黎本人则避居使馆区域。嗣因段及多数督军出而反抗复辟，张勋军队于民国6年7月12日即被摧毁，张亦逃避荷兰使署。复辟之乱，至此结束。

第五节　西南护法至国会二次恢复

这个时期自民国6年夏起，至民国11年夏止，约历5年之久。在这个时期中，国会制宪事业，在北京方面已完全停顿；但在南方各

---

①　解散令见政府公报，民国6年6月13日；通电见政府公报，民国6年6月14日。

②　清帝复辟上谕全文见东方杂志，第十四卷，第八号(民国6年8月)，页203—204。

省，却产生了风靡一时的省宪运动。

(一)西南国会之议宪　国会第二次解散后，国民党一派议员，纷纷赴沪，作恢复国会的运动。后因复辟乱作，大家注意于国体的恢复，遂未暇及此。复辟乱平后，冯国璋、段祺瑞分为总统总理，不召集旧国会。于是旅沪议员及孙中山先生等倡议护法；不久孙中山先生赴粤，国会议员亦纷纷南行，谋在粤自行集会；只以不足法定人数，遂于民国 6 年 8 月 31 日，成立国会非常会议，并制定军政府组织大纲，举孙先生为大元帅。民国 7 年 5 月 18 日，非常国会议决取消大元帅制，通过中华民国联合政府组织大纲，设政务总裁 7 人(由国会选举)，组织政务会议，共同决定最高行政事务；20 日岑春煊，孙文，伍廷芳，唐绍义，陆荣廷，唐继尧，及林葆怿当选为总裁；是为中华民国采用行政合议制之始。民国 7 年 6 月 12 日，在粤的国会议员，依同年 3 月 18 日两院议员谈话会的决议，宣告继续第二届常会的会期，开正式国会于广州。惟此时到会议员仍未到过半数的法定人数，实际上正式会议仍未获成立。一部分人固提议将未到会的议员除名，而以候补议员递补，但除名亦须经过半数议员的议决，除名的规定亦无法适用。后因急于凑足法定人数，故虽已经声明此次集会为继续第二届常会的会期，但仍借用民国 2 年议院法第七条开会后满一个月尚未到院者应解其职的规定，先后解除参众两院议员数百余人之职，而以候补议员递补。至民国 7 年 9 月，法定人数已经凑足，正式会议，遂获成立。9 月 28 日宪法会议的审议会，乃又开始集会；至 12 月 13 日，已将北京所审议未完的地方制度，继续审议竣事。是时议员应召而集者两院已各有三分二以上的人数；于是宪法会议得以续开二读会。第一次二读会议决以审议完毕的地方制度案大纲，交宪法起草委员会起草。起初，议员们本拟一面由委员会起草地方制度条文，一面由宪法会议续开二读会，以讨论从前北京悬而未决的条文。乃因民国8年初，南北政府开对等和议于上海，议员又多离粤；故地方制度条文虽经委员会草定，仍不克报告于大会。和议经年，毫无结果；8年冬乃复有召集国会议宪之举。自民国8年11月18日起，至9年1月12日止，又开了二读会及审议会各若干次，卒因各政党间主张不同，协商无效，会议又致停顿。其间各方争执最烈的问题，为国会解散权问题，及地方制度章的省长职权问题。争执的结果，为政学会一部分议员之拒绝出席，与宪法会议的流会。民国9年1月24日，宪法会议议长遂不得不宣告暂时停止议宪。西南议宪至是终局。

民国9年国会中“护法”议员的一部，因反对政务总裁岑春煊将与北京政府妥协，纷纷离粤，群赴云南，于民国9年8月在云南省城复开非常会议。这些议员本拟在云南组织政府；但因唐继尧不表赞同，遂又议决移国会及军政府于重庆。民国9年9月，抵达重庆后，复因四川省内讧不已，于民国9年10月发布宣言，告别川省父老。直至桂系军阀被逐于广州后，“护法”议员方得于民国10年1月12日复在广州开两院联合会议，至4月7日复开国会非常会议，并议决中华民国政府组织大纲，举孙中山先生为大总统。

(二)新国会之议宪　复辟乱平，冯段执政之后，北方政府虽未推翻临时约法，却不召集旧国会。梁启超等谓：“中华民国已因复辟而灭亡；今国家新造，应仿第一次革命先例，召集临时参议院以议国家大计。”因是，民国6年9月29日段内阁特以总统命令，令各省及蒙藏青海各长官遣派参议员，另组参议院，以补充约法上的机关。此项机关于6年11月10日成立。

参议院成立后，即进行修改民国元年国会组织法，参议院议员选举法，及众议院议员选举法；修改案议决后均于7年2月17日经政府公布。修正之最要者不外两点。第一，为议员名额的减少。众议院议员名额原定为 264 名，今则改为 168 名；众议院议员名额原定为 556 名(系假定以每人口 80 万出议员一名)，今则改为 378 名(系假定以每人口 100 万出议员 1 名)。第二，为选举权资格的提高。各省参议院议员，原定由各省省议会选举，今则改由“地方选举会”选举；“地方选举会”系由“初选当选人”构成的复选机关；选举“初选当选人”的选举人，亦必须曾受高等教育，或曾充特种官吏，或具有高额财产资格。众议院的初选选举人资格，亦较元年选举法为高。第三，为变更参议院的选举机关。依照元年选举法，各省参议院系以省议会为选举机关；今则各省参众两院议员，俱由初选选举人选出的初选当选人选举。以上新选举法颁布后，政府一面命令内务部依新法筹备国会的选举，一面组织安福俱乐部操纵选举；至民国 7 年 8 月 12 日国会遂宣告成立(即所谓“新国会”或“安福国会”者)。

新国会成立后，迟至 12 月中旬，参众两院始依据修正国会组织法第二十条所规定，各举 30 人组成宪法起草委员会，从事制宪工作。委员会于 12 月 27 日首次开会时，即议决废弃旧国会的宪法案，重新作成草案；卒于民国 8 年 8 月 12 日第二十五次会议完成了一部新的中华民国宪法草案。① 但这个草案，无论就实质或就条文而言，与天坛草案很少分别；值得注意者只有三点。第一，在天坛草案中，国会开会期内尚有国会委员会之设，今则无存。第二，在天坛草案中，总统解散众议院时，须得参议院列席议员三分之二的同意，今无此项限制。第三，天坛草案以国会两院的联合会议为解释宪法的机关，今则以国会两院议长，及大理，平政，审议三院院长为宪法解释者。所以

① 见国宪起草委员会事务处编，草宪便览(民 14)，附录中，页 29—39。

这个草案虽仍采用责任内阁制度，但总统的权位已比在天坛草案中者略有提高。

惟当宪法新草案成立时，南北两政府正在进行对等和议，新旧两国会的运命俱在不可知之数，所以两者俱无心制宪。及民国8年冬和议决裂，则北方直皖两派军阀间的嫌隙已深，北京政府及其国会因仍不克讨论上述宪法草案。

至民国9年5月，直皖战起，安福派失败。政府于是年8月解散安福俱乐部，拟以元年旧法重组新国会。民国9年10月30日徐世昌乃以大总统命令，宣布参众两院应重新选举，并令依照元年国会组织法及元年参众两院议员选举法办理选举，于是前述的修正国会组织法，及参众两院议员选举法完全失效。嗣后各省遵徐世昌命令举行选举者不过十一省；已经选出的议员遂始终未及集会。民国11年6月，奉直战争告终，徐世昌被逼出京，黎元洪复入京摄行总统职务；民国6年遭受解散的旧国会，遂于是年8月1日复在北京继续集会。

(三)省宪运动　当民国9年夏秋间，南方护法政府解体后，西南各省鉴于护法工作的无望，与一时统一的难能，乃转而为各省实行自治的主张；而所谓“联省自治”运动于以脱胎。细言之，倡导联省自治的人，抱有两种理想。第一，关于统一的方法，他们主张先由各省自行制定宪法(或称省自治法)；待各省(或若干省)省宪成立，实行自治后，再由各省遣送代表组织联省会议，制定国宪，因以完成统一事业。最初倡导联省自治主义者，其用意似偏重这一方面。第二，关于未来的政制，他们主张采取联邦制度。倡联省自治主义的人，固然也有不认联省自治主义为联邦主义者，然而那不过是名词上的争辩。实则倡导联省自治者，无不主张于国宪中划定中央与各省的权限。而倡导联省自治最力的湖南省长赵恒惕，于其致曹锟吴佩孚的“商榷国是事”中，尤明白地说：“在联邦制之下，则于宪法上将国家各项事权，一部畀与中央，一部畀与地方，是即流俗之所谓联省自治。”联邦主义的提倡，在民国元2年间，已露萌芽；民国三、四年间，经章士钊等在甲寅杂志上的鼓吹，渐占势力。然而民国五六年间国会中所提出的地方制度各案，仍未尝充分的采取联邦主义，已如前节所述。自联省自治运动发生而后，联邦思想，一时几为多数舆论所赞同。

民国9年以后的省宪运动，就是根据联省自治的理想而产生的。各省之首倡自行制宪者为湖南。湖南省政府于民国9年11月2日宣言自治后，即着手于省宪的制定；至民国10年12月11日，省宪草案始经全省公民投票公决，民国11年1月1日湖南省宪法①遂公布施行。这个省宪，其制定的程序及内容，在民国10年至15年间，影响于他省宪法运动者至为显著，今因述其梗概如下：

就制宪的程序言，湖南省宪法的制定，经过了(一)起草，(二)审查，及(三)公民复决三种程序。这个程序是经湖南省政府提经湖南省议会议决的；其议决案名为湖南制定省自治根本法筹备章程。起草的任务，由政府特聘的起草委员十三人组织起草委员会担任；其意盖欲以起草之事畀诸具有专门法政学识与经验之人。审查的任务，由湖南各县民选的审查委员一百五十余人，组织审查会担任。审查会对于起草委员所议决的草案，有修改之权。复决之权，属于全省公民；复决后由省长公布。当时湖南议会，于起草与复决两种程序之间，更设立审查程序者，无非以为公民复决，事实上不过一种形式；假使无此中间程序，则最终成立的省宪，实际上将成为几个政府委员的产物。

就宪法的内容而言，湖南省宪法的规定，有两点值得我们注意。

① 见第一回中国年鉴(商务印书馆民14)页82—92。

第一，就是列举省的事权于宪文之中。盖联省自治运动的一个理想，原即联邦主义，已如上述，所以省权与国权的划分，势不能不于国宪中规定。但在国宪尚未成立以前，省之事权，自然只得在宪中规定；如此，省机关的活动既可有一定范围，而未来制定国宪者亦可得一划分国省事权的准则。第二，就是民权的扩张。选举权之普及于男女两性；省长产出之须经全省公民决选(候补当选人四人由议会提出)；公民或法团之享有创制权，复决权，与直接罢免权等等规定；俱即此种扩张的表现。但是湖南省宪法，在形式上虽然继续存在了四年有余；在实际上，却有许多条文从未严格施行；湖南的军阀政治，初未尝因省宪的存在而发生显著的变更。

自湖南宣布自行制宪而后，南方其他各省亦多以自行制宪相号召；其所采的制宪程序发宪文内容，亦多与以上所述的湖南省宪制定程序，及湖南省宪特点相似。

浙江省督军卢永祥于民国 10 年 6 月 4 日即通电主张自行制宪；浙江省宪起草委员会于同月 16 日亦着手起草浙江宪法；旋经浙江省宪法会议决，而中华民国浙江省宪法一百五十八条，遂于民国 10 年 9 月 9 日宣布；当时称为“九九宪法”；同日尚宣布施行法二十三条。①但二法宣布之后迄未实行。民国 11 年，浙江省议会以“九九宪法”未经全民投票复决，遂议决再由省民自行提出宪法草案，而将“九九宪法”作为草案之一。草案的审查，即由各草案提案人票举宪法审查员，组织省宪审查会行之。不久，省政府收受省民提出的宪法草案一百部；各县提案人票举的审查员 110 人，于民国 11 年 11 月 4 日，开省宪审查会于杭州，于民国 12 年 1 月 26 日闭会。各宪草归并审查的结

① “九九宪法”及其施行法，俱见第一回中国年鉴，页 92—102。

果，计议决宪法草案三种，即所谓红色，黄色，白色三种宪法草案。① 三色草案原定于民国12年8月1日交付全省公民复决，由各县镇乡届时一齐投票，投票人赞成何种颜色所印的宪法，即投何种颜色的复决票，而以得票比较最多数的宪法草案，为浙江省宪法；但此项投票届时亦未举行；三色宪法之未及发生效力，与“九九宪法”无异。至民国15年1月1日，浙江省自治法会议，又议决公布了一种省宪，名为浙江省自治法②；但不久亦成泡影。

在民国9年至15年间，除了湖南浙江而外，广东四川等省亦俱曾正式起草省宪，并曾成立省宪草案。③

总之，自民国9年以后，省宪运动一时虽甚蓬勃，但各省军阀的势力，却未尝因是而灭杀。

第六节　国会二次恢复至临时执政制度消灭

自民国11年8月旧国会二次恢复，至民国15年4月临时执政制度消灭，在这个时期内，广州政府先因基础不固，国会议员不足法定人数，无力制宪；后因转移目标，放弃法统，不谈制宪；北京的国会或政府，虽仍以制宪相号召，一般社会，一因横暴的军阀；有非一纸宪法所能制裁，再因堕落的议员政客，亦不足以代表人民，却不复重视他们的制宪工作。但十年未成的中华民国宪法，在形式上竟在这个期间公布。即在临时执政制存在的期间内，亦尚成立了一种制宪会议的条例与一种宪法草案。我们现在略述这几种文书成立的经过。

---

① 此三种宪法草案，见第一回中国年鉴，页102—129。

② 见东方杂志，第二十三卷，第二号(15年1月)，附录。

③ 广东四川省宪草案，见第一回中国年鉴，页120—145。

（一）民国12年10月10日中华民国宪法　民国11年4月，直奉战争的结果为直胜奉败。直系军阀吴佩孚等，因“安福国会”所选出的大总统徐世昌有接近奉系军阀张作霖的嫌疑，有去之之意，因倡恢复“法统”之说。所谓“法统”恢复，要不外恢复黎元洪的总统职务，与恢复旧国会二事。于是，旧国会一部分议员于民国11年5月24日，在天津设立“第一届国会继续开会筹备处”，以恢复旧国会相号召。直系将领当即通电表示赞成。6月2日徐世昌即因直系将领的压迫，自行宣告解职；6月11日，黎元洪则因直系将领的拥戴，回京执行总统职务。在津旧国会议员，亦于6月12日，移京集会。黎氏复职后，并下令撤销民国6年6月12日解散国会之令。参众两院，于6月16日，亦咨达大总统，声明定于8月1日正式开会。以护法为号召的广州政府适于此时发生陈炯明叛离孙中山先生的事实；于是一部分留粤议员事实上亦不克继续留粤；北京国会，遂于8月1日，得有过半数议员的报到而集会。是为旧国会的二次恢复。

但是国会虽然恢复，而议员的资格问题仍待解决。盖自民国6年国会解散后，议员中有南下参预护法，列席于民八广州国会者；有未南下参预护法而被民八广州国会除名者；此项除名议员的议席，并经民八广州国会，以他人补充；以是旧国会集会后，关于议员资格问题，即发生民6民8之争。民6者，即民国6年6月12日国会解散时的议员。民8者，即民国8年在广州集会的议员。民8议员，如在民6国会解散时已为议员，自无问题。至于其他民8议员之能否列席，则视此次所恢复的国会，究系民6国会，抑系民8国会以为断；如为民6国会，他们便不能列席；如为民8国会，他们自可列席，而民6议员之未经列席于民8国会者，便不能列席。此事在国会中惹起激烈的与长期的争执。但国会终于主张继续民6国会的工作；民8补充的议员，终于丧失列席资格。

中央制宪之业，既历十年而未成，国会二次恢复后，自仍以制宪为最重要的职务；但集会后，宪法会议仍往往以不足法定人数而流会。于是国会议员乃提议修改元年国会组织法，以减少宪法会议出席人数的限制。国会组织法第二十一条本规定："民国宪法之议定，由两院会合行之；前项会合时，以参议院议长为议长，众议院议长为副议长；非两院各有总议员三分之二以上之出席，不得开议，非出席议员四分之三以上之同意，不得议决。"根据此项条文，凡关宪法会议时. 参议员总额 274 人，必须有 183 人列席，众议院总额 596 人，必须有 398 人列席。当时众议院法定人数不虞不足，参议院则常差数人。于是参众两院，于民国 12 年 4 月，对于国会组织法第二十一条第二项，议决下列修正案，送经政府公布："前项会合时，以参议院议长为议长，众议院议长为副议长，正副议长均有事故时，以两院副议长临时代理，非两院有总议员五分之三以上之出席，不得开议，非出席议员三分之二以上之同意，不得议决；但关于议宪程序，以两院议员总数过半数之出席开议，出席议员过半数之同意议决。"于是，出席人数的限制大减，宪法会议亦较易成会。然而国会议员犹以此未足，他们更修改宪法会议规则，增设宪法会议出席费，议员出席宪法会议者，每次得支出席费 20 元。两院议员，依法原已享有优厚的岁费(5000 元)及旅费，[①] 今复增设出席费，以引诱议员出席宪法会议；当时舆论，对于国会，于是益形鄙视。

民国 6 年国会解散时，中华民国宪法案尚有一部分未经过二读会，其最要者则为地方制度案。恢复的国会既自认为民 6 国会的继

① 民国 2 年 9 月 27 日议院法，第九十二条。

续，而非民8广州国会的继续，自须继续讨论民6悬而未决的地方制度及其他问题。于是宪法会议的宪法起草委员会，依宪法会议自民国11年8月10日至民国11年11月20日迭次审议会的议决，先后草定“地方制度”及“国权”各一章，于民国11年12月提出于宪法会议；后更草定“生计”及“教育”各一章，(大都模拟1919年德宪的规定)，于12月4日提出于宪法会议。但“地方制度”章及“国权”章提出后议员间对于省宪问题，争辩甚烈，扰攘竟历数月。直至民国12年6月12日，各派始将“地方制度”章及“国权”章协商完妥；然仍未及经过宪法会议的二读会。6月13日，黎元洪被直系军阀逼迫离京，政变复起，两院议员纷纷赴沪集会，北京宪法会议遂至流会至数十次之多。8月间，赴沪议员几足开会人数；但此类议员中，一部分不久即被北京方面为曹锟办理总统选举之人，用重利诱回北京。至9月下旬，北京参众两院居然又可成会。但第一届众院即将满任，众参两院因于9月7日及26日分别通过一案，于元年国会组织法中增加“议员之职务，应俟次届选举完成，依法开会前一日，解除之”一条，借使众议员任期得以暂时延长。该案当由两院咨请摄阁(黎去后即由内阁摄行总统职务)公布。至10月1日，出席宪法会议的人数，仍未足总统选举会所需要的法定人数——586人。于是，为曹锟办理选举的军阀，阁员及议员等，除公然发给各议员5000元的贿选费外，复于10月4日，公布修正国会组织法。10月5日总统选举会缘是而获成会；成会后，曹锟即当选为总统。

当北方筹办总统选举的人以金钱诱引南下议员返京时，口头上原以促成宪法为词；返京议员，表面上亦大都以完成制宪事业为口实。10月4日，宪法会议遂以一次会议，将“地方制度”全章，完全通过二读会；10月6日又将“国权”章及民6悬案全数通过二读会；并推定蓝公武，籍忠寅等整理宪法案全部文字。10月8日，宪法全案遂通过三读会。“教育”“生计”两章，则因两院议员急于完成宪法，以图掩盖他们贿选的罪恶，致被完全委弃，不及付议。① 10月10日，宪法会议即将宪法全案正式公布。当时舆论，则称之为“贿选宪法”或“曹锟宪法”。

宪法会议最后通过的宪法案与民6二读会时代中华民国宪法相异的要点，即在“国权”与“地方制度”两章。依照。“国权”章的规定中央事权与地方事权俱经宪法明白列举，地方事权的范围，初非中央的普通法律或命令所能增减；所以民国12年10月10日的中华民国宪法，实是一种联邦宪法与民6二读会时代的中华民国宪法案显然不同；虽则民6二读会时代所通过的“中华民国永远为统一民主国”的条文，仍被民国12年10月10日的中华民国宪法保存。依照“地方制度”章的规定，省得自行制定省自治法，但是省的地方区划，则已经该章划定(全国地方分为省县二级)；省机关及县机关的组织以及省县关系，亦经该章规定了一个大纲；关于省自治制定的机关，该章亦有所规定。盖当时省宪派与反省宪派争执甚烈，此种规定，盖属一种调和。

民国12年10月10日中华民国宪法，为民国13年11月24日段祺瑞颁布临时政府制时所推翻。但即在该宪存续的期间，该宪条文亦大都未及实施；盖当时直系军阀虽假借此宪以相号召，初无实行此宪的诚意；且该宪本文既无施行细则的规定——该宪公布后，国会亦从未另颁宪法施行细则——该宪中一部分条文，实行上或亦无从实施。

(二)民国14年国民代表会议条例及中华民国宪法案民国13年直

---

① 该两章草案全文，载吴宗慈，中华民国宪法史，后编，页451—452。

奉二次战争的结果，直系势力为奉系及冯玉祥所推翻；总统曹锟亦被冯拘禁。是年11月24日段祺瑞因受奉系军阀的拥护，入京主持中枢，颁一中华民国临时政府制①以革命政府自居，自号“临时执政”，既不承认临时约法，亦不承认民国12年10月10日的中华民国宪法。临时执政制度，系一种独裁制度；一切大权，俱集中于临时执政。旧国会亦因此次政变而消灭。民国13年12月24日，段祺瑞复颁布一种善后会议条例，其目的在召集各地方军民长官的代表以及政府所认为具有“特殊资望学术经验”之人，开一种善后会议，以“解决时局纠纷，筹议建设方案”。嗣后段政府又草定一个国民代表会议条例草案，咨送善后会议讨论。该草案于民国14年4月18日经善后会议修正议决，于同月24日经政府公布。依照这个国民代表会议条例，政府召集一个国民代表会议，其职务纯以“制定宪法及其施行细则”为限。换句话说，国民代表会议将为一种特殊制宪会议。至于国民代表会议的选举方法，在大体上仍与民国元年的众议院议员选举法无大差别：各省区代表的产生，系用间接选举；蒙藏青海及华侨代表的选举，则适用直接选举法。当段政府以国民代表会议组织问题提付善后会议讨论时，孙中山先生及中国国民党颇不赞同，因为善后会议，实际上只是

---

① 中华民国临时政府制如左：

第一条　中华民国临时政府以临时执政总揽军民政务，统率海陆军。

第二条　临时执政对于外国为中华民国之代表。

第三条　临时政府设置国务员，赞襄临时执政，处理国务。临时政府之命令及关于国务之文书由国务员副署。

第四条　临时执政命国务员分长外交，内务，财政，陆军，海军，司法，教育，农商，交通各部。

第五条　临时执政召集国务员，开国务会议。

第六条　本制自公布之日施行，俟正式政府成立即行废止。

一个军阀代表机关，而依孙先生意见，国民代表会议组织法，应由农工商学各法团自行召集的国民会议筹备会议定。所以国民代表会议条例虽然成立，有些省份却不执行选举；国民代表会议亦始终未能成立。

但段政府于其势力完全瓦解以前，亦制定了一种宪法草案，名为中华民国宪法案。盖依国民代表会议条例的规定，宪法草案的议决权虽属于国民代表会议，宪法案的起草权却另属于一个纯由各省区军民长官及“临时执政”所指派的国宪起草委员会。国宪起草委员会于民国14年8月3日成立，其委员长则为林长民。历四个月时期的起草工作后，至民国14年12月，执政政府势力行将瓦解，该委员会始匆速的议决了上述的中华民国宪法案。[①] 但是该草案始终只是一个草案，因为国民代表会议始终未及集会。就其内容的大要而言，该草案颇与民国12年10月10日的中华民国宪法相似；即其所增加的“生计”“教育”两章，大体上亦与民国12年旧国会未及议决的“生计”“教育”两章相似。但该草案与民国12年10月10日中华民国宪法亦有相异之点；例如草案中对于国土问题之采取列举主义；对于众议院选举之采用直接选举制；对于众议院议员之适用直接罢免制；对于总统选举之采用人民间接选举制；对于宪法修正问题之采用特殊制宪会议制以及参议院职权的缩减，颁给荣典制度的恢复等。

临时执政制，于民国14年12月尚经过了一番修改。修改的要点，系于执政之下，添置国务院及国务总理，并规定执政的命令须经

---

① 关于本案起草的经过，见民国14年国宪起草委员会所刊的国宪起草委员会公报(共五册)。草案全文，亦见立法院翻译处编，各国宪法汇编，第一辑，页95—116。

总理及各部长副署。这是因为段祺瑞受各方武人的压迫，不得不采用一种类似内阁的组织，以为缓冲的地步。但行之未久，段祺瑞的势力已至无可维持的境地。民国 15 年 4 月 20 日，段因不见容于吴佩孚张作霖各军阀，被迫出京，临时执政制遂完全消灭。

THE GOVERNMENT AND POLITICS OF CHINA
中国政府与政治
(节选)

XXV THE OUTLOOK FOR A GOVERNMENT FOR THE PEOPLE AND BY THE PEOPLE*

In a country like China, where a century-old clash between the old and the new is gaining momentum as the result of eight years of war of resistance and the polarization of the rival ideologies of the outside world, the social changes that are taking place will have a profound effect on the forms and methods of government. To speculate on the future of the Chinese government, or to consider what reforms are desirable and feasible, is extremely difficult. Contemplated reforms are meaningless unless they can be projected against the background of the social evolution that is fast taking place.

The problems of government we have come across in the previous chapters of this book are various. While there are fundamental ones, the solution of which has to await the

* 译文见附录1"第二十五章　一个民享与民治政府的展望"

solution of the social problem, there are also relatively simple problems, capable of simple solutions.

* * * * *

All thinking Chinese, not excepting the men in the government themselves, have been struck with the defects and inefficiency of the administration.

If one were to measure the importance of China's problems by the volume of public discussion they have created, one would conclude that the defects in the administrative organization and the inefficiency of the administrative method outranked all other problems in importance. But this is not true. In themselves they are relatively simple problems. Gaps, overlappings, and illogical arrangements in the administrative organization can be easily rectified whenever the high leaders of the government are endowed with a certain amount of business sense and have no necessity for resorting to the manipulation of governmental agencies as a means of maintaining personal power.

The same is true of the methods of administration. For most of the last generation they have been distorted by certain offcials mainly because distortion has been a contrivance for concentrating power in a few hands. Such evils as the capricious issuance of personal orders by an all-powerful leader to any official, high or low, and the lack of a sense of responsibility even on the part of high officials of the government, are liked and defended by no one and are condemned by everyone. They exist because the leader is erroneously of the opinion that they make his control secure. Whenever the top level leader or leaders have more business sense and are desirous of having a well-ordered administration, as distinguished from complete personal control of the administration, these evils can and will be readily removed.

In stating that the problems of administrative mechanism and efficiency are of minor importance and are capable of easy solution, it is not suggested that the solution can't be of a perfectionist kind. No perfection is possible in these matters. Even the best of all administrations, such as existed in the earlier part of the T'ang or of the Ch'ing Dynasty in China or the administration of the Prussian state before the first World War, were not perfect. An administration which succeeds in executing the policies of the government should be considered a good one. To that extent there can be little doubt that, given a business like leadership, which does not identify meddling and interference with cleverness, there can be established in China a fairly good administration. The Chinese civil servants of today are immensely better and abler people than their predecessors in the last generation. The available younger men who can be drafted into the civil service are equally good, if not even better. Simplify their machinery, let them be convinced that they are performing a function for the good of the state and the people, and give them adequate power and responsibility, and they will not fail to acquit themselves creditably, no less creditably than the civil servants of some of the best-governed contemporary countries.

* * * * *

The problem of centralization versus decentralization is more difficult of solution. It cannot be solved by the mere substitution of good leadership for bad. It entails first a careful and realistic consideration of the activities that the Chinese state hopes to undertake in the near future, and second, a careful study of the sentiments and resources of the different areas of the country. Division of functions between the central and local governments is meaningless when those functions have no likelihood of being undertaken. To assign a certain function to a province which has no resources for its discharge is to kill the function. To assign a function of which the province is jealous to the central government would be equally unwise.

Moreover, the centrifugal tendencies of the peripheral areas and populations must be well balanced with a strong central government. To deny to those areas and populations any degree of home rule would arouse the resentment of the populations concerned. To accede indiscriminately to their demands for home rule would be tantamount to ceding them to any strong neighbor who may lie across the borders. Special care therefore must be taken to give them sufficient home rule to satisfy their longings without losing their adherence.

The Chinese people are, generally speaking, not federal-minded, and the Chinese state has always been a unitary one. But the Problem of centralization versus decentralization does exist today. Overcentralization makes many of the uniform laws unworkable and inoperative, and creates discontent in places where social and economic conditions are markedly different. Over-decentralization means the negation of a nation state and in some places actual disintegration. The solution of the problem will necessitate a system by which the provinces and the special groups in the population will be enabled to exercise a varying amount of home rule on the one hand, while on the other hand there will be a central government with sufficient powers to maintain national unity and to promote the broader interests of the nation. But the solution will not lie in a federalist constitution. It has to be something more flexible, to admit easy adaptations made necessary from time to time by trial and error.

* * * * *

The recurrent personal dictatorships, often of a military man, ever since the days of Yuan Shih-k 'ai, have also been the antithesis of good government of any kind. The experience of the last forty years has been that when such a dictatorship was in existence civil war, heavy taxation, and dependence on foreign aid were the usual accompaniments, and law and order no longer remained the care of government. This is not to say that the absence of a military dictatorship will necessarily mean peace and prosperity and law and order, but it does demonstrate that there will be no such blessing unless military dictatorship disappears.

In a country like China where there have been no powerful political parties unconnected with military power, nor other influential bodies like the Christian Church or trade unions, no one is in a position to offer an effective resistance to a dictator who is backed by military power. Aside from the dictator himself, the next most powerful group is often the instrument of the dictator, whether that instrument be the army or the bureaucracy or a political party. Unless there should be created a powerful organization which could command a following as powerful as the military power itself, there is no possibility of eliminating military dictatorship. In the past, most of the attempts to combat such a dictatorship have taken the form of creating a new military force. They failed, for a military force which succeeds in ousting a dictatorship almost invariably sets up a new military dictatorship.

The problem of dictatorship by military men thus poses a very fundamental issue: how to create a non-military force which can overthrow military dictatorship and yet at the same time prevent its recurrence. Such a force must necessarily be identical with the mass of the people who have acquired the material and moral means necessary for its organization.

*　　*　　*　　*　　*

Whether there should be democracy in China and, if so, what kind of democracy would be best suited to China, is a far more complex problem than it appears. Since the early days of the T'ung Meng Hui, democracy has been accepted by most disinterested thinking Chinese as the final goal of modernization, and it should be. But there has been little agreement as to what form democracy should take. Is it to be modeled after the Swiss cantons or after the English-speaking countries? Or is it to be a democracy as envisaged in the 1936 Constitution of the Union of Soviet Socialist Republics? Or is it to be still another form? Even if it were agreed that Chinese democracy should follow that of the English-speaking countries, the alternative choices of a cabinet government of the British type and a presidential government of the American type could still remain a baffling problem.

The problem of democratic reforms is broad enough to embrace most of the constitutional problems that have faced China during the last forty years. Such familiar controversies as the one-party versus the multiparty system, cabinet government versus presidential government , bicameralism versus unicameralism, direct versus indirect election of the president, the question of the distinction of political and governing powers, and a score of other problems are all concerned with the meaning of democracy and the application of democratic ideals.

To resolve any of these controversies requires an inquiry into the capabilities of the Chinese people. If the people are poor, illiterate, disorganized, and impotent, then party systems, whether one-party or multiparty, make little difference as far as the welfare of the people is concerned. The same is true of all the other controversies. Whatever alternatives were chosen could make no difference to the people.

In all these controversies, the matter of form as distinct from reality has plagued the Chinese political thinkers and constitution-makers of the last forty years and more. Almost every writer and constitution-maker accepts and professes the democratic ideal and desires for China whatever democratic pattern may have impressed him or caught his fancy. But the capabilities of the people seldom bother him. He lets his wishful thinking have full sway. He thinks that once there is a democratic institution, both the people and the government will behave democratically, the former expressing their will in the proper channels and the latter abiding by the people's will. Sun Yat-sen, who believed in tutelage, was perhaps the only exception to this overemphasis on the form, to the neglect of the reality. Had he succeeded in making his party, the Kuomintang, a true political elite, imbued with a sense of power not for power's sake but for the sake of giving the people the capacities for democratic organization and control, he might indeed have succeeded in making the reality agree with the form. Unfortunately, he failed; or, to do him full justice, the Kuomintang failed him.

The problem of form versus reality remains. The Chinese government will continue to be either weak and unstable or strong but bad for the people, or even both, until form conforms to reality.

On this question of form and reality, the empire of old was more fortunate in that it did possess the virtue of having the form and the reality in full agreement. Ability to wield power was in the hands of the few. That was the reality. Power was confined to the few. So the form did no violence to the reality. The advantages of strength and stability resulting from such a system of government were quite obvious. But even if it were possible to ignore the demoralizing influence it had on the character of the people, the impact of the West has put a definite end to it. No return is possible.

The most disturbing influence which has come from the West is the emphasis Western philosophy places on the dignity and worth of each individual. Traditional Chinese thinking was not averse to the concept of individual dignity, but reserved it for men of high status alone. The common man might be patronized and even treated with consideration, but he had no claim to inalienable moral and legal rights or personal dignity. Western philosophy, on the other hand, whether it be the rationalism of the eighteenth century or the utilitarianism of the nineteenth, or the Marxism of today, tends to idolize either the individual as such or the mass of individuals. In either case, it differs from the Chinese idolization of the few who were or could aspire to be of high estate and in power. The partiality of the West for the individual man has had such influence on the Chinese people that in their minds power can no longer be confined to the few and equality must be attained.

This refusal to accept government by a few has let loose a great surge of democratic revolution in China. At times, when the revolution seems to have succeeded, general contentment follows and government is easily maintained. But when it dawns on the people that the success is illusory or the revolution is frustrated, the revolutionary movement begins anew. The process continues and has not been and cannot be arrested.

Since the people are not able to fight for democracy, and yet definitely want it, a contradiction exists. That contradiction cannot be removed except by the people's acquiring the ability to fight for democracy.

* * * * *

But how are the people to acquire that ability? Obviously, it will not be gratuitously given to them by the men who have monopolized power. They will acquire it only as the result of phenomenal improvement in their economic and educational status. Radical economic reforms and changes in the entire social outlook of the people are called for. When the masses have attained the opportunity to live and work in peace, to be removed from both fear and want, to have the rudiments of education and be conscious of their own dignity, they will have both the interest and the ability to make a reality of any form of government that may be considered democratic.

Economic reforms which would enable the masses to work and enjoy the benefits of work must be primarily directed at removing the shackles which have reduced the vast mass of the people to the present state of poverty and insecurity, and at giving them the opportunities and the assistance for acquiring improved means of livelihood. To be more concrete, there must be a revolutionary change in the system of landholding whereby the motto "the tiller must own his own land," accepted by the Kuomintang and the Chinese communists alike, wilt be given an honest realization. Usury which has wrought unspeakable misery to the farmers must be eradicated. Side by side with the land reform and the elimination of usury, handicrafts and industry must be encouraged and when necessary even promoted by the state itself, For it is clear that with the Chinese social structure as it is, improvement of the lot of the farmers, who constitute three-fourths of the population, means improvement of the nation as a whole. But the Chinese population being unusually large in proportion to the arable land available, agriculture alone would never help the Chinese people to acquire a decent standard of living. To encourage handicrafts and industries simultaneously with land reform is the only way to give them the kind of economic uplift necessary to their acquiring an interest in politics.

In addition to freedom from want, they must also have freedom from fear. They are not going to have this freedom from fear until they have more education and are able to feel that they are as good as any in the community and have as much right to express their views on affairs of common interest. There have been in the past, and are even now, farmers who are relatively free from want and yet either feel no interest in government or are afraid to express themselves. The reason is that they have not had the necessary education to realize that they are inferior to no one. Therefore. education of a certain kind is as important as the improvement of material well-being. Education may or may not consist of schooling. The essential thing is that the people be taught that politics is not the exclusive concern of the men in power or of those who have the privileges of birth and high education.

Only when the people have thus obtained the means of livelihood and an interest in political affairs can a democracy be sustained. Then the people will have both the ability and the enlightened self-interest to prevent a regime from becoming the government by and of the few. They will have the ability to do it because they will not be economically dependent on the ruling class. Their self-interest will direct them to do it because their newly acquired economic status will be protected only by a regime in which they maintain an interest.

* * * * *

When such reforms in the national economy and such changes in the social outlook of the Chinese have taken place, real democracy in all its essentials will be achieved. When democracy has both form and reality, the small variations in the form become unessential. If the people prefer to invest substantial executive powers in the president, a presidential form of government may conceivably ensue. The president cannot become a personal dictator, for nobody can ever dictate to a self-reliant and politically educated people. The people may also prefer an elected directorate enjoying both executive and legislative powers by mandate from the people. For the same reason, the directorate too cannot degenerate into an oligarchy. Military dictatorship or warlordism will be out of the question. Nobody would dare to make the attempt. If he dared, he would be overthrown in no time. Even the more difficult problem of centralization versus decentralization can be satisfactorily solved. With a politically conscious people as the masters of the nation, powerful but dedicated to their own mass interests, there should be no fear of separatism or disintegration of the Chinese nation. When no such fear exists, it will be only natural to grant a full share of local self-government to the provinces, especially to population groups which are distinctly dissimilar in culture to the bulk of the Chinese people.

If these major problems of Chinese government (the appropriate form of government, the prevention of warlordism and personal dictatorship, and the problem of centralization versus decentralization) can be solved as soon as there is a democratic reality, then the less fundamental problems can be handled with much greater ease. Administrative organization can be easily attained. Statutes can bear a closer correspondence with the conditions of society. Bad organization, bad administration, and bad legislation in the past have been mainly attributable to dictatorial leadership. Since dictators cannot survive the emergence of self-reliance and public interest among a people, these comparatively minor abuses can be easily reduced to a point where the new government can be favorably compared with the better governments in other countries.

* * * * *

Nobody will claim that the herculean task of economic reform and political education of the masses will be easy. But it is not impossible. Nay, there are forces which are working for such reforms and such education. Nationalism is one, and that urge which for lack of a better term may be described as an urge for equality is another.

Nationalism has become a factor in Chinese life ever since the turn of the century. But it has never been so all—permeating as it now is. In the past, the Chinese have felt that they were being oppressed or otherwise discriminated against by the more powerful nations of the world. While this negative side of nationalism may still to some extent operate on the Chinese mind, there is now also a positive side. The Chinese desire to see their nation strong and prosperous, not so much to claim a position of eminence over others as to satisfy their own longing for a more developed and better ordered national life. The ever-widening scale of great wars and the ever-present danger of such wars, not to mention the uncomfortable situations arising out of the rivalry of the great powers, have given them a conviction that they must develop their national strength. It is necessary first to enable the Chinese people to live unmenaced by others and second to let them throw their weight in support of peace.

Present-day China is so distraught and so apparently chaotic that superficial observers, especially unsympathetic ones, are unable to detect how deeply nationalistic the Chinese people really are. They cannot believe that the poor people of China could be conscious of their own nation. Whatever expressions of such consciousness there are among the more educated classes are generally considered negative in nature, or, to be exact, anti-foreign. But it is a fact that the bulk of the Chinese, the poor as well as the rich, the uneducated as well as the educated, are immensely nationalistic in the positive sense. For example, they are convinced that only the rise of their own nation will prevent the recurrence of catastrophic wars, not by domination over other nations, but by the redoubling of the strength of peace.

Nationalism will be a powerful factor on the side of radical economic and social changes. Every Chinese with any sensitivity of mind who is not bound to vested interests realizes that there is no future for the Chinese nation unless it is speedily renovated by the economic and social uplifting of the entire people. The true and noble nationalism of today is inseparably linked with the determination to effect that general uplift.

Side by side with nationalism, egalitarianism is also a powerful factor. There is as yet no equality. But the political and social agitators for the last quarter of a century have done their work. The common man's Stoic attitude of contentment and resignation has given way to a desire for the betterment of his economic lot. He feels that he is entitled to it. The more he suffers from the devastations of war and the exploitations of the high and the rich, the more indelible the effect of that agitation on him. Equality appeals to the common man as a means of self-preservation.

As an ideal, equality has become a thing of general acceptance. It is less challenged than in some of the outwardly more advanced and progressive nations of the West. That in the past many agitators for that ideal have not practiced it is not a deterrent to its remaining the commonly acknowledged ideal. On the other hand, that the more faithful agitators have done much to make equality a reality adds to the strength of the people's conviction that equality should come and must come.

The idea of equality is irresistible. It has never been successfully resisted anywhere. Once it had a chance to break loose, it could be held in check only when the bulk of the people were deceived into thinking that they were actually enjoying the benefits of equality. That was possible only in countries where the conditions of inequality among the different social strata were graded and not polarized. But polarization has always been the case in China. It is now an accelerating process. With the bulk of the people very poor and with a few very rich enjoying the material benefits of wealth or political power, the irresistibility of the egalitarian ideal can be easily appreciated.

The egalitarian ideal will be a great impetus and a great force for the radical economic and social changes necessary to the realization of democracy. It also accelerates the momentum of these changes, once they have started. The more real equality there is, the more will the people who are likely to benefit by equality make further demands for it. This tendency is indeed noticeable in all countries which have egalitarian legislation, whether it takes the form of mild alleviating measures, or of social democracy, or of communism.

No doubt there are at the present moment also great obstacles in the path of radical economic and social reforms. Some of them come from within. The vested classes are always opposed to such reforms. Wherever they are entrenched, thence comes the opposition. Some of the obstacles come from without. A radical transformation of the Chinese, though ultimately it should be to the advantage of all nations, is yet unwelcome to people who think that their own class interests will be damaged by that transformation. Yet precisely because the moving factors for that transformation are nationalism and egalitarianism, the opposition of the reactionary groups, especially foreign ones, only serve to strengthen those factors within China and thereby give further impetus to the economic and social changes desired.

* * * * *

If it is a correct observation that because of the impact of the West the Chinese cannot stop at anything short of some form of real democracy, and if it is a correct postulation that the Chinese will not have any real democracy unless there are prior economic and social changes on a major scale, and, further, if it is also correct reasoning that a strong desire for national independence and economic equality will lead to those major changes, then we are led, in effect, to a restatement of Sun Yat-sen's Three Principles of the People. This is not a strange coincidence. Sun Yat-sen's final aims were surprisingly far sighted and his motives were none other than patriotism in its noblest form. He desired a democratic, socialistic, and prosperous nation to take the place of a medieval and degenerate empire or the remnants of that empire. The same aims and motives are uppermost with most Chinese thinkers of today; the same conditions which he proposed to abolish still exist; and the same forces which he in his last years sought to employ are at work. The coincidence is natural.

There is nothing wrong with the Three People's Principles. There may be found inept illustrations, misstatements of facts, over-exaggerated tirades, and even bits of faulty reasoning here and there if Sun Yat-sen's lectures on the Principles are carefully examined. In the expositions of a host of self-styled theorists of the *San Min Chu-i* major blunders and mistakes may be seen. But why make the *San Min Chu-i* responsible for those blunders and mistakes? The Three Principles are not to be construed outside of the context of Sun Yat-sen's whole outlook as it stood about 1924.

More than that, even Sun Yat-sen's Three Stages of the Revolution may be found to be the true path to the successful achievement of the reality above referred to. That a Military Stage to sweep away the militarist obstacles to revolution is necessary is only too plain to need comment. Tutelage, if it means anything at all, is to gain for the people an interest in public affairs and a sense of equality, a sense that anyone has as much right and ability as any other person to express his views on public affairs. It would not be surprising if a successful revolution when considered in retrospect should be found to have gone through both the Military and Tutelage Stages before it finally reached a real constitutional government of democratic forms. It would not be surprising if all the expedients, compromises, and substitutes which are at variance with the general procedure of the Three Stages should be found to have retarded the successful accomplishment of Sun Yat-sen's final aims.

But one thing is certain, that whoever attempts to achieve Sun Yat-sen's Three Principles, or, confining ourselves to matters of government, to achieve democratic reality as the basis of democratic form, must, in order to be successful, excel in several ways the past Kuomintang which has failed. Success requires more understanding of the problems of the people with which the Principles are concerned. A successful regime must identify itself more with the people and must not consider itself to be above the people. It must be more truly nationalistic, more truly socialistic, and more truly democratic than a regime which makes mere professions or bad distortions of the Principles.

* * * * *

It may be suggested that a revolution like that herein suggested would call for a radical change in the conception of human values. It does, indeed, and it is a good thing that change is already going on.

In a revolution like this, the mentality of the élite, who are the organizers of revolution and the conservators of good government alike, is of signal importance. It is not enough that they be capable and devoted to the aims of revolution. Even having an attitude of *noblesse oblige* is not enough. What is most needed of them is to identify themselves with the mass of the people and to claim no distinctions. This must be an utterly selfless work. They must do everything possible to stimulate the people to develop an interest in public affairs. But they must not expect to assume perpetual leadership or to perpetuate the élite. To do either would always mean the existence of a ruling class and the continuation of the old Chinese tradition that the people must be ruled over by the few.

The élite of the past were not without brilliant leaders. They overthrew tyrants, they rectified abuses, they effected reforms. But never for once were they so selfless as not to think that they were the natural leaders of men. Nor could they reconcile themselves to the idea that all men could be equal and that no élite should be in perpetual existence. Hence they never forsook the positions of eminence and the roles of leadership. For the old regime, they were indeed fitting leaders of men. If the leaders of the present day maintain this superior view of their own importance, real democracy is plainly out of the question. Fortunately, such a superior view is now confined to the older and more antiquated part of the élite. The new and young ones, the ones who have both numbers and youth in their favor, have a different point of view. They are convinced that their mission is to help the people acquire an active interest in political affairs and then sink themselves into the masses. They have a different set of human values. They desire the people rather than the élite to become the true masters of the nation's destiny.

The new and young people who are well educated and active in public affairs, in other words, the real élite, have a further virtue. They are impatient for the achievement of economic reform, political equality, and the reality of democracy. They fully realize that in a world of active changes a China which does not quickly develop into a strong and prosperous nation is a nation lost. They are determined to achieve in their lifetime those great political, economic, and social reforms, since they know them to be the prerequisite of a strong and prosperous nation.

Their ranks were at first small. The majority of the educated could not forget that they were, and were destined to continue as, the leaders of men. As leaders of men, they could not countenance their own submergence in the multitude of aroused people. Fortunately, for the future of China, the new élite are gaining in numbers. And as they gain in numbers, they cannot fail to give a new direction to the leadership, which may finally achieve economic changes and changes in the social outlook of the Chinese in a reasonably short period.

* * * * *

A heartening note should therefore serve as a concluding remark. The government as it has existed is faulty in form as well as poor in its output. Amidst the wanton destruction wrought by the civil war and the accompanying miseries suffered by the people, the day seems to be dark indeed. But in contrast with the darkness of the present, there is also a confidence and determination that the people must be and can be aroused to erect a government which will work for their own economic and social uplift, and which they will be able to control. Since that confidence and that determination will brook no delay in the arrival of a real government for the people and by the people, there can be genuine optimism for the future of the nation.

论 文

治外法权问题*

自宗教改革以来，新教兴，旧教衰，罗马教皇之权剥落，中古帝国解体，欧西各国胥离教皇或神圣罗马帝而独立，以国家为单位；国以内之政权国外人毋得顾问，而所谓主权属土 Territory sovereignty 之说于以俱兴，以代替旧时法随人转 personality of Law 之说；盖近代国家成立以前，法律本随人而定；罗马人之在远方者仍受罗马法之制裁，反之，异地人在罗马者亦不以罗马法治之：此即以法随人之意。近代国家兴起，以主权说号召于世；住居法国之人则受法国法律之制裁，法人如是，英人亦然，反之，法人之在英国者亦受英国法律制裁；此即主权属土说之大要也。

近世国际公法实基于主权属土之说。凡违反此通则之制度俱在当废之列。故依国际公法而论，中国既一国家，国土内主权之行使，当然操之于中国之政府：凡关税权也，司法权也，警察权也，俱不得任外人之侵犯。故外人于事

---

* 原载 1925 年 12 月《晨报》七周纪念增刊

实上虽享有种种特权，然仍无日不以尊重主权，早日取消特权为言。此无他，彼等既以国际公法准绳吾民，斯彼等自身亦不能不尊奉之也。

治外法权实为主权属土之一大例外。盖治外法权非他，即甲国人民之在乙国者，不受乙国法律制裁，而仍受甲国法律之制裁，故甲国于国外（即治外）仍有法权也。就受治之人而言，治外法权可为二种：一为外交官吏所享者，二为普通居留外国之人民所享者。前者为万国所通行，于一国之主权实无多大侵害，今不具论。后者为侵害一国主权之恶制，今所论者此而已矣。

原治外法权之起，尚在近代国家成立以前。回教各国视耶教为异端邪说，凡居留东土之耶教徒有涉讼时，回教政府辄不屑闻问，一任自决，斯实开治外法权之端。此后西欧各国派领事驻扎回土，遂开领事裁判之例。且回人不善经商，不长航海，辄鼓励欧人东来，代营商业，代垦富源，故不惜以治外法权饵之。厥后土耳其继起，入据君士坦丁，大胜之余，未遑与欧人较锱铢，欧人以治外法权请者，辄应之不加留难。当土耳其盛时，西括摩洛哥，东讫波斯，俱入版图，因之治外法权几通行回教各国之全部矣。

二

然治外法权之在远东，不可与在近东者并论。近东各国以宗教不同之故，又以奖励欧人营商之故，治外法权之赋予，其始殆出于各国之自愿，继则以成例在先，与之而不疑，初不尽由于外人之要求者也。然在东方则不然。东方各国自始即有“率土之滨，莫非王臣”之说，而以中国为尤者。凡外人之来中国者，率令服从中国法令，其不服者，非惩办之，则驱逐之，不稍宽假。鸦片之战以前，此类成例不胜枚举，即有一二不明事体之地方长官，任外人自行处置斗殴等案，实不多见。鸦片之役，师亡军败，南京之盟，有非得已者；故各国因江南原定善后条款而取得之治外法权，实非中国由衷之赐，实基于条约而来，初未可以与在近东之治外法权相比拟也。

欧人之在广州营商者，自始即感受种种不利于贸易发展之制限；财产及其他观念，中国与欧洲出入异同之处极多；而刑罚严酷，多所株连，外人视为畏途：自始即谋挣脱中国法令之羁绊。徒以西国既以主权属土之说为国际公法之一，且中国亦坚不以法器假人，故鸦片之战以前，外人无得逞志焉。

中国之许外人享受治外法权，实始于道光二十二年之江南善后条款。该条款年久失查，惟可于次年中英五口通商章程第十三款觅其内容：

“凡英商禀告华民者，必先赴管事官处投禀，候管事官先行查察谁是谁非，勉力劝息，使不成讼。间有华民赴英官处控告英人者，管事官均应听诉，一例劝息，免致小事酿成大案，其英商欲行投禀大宪，均应由管事处投递，禀内倘有不合之语，管事官即驳斥另换，不为代递。倘遇有交涉词讼管事官不能劝息，又不能将就，即移请华官公同查明其事，既得实情，即为秉公定断，免滋讼端。其英人如何科罪，由英国议定章程法律，发给管事官照办。华民如何科罪，应治以中国之法，均仍照前在江南原定善后条款办理”。

随中英五口通商章程而起者，有道光二十四年之中美五口贸易章程，及中法五口通商章程。英约条文尚含混，至美约法约而始详明，兹将美约之条文录左：

“(第二十一款)嗣后中国民人与合众国民人有争斗，词讼，交涉事件，中国民人由中国地方捉拿审讯，照中国例治罪；合众国民人由领事等官捉拿审讯，照本国例治罪。但须两得其平，秉公断结，不得各存偏护，致起争端。”

“（第二十四款）合众国民人因有事要向中国地方官辩诉，先禀明领事等官查明禀内字句明顺，事在情理者，即为转行领事等官查办。倘遇有中国人与合众国人因事相争，不能以和平调处者，即须两国官员查明，公议察夺”。

“（第二十五款）合众国民人在中国各港口，自因财产涉讼，由本国领事等官讯明办理。若合众国民人在中国与别国贸易之人因事争论者，应听两造查照本国所立条约办理，中国官员均不得过问”。

上列三款，第二十一款规定中美刑事诉讼之解决方法，第二十四款规定中美民事诉讼之解决方法，第二十五款规定美国人与美国人或其他外国人民事诉讼之解决方法。外人在华享受治外法权之方式，至美约而有准则可寻，后此之订约者，亦俱以此为圭臬。不特道光二十四年后之通商条约为然，即咸丰天津诸条约，暨随天津条约之后者，亦莫不然也。计自道光二十三年迄民国二年，以条约而取得治外法权者，有英，美，法，瑞典，挪威，俄，丹麦，德，荷兰，西班牙，比利时，意，奥匈，秘鲁，巴西，葡萄牙，日本，墨西哥，瑞士等十九国。此中除德与奥匈因战而丧失，俄则自动放弃，墨西哥于民九废止光绪二十五年之条约，因亦放弃治外法权外，迄至今日，享受此权者，盖尚有十五国在焉，然自民国四年以来，凡所定条约，俱不再以治外法权让人，是年中智之约，即无治外法权之赋予，后此者更无论矣，虽前年智利曾以最惠国条件相要挟，外交团助之，亦终未获得此权也。

就上列各条文，及其他条约中相类似之条文，分析言之，治外法权殆可分别为下列各项：

(一)不论民刑案件，两造如属同一国籍者，则统归外人自理，中国政府向不顾问。中美五口贸易章程第二十五款虽仅及民事，然中法五口通商章程第二十七款有“法兰西人在五口地方，如有犯大小等罪，均照法兰西例办理”之明文。各国既俱受最惠国之待遇，自始即取得受理同国人刑诉之权矣。

(二)甲外国人与乙外国人涉讼，如甲乙两国俱系享受治外法权者，由甲乙两国查照两国间“所立条约”办理，中国政府亦无顾问之权。此层中美贸易章程第二十五款已明言之矣。

(三)中外人民发生民事争执时，领事官应先调处之。其不能和平调处者，则由两国官员会同审办，公平讯断。

(四)中外人民发生刑事诉讼时，中国罪犯由中国官员依法惩办，亦即原告随被告之理 Actorseguitur farunr rei。盖谓被告国籍之法庭，得受理诉讼。如被告为华人则中国官员审理之；被告为外国人，则外国官吏审理之也。

(五)甲外国人与乙外国人发生民刑案件，甲有治外法权，而乙或为无条约国人，或乙国虽与中国有约，而无享受治外法权之规定，则乙国人之待遇，一如华人。甲乙案件解决之法，一如中外之诉讼。中美贸易章程第二十五款所定“若合众国人民在中国与别国贸易之人，因事争论者，应听两造查明各本国所立之条约办理”云云，显指已与中国通商各国之“别国”人而言。该时惟已与中国立通商条约者得享受治外法权，可总为三类论之：

(一)完全由外人处理者。(甲)同国籍外人互争，而该国享受治外法权者。(乙)异国籍之外人互争，而两造之国俱享受治外法权者。

(二)外官处理，而华官得观审者。(甲)中外诉讼，外人为被告者。华洋混合民事案件，原告之国之官吏得有观审权，实本于中美贸易章程第二十四款，“两国官员公议查明察夺”之句。盖所谓“公议查明察夺”者，除甲国审理，乙国观审外，既无其他成例可援，亦无其他方式可以实践也。混合刑事案件之处置，依中美贸易章程第二十一款所言，则中美官吏于审理罪犯时“须两得其平，秉公断结，不得各存偏护，致起争端。”中英天津条约第十六款，英文原文所言 Justice shall be equitably and impartially administered on both sides 亦正同此意，惟译者不检，译为“彼此均须会同公平审断，以昭公允”；妄增会同二字。论者谓此二字实开外人要求刑事观审之机。然细考十六款语意，实不能仅视为表示希望之谈。公平也者必有标准在焉，苟违此标准，亦必有救济之方；标准救济，在混合案中，舍观审外，宁尚有他？夫中国官吏审理华洋刑事诉时，有外国官员观审，固憾事也，然若以条文未尝明白规定，而不准观审，于中国亦殊有害；盖如是，则华人被害者，外人为被告时，外国法庭审理案件，亦得拒绝华官之观审，华人之冤且不得伸，此宁计之得哉？故华洋混合刑事案件，外人而无权干预也固最妙，夫既有权干预矣，则不如准彼此观审之为愈。中英芝罘条约第二端第三款所载“至中国各口，审断交涉案件，两国法律既有不同，只能视被告者为何国人，即赴何国官吏处控告。原告为何国之人，其本国官员只可赴承审官员处观审。倘观审之员以为办理未妥，可以逐细辩论，庶保各无向隅，各按本国法律审断。此即条约第十六款所载会同两字本意”云云，实不可免之解释，决不能以此而归罪于“会同”二字也。(乙)甲外国人与乙外国人涉讼，被告之外国人因享治外法权之故，得由本国官吏处理，但原告外人因不享治外法权之故，受中国法律之保护，故中国官吏得以观审。

(三)华官处理，而外员得观审者。(甲)中外诉讼，外人为被告者。(乙)甲外国人与乙外国人涉讼，而被告之外国人不享受治外法权者。

外人所享之治外法权不过上述三项而已。超过此者，俱非条约所许。治外法权在中国之根据，乃完全由于条约，初不能与在回教各国，欧人千余年来所享受之治外法权相比拟。君士坦丁有国际混合裁判所者，凡耶教外人俱受治焉；然在中国则凡非由条约明白取得治外法权诸国之人，若智利人，若阿根廷人，均不得享受治外法权，亦决不能与在君士坦丁之耶教外人并论。又在回教各国，甲外国人而托庇于乙国之使领者，乙国之使领得代行治外法权；然在中国则全视甲国之是否取得治外法权，若无之，则当受治于中国法律，虽托庇于乙国之使领，亦不应享受治外法权。至于华人之服役于享受治外法权之外人，或买得享受治外法权之旗帜，而私运鸦片，或作种种不法之事者，不当受治外法权之庇护，则更彰彰明甚。盖国际间让与之权利，应从严解释，免致让者更多损失。中国既以治外法权让诸各国，各国决不能再僭越而超过条约之所许，此理至明，有不容置辩者矣。

不特条约所许之治外法权不能超过已也，即条约之所许者，亦非完全之法权而漫无制限者。英美人犯法，归英美官吏按法审理，此条约上所明载者也；然所谓法者，亦有大别在焉。犯法之法，与按法之法，未必为一法。前者为实体法，而后者为程序法。前者规定何者应为，何者不应为，何者为罪过；后者则不过规定诉讼之程序，及判决之执行已耳。当鸦片之战以前，各国因经商不便之故，往往借口于我国法律之不良，然彼所指摘者，实司法行政之不良，而非实体法之不良也。司法行政有光明黑暗之分，而法律本身无良不良之可言。昔人所谓良者，近人未必以为良；我之所谓良者，西人未必以为良；西人亦安能以彼之所谓良法律，而令我亦曰，此良法也，此良法也哉？国之于世，必有所立，所恃以为立者，法而已矣；法之不存，国将焉附？西国主权属土说之盛行，正亦如此。我国自嘉道以降，司法行政之窳败，为不可掩之事实，授人以隙，亦自有故。然西人因愤中国司法行政之腐败，而取得治外法权，则其所谓法权者，实应限于程序法之法，司法行政之法，而非实体法之法。何者为权利，何者为义务，何者为罪过，此皆由实体法以定之，西人固不能以彼之实体法，行施于中土也。

中美贸易章程第二十一款所载，中国人犯罪由中国官吏按中国法惩办，美人犯罪，由美国官吏按美国法惩办云云，何者为罪，毫无说明。所谓罪者，当必中国法律所定之罪而已。所谓美国法者，特程序法而已。盖谓美人若犯中国法律而致罪，则交美国官吏审理，缘中国司法行政不良，刑讯及无期拘禁等等，为美国人之不惯习者。即退一百步言之，美国官吏亦仅能依美国实体法而判罪而已。例如：依该时中国法律，杀人者斩，而依美国法律，则杀人者绞而已，绞与斩虽为实体法所规定，实亦仅形式之不同而已。何者为罪，则虽美人亦应得依中国法律也。此点更可于中法天津条约第三十八款见之。该款云："大法国人由领事官设法拘拿，迅速讯明，照大法国例治罪，其应如何治罪之处，将来大法国议定条款。"依法文原文，实谓法人犯罪者应由法领依将来法政府制定之条例治罪，并无依照当时法国行用之法律之意在焉。此足见实体法之必采用中国法矣。其所谓将来条例云者，盖指程序法，此所以有按中国情形而特加规定必要也。

光绪初年，中美以应用何国法律之问题，曾起争端，然美国亦默认中国法律有奉行之必要。此意可于美使西华德氏报告美国外部书，暨美外长拜厄德致美使敦比书中见之。（Foreign Relations. 1880，P. 146，1885，P. 160）盖中国虽以治外法权与人，而从未抛弃立法之权。举凡税关条例，矿业条例，禁烟条例，或中立条例等等，虽享治外法权之外人，按理亦不能不一一遵守。若美人“走私漏税，或携带各项违禁货物”，则中国官吏且得直接惩治之(咸丰八年中美和好条约第十四款)。反之制酒为美法所禁，然美人之在中国设造酒厂者，得不伏罪。此无他，盖所谓治外法权者实非以美法英法推行中国之谓，实仅因各国于中国之司法行政，有所不满，故索得自行审案之权，以代理中国法律之执行而已。盖即所谓代理说 Theory agency 者也。

故治外法权者非他，仅外国依据条约，取得以该外国之程序法审理外国人之案件，借以补救中国司法之弱点之权而已。治外法权之取得，实以条约为根据，而司法行政之不良为理由者也。

二

然条约之明加制限虽如上述，而八十年来，外人步步侵凌，无所不至，凡非条约之所赋予，而外人实际上享受者，计有下列各项：

(一)上述(贰)项所载外人观审，今已浸成外人会审之制。夫观审云者不过于外人为原告之事，外员得亲临中国官廨所在，观视一切。苟决谳平允，则外官满意而退。如“辩理不公”，观审者方能有所置喙，“逐细辩论”，或抗议，或请求复问，以期案得平反。此观审之大要也。乃外人得寸进尺，化观审为会审。凡外国观审官足道所至，外国势力亦随之而来。虽中国地方官力求公允，而外官吹毛求疵，尽力发挥私意，必达其意而后快。名为华官审理，外官观审，而实等于外官主审，华人备位而已。而所谓原告随被告之原理，在洋原华被案中，实等被告就原告矣。

(二)华官观审之抛弃是也。华人或不享治外法权之外人为原告，而享受治外法权之外人为被告时，华官有观审之权，既如上述。然华官畏事偷懒，不爱观审。即华人为原告时，亦不常往，若不享治外法权之人为原告时，更不观审。时过境迁，外人遂以外人间之涉讼，即其中之一造为无治外法权之外人时，亦视为治外法权之所及，不令中国过问。即华人为原告之案件，亦不与华人以公平之待遇。彼盖深知华官观审之有名无实，或竟不观也。

（三）无论何条约中，华人间之诉讼，及华人与不享治外法权之外人间之诉讼，固皆当由华官处理之，未尝授诸外人也。然自有租界以来，外人借口租界之治安，遇此类诉讼时，亦委外官出庭观审，由观审而主审。租界内华人间之诉讼，及华人与不享治外法权之外人之诉讼，实际上遂亦归于外人矣。

（四）享受治外法权者，以有条约之国为限，无条约者，或条约中无治外法权之赋予者，决不能以同为耶教国之关系，而取得之，前已言及之。然实际上亦有不尽然者。土耳其与我无条约，然欧战前，土耳其人在华者受德领之保护，德人既有治外法权，亦不惜为土耳其人代争此权，竟被争得，此侵权之一端也。智利虽与我有条约关系，而条约中实无治外法权之赋予，然智人为信耶教之白人，彼既强词夺理坚争治外法权，其他西方各国也不惜庇护之，虽以吾国力争之故，智人未得逞志，然亦可见西人无理，此亦侵权之一端也。

再者，外人在华所享之治外法权，仅限于程序法，而实体法则仍须从中国之法，前已言之矣。然外人强横，虽迫于常理，限于公法不能不于理论上承认外人亦服从所在地之法 Locus regit actum 之原理；而实则彼所执行之实体法律，除不动产法依中国法律外，余辄为其本国之法律。不特外人与外人间之诉讼，引用外国之实体法而已也，即华原洋被之案，亦复如是。侵我主权，莫此为甚，我之立法权亦因之而破碎不全矣。

综上所述，可知今日之所谓治外法权者，或由于外人之违约侵略，或由于华吏之畏懦放弃，已不知超过条约中所许者几倍矣，哀哉！

三

今请一论在华各国治外之司法行政。

列国在华所享之治外法权极广，而其法庭之组织，除英美二国外，余皆简陋无可观者。大概俱以领事为法官，稍加以辅助之人而已。

英国 英国在华有两种法院：一为地方法院，二为最高法院。地方法院即领事法院，以领事为审判长。案之较重者则以参审为助。最高法院设在上海，以时巡行中国全国，受理由地方法院上诉之案件，及不属于地方法院管理之案件。上海领事区域内之初审案件，亦统归管辖。设院长推事数人，法庭之组织及审理之法规，仿照英制，然亦不能尽类也。

最高法院之上诉，由英京枢密院之司法委员会任之，而不由正式之高级法庭。

美国 英国于光绪三十年在沪设最高法院后，美国仿之，因在沪设地方法院。其权限与英之最高法院相若。其组织则与在美之地方法院相若。上诉则在美国第九司法区之上诉法院（在旧金山）。地方法院之外，领事法院依然存在，一如英之地方法院焉。

法国 凡领事驻地之区域，皆设领事法院。以领事为审判长，领事馆之主事司承发吏 Huissier 及书记官 Greffier 之职务。驻京使馆之主事与领事有同样之权限，惟使馆主事设庭时，则以使馆中之译员充承发吏及书记官。审判长之下设陪审官二人，于当地法国人中择充之。民事在百法郎以下者，领事得独裁之。以上者，须得陪审官之同意。然无法召集陪审官时，领事亦得独决之。三千法郎以下者，无上诉焉。刑事分三等：即过失，轻罪，重罪是。过失审判长得独决之，不准上诉。轻罪取陪审判制。重罪则领事仅任预审而已。

领事法院之上，有西贡及河内之法院为上诉机关。领事法院之上诉案件，及安南地方上诉之案，均由此院处理之。凡由云南上诉之案，不论民刑，亦俱由此院发落。西贡及河内法院本为法国正式法院，其再上诉之方，一如正式法院焉。

比利时 有领事之地，以领事为审判长；无领事之地，则由比使于外人择充之。审判长觅当地比人若干充陪审，无比人时，则外人亦可。管理范围，与法相若，惟重罪则须径送不拉奔 Brabant 之刑庭。

意大利 如上。

西班牙 审判长以领事充之，陪审则不限西班牙人。

从享受治外法权各国在中国之法院观之，亦正见其窳陋无足取而已。领事官泰半皆不谙法律，今则列国均以之任司法之事矣。外人犯罪，由同国官吏判罪，非各国争治外法权之理由乎？然比意等国，不得已时，且请其他外人为领事裁判官矣。且法律不一致，审查费时日，证据不易得，执行不方便：凡此虽外人亦不能隐饰。告发及陪审制为英美两国所重视，检察及合议制为大陆各国之通则，然在中国则因陋就简，有时不能割爱，举凡外人在本国数千百年最尊贵最重视之制度，若陪审，若保护状，一一断送之而不惜，异哉！外人以此种朽败之司法行政自欺，而尚诋吾国司法之不良，亦正见其责己宽而责人严耳。吾国司法纵不良，吾国法官纵无识，决不至视领事审判，及领事而更劣。今日外人而仍以司法不良诋吾，直藉口而已，直与吾国无理取闹而已，宁有他哉？宁有他哉？外人尚能觍颜以调查吾国之司法，吾国更宜派员以调查外国在华之司法矣。

至于现行治外法权之有害于中国，则更罄竹难书。中国法律在中国境内不能完全施行，一也。华洋混合案件，外官审理者，每厚于外人，而薄于华人，二也。华人审理之件，外人藉端会审，华官权不得伸，三也。外人犯罪扰乱治安，华吏毋得惩治，四也。老奸巨猾，遁避租界，外人袒之，隐为中国政府之患，五也。不肖华民，假外人旗帜，以冒享治外法权，六也。他若上海之所谓会审公堂，汉口之洋务公所，则更光怪陆离，几为全世界最无法无天之衙署。有会审公堂，然后有乙巳年之大闹公堂案；该公堂民九受理章士钊控广东军政府财政总长保管广东关余一案，尤为侮辱广东政府之举。总之，外人藉治外法权，侵夺吾主权，违反近代主权属土之理，使我不国而已。

四

治外法权至今日已为十手所指，十目所视之弊制，收回恢复，已为举国一致之主张。然则将如何而后可收回耶？民八巴黎，及民十华盛顿，吾国代表曾先后要求各国修改条约，取消治外法权。巴黎和议未加讨论。华盛顿之结果，亦不过一纸决议，不落痕迹，所允诺者，仅所谓司法调查委员会东来已耳。夫司法者吾国内部之行政，外人安得而调查之。就令外人要知概况，亦当非正式察访之，不当订诸国际信约，以为要挟。乃吾国出席华会代表，非但不加阻止，反从而和之，自愿派出代表，加入调查。今各国委员竟一一东来。纳之，则自讨没趣，并损威严。拒之，则有类反汗，且失信义，所以至此者，宁非吾国华会代表之失策哉？

但调查委员会既来，终亦无法拒之。对付之法，则中国代表应十分注意于治外法权之现状，将越约之事，尽情暴露，将领事法院腐败之处，极力考察；如是，则调查结果，或转足为我利也。好在德俄自取消治外法权后，对于吾国司法，尚无间言，此为德俄使馆所能作负责之声明者。最近上海陶适之案，俄人大有烦言。然俄人所不满者，领团之霸横，中国法庭之被扼，而非中国法庭之不称职也。

至于治外法权之收回，则应分二部。其一为越约或违约而行使之治外法权。其二为条约所许之治外法权。

凡不依条约而享受之治外法权，应立即取消之。如上海会审公堂等等，俱为条约所不许，政府应严禁其存在。若外人抗命不遵，则可用国际公法惯例，若报复等，对付之。如国人而仍敢服务于会审公堂者，宜拘押之。外领之越权干政者，则取消其准许状，不与以方便。使团抗议，则据理以驳之，使团当亦无如何也。

凡条约所许之治外法权，收回较难。依据成例，不外两种。其一，如土耳其之径行宣告废止。此法爽捷而不易实行。盖当土耳其宣告废止治外法权之日，正欧战方酣之时，土特利用大战而已。微大战，列强必不之许。且民国 12 年洛桑会议时，列强仍以恢复治外法权相要挟。苟土耳其非战胜之余(民国 11 年土军败希军英人丧胆)亦安能与列强相抗争而不屈？故揆情度势，吾国此时，尚不能仿照土法。其第二法，则如日本、暹罗等国，与各国重订条约，取消治外法权。然此不易行。日本收回治外法权之运动，自明治四年起，至 27 年，始告成功；至明治 32 年始得将治外法权实行收回。其中所经时期太长，中国迫不及待，一也。明治 27 年所订条约，以改良法制，及开放日本，为收回法权之交换条件。改良法制，我国力行之已有年数，不成问题，若开放全国，则决不能。我国地大物博，而外人无孔不入；边省地方行政废弛者，决非一朝一夕所得改良；一旦开放，外人即有机可乘，二也。日本之改约也，先英而后其他各国，各国均单与日本订约。我国则不能采用此法。我国苟欲借条约以收回治外法权，至少须与英美日法四国共订条约。此四国者实为东亚之横暴者，其中有一国不放弃治外法权，中国即无完全法权之可言。此不可不审者，三也。且日本志在欧化，不惜求全以争主权，故其代价甚大。我国不求欧化，四也。至于列强之在暹罗，除美国外，余仍保持其治外法权。即以美国而论，亦未完全放弃。故民九暹美之约，更不足为例矣。

然则吾国将如何而收回条约所许外人之治外法权耶？余曰，惟先礼后兵之法而已矣。凡让与治外法权之条约，都为商约。除约中特别规定外，通例，商约皆以十年为期，十年后不改订，则订约两国均有废止之权。吾国应当自动召集一修约会议，凡在我国享受特权之国，皆在与会之例。如能以在京之司法调查委员会扩充其权限，而变成修约会议则更妙。如列国应召，则吾以撤除治外法权，及其他特权为要求，以报复为恐吓。如外人而就范也则已。如或召而不来，或来而不应所求，则吾之礼固已足矣；吾不妨据国际公法时势变迁条约失效 Rebus Sic Stantibus 之原则，以吾国司法行政已经维新为言，将一切关于治外法权之条文，一一废除。此固与国际公法不悖。不特土耳其行之，日本于宣统二年并吞朝鲜后，亦以宣言废止各国所享之治外法权。美人终始抗议，终始不认，且以朝鲜司法行政未臻美备为辞，然日人不之理，亦不闻美人有若何反抗也。若废除之后，而外人仍照旧不服吾法庭之审判者，则吾实行吾之报复。如阻止外人旅行，严惩华人为外人服役，商标登记，公司注册；凡可以苦外人而不至造成敌态之方法，一一实行之。

难者或曰，子所言者，爱国则然矣，然非可以交外而实行者也；国与国交，必有所交换者，我国微弱，尤应和平办理。噫！此亡国之言也！此列强语我之口吻也！此洛桑会议席上，列强教训土耳其之言也！此林权助劝土人仿照日人，逐步废止治外法权之义也！此美国柴尔德 Childs 勖土人以条约神圣之意也！此非我敢信也。国难深矣，国权蹙矣，交换品尽矣。若以交换条件而论，吾若愿以推广上海租界为收还公审公堂之代价者，则民四早已收回，何待今日哉？吾只能以恐吓及民气，收回利权，而决不能以利权换利权也。若因此而酿起国际争端，则诉之于海牙国际法庭可也。该法庭固不啻为帝国主义者所操纵者；然方以公正无私，不畏强御，自鸣于世；若固公正，则我且得直，若有所私，则假面具亦可揭破，于我无伤哉。

政 治 学*

中国人研究西方传来之专门学问，往往因名辞不易翻译之故，特别困难。政治学为社会科学之一，社会科学之名辞，即在西文中亦未划一，故以中文讲政治学，真有难上加难之概。然亦不能因噎废食，而不用中文也。余今分九节，以讨论政治学之大概。

(一)政治学之名称及定义 为讨论便利起见，余即名今日我侪所讨论之学问为政治学。政治学之定义，人各不同，余之定义为："政治学者，研究人类政治活动及其政治组织者也。"政治学之名，在西文中亦不相同，英文有"Political Science；Science of Politics；Politics 或 Political Sciences"等等。而美国哈佛大学，更有"Government"之称。法文有"Science Politique；Sciences Politiques"等等。德文有"Staatslehre；Politik；Staatswissenschaft；Staatswissuschaften"等等。就英文论，最普通者，当为"Political Science"。余以为此名尚不及中文"政治学"三字之妥当。因"Political Science"二

* 原载 1926 年 11 月《清华周刊》第 336 期

字，有两缺点如下：

1. Political之字起自希腊文Politeia，此字之含义极广极混，尚不及政治二字之较有明显之意义。

2. 有Science字在内。政治学是否为Science尚属问题，今直用之。似不相宜。

(二)政治学是否为科学？科学家对于科学，皆不愿轻下定义；余非科学家，不敢下定义，不过余以为凡科学当具下述之两要素：

1. 有许多有因果关系之事实，可供吾人研究。

2. 于此种事实中，吾人须能得到通律，用以解释相同之现象。

就以上两点观察，则政治学距科学尚远。有因果关系之事实，吾人纵已收集不少，然尚无从研究之而得通律也。欲求政治成为科学甚难，有数种难点，今举如下：

1. 政治学中之名辞多普通习用之名辞，不易成为专门名辞。

2. 他科学可以而得结果，然政治之现状非同气压或重力可比。吾人无法可使之就范而作吾人之试验。

3. 与政治学有关系之各种社会科学，尚未成为科学，因之政治学亦难成为科学。

4. 研究科学需用客观眼光，而政治学则往往用主观眼光，发表个人意见，此为科学所最忌。

(三)与政治学相关之学问：

1. 法律　政治学与法律，研究同一之事物，不同之点即为研究者所用眼光之异同；如政治学则从组织方面着眼，而法律则从权利方面着眼是也。然彼此之关系当然密切。

2. 经济学　政治学与经济学亦有密切关系，如一国之预算，在政治范围内，然征税之法则，必须合于经济原理，再必用法律之手续通过之。于此可见法律经济两学与政治学关系之密切。

3. 历史　历史者，乃研究政治学之工具也。无历史知识，即不能会悟一时之政治现状，故不可不知之。

4. 心理学　如近日北京民众暴动，为政治运动之一，然不知心理学，则不能测知群众之心理，故心理学亦须注意。此外如哲学，生物学等，皆与政治学有关，不必一一详述。

(四)政治学之历史 政治学历史，与政治思想史无甚出入，因一代关于政治之著述，在后人观之，往往为政治思想也。

中国几无政治思想可言，盖中国人对于政治极为重视，《论语》中有许多政治思想在内，其余如庄子、荀子皆有政治思想在内。不过此等书籍，多半为著者之人生观，故不能承认其政治思想专书。西洋关于政治思想史之书籍，古时以亚历斯多德所著之“Politics”为最重要。亚氏首用比较方法，该书所论政体及政治组织，虽今人亦不能超而上之，其影响于后代政治思想者甚大。

希腊亡后讫13世纪，对于政治思想之贡献，可得而言者，仅以下数端：

1. 犬儒派　stoics 物我同与之说，犹如中国四海之内皆兄弟也之义。

2. 罗马人之一天下主义 Universality。

3. 随基督教而发生之宗教与国家之冲突，由此种冲突，而发生之思想。

4. 封建时代以小事大之思想。

以上所述种种思想，与亚氏之书比，诚有小巫见大巫之概，亦绝少科学精神。至13世纪，亚氏之书，由亚拉伯文传入欧土，亚氏之说，始得复活。Aquinas 及 Machiavelli 受其影响不少。然中古时代，与之继绝于近代政治思想亦不无贡献。

15 世纪民族国家(nation state)之说盛兴。此说即一天下主义及教团冲突之反动，而天赋法权说(Junaturale)，乃封建时代蹂躏人权之反动也。及后法之 Bodin 倡主权论，英之 Hobbes、Locke 及法之 Rousseau 辈出，倡民约论。结果，一方促成英国民主政治，而又一方则鼓动美、法之大革命，遂成世界各国今日之政治制度。自 19 世纪以还，经济制度，日臻复杂，代议制度及民权政治亦渐有不适现状之概；主权说亦时遭反对，多元说逐渐通行，职业代表制及苏维埃制或为将来之最普遍者，亦未可知也。

(五)政治学之现状　政治学一科，七八十年前，尚未自成一科。政治学大别之，不外政治思想，政治组织，及政治现状而已。思想为哲学之一部，政府之组织，政权等学则大概属于法律。19 世纪欧陆大学分科，只有神、法、医、哲四科。政治学自成一科，自美国始，欧洲各国仿之不过最近数十年之事也。现在欧洲各国亦有专门研究政治学之学校，如英之“London School of Economics”法之“École de Sciences Politiques”德之“Hochschale Fir Politik”是也。

(六)政治学之分类 政治学之分类，可为表以说明之。

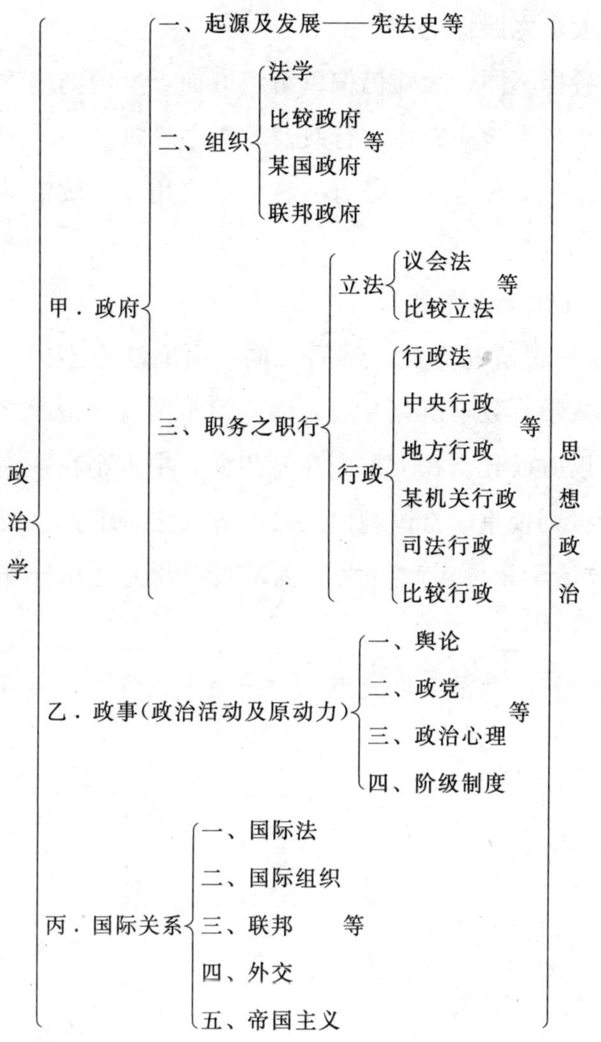

以上分类，如司法则亦在行政之内，主张三权分立者，当然反对，然余则认司法乃行政之一种，故列入行政中。以上各类为余个人之分法，乃聚欧美各大学之政治科目而分者，妥否尚待斟酌。

德国政治学者 Jellinek，曾分政治学为两类即：

1. Staatslehre。

2. Politik。更分 Staatslehre 为普通及特殊二部，然此种分法，不能包含现在欧美各大学之课程也。

各科之偏重，在各国不同，大陆仍偏重组织方面，美国则偏重行政及政事。近年来大陆各大学亦有注重行政及政事之趋向。

(七)政治学之用途　一种学问，必有一种学问之用途，政治学亦然。今列其用途如下：

1. 政治学可做一种知识研究之。

2. 政治学可当作一种研究方法。学问不同，研究法亦不同。历史有历史研究方法，数学有数学研究方法，而政治学则有政治学之研究方法。此种方法，以时而异。在上古侧注意想象，中古则往往为拥护当时之政别，至近世则偏重于富国利民之政治方式之研求。

3. 实用　研究政治学，可谋政治之改良，医学及天文学皆能实用，政治学亦然。

(八)研究政治之方法　政治学研究方法，可有下列各派，盖视辅助学科而分者也。

1. 历史学派。

2. 法律学派。

3. 心理学派。

4. 统计学派。

5. 人种学派。

6. 生物学派。

7. 经济学派。

8. 社会学派。

9. 比较派。此派之方法自古即用之，Aristotle，之“Politics”；Bodin，之“Les Six Livres de la République”；Montesquieu，之“Esprit des Lois”，之 Bryce 之 Modern Democracies 皆自比较而得者也。

（九）政治学之将来　政治学之将来，视其能否成为科学而定。盖学术可分为两种：一为艺术(Art)；一为科学(Science)。政治学离艺术甚远。如能成为科学，则当可自成一家，在社会科学中，当可占位置。否则恐仍不免介于哲学法律之间。政治学在今日之特点，则有下列数点：

1. 比较方法用之者日多一日。

2. 忽视政体方面之研究而重视职务方面之研究，忽视形式方面之研究而重视运用方面之研究。

3. 国际关系之研究渐为一般人所注意。

4. 分类繁多，日甚一日，如美国近年竟作市政之研究，更为之分门别类。然往往有轻重失均，舍本逐末之弊。

5. 设置研究政治学之特别机关。德、法各国，皆有政治学院，中国近日亦有政治大学之设，而美国更多政治研究所。长此以往，政治学当不难成为科学，而在学术中占一位置也。

论华北大势*

——兼送黄委员长南行

行政院驻平政务整理委员会黄委员长将于今晚南下。按黄氏于去年五月初，日军威胁平津时，始受整理华北政务之命，于5月17日始抵任所。8月初他尝回过南方，当时且有消极的传说，经中央当局几度的敦促，始于10月初重又北上供职。

黄氏再度北来于今又有5月。在这五个月中，华北局势在表面上虽无若何变动，但其底流则几无日不在推移之中。对日关系应凭怎样的方针，华北政权应否有所更张；这二者俱为当前亟待解决的问题。解决得法或可以替国家保存若干元气，解决不得法且会促华北早一日的沦亡：其中干系至深且大。然则黄氏此行与解决的方法必将有所研商，故我们特乘方法未定以前，对中央及黄氏郑重一言。

现在华北问题可分为二：一是对日问题，一是内政问题。

---

* 原载1934年4月7日《益世报》

对日问题我们于社论中常有论及，在2月22及23两日并尝阐明何以中日不能妥协的理由。日本是强的，中国是弱的，这是尽人皆知的事实；主张和日的人知道，不主张和日的人也知道；精通日本事情的人们固然知道，不以精通日本事情自命的我们也同样的知道。我们与主张亲日者见解不同的地方在下面一点。亲日派以为日本人对华的欲望是有一定的限度的，如果满足了他们的欲望；他们(至少暂时)便不会前进。我们以为日本人对华的最后目标在制服中国(或武力并吞，或攻守同盟，或经济操纵)，在没有达到最后目标以前，他们的欲望是不会满足的，他们一定是得寸进寸，得尺进尺，有机便乘的。这个不同的见解，在对日方略上是有根本重要的。如果亲日派的见解不错，那我们毫不迟疑地希望有人敢负起割地求和的重任，以让我们有整理内部，徐图复苏的机会。如果我们的见解不错，那割了东北，日本仍会要求华北，割了华北，日本仍会要求长江，与其开门揖盗，财物被劫，内眷蒙羞(近来中国民气的衰落和妇女被污有同样说不出的苦)，而生命终归乌有，毋宁与盗肉搏，而死壮士之死！

我们很不客气地坚持我们的见解是唯一正当的见解。我们近来在平津常听见这样一个比喻。鲨鱼嗜糖，闻糖味必追逐，所以在火轮盛行以前，运糖的海船无不畏怕鲨鱼的。为免得鲨鱼破船取糖起见，船上人常有陆续抛糖以饵鲨鱼的必要。有时鲨鱼继续追逐，则常有到岸而被捕者。“日本通”的意见以为日本是鲨鱼、而中国是糖船，所以现在唯一的办法是抛若干包的糖，以保全整个的船。这个比喻的根本错误即在以贪馋无计划的鲨鱼比日本人，而以有灵犀的船夫比中国人。所以我们现在如果采用糖船抛糖的办法，则我们于抛完糖了以后，还得把自己供献于鲨鱼的。我们现在提出一个具体的问题来问“日本通”。假设我们将东北正式割让于日本，而日本也正式签订和好条约，请问你们就能相信日本人的诚意么？如果相信，你们能保证日本人不再作进一步的侵略么？你们割让的用意当然在求有整顿内部的机会，整顿内部的目的也当然在复仇。日本人非鲨鱼，非冥顽不灵者，他们决不会傻到让你诱他们到岸上，让你捕他们，让你有复仇的实力。

中日的关系既谈不到根本的妥协或亲善，我们现在所能做到的最大限度的亲善即是与日人客气客气，口上不谈复仇或抵抗而已。至于通车通邮等等，则我们认为只有百害而无一利。害之大者，一为使各国得有承认伪国的藉口。再为使华北的民气更死，更消沉。“日本通”或以为通车通邮而后，日人容会让我们有较大的统治华北之权。这一点在不知华北内情的“日本通”容许尚可存此奢望，但黄委员长则当不应有此妄想。日人自所谓撤兵以来，在华北包运毒物，诱致贫农，侦查险要，到处演习，等等，黄氏当必知之有素。日人的跋扈只谓因通车通邮而加增，决不会因通车通邮而减小。这是我们可以根据常识而敬告黄氏的。

所以关于华北的对日外交，我们只有一个秘诀，就是不割让实际的权利。我们如能一方面不割让权利，一方面又能和若干日本要人联欢，使他们能稍稍抑制浪人无赖辈之兴风作浪，那当然是最上算的事。黄氏本以熟悉日本情形见称于时，国人所期望于他者当然也在此处。但联络好感的条件如是利权的割让，如通车等等，则我们宁可不要好感，宁可受浪人的扰乱。我们只能有一分力量，则用一分力量来抵抗。中日问题根本是无法解决的，我们愿黄氏对于妥协一道勿轻予尝试，我们但愿其忍辱负重，与日本人敷衍，而不让日本人携权利以去。黄氏如能立意为此，则在积极方面纵无贡献，但国人的感激是可以预期的。

至于对日的重要交涉则中央仍责无旁贷，与地方交涉而不和中央交涉为日本对华传统政策之一。张作霖时代如是，今日的华北亦如此。然这一定于日本为有利的。不然日本必不出此。近一年来国人颇有人以为任黄郛全权交涉乃有利于我国的办法者。这当然是知己而不知彼的看法。任黄交涉，在中央固可减除许多麻烦，然必于我国为不利，不然日本便不肯这样做法。日本所以愿同地方交涉之故，因为地方向比中央易与。故对日大计中央自己应负起责任，万万不可让地方当局将生米煮成熟饭。这次黄氏入都时，深愿中央给黄一个固定的活动范围。

至于华北内部问题，以理论言，黄委员长是华北各省市的最高行政长官。然黄无军权，亦无指挥军队之权，而封疆大吏则大多为军人，故黄绝无实力。这次黄氏晋京或会向中央要求较大的实权。但我们根据多方面的观察，认为不必改弦更张。从事实言，欲令鲁韩晋徐之辈听命于黄是做不到的。我们对于匪军向主讨伐；但我们对于实力派，因欲维持统一之故，向主渐进。若韩徐能听命于黄，则汪蒋也早能指挥他们，何待今日。此其一。从政治上设施言，黄氏亦未有取得指挥韩徐等的道义上的权利。现在华北各省市名义上归黄节制者，固有冀察晋绥鲁五省及平青两市，而实际上属黄者则仅有平市及冀省战区各县。平市市政除禁舞及取缔女招待等等细政外，足以号召于人民者又有什么？蓟密滦榆各县的行政又有何种成功？所以从道义上讲，黄氏应首先改进平市及战区行政，如平市及战区成绩确能优于华北其他省市，则黄氏便取得道义上整理华北政务的权利，此其二。

再从外交而言，华北政权如真属黄氏，则日人的压迫必将更进一步。现在黄氏因非真实首领，故日人尚无法逼迫。日人既不得志于平，遂分头向济南，太原，及张垣等处，接洽勾结。然平当局既不敢有显著的亲日行为，则别地当局势亦不敢放肆。万一黄氏如有大权，则形势顿将危险。日人首必竭全力以压迫黄氏。他如答应，则丧权辱国。他如不应，则日人势必勾拉不愿受黄节制之地方当局。此中危险，如中央及黄氏稍加考虑，当不难意味得之。所以从外交而论，黄氏亦犯不着要求大权。此其三。

华北局面啼笑皆非，是最悲痛的局面。愿当局者以国家的利益为重，而以个人的成功失败，与夫地位权力为轻！

评立宪运动及宪章修正案*

《中华民国宪法草案初稿》(本文简称初稿)是由立法院的宪法起草委员会拟定，而由立法院于本年3月1日发表，发表的目的在广征国人的意见，以作修正的参考。3月中立法院院长又指定若干立法委员，负责审查这个初稿，结果为立法院7月9日所发表的《中华民国宪法草案初稿审查修正案》(本文简称修正稿)。各方所贡献的意见计有二百多件尝被审查者所用作参考。立法院的能够尊重外界意见是没有疑义的。

本文本来预备批评修正案。但是，单单批评宪草而不及根本问题是没有意义的。究竟中国现在是否需要立宪，人民是否有实行宪治的能力，这些问题先得有一答复。所以我这篇文章拟分四节讨论：第一，中国现时应否立宪？第二，如不立宪，政府组织法应否改善？第三，如果定须有宪法，则宪法的原则又应怎样？第四，如果迁就，立法院宪草的轮廓，它的内容又应有怎样的修正？严格的说起

* 原载1934年《东方杂志》第31卷第19号

来只第四节是批评宪草，但要有意义地批评，前三节却不能不先讨论。因先后论述如下：

一、中国现时应否立宪

立宪的目的是什么？要立宪不外要实现民主政治，奉行民权主义，或树立法治局面。但是，民主政治本质的良不良很有问题，民权主义又不能以一纸空文来实行，法治也是这样。除此而外，我们又想不出立宪尚可有其他的目的。

通常的所谓民治，实包含下列五点：(一)人民在法律上一概平等，不问事实如何；(二)国家权力有限制，个人保留着一部分自由权；(三)有一代议机关，由人民依平等的原则选出；(四)议会中有两个以上的政党存在，互相监督，轮替执政及(五)政府采分权制①。

上述的民治本不是宜于现代国家的一种制度。这意思我在《民主政治乎，极权国家乎?》那文中尝有详细的说明。简单地说起来，现代的经济民族主义不容国家在生产方面进行迟缓，而通常的所谓民治则不利于高速度与大规模的生产。中国固然还不够资格做一现代国家，但要成为一个现代国家，也万无绕道民治的理由。而且，即使民治宜于中国，中国人民现在也实在没有实行民治的能力。成功的民主宪法皆先有民治而后有宪法，先于民治的宪法皆为失败的宪法。

民权主义是否即是通常的所谓民治，所谓德谟克拉西，诚是近年来争论甚多的一个问题。如果是的，那末摒弃民治等于破坏三民主义。这于小信三民主义的人，本来没有什么关系；但对于笃信三民主义者却大大为难了。我以为孙先生晚年所主张的民治和其早年所阐释

① 参阅本志第三十一卷第一号拙著《民主政治乎，极权国家乎?》一文。

的民治甚有不同，后者或许与通常的所谓民治甚接近，但前者则决非民治。我们须知三民主义本是准对中华民族的一个良方。病人的征象稍变，则药方也不能不随之而稍变。孙先生在其革命的过程中，主张常有(虽则不剧烈)变更者，即因病象常有变动(虽则也不剧烈)的缘故。然则我们又那可牵强附会，以未来式的民权主义和殆成过去的民主政治相混?

孙先生的民权本不是通常所谓民治。这从他对于议会制度的批评中可以看出。普通的民治甚重视议会制度。拿破仑叔侄所利用的所谓恺撒民治，便非一般人所肯认为民治者。孙先生的民权论则注重在民众的行使四种政权——选举、罢免、创制及复决。要能行使这四种政权，其人民必须经过充分的训练，绝不能有所侥幸，绝不是一纸宪法所可奏功。

所以，如是立宪的目的在民权，则目的虽无可非议，而立宪却非达到这目的的正当工具，正当工具应为安定政局以实施训政。

至于为树立法治起见，中国是否应即立宪的问题，则比较复杂而不易答复。我们应首先声明，即法治与民治不是一致的名词。民治虽然一定包含法治，民治国家虽然一定也是法治国家，法治却不限定即是民治。立宪尽可仅含法治，而不含民治的意义。我们固然承认通常的所谓立宪即是民治。英国是立宪国家，也是民治国家。美法是民治国家也是立宪国家。但也尽可有立宪而非民治者。民治国的宪法学者虽不承认俄意为立宪国家，但俄意的独裁究尚不失为法治；因为俄意等国皆有固定的最高机关，这最高机关意志的变更必有一定的表示，故无论政府及人民，皆有一定的法律可资遵循。

法治与民治不同。民治不需要，而法治则不能无。无论政体为旧式的民治，为孙先生的民权，或为俄意的极权式，法治皆有必要。没有法治，政治便无从循轨而行。

不过，法治也不是一纸宪法之所可建立。法治本可分作两部分讲，私法方面的法治及公法方面的法治。在私法方面，中国并不是缺少法律。所以尚未臻于法治者，乃因法院缺乏执行的力量，而法官的知识及能力也嫌不敷。所以要促进私法方面的法治不在立宪，而在慎选法官，并尊重法院的权力。

在公法方面，法治的需要或更比在私法方面为大。如果政府各机关之间常因职权不固定而常生冲突，或是行政没有一定手续，而人民常遭压迫，那无论政体怎样规定，政治总不会怎样高明。

从理论上讲起来，中国这时候如能有一宪法，将政府各机关的组织及职权，及彼此间的关系，有一扼要的规定，则公法方面的法治必可较有把握。但是，令法律(就公法而言)迁就事实易，而令事实遵随法律难。这本在各国皆确，而在中国为尤甚。过去二十余年的经验更是历历不爽。所以，如为树立法治而立宪，则所立宪法，第一须切合现时的国情，第二须简要，庶几遵守实行俱没有问题。如果有法而不能实行，不被人所遵守，则离法治更远，不如无法。

这里所说的宪法，不是德国 1919 年的宪法，也不是英国的不成文宪法。这里所说的宪法实不够宪法的资格，而仅是一个或几个组织法，好像法国 1875 年的三个宪法法律，能简要，能切合国情，不涉理想，也不夸大。为实在起见，我们最好不将他们叫做宪法。

二、政府组织法的改善

根据上述的精神，国民政府现在的组织有三处亟应改善：

第一是中央政治会议。中央政治会议为党治机关。如果党治取消，则它也自然无从存在。但目前情势距取消党治尚远，故取消政治会议也谈不到。不过它既负有政治的最高指导责任，则首须有负起这责任的能力。现在的中央政治会议有两大弊病，第一人数太多，第二所问之事亦太多。国民党有中央执监委员百七十余人，这百七十余人也全是政治会议委员。这样的大团体怎能负起指导的大任？而且人数虽多，出席则非必要，于是这次会议，这一批人出席，另一次会议，另一批人出席。这样的缺乏固定性，更怎配指导？就令政治会议设有九个常务委员，但是这九人也非全数常驻都城。关于第二点，政治会议既负指导的责任，则只应问大事，而不问小事，但事实又与理论相反。姑举一例：关于国医馆事，政治会议前后讨论计有五次之多，而且每次争论甚烈。这没有别的缘故，这完全因为政治会议不能自立限制的缘故。因为政治会议患了以上两种弊病，于是重要的委员不一定全出席，而出席者不一定全是重要委员；重要的事情不经由政治会议讨论，而讨论者转多为例行事件。

在党治之下，最高的指导责任本应归政治会议担负。政治会议既不能担负，担负者遂不能不为若干重要的个人。于是人治的成分更重，而法治的成分更轻。欲图补救，则第一须将政治会议缩为一个不逾20人的团体，人数愈少，则讨论机密事件也愈方便，而出席亦愈可有恒；第二须专负指导责任，而不干预琐屑事件。这两点有连锁的关系，缺一不可。一定要能做到这两点，然后政治会议能为最高的指导机关，而中央政令也可集中。

第二是军事委员会的职权问题。军事委员会的权力本极有限，徒因军事委员会现任的委员长为国民党最有力的领袖，也为声望最重的军人，遂成为中国今日权力最大的统治机关。而且委员会依法应为委员制，也不是首领制。为求法律适合事实起见，我主张稍改现行法令，设立全国最高军事长官之职，以一切军权交给长官，除军事预算及宣战仍应得政治会议的同意外，其余他可便宜行事。禁毒等事由军事机关办理确较方便，则亦不妨由政治会议议决暂交军事长官办理。但其他民事则应由行政院负责办理，不可因人而害法。不这样，则行政院将无责可负，而军事委员会则有权而无责。至关于最高的指导，则无论为国府主席，或为其他，俱应凭藉政治会议而有所活动。不这样，则政令无由统一。

第三是缩小五院的组织问题。五权应作独立行使的试验，却不必有同样庞大的组织。司法、考试、及监察三院能裁去最好，即不能裁去亦当缩小组织。立法院则应以能制定良善法案为目标，故也不必有太大的规模。

依照现行法律，中央政治会议为最高政治指导机关，而行政院则负行政的责任。我认为这是尚合国情的制度。所以我提议充实政治会议的力量，厘定军事委员的职权，而保持行政院的完整。能这样，则政治权力较可有系统，而行政效率亦必可较大于今日。至于用人行政的如何改进，其重要固然不亚于制度的改良，但非本文范围以内之事，所以不赘。

以上所述是一种极简易的改良。即使新的组织法俱依我的意思而成立，也不能凑成一个新的宪法。这是很自然的，因为我本不主张于此时立宪。

三、宪法的原则

我之不主张于此时立宪既如上述。那末，如果现政府及行将召集的国民党第五次全国代表大会，决意成立宪法，我又有何说呢？那我只有提出几个原则，以供制宪者的参考，庶几这新宪法可以不尽成为空文而已。原则如下：

（一）宪法可尽量的以三民主义为根据，但在文字上以少采国民党所特有的名词为佳。因为宪治既为党治的替身，则凡足以引起一般人民的反感者自以愈少愈妙。

（二）普通所谓人权，在目前的中国决无保障良法；至于基本权利及义务更无实行的可能。关于权利及义务的条文，既不能望其即日发生实效，则制宪者仅可趋于理想。譬如说，如果我们希望中国将来成为社会主义的国家，则于权利义务章不妨充分有这表示。德国1919年宪法第二篇中许多条文也很多只为昭示民族应走的途径，而不求急切实行的。

（三）关于政治制度的部分应力求适合国情，不可有不易实行的条文。但现时已显著的流弊，则应纠正，不应使再获得宪法上的根据。

（四）民选的机关，及机关的人数愈少愈好，选举次数也愈少愈好，因为人民的程度不容许选举制度的成功。

（五）宪法的修改愈容易愈好。愈容易修改，则达宪的可能性也愈小。宪法愈少被蹂躏的机会，则人民对于宪法的尊敬也愈易维持。

四、评宪草修正稿

初稿及修正稿俱犯了一个根本的毛病，就是草宪者在一方固不满于现在的局面，但在又一方也没有一定的要求。他们唯一的要求，就是要一个宪法。至于什么样的宪法，他们却缺乏很固定的主张。今举数例言之。两案皆以民生主义为国民经济的基础，但两案的起草者对于这民生主义的经济生活似皆缺乏斩截的认识，或有之而不便明言。1919年德国宪法关于国民经济的部分已经被世人公责为太含混。若将修正稿的第八章和德宪第二篇第五章一比，则含混似有过之而无不及；初稿中的第三章更不必说。这是一例。国民大会委员会（初稿中作国民委员会)是一个何等重要机关，但修正稿与初稿间的不同极大。在初稿中它是实际的统治机关，而在修正稿中，它的权位已大大缩小。这种剧变或尚可有说，因为国民大会委员会是新的机关。但是总统制与内阁制的问题则为国人 20 年来讨论得滥熟的问题，在理应有一定的见解。修正稿距初稿的发表仅有四月，中国的制度没有变，最高的当局也没有变，根本的情势更没有变，然而行政体制则已自大体上可称为内阁制的制度，一变而为大体上可称为总统制的制度，这又是何等的剧变。凡这种种含混及无恒俱可视为起草者缺乏坚信的一种象征。他们所起草的宪法于是也尽多可议之处了。

要根本补救上述的弊病，我以为只有采用本文第三节中所述的各种原则。兹根据那些原则的精神，局部的批评修正稿如下：

(一)总纲　总纲可以有，而弁言不必有。总纲的内容与宪法的实际不大相干，所以没有也成，但有也无妨。弁言则必须讲到谁制定这宪法的问题。由党治蜕化到宪治，弁言中少不了要提起党；一提起党，党外的人顿生反感。所以与其有弁言，不如没有。初稿没有弁言，较妥。

说到党，我们便不能不讨论到第一条的措词。第一条说，中华民国为三民主义共和国。“三民主义”之正式入宪为好多人所不满。但我以为这条尽可存在。三民主义虽为国民党的党义，但究非狭窄的党义可比。三民主义没有对不起中国，只是国民没有实行三民主义。“三民主义”入宪是极应该的事。不过除此而外，则不应再有党的字眼形诸文字。

第四条列举各省极不妥。列举的用意据说在不承认东四省被攫之意。但列举的毛病则在不能完全列举，京沪各市即未列举在内。至云有“其他固有之疆域”一语为殿，则也不妥，因为这一语也将列举的各省区包含在内。

(二)人权　修正案第二章列举“人民之权利义务”，但未包括积极的权益。人权章本是各国宪法中的老生常谈，几乎千篇一律。就大体言之，修正稿第二章亦大致甚妥。修正稿将初稿第二十三条扩成三条，将来列举的权利加以保障的原则(第二十四条)，将限制权利的法律加以原则上的限制(第二十五条)，并将国家因公务员侵害人权而负的赔偿责任，加以规定(第二十六条)；这都是优于初稿的地方。

但是修正稿第九条(初稿第八条)关于二十四小时内提审制的一段我以为可以删去。这条是有直接的法律效力，早已在约法之中，而向不能实行的，不若其他各条则本来仅是一种理想，一种期望。法律贵在实行，不实行的法律愈少，则法律的尊严愈少损失。

(三)积极的权利义务　修正稿国民经济及教育(初稿称国民教育)两章即普通所谓积极权利及义务者。教育章与初稿无甚出入，均嫌太过陈旧，太迁就现行学制。要知修正稿中第一五六及第一五七等条在短时期内决无实行可能。既然不能实行，则可索性将调子唱得高些，借以为异日的目标。

修正稿中的国民经济章较初稿为详尽，为进步，但离统制经济或国家社会主义尚远。难道统制经济或国家社会主义我们还应视为陈义过高么？所以经济一章应以统制经济为恶的，而予以彻底的改写。

(四)财政及军事　修正稿增财政及军事两章。这两章俱没有多大意义可言，而且也不能实行，故以删去为宜。财政章大抵为中央说话，而能不能实行则要看中央能不能真正统一。添设军事章的最大目的似乎在限制军人的干政。这也是事实问题，政治问题。我们既不主张有不能实行的法律，那这两章也最好删去。

(五)国民大会　国民大会为新款的机关，故争论亦最烈。大概不立宪则已，立宪则必须有国民大会；不然便无须立宪。老实说，我之不主张此时立宪者，即因国民大会此时无成功的希望。

如果国民大会非有不可，则组织不能不求其小，而职务不能不求其简；再视其成功的大小迟速为标准，而扩大其组织，加重其职权。

国民代表一县一人固然见诸孙中山先生的《建国大纲》，但这绝对有变通的必要。我国各县，大小悬殊，一县一人，极不公允。修正稿中既有大县可以增加代表的规定，则何不再进一步而减少国民大会的人数？二千人的国民大会一定是一个无从组织的庞杂群众，因之一定也缺乏意识，缺乏能力。其结果必费用浩繁而操纵易为。所以大会人数必须减少。如能于100至150万人中选出代表一人，则总数便可不太众多。至于代表应如何选出，则采用间接选举的方法为最方便，以各县的当选人为选举人，而以省或小于省的区为复选区。

初稿及修正稿但将代表年龄限在25岁以上。这大非所宜。我们现在最要紧的工作就是现代化，而要现代化则绝对不应歧视青年。一百个有现代知识的国人中1/3的年龄殆在20与25之间。所以修正稿中关于年龄的限制可使1/3的优秀人才无法获选。这是不应有的限制。反过来，教育的限制，我们倒不妨设立几个。依我的意思，仅中学或中学以上的学校毕业生才能充任代表惟年龄已逾45者则准以别种教育资格代替。经过这样的修改，国民代表的人选必可整齐许多。

至于国民大会的职权，则我主张予以投票的职权，而少予以讨论的职权；如果为修正稿中的国民大会为2000人的大会，则简直不应令有讨论之权。选举、罢免、投票即足，性质简单，故国民大会尚可试行；议事修宪，性质较繁，故最好暂不经国民大会之手。依照孙先生的遗教，四种政权本应由人民直接行使。若照修正稿，则四权的行使(且仅为部分的行使)操之于国民大会。这已是一种变通，理由则因人民的政治能力薄弱。我主张暂不令国民大会有复决权及创制权，我的理由也是人民无政治能力。如果国民大会能如我说而人数较少，教育的限制甚严，则畀以创制权及复决权亦无不可。

国民大会的任期及会期修正稿的规定尚妥。无论职权怎样的小，初稿的规定未免带些仇视国民大会的性质。

(六)国民大会委员会　初稿的国民委员会，是一可以离国民大会而独立的机关；但修正稿的国民大会委员会则是国民大会的委员会。二者之中，自以后者的性质较为相宜。修正稿中的选举方法也甚妥当。初选当选人选举国民代表的方法即可仿效国民代表选举国民大会委员会委员的方法。但初稿中的选举方法则万万不应恢复。

国民委员会的职权大得无比，俨然为最高统治者。那是极不妥当的办法。国民大会委员会的职权重要者有下列五种：

(1)代国民大会复决立法院所通过的预算案，宣战案，媾和案，条约案，戒严案，及大赦案；

(2)代国民大会受理总统及立法，司法，考试，监察四院提请解决的事项；

(3)受理监察院对于总统，副总统，立法，司法，考试，监察各院院长，及立法委员，监察委员的弹劾案；

(4)对于国家政策或行政措施认为不当时，得先向总统提出质问，再得召集临时国民大会，以作罢免与否的决议。

国民大会本身的职权，则有下列几项：

(1)选举并罢免总统，副总统，立法，司法，考试，监察各院院长，立法委员及监察委员；

(2)创制立法原则；

(3)复决预算案，宣战案，媾和案，法律案，条约案，戒严案，及大赦案；

(4)受理总统及立法，司法，考试，监察四院提请解决的事项。

如果国民大会是我所主张的会议，则大会及委员会间职权的分配尚无不妥。如果国民大会为2000人的大会，则第(2)项权应取消，而(3)(4)两项则应永由委员会行使。

以上所言者当然假定中央政府用总统制并设立五院。如果不设五院，且不行总统制，则关于总统及各院等等的条文自应照改。

(七)行政机关的体制　关于这层，我们愿先提出四个原则：第一要注重效率，第二要强有力，第三要能负责，第四要有制裁。

按初稿本采内阁制，但行政院长须向多个机关负责。他由总统得国民委员会的同意而任命，他又须同时向立法院及监察院负责，因为两院得了国民委员会的同意后俱可将他推翻。换言之，行政院长向国民委员会负最大的责任，而向总统及立监两院负次大的责任。这诚不是健全的制度。

但是修正稿所采取的总统制更不是健全的制度。照修正稿，行政院长仅是总统手下的属官，并没有专责可负。既然如此，何不即令总统兼任行政院长，而合二职为一。但与其合二职为一，则又毋宁使负实权者仅挂行政院长者之名，而于上再设一虚位的总统。因为这样确可使政局易于安定，使政局不因握大权的行政院长有进退而发生绝大动摇。无论为总统或为行政院长，中央必须设一强有力的行政首长。

初稿中的行政院权固不彀大，即修正稿中的总统，责任也不彀专，因为国民大会委员会尚可常提质问，而监察院可施监察。我的意思，行政制度应仍为行政院长负责之制，行政院长由总统征得国民大会委员会的同意而任命，但行政院长的罢免则须经国民大会委员会提请国民大会通过。立法院不得提出质问。监察院当然可以提出弹劾，但弹劾案亦须经国民大会委员会的受理，始得提交国民大会作罢免与否的决议。如能这样，则行政院长仅对国民大会负责，更动可以不频，权力亦可以较大。

(八)总统　上面已经说过，修正稿中的总统责任尚不彀专。监察院可以弹劾他，立法院可以重行通过他所提交复议的立法案件，而国民大会委员会则随时可以麻烦他，磨难他。我们既主张责任内阁制，则这些问题自然无存。又修正稿禁止现役军人任总统。这也与国情不合。无论为总统或为行政院长，我们俱不主张有此限制。

初稿及修正稿俱设副总统，这亦可以取消。总统如出缺，可以行政院长暂代。

初稿有国民政府，修正稿则取消国民政府，而以总统为中央政府的首领。总统制固应取消，但不设国府的意思可以保存。

(九)五院　说到五院制，我们主张能简单则简单，因为组织愈繁复，则经费亦愈大，而人事的纠纷亦愈多。我们的理想如下：

(1)行政权——行政院。

(2)立法权——立法院，但规模极小。

(3)司法权——各级法院，不设司法院，司法行政部属行政院。

(4)考试权——考试委员会，由国民大会产生，但不用选举方法。铨叙事宜属行政院。

(5)监察院——监察委员会及审计院，俱由国民大会产生，但俱不用选举方法。

上述的理想优点甚多，一为消灭院与院之争，二为增加事务的效率，三为经济。不得已而仍采用五院制，则司考等院的组织仍应视现有的规模为缩减。初稿中各院有副院长，修正稿中裁去甚是。

修正稿中的政务委员会并无新奇可言，而且也讲不甚通。不管部的政务委员实即两方责任内阁中的不管部阁员。责任内阁中空有设置不管部阁员的必要，但总统制之下则无此必要。即行政院为我所主张的制度，不管部阁员亦无必要，因为我们的是行政院长负责制，而不是阁员共同负责制度。

初稿及修正稿皆予行政机关以交立法院复议已通过的议案之权。这也不必，因为一切争端最好取决于国民大会委员会。

立法院院长及委员的产生方法修正稿的规定颇佳，但院长所推荐而经国民大会决选的专家似乎不应少于半数。立法委员的总数在宪法中应即规定，且应在50人以内，因为立法院本不是代议机关，而是立法机关。

修正稿对于司法院似采大司法院主义，初稿仅言司法院掌理司法行政，而修正稿则明言司法行政部属于司法院。这与上述的理想相差太远。我以为司法院最好取消，即使存在，则应以最高法院院长兼任司法院长，而将司法行政部仍隶行政院。

依我的理想，中央可设一三人或五人的考试委员会，由总统得国民大会的同意后任命。我们应知道英美等国的考试权早已独立，虽则考试委员会的规模极小，这种精神深可取法，因为实际的考试，委员会总得向各机关各大学借材，即使设了庞大的考试院，也非借材不可的。

监察委员的任命如考试委员，人数不必过二十人。监察应以违反宪法及行政法的事项为范围，而不应涉及政策、效率、私法上的违法事项。二十人之数已足以树立良善的风纪。至于事事明察，则在这纪纲废弛的中国，即设置一千委员还是不够。所以宁少毋多。

审计院应独立，但不必与监察委员混做一谈，也无与后者同隶一院的必要。审计应由总统与监察委员用同一方法任命。

修正稿中的考监两院也是大院。我惟有希望制宪者将它们大大缩小而已。

（十）中央与地方　初稿设“中央与地方之权限”一章，列举属于中央的立法权二十五项，用意殆在模仿德宪。但中央又有自扩其职权之权，故初稿的宪法决不是联邦宪法。既不是联邦，何必于宪法中将中央及地方之权规定？修正稿删去这一章甚是。

（十一）地方制度　省县市的制度，在组织上，修正稿与初稿大致相同，但在原稿中省长由行政院长提五人，由参议会决选，而修正稿则规定径由中央任命；在原稿中县议会得弹劾县长，修正稿则删去了这弹劾权。两者之中自以修正稿的规定为佳。但即在修正稿中，省参议会的职权及县市自治范围仍嫌太广。自治只能逐渐养成，故我不以一时即付人民以大权为然。

（十二）宪法的解释及修正　关于宪法的解释，初稿规定由立法院拟具意见，提请国民大会（或国民委员会）决定；修正稿则易立法院为最高法院。我们对此可表同意。

关于宪法的修正，修正稿与初稿相差极少。初稿规定修正案由国民代表三分之一以上的提议，三分之二以上的出席，出席代表四分三以上多数的通过，才能成立，而修正稿则易四分之三为三分之二。但修正稿规定修改提议应由提议人于国民大会一年前公告大众。所以无论在初稿或在修正稿中，修改宪法俱不易易。这点我认为不妥。我以为宪法不应如此刚性。我以为修正案应由国民大会委员会拟成，但经国民大会寻常的多数通过便可成立。

能暂不颁行宪法最好，如果定要立宪，则愿制宪者能采用上述的许多意见。

1929 年 9 月 10 日于北平，香山

评中华民国宪法草案*

立法院从事于草拟宪法的工作已一年有余，其间尝三次发表草案，征求国人的自由批评。第一次为宪法起草委员会副委员长吴经熊所拟之稿(去年6月上旬)，第二次为宪法起草委员会所通过的《中华民国宪法草案初稿》(本年3月1日)，第三次为若干其他立法委员所审查修正的《中华民国宪法草案初稿审查修正案》(本年7月9日)。10月16日经立法院三读通过的则为立法院最后的草案。

吴稿欠妥，本少采用的可能。所以去年秋季各省市政府，以及各大学，各律师公会，所分别或联合设立的宪草研究会讨论宪草时，皆自由发表意见，并不以它为根据。初稿无论在实质或在技术方面，均远在吴稿之上；我主天津《益世报》笔政时尝有过好几次的评论。修正案在大体上比初稿更为进步；在上月一日的本杂志上我也尝著论批评。至于三读通过的草案，则依照《国民政府建国大纲》(第二十二及二十三条)，及中国国民党中央执行委员会民国21年

* 原载1934年《东方杂志》第31卷第21号

12月的决议①，如经明年3月预定召集的国民大会决定并颁布后，便成为中华民国的宪法，故它的重要性更比从前所刊布的几个稿件为大。它固然是立法院的最后草案，可代表立法院的总集意见，但国民批评它纠正它的义务却依然存在。我们现时如尚不需要宪法，我们应请愿五全大会将颁布宪法的日期延缓下去。我们现时如即需要宪法，我们也应趁国民大会未召集以前，主张一种较健全，较适合国情的草案，庶几国民大会所采纳的宪法，于颁布后，一不至不能实行，二不至实行而有害。

一

关于中国现时是否需要立宪的问题，我在上月的一文中已有较详的解答。我以为如为实现民主政治而立宪，则大可不必，因为民主政治本身不见得适宜于现代的国家，而且中国人民也没有运用民治制度的能力。如为奉行民权主义，或树立法治局面而立宪，则犹御车者置车于马之前，而欲车行。要奉行民权，先得训练人民如何行使政权。要树立法治，人民先得有制裁违法的当局者的实力。要是人民不能行使政权，也没有制裁的力量，则纵有宪法，民权及民治仍是无法存在。无论在吴稿中，在初稿中，在修正案中，或在最新的草案中，国民大会的权力俱不能谓小。但是谁能保障国民代表真能由人民自由选举？真能代表人民？又谁能保障国民大会能行使宪法所赋予它的权力？谁能保障政府各部分的官吏能遵守宪法及法律？又谁能保障违法

① 当时三中全会有如下的决议：(一)拟定民国24年3月开国民大会，议决宪法，并决定颁布日期；(二)立法院应速起草宪法草案发表之，以备国民之研讨。

者会受适当的制裁?

直爽地说起来，无论从国民党的立场而论，或从普通国民的立场而论，宪法均是不急之务。国民党主要的使命在完成国民革命，三民主义的革命。如果真能革命，则世人即有不满于一党专政者，即有要求立宪者，国民党尽可充耳不闻，宪法更不必谈起。至于国民，则此时也没有要求宪法的必要。如果执政者有实行法律的修养，而人民又有行使民权的能力，则在现行的约法，及其他法律之下，民权及法治尽可有满意的起始，如果不然，则纵使有了一纸叫做“宪法”的空文，人民仍是缺乏有效的保护，而且仍是不能参加政权。若然，则有宪法仍等于没有宪法。所以从一般国民的立场而论，立宪既不是轻易可以实现之事，则要求宪法也无意义可言。

政府现在最大最急的任务在维持国内治安，增进行政效率，发展国民经济。要做到这些，则有待于执政者及各界领袖的觉悟及奋发，有了宪法不特不能有所帮助，且转恐因采用宪法与夫改制时所引起的纠纷而多所阻碍。

二

以上所言乃是根本的问题。如舍根本问题，而谈草案的本身，则立法院所三读通过的草案亦尚远不及 7 月 9 日所发表的修正案。三读案是退步而不是进步，谈不到适合国情，更谈不到完美。国民党如果于短期内定欲召集国民大会以制定宪法，则三读案实在不宜作讨论的根据。立法院对于初稿的草拟是费过一番苦心的，审查时的细心及虚心也是值碍我们的赞佩的；但审查修正以后，二读以前，忽因一二人的意见，而将草案加以根本的改窜则是不可思议的，也是不足为训的。如果国人及立委们对于这根本的修改尚有长时期讨论的机会，则还有可说，但二读所历的时间又极短，一共虽经过十二次立法院大会的审议，然从二读开始到终结为时仅有半月(自 9 月 29 起至 10 月 14 日止)，三读则仅有一次。那实在未免太仓促而轻率了。

对于 7 月 9 日发表的初稿修正案我已于上月的文中批评过。三读通过的草案与初稿修正案相同的地方，我不必再作批评，阅者但请一读上月之文。今单就其不同的地方，分段批评如左：

(一)关于国民大会及国民大会委员会者　二读案与初稿修正案间最大的不同之点厥为国民大会委员会的取消。依照初稿修正案，国民大会之权由国民大会本身及其所选的委员会分掌。国民大会有下列各种重要职权：

(1) 选举并罢免总统，副总统，立法，司法，考试，及监察各院院长，及立法委员及监察委员；

(2) 创制立法原则；

(3) 复决预算案，宣战案，媾和案，法律案，条约案，戒严案，及大赦案；

(4) 受理总统及立法，司法，考试，监察四院提请解决的事项；

(5) 修改宪法。

委员会的重要职权则如左述：

(1) 代国民大会复决立法院所通过的预算案，宣战案，媾和案，条约案，戒严案，及大赦案；

(2) 代国民大会受理总统及立法，司法，考试，监察四院提请解决的事项；

(3) 受理监察院对于总统，副总统，立法，司法，考试，监察各院院长，及立法委员，监察委员的弹劾案；

(4)对于国家政策或行政措施认为不当时，得先向总统提出质问，再得召集临时国民大会，以作罢免与否的决议。

因为国民大会是庞大的机关，国民代表的能力又毫无把握可言，所以我在上月的文中主张再缩减大会本身的权限，取消其第(2)项，可以(3)(4)两项永远委托委员会代行。我以为只有用这样的调和方法，才能一方不违背人民有政权的理论，一方又可顾全2000国民代表无力行使政权的事实。而且过去七八年的政治为中央政治会议集权的制度(至少在理论上是如此)，国民代表委员会产生时当然免不了选举的竞争，如果国民党中有力量的份子能占国民委员会的多数，则七八年来的习惯制度也不至于发生骤然的变更，更不至于因骤变而发生武力的争执。而且政治是现实的，决不是单凭理论的。无论有宪无宪，国民党当然仍想维持政权。与其由一人争总统之位以维持政权，毋宁由一群人操纵国民大会委员会以维持政权。所以国民大会委员会的设置，除了看得见的便利而外，尚有微妙的作用存乎其内。

照立法院二读及三读通过的草案，国民大会委员会是取消了，以前分隶于大会本身及委员会的权限今天部分归于大会本身，小部分则移于总统，立法院，及监察院，又一小部分则取消无存。计属于国民大会本身者有：

(1)选举并罢免总统，副总统，立法院长，监察院长，立法委员，监察委员；并罢免司法考试两院院长；

(2)创制并复决法律；

(3)修改宪法。

初稿修正案中的国民大会本有选举司法及考试两院院长之权，但这权今由总统及立法院合并行使(即总统得立法院的同意而任命)。国民大会第(4)项受理总统，立法，司法，考试，及监察四院提请解决的事项之权本议改归《总统召集五院院长会议决定》(孙科院长原提案)，但于二读时未获通过，所以五院如发生争执，今只能由总统运用其个人地位来善为调处。国民大会委员会第(4)项的职权则已取消，换言之，在三读案之下，国民大会并不能向总统提出质问。三读案第六十五条固然规定"关于立法事项，立法院得向各院，各部，各委员会提出质询"，固然所谓立法事项的范围极大，但这是没有制裁的质询，答复不能满意时，立法院也不能予被质询者以制裁，所以不能与国民大会委员会质问总统之权相提并论。又以前国民大会(及委员会)的复决权包括预算案，宣战案等等，但今则只限于法律案。

但是，国民大会之权虽较前为略小，而行使者则为国民大会本身。国民大会是两千人左右的一个大团体，职权简单，其失败的可能性已不能免，职权愈大，则失败的可能性愈大。有了国民大会，产生政府的权力①，及修宪的权力本不能不交给它。但别的权力则愈少给它，愈是妥当。万一国家有些职权，别处无可寄托，而一定须给予国民大会，则只有设立一个委员会以代行职权。我不敢说委员会于行使职权时定可胜任而愉快，但我敢说，其失败的可能性必可比国民大会较少。此所以立法院二读时将国民大会委员会取消是一个大大的错误，也是失策。

据立法院负责人的解释，此次取消国民大会委员会的目的在将政权及治权厘分清楚，政权在民，而治权则在政府。表面上这诚是《建国大纲》第二十四条的正常解释，但按照《建国大纲》，施行宪政本在训政之后，现在地方自治尚未实现，人民行使四权的训练尚未成熟，训政尚未成功，则这时所采用的宪法又乌能拘泥不化？如果国民大会

① 法国有些宪法学家认公民团体为国家机关之一，将它叫做产生机关(I'orsane createnr)。

真应为行使政权的最高机关，则也不应每二年仅召集一次[①]。如果《建国大纲》第二十四条也敬谨遵守，则何以五院院长中，有三院长(行政，司法，及考试)又何由总统任命，而不由国民大会选举?《建国大纲》应有整个的实行。如需变通则应有合理的，不自矛盾的变通办法，而不能不应变者变之，既变甲条而与有连带关系的乙条反而不变。

我们要知道2000人的国民大会定是一个效能奇小的集团。我们如不让它行使四权的全体，也不见得就违背了划分政权治权的原则。我们尽可先让国民大会(及其委员会)行使一部分的政权，然后再看行使的成绩，而逐渐将其权力范围扩充。国民大会(及其委员会)的权力小，固然等于政府的自由大，然这并不等于政府有了政权，政府抢了国民的政权，所以与政权治权划分的原则并不相悖。

总之，立法院大会将国民大会的创制复决权大加扩充是极不妥当的，取消国民大会委员会则等于促成国民大会的失败。

(二)立法院　取消国民委员会的动机似乎在扩充立法院的威权。新草案中的立法院是一个近似议会的机关，人数即在二百以上。本来立法院的重要议决案，如预算案，宣战案等等，须经过国民大会或其委员会的复决(初稿修正案第四十八条)，但这条今已取消。司法及考试两院院长的产生，立法院今也有参加之权，一若这是治权而不是政权，更若五院独立并不因此而受影响者[②]。又孙科院长于取消国民委

---

① 孙科院长尚提议改二年召集一次为四年召集一次，则更是不信任国民有政治能力的一种表示。

② 照二读时大修改的精神而言，政权治权的分别及五院的独立俱应维持。

员会后，本欲予立法院以会同监察院审议重大弹劾案之权①。这意思固然未被大会采纳，但其扩大立法院权力的用意亦至为明显。

若照初稿修正案，则西方国家议会所享的立法权由立法院及国民大会(及委员会)分掌；照新通过的草案，则大致将由立法院包办。这个立法院的权力虽尚不及美国国会之大，但就它和总统间相对的地位而论，实亦不在美国国会之下。总统由国民大会产生，而立法院也由国民大会产生。万一总统与立法院失和，则即不至公然用武，至少亦不免发生总统或立法院联合监察院以自重之事。在没有守法习惯的中国，其间危险真有不可思议者。如果留国民大会委员会为政治的中心，并采用责任内阁之制，则只消行政院长能向委员会负责，许多争端便可不至发生。所以立法院权力的扩充，也不是一件可以乐观之事。

(三)监察院　因为取消了国民委员会，监察院的权力也有相当的增加。对于总统，副总统，及各院(除行政)院长的弹劾案本须由国民大会委员会受理，才得召集临时国民大会以决定罢免与否，但现在则只消弹劾案经过全体监委半数以上的审查决定，便可提出于国民大会，在闭会期间则得请国民代表依法召集临时国民大会，以决定罢免与否②。换言之，以前尚有国民大会委员会可以镇压政潮，但现在则半数监委的意见便可以引起政潮。这也是新草案的大缺点。

又按草案第九十三条，监察委员于行使监察权时得依法向各院部

---

① 依孙氏原提案“对于总统，副总统，立法，司法，考试，监察，各院院长之弹劾案，由立法监察两院联席会议，经全体委员四分之三以上之出席，委员三分之二以上之议决，召集临时国民大会，为罢免与否之决议。”

② 三读案第一百条的末句极欠妥当。国民代表如不应监院的请求，则又当怎样，草案并未说明。

会提出质询。这固为与第六十五条立法委员的质询权对照而设，但这样一来，各院部会更将不胜答复之劳。如果将来的监委仍为古时御史式的人物，问风便要言事，那各院部会长官更将疲于奔命了。

(四)五院制　我于上文中尝主张五权独立行使，而不设五院；即设五院，其组织亦务求简单。然三读通过的草案中的五院仍是五大相峙的制度。改良者只有一点，即最高法院的取消，但第七十九条的条文实在欠妥，因为就条文而论，司法院之下好像只有公务员惩戒委员会，及司法行政部，而没有各级法院。

五院院长，照初稿修正案，除行政院长由总统自由进退外，其余四院院长俱由国民大会选举，任期四年，连选连任。照三读通过的草案，则行政，立法，及监察三院院长仍旧，而司法及考试两院院长则改由总统得立法院的同意而任命，但任期仍为四年。如果五院取消，则这些院长产生的方法本根本不成问题。即使五院制存在，也没有使国民大会，总统、副总统，及五院院长同时满任的理由。一国重要的执政者如果须同时更替，则试问政治的安定尚有何法可以保全？更试问世上哪一个国家有这种既蠢且危的办法？我以为司法，考试，及监察三院院长总应使之成为不加入政治漩涡的人物，所以任期即非终身，也应较长。

(五)宪法的修正　宪法草案初稿规定修正案由国民代表三分之一以上的提议，三分之二以上的出席，出席代表四分之三以上多数的通过，才能成立；初稿修正案易四分之三为三分之二，但又规定修改提议应由提议人于国民大会一年前公告大众。现在提议的人数虽减低到四分之一，但出席的人数又恢复了四分之三的巨数。所以修宪仍极不易。我主张宪法要柔性，所以我总以为修宪太难是不相宜的。

三

但是，话又说回来了。就中国目前的情形而论，无论如何仔细考虑，总不易有完美的宪法。即使有了合乎理论的宪法，也不见得即有实行的可能。所以我总望今之当国者，不急于宪法的完成，而努力于政治及经济的改进。如果为满足国内一部分人的要求而立宪，则亦须能真正立宪，才能消灭反对。

1923.10.18 于南京

孙中山先生的宪法观念*

孙中山先生究于何时开始主张立宪，是一个无从断定的问题。1922 年先生尝为《申报》著《中国之革命》一文，文中说道："乙酉以后，余所持革命主义，能相喻者，不过亲友数人而已。……及乎乙巳，余重至欧洲，则其地之留学生已多数赞成革命；余于是揭櫫生平所怀抱之三民主义，五权宪法，以为号召，而中国同盟会于以成立"。① 详考先生的著述言论，三民主义及五权宪法的宣传也确在同盟会成立以后。② 但单就"宪法"一词而言，则于 1900 年先生致香港总督的信中，早已见过。该信拟《平治章程》六则，其第二则云："于都内立一中央政府，……惟其主权仍在宪法

* 原载 1935 年 10 月《民族杂志》

① 见《总理全集》，第一集，第九二〇页。

② 同盟会初成立时(1905 年)所预拟的《军政府宣言》共有四纲三序，虽具"民族"，"民权"，"民生"之实，而尚无"三民主义"这个名词。(见《总理全集》，第一集，第二八八——二九〇页)。从先生为《民族》所著《发刊词》(1905 年)中，可以首次看见"三民主义"这个名词。(见同上，第一集，第一〇三一——一〇三二页)。从先生为《民报》成立周年纪念(1906 年)而作的演说中，则可以首次看见"五权宪法"这个名词。(见同上，第二集，第七一——八一页)。

权限之内。”①并且我敢说，先生之信仰立宪必尚远在1900年之前；因为先生于1894年即游檀香山，自1895年起则先后留居美国及英国达二年以上；英美为民主先进国家，其宪法的功用自必早已引起先生的注意。我们如假设先生自1895年起，即主张立宪，则自那年以迄1925年先生逝世的30年中，先生的各种宪法意见自不能一成不变。研究先生的宪法观念的困难即伏于此。

但是，先生关于民权主义的思想，比较起来，究算是固定的，一贯的；不像先生的民族主义可因满清之已否推翻，而有狭窄与宽大的不同；也不像先生的民生主义可因社会经济的剧烈变化，而有缓和与激进的分别。盖先生壮年受英美民主政治的熏陶，信仰至为坚深。英美人士——尤其是美国人士——对于代议政治的不满固然也影响及于先生的思想，但先生早找到了补救的方法。先生晚年固然也及见了苏维埃政制，及法西斯帝政制，但后者对于先生始终没有发生影响，而先生对于前者又只注意其在经济方面的变化，而并未认苏维埃政体为一种反民权的政体。所以先生的民族主义及民生主义早晚变化极大，而赖以实现民族民生的政体则比较的尚算固定，这是研究民权主义者的便宜地方。

在可能的范围内，本文拟指出先生关于宪法的主张的前后不同之处，而断定何者为最后的主张。但先生的著述及言论，至为浩繁，而年期又未经一一断定，所以错误、忽略或者难免，尚乞读者予以指正。

一、关于宪法的成立

先生主张我国采用成文宪法。这是先生一贯的主张。所以不主张

① 见《总理全集》，第三集，第一〇八页。

采用不成文宪法的理由，则因其不易学。先生于1905年即说："历观各国宪法，有文宪法是美国最好，无文宪法是英国最好；英是不能学的，美是不必学的。"①

先生虽主张成文宪法，但是成法宪文的成立，决不能单凭理想，而需以经验的基础。英国的宪法是完全建筑在几百年的经验之上的，所以英国宪法虽不成文，而变动却极少。先生主张县省先行自治，然后中央再试行五院组织的政体。前者即训政，而后者则为宪政的开始。至于宪法则须本于训政及宪政两时期的成绩②。

宪法成立以前，革命政府究应经过若干种的预备时期，则先生的言论前后微有不同。在《军政府宣言》(1905年)中，革命治国共分三期，即"军法之治"，"约法之治"与"宪法之治"。③ 军法之治侧重于"扫除旧污"的工作，每县以三年为限。约法之治为军政府督率各县自治的时期。各县的取得自治，自须在军法之治满期之后；故各县之取得约法之治势须有先后的不同；但全国行约法六年后，便须结束约法之治，而制定宪法，以进于宪治。

如按《中国之革命》(1922年)，则革命进行的时期有三，即"军政时期"，"训政时期"，与"宪政时期"。④ 兹所谓军政时期仅能抵上述的军法之治的前期，而兹所谓训政时期则实包含军法之治的后期与约法之治的全期。训政时期究有多长，先生在当时尚欠明确的规定。在

① 见《总理全集》，第二集，第七九页。

② 《建国大纲》，第二二条。

③ 《总理全集》，第一集，第二九〇页。该宣言关于年限一事，颇不可解，三年军法之治，加上六年约法之治，便已九年，又何得云"以天下平定后六年为限，始解约法，布宪法"？

④ 《总理全集》，第一集，第九一八页。

《中国之革命》一文中，先生一面说道："每县于敌兵驱除，战事停止之日，立颁约法，以规定人民之权利义务，与革命政府之统治权；以三年为限，三年期满，则由人民选举其县官，……而成完全之自治团体。革命政府之对于此自治团体，只能照约法所规定，而行其训政之权"。由此，则县自治的预备工作务须于三年以内完成。但先生又说道："俟全国平定之后六年，各县之已达完全自治者，皆得选代表一人，组织国民大会，以制定五权宪法"。由此，则先生亦预料军政告终之后的六年中，各县中必仍有经六年而仍不能完全自治者。然则宪法是否应待至全国各县均能完全自治之时，才予实行？抑"宪法制定，总统议员举出，革命政府归政于民选总统"，之日，即为宪政实施之日？依《中国之革命》所云，似应为后者；但如为后者，则建设实未完成，因各县中固尚有未达完全自治者。如为前者，则各县的训政期限又究应长至何种限度？

在《建国大纲》(1924 年)中，建国可分四个时期，即"军政时期"，"训政时期"，"宪政开始时期"与"宪政告成时期"。今人将宪政开始时期与宪政告成以后的时期往往混称宪政时期，实则两者间的分别甚是显然。兹所谓"军政时期"与《中国之革命》中的"军政时期"相同。兹所谓"训政时期"略当于《中国之革命》中"训政时期"的前半期；兹所谓"宪政开始时期"略当于《中国之革命》中"训政时期"的后半期；盖一省全数之县皆达完全自治者即为宪政开始时期，而按《中国之革命》，则宪法实施之日，训政始告结束。

先生在《军政府宣言》中，以三年为军法之治，六年为约法之治。是全国平定后九年内，即须从事于宪法之制定；[①] 在《中国之革命》

① 姑作如此说法。上页页下注③。

中，年期似亦无所变更；但在《建国大纲》中，则对年期一事绝无说及。换言之，先生因鉴于民国初元宪政的失败，训政未成，宪政不能开始；宪政未经相当时期，宪法亦不能成立；一切均须依次而行，欲速不达，故时期不能预有规定。

由上以观，可知《建国大纲》第二二条所云“宪法草案当本于《建国大纲》及训政宪政两时期之成绩”云云，实非无的放矢。如果一切严遵先生的遗教，则起草宪法时，实有许多经验可作根据，不若年来立法院起草宪法，则除先生遗教外，几无任何实际的经验可作根据。

我以为宪法所可资为根据的文件，除《建国大纲》不计外，可有两种：一为训政时期的约法，又一为宪政开始时期中央政府的组织法。

训政时期应否有一约法，在民国20年前的三四年中，尝成为一个重大的问题，但我以为约法是无疑地应该有的，因为《建国大纲》既不禁示约法，而《军政府宣言》及《中国之革命》又明说训政时期应有约法。约法的内容应规定人民的权利义务。县政府自治职权及中央政府统治权的内容，及训导人民实行县以内的自治权的方法。① 约法不必具有宪法的形式，也不是一个暂行宪法，而是一种有一定的目的——即训民自立，训民自治——一个法律。

在宪政开始，宪法未制定以前，这过渡时期中的制度②又应如何，则《建国大纲》的规定颇见详密。第一，训政时期当设立的国民代表会③自然应继续存在。这个代表会由已达完全自治之县各举代表一人组织之。第二，中央政府应设五院，院长由总统任命。至于中央政

---

① 见《中国之革命》，全集，第一集，第九一八页。

② 若按《中国之革命》所分的时期，则这过渡时期当为训政时期的末一期。

③ 《建国大纲》第十四条。

府是否于行政院院长之外，更设有总统，则论者颇不一致。有谓训政时期必另设总统者，因为《建国大纲》第二一条明白规定，“宪法未颁布以前，各院长皆归总统任免而督率之”。有谓训政时期的总统即行政院院长者，因为《中国之革命》一文中，曾有“宪法制定之后，由各县人民投票选举总统，以组织行政院”一语，因而断定，在宪政时期，总统即是行政院院长；宪政时期既然如此，训政时期亦当无另设总统之理。姑不论上述的推断是否准确，我则以为训政时期必另有总统。我的理由有二：第一，《建国大纲》第二一条只能如此解释；第二，先生极富于责任心，先生一日在世，则革命政府或国民政府的领袖自非先生莫属；所以由先生任总统而任命五院院长也是最自然之事。

至于制宪的机关，则先生主张以国民大会充任。依《军政府宣言》，宪法似应由国民公举的议会制定，因为在该宣言中，除议会外，尚无其他人民代表机关的设立。依《中国之革命》，五权宪法由国民大会制定，至于立法院是否应担负起草的工作，则未明言。依《建国大纲》，则宪法草案由训政时期立法院拟订，而由国民大会决定颁布。三种办法中，最后一种的办法自然可以代表先生最后最成熟的思想。

制宪权与立法权之有分别，制宪机关与立法机关之不宜相混，是先生所熟知的理论。所以我们如认《中国之革命》中的规定是一种进步，《建国大纲》似又犯着将立法权与制宪权，立法机关与制宪机关，相混的嫌疑。但先生本希望宪法草案能经过长期的宣传与多量的批评；要做到这层，草案自非于宪政开始时期即行成立不可。此时国民大会既未召集，则势须委立法院任议订草案之责。而且草案于日后仍须经过国民大会的议决。所以我们尽可说，立法院并未篡夺制宪机关的职权。我所不解者，此时期中，国民代表会如继续存在，则先生又何以不令代表会参加起草宪法之权。

二、宪法的内容

(一)国民大会　关于国民大会的组织，先生的遗教至为肯定而简略。先生始终主张凡自治已经完成之县，每县得举代表一人。先生作《建国大纲》时，全国已有一千九百余县。照先生自己的推算，如未设治的地方亦设县治，则全国可得三千县。若然，国民大会的代表将有三千之多。

一县一代表有两种弊病：第一，选举的基础不公允，大县与小县无别；第二，代表人数似嫌太多。但先生之所以主张一县一代表者，则因县为自治单位，一个单位有一个代表确是一种办法。不过关于这一点，我们即使稍有变更，在精神上亦并不与遗教相抵触。而且代表的人数便可大大减少。

国民大会，除了制宪之外，又应有何种职权，遗教颇不一致。依照《建国大纲》第二四条，则"国民大会对于中央政府官员有选举权，有罢免权；对于中央法律有创制权，有复决权。"若然，则人民选出国民大会后，人民的四种政权，即由国民大会代为行使。如按《中国之革命》，则国民大会似仅有修改宪法，及制裁公仆之权。我以为关于这个问题，《中国之革命》中的规定实有自相矛盾之处，① 故不必加以考虑。

在这里，我们可以连带讨论人民的选举权的范围。如照《建国大纲》，则人民对于中央政府，只有选举国民代表之权，因为中央政府

① 《中国之革命》一则曰："国民大会职权，专司宪法之修改及制裁公仆之失职"，再则曰："人民对于本县之政治，当有普通选举之权，创制之权，复决之权，罢官之权；而对于一国之政治，除选举权之外，其余之同等权，则付托于国民大会之代表以行之"。这两点，互相冲突。

的一切官员皆应由国民大会选举。如照《中国之革命》，则国民大会只有罢免，创制及复决三权，所以选举权可完全由人民行使；而且该文尝明说“由各县人民投票选举总统以组织行政院，选举代议士以组织立法院”。如采用前说，则人民的选举权较狭小，而五院须多少依赖国民大会；如采用后说，则人民的选举权较大，而行政及立法两院可以相当的不受国民大会的挟持。我以为《中国之革命》中的规定与《建国大纲》的文字固不甚一致，但与整个《建国大纲》的精神尚不至于冲突。

（二）五权制度　关于五权宪法，先生于1906年为《民报》成立周年纪念，而在东京作演说时，始有阐明。① 中国之有台谏制度及考选制度，先生当然知道。大概先生在英美时适读到哥伦比亚喜斯罗教授在所著《自由》一书中，主张弹劾权独立的言论，及另一学者叫做巴直的，在所著《自由与政府》一书中，盛称中国弹劾权的议论。② 以及麦考来在英国会中称道中国试士方法的演说，及英国采用考选制度的经过；遂使先生益信五权之优于三权。而一般学者对于议会政治的失望，亦为促成先生五权宪法的一大原因；盖在五权宪法之下，议会并不能有把持一切的权力。

监察及考试两权之应独立，我们绝无异言，不过在实行上颇有困难。简单言之，行政机关本为实力机关，所以行政权的之得以独立自无问题。议会有议决预算之权，故议会亦得独立。若夫法院的独立则已须以长久的良善传习为基础，不能一蹴而几。考试及监察两机关势

① 《总理全集》，第二集，第七一——八一页。

② 《总理全集》第一集，第八三二及八四一页。喜斯罗及巴直究为何人，未能查出。参看民权主义第四讲。

不能有实力，亦不能有议决预算之权；所以他们的独立，一半固须赖国民大会的力予扶持，一半亦须赖有良善的传习。果然，则于宪政开始时期，便设立与行政立法两机关平等的考试监察两院，似转非计之得者。如果在宪政开始的时期中，考试监察两院尚未能树立良善的传习。则到了宪政完成时期，考试监察两权的独立亦势必无望。这是《建国大纲》中一个至可讨论之点。

或者曰，《建国大纲》只规定宪政开始时期须设五院，但并未限制正式宪法亦须设立五院，而先生也没有主张五院与五权绝对不能分开，然则宪法或可不设五院。但根据《中国之革命》，则宪法又必设五院。我以为宪法必须规定五权的独立行使，不然便违了遗教；但正式宪法如不设司法，监察及考试三院，而设一较简单的机关，以助成其独立，则不能以违背遗教视之。

又《中国之革命》规定长行政院的总统及立法院的代议士由人民选举，而司法监察考试三院院长则由总统经立法院的同意而任命之。如果五院必须一一设立，我以为司法监察考试三院院长的产生方法，决不能再如《中国之革命》的规定。因为这种规定既与《建国大纲》冲突，又与五院平等独立的精神不合。

(三)元首的存废　依照《建国大纲》的涵意，宪政开始时期必有总统。果然，则宪政时期亦可有总统。但《中国之革命》又有“由各县人民投票选举总统，以组织行政院”的一语，于是有人便以为行政院长即是总统，而元首式的总统可以不必另设。我以为元首之应否设置，不应以《中国之革命》为根据。而应以宪法是否采用五院制度为准。如果采用五院制度，则五院之上可以不另设总统；如果只注重五权的独立行使，而不设同等规模的五院，则应设总统，以监视五权的独立行使。这两种办法，与《建国大纲》的文字及精神俱不抵触。

(四)立法院代议士的产生 《中国之革命》主张由人民选举代议士，而《建国大纲》则主张由国民大会选举一切中央政府官员，——包括代议士在内。两者之中，前者或较为合理；因按《建国大纲》，国民大会有复决之权，如代议士由人民直接选举，则将代议士所议决的法律交由国民大会复决，未免不甚合理。

(五)弹劾权 《建国大纲》关于弹劾权无规定。如按《中国之革命》则行政，立法，司法，考试四院人员的失职由监察院向国民大会弹劾；而国民大会自行弹劾监察院人员的失职。

(六)考试权 关于这点，《建国大纲》亦无规定。《中国之革命》则规定“国民大会及五院职员，与夫全国大小官吏，其资格皆由考试院定之。”所谓定资格者，可以经由考试，亦可以不经考试。以中国之大，全国大小官吏无虑百万。定此百万人的资格，纵不由考试，也不是一件易事。于此可知《建国大纲》之对于弹劾及考试两权无所规定者，实欲予宪法以伸缩自由之权。凡过分注重《中国之革命》中的规定者，实有未能了解《建国大纲》的精神之嫌。

(七)地方制度及中央地方分权问题 《建国大纲》第十七条规定，在训政时期中，“中央与省之权限采均权制度；凡事务有全国一致之性质者划归中央，有因地制宜之性质者划归地方，不偏于中央集权或地方分权”。但宪法应如何规定，则先生未作主张。

但先生之反对中央集权与联省自治则向为其一贯的主张；县应为自治的单位，而省与中央应采均权主义又为其不变的信条。① 至于省与县之间，则先生重县而轻省。先生对于县似乎求其必存；但对于省

① 见《中华民国建设之基础》(1922 年)，《全集》，第一集，第一〇二四——一〇二九页。

则并无此意，虽则先生也并无废省的主张。①

由此可知，依先生之意，宪法应保存县之自治权，而对于省则不必有太固定的制度，俾可以随时机而生变化。

（八）人民权利义务　关于人民的各种权利，先生的遗教殊乏有系统的规定。1924 年《国民党政纲》对内政策第六条有“确定人民有集会，结社，言论，出版，居住，信仰之完全自由权”。但国民党第一次全国代表大会宣言又反对所谓“天赋人权”之说，而只认含有革命性的人民得享自由权。

先生倡四种直接民权——选举，罢免，创制，复决——甚力。②惟详究《建国大纲》及《中国之革命》，人民惟对于本县的政治，得享有四种；对于中央则绝无罢免，创制及复决之权；如按《建国大纲》，即选举权亦只限于国民大会代表的选举而已。

其于受益权方面，先生所尝说及者，则幼年有受教育之权，老弱残废及孕妇有受地方供养之权。③

综上以观，可见孙中山先生关于宪法的主张，并非历久不变，亦并未事事有所指示。我国将来的制宪者，苟能熟知先生所处的环境，严守先生整个遗教的精神，而不为文字所拘泥，则伸缩的余地自极可观。伸缩的余地既极广大，则求与遗教不生冲突，尚非难事，而于不违遗教的范围中，求一适合国情的宪法，才是难事。研究最近两年以来各种宪草之后，我也深觉得他们与遗教出入之处固然不是没有，尚不是不可解除的困难；而求其如何能适合国情，则才是才智之士所最

---

① 见《中华民国建设之基础》(1922 年)，《全集》，第一集，第一〇二九页。

② 参看《民权主义》，第六讲。

③ 《总理全集》，第一集，第八六〇页。

应悉力以赴者。

关于孙中山先生的宪法观念的专著颇多，就我所见已有下列五种：即谢瀛洲，《五权宪法大纲》；金鸣盛，《五权宪法》；徐照，《五权宪法之科学基础及其运用》；汪波，《五权宪法研究》；陈顾远，《五权宪法论》。此外，泛论三民主义的书籍自亦不会置民权主义及五权宪法于不论。但是，除了先生自己的著作及言论外，凡欲研究先生的宪法观念者恐亦只有邹鲁所编《中国国民党史稿》，及中央宣传委员会所印行的《孙中山先生年谱》尚可利用。著者颇希望党史编纂委员会能多搜集一点关于先生思想的基础的材料。

政治活动应制度化*

人治法治之争由来已久。古时西方的政治学说也不尽以法治为较好的办法。我国“有治法而无治人”一类的说法则且含重人而轻法的意思。不过西方各国到了最近一二百年俱已趋向于法治，即使政体已离立宪而复推克迭多，法治的精神仍不受多大的影响；而在我国则法治虽也有人提倡鼓吹，而终未成为事实罢了。

在理论上，我们本应提倡法治，法治究是近代国家所不可少的元素之一。但我们不主张空喊法治的口号，因为法律贵有信用，如果有法而不能守，则此后便可永失了实行的可能。与其空言法治，而使人民对于法治失信用，毋宁在可能的范围内，逐步推行法治。脚踏实地，步步前进，为实行法治的第一要着。

我们居尝以为关于私人间的关系国家应以全力来令人民守法，以全力来执行法律，来保护人民权益。中国的司法界，平心论之，其知识效率已在一般行政人员之上，但

* 写于 1935 年

离适当的标准尚甚远甚远。而且国民革命以来，行政部分已不无相当的改进，而司法界则因民国十七十八两年间的紊乱，几乎不如从前。法院的增设，及法官的充实实为政府当前的急务之一。一二年来教育界中弥漫了重实轻文的空气，一若中国今日治法律的学生已经太多。这诚是一种错误的见解。为经济建设计，我们也赞成工农一类的实科教育，但法律人才的缺乏政府也不应忽视。

但关于政府组织及政权运用一类事项，我们不主张此时即采用高度的法治。不是我们不要法治，不，我们是要法治的；不过此时尚未到提倡高度法治的时期。如果立了许多法律而丝毫不见实行，使法律永失尊严，尚不如因事制宜，利用目前的形势，而使之逐渐地趋于制度化，以作法治的张本。我们仅主张酌良修改政制，使之较适实情，使之效率较增，而不主张即实行刚性的宪政，采用细密的大法者也是为了这个缘故。

什么叫做制度化呢？让我们先举一两个例子来说明。英国的内阁制度，虽不见于法，实已成了一种轻易不得变更的制度。在起先的时候，它仅为国会操纵行政，而又不妨害行政效率的一种方便，一种变通方法。但这种方法，行了若干时期后，大家都认为极合国情，于是有权者多方爱护，不因个人的不便，而加以摧残，使它得成为一种制度，使它制度化。又如美国的总统选举为间接选举制，依法律总统选举人(由各邦人民所选出)可以自由投票。但习惯告诉美国人，自由投票必发生种种不便，所以选举人必选所属之党所选出的候选人。这样一来，选举人的职务仅成了一种机械式的行动。选举人不得乱投票这件事在美国也成了一种制度，竞选的纠纷及因而发生的不安定也减少了许多。

所以制度化者即使较合国情的方法成为制度之意，因执政者的努力遵守，不管对于自己方便与否，一种本无拘束力的方法，可得到永久的效力之意。我们提倡制度化，因为不如此，则人治永无尽期。人治不及法治的地方，即人治随人而改易，而法治则可以一成不变。实行法治者，有治人则进步更快，没有治人也可维持相当的标准。行人治者，人能则治，人不能则乱，故危险性太大。中国现在尚为人治的时期，且以目前的国情而论也只能如此，现在的领袖所给予国人的成绩恐已比一部空宪法所能给予者为多些。但当权者则绝不应以此自满，他们应自己检讨一下，在现在的组织中，及现行的方法中，何者尚合国情，何者即应使之制度化。不然领袖一旦变更，则优点便又一扫而尽。这样下去，法制将永无成熟之期，而中国将永不能近代化了。

如要我们举例，则可举之例甚多。大的不必说，也不方便说，仅说小的。每年夏季将全国军官调集训练确是一件好事，最好令其制度化。不要去年有，今年有，明年便没有。南京各部，以实际的行政情形而言，在部长之下，确有一人管政务，而又一人管常务，不过不定为政务及常务两次长。如果这事能制度化，能依法使政务次长随部长进退，专管政务，而常务次长永久任职，管理常务，则各部的行政此后也可较入常轨。以上所举仅为小事，执政者当知此外尚有较大之事值得制度化者。其能否制度化则要看执政者之肯否努力矣。

论官等官俸*

一

政治的良不良，下列三种因素最关重要。第一是政策。没有一个适合国情，经过仔细考量，纲举而且目张的整个政策，则最优良的政治，充其量也不过是无为消极的政治。第二是法制。没有一部适合于实现前述政策，而又为人民所能奉行的法制，则最优良的政治，充其量也不过是零碎的局部的小惠，或偶然的暂时的英勇行为。第三是官。没有能理解前述政策，并遵守前述法制的官吏或公务员，则最优良的政治，充其量也不过是等因奉此的文书政治，或口是心非的宣传政治。

政策、法制及官吏，三者之间固有连锁关系。但本文所欲讨论者，则仅为关于官的一部分问题。关于官的问题甚多，但最重要者不外四个：一是官的出身；二是这种出身的评定及官吏资格的正式承认；三是官的待遇；四是官

* 原载 1937 年 2 月《行政院研究月刊》

的管理。出身即教育。评定出身的最好方法即是考试；在考试制之下具有某种教育(即某种出身)的人，须应官吏的考试而及格后，始能正式取得服官的资格。考试的重要尽人能言之，但考试制度之未能在中国推行，亦尽人皆知之。官的待遇大体上即指官俸。官俸以外本尚可有他种待遇，如公费，津贴，养老金，恤金等等；养老金及恤金在中国极不通行，而得领公费及津贴者又为公务员的极少数，故官俸在中国或即可视为官的待遇。论官俸必涉及官等，不分等则不能言俸，故官等官俸实为不可离的分题。同时，考试时，亦必须有官等之分，不然考试的标准将无从设定。官的管理，即所谓人事行政，小者如请假，大者如考绩及升迁等等，均属之。此四者中，严格言之，出身问题最为重要；如果根本没有人才，则纵有完善的考试制度，公允的官等官俸，及严密的人事行政，亦无所用。次则为考试问题；如果考试不得其道，则政府机关将无从罗致适当的人才。再次方为官等问题。人事行政则最不重要；因为官吏如皆为人才，而又给以公允的待遇，则纵少管理，吏风亦不致下坠。但出身涉及教育的根本问题，而考试之不易推行又由于政治上的理由，欲求改善，俱不易易，故今不具论。官的管理较不重要，今亦不论。惟关于官等官俸，应改良之处甚多，改良的可能性较大，而又不甚为一般谈政治改良者所重视，故兹特加以申论。

不过，官等官俸这问题虽有其重要，仍只是许多重要问题之一。单单解决官等官俸这问题，并不能解决关于官的全部问题，更不能解决整个的政治问题。国人向习惯于人治，向偏重人的问题，甚有以为有厚俸，必有好官，有好官即可改良政治者，因先说明官等官俸问题的实在性于上。

二

中国现行的官等官俸制度极为复杂，因为除一般公务员外，特殊的公务员尚有特殊的分等受俸办法。就一般公务员而言，现行的制度系根据民国 22 年 9 月 23 日国民政府公布的暂行文官官等官俸表。此表系由铨叙部会同各机关，参合民国 16 年 12 月 25 日，修正文官俸给表及民国 18 年 8 月 14 日文官俸给暂行条例制成，制成后便呈由考试院转请国民政府委员会议决公布。此表在形式上当然不是一个法律。铨叙部原呈云：

> 查此项俸给法将来应俟立法机关制定。本部前为急谋解除目前困难起见，仅将十六十八两年俸给旧表，参合修正。但既为适应需要，期速公布施行，似毋庸另订条例，以免周折。兹谨将前拟俸给条例及俸给表草案，改为官等官俸表，理合呈请鉴核，转呈核定公布。

从这原呈，铨叙部显然承认官俸应以法律来规定。如果官俸应以法律来规定，官等自然更应以法律来规定。事实上立法院至今未能制定关于官等官俸的一个正式法律：规定官等官俸的不易，盖亦可见一斑。

暂行文官官等官俸表之根据于民国 16 年的修正文官俸给表，及民国 18 年的文官俸给暂行条例，已如前述。这两个表及条例则自民国 14 年 10 月 6 日的文官官等条例及其附表(文官俸给表，11 月 2 日公布)蜕化而来，其官等则因袭民国元年北京政府所颁布的中央行政官官等法。但北京政府的法律则又直抄日本。今将其演变的经过述明如下：

民国元年10月16日北京政府公布中央行政官官等法，分中央行政官为若干等：计特任以外，其有九等，第一等第二等为简任官，第三等至第五等为荐任官，第六等至第九等则为委任官。此为“特任”，“简任”，等名词正式见于中国法令之始。但此实由日本抄袭而来。日本的文官，向分“亲任”，“敕任”，“奏任”，及“判任”四等。按明治四十三年高等官官等俸给令第一条，除亲任官外，其他敕任官及奏任官共分九等，此固与中央行政官官等法第一条完全相同。同日，北京政府更公布中央行政官官俸法，使各官按等支薪。自民国元年以至17年北京政府覆灭，这两种法律一直有效：纵有修正，亦极微细。即袁世凯所颁的文官官秩令(民元7月28日)中，虽有卿大夫士一类帝制式的官秩，而“特任”“简任”等分别则依旧保存。

北京政府时代官吏的分等原则，仍为国民政府所继续采用。民国14年7月1日国民政府成立之日，即“特任”胡汉民等为国民政府各部部长。14年10月6日文官官等条例将官吏分为特等及一二三四各等；以特任官为特等，而以简任荐任委任各官分配于一二三四等的相当级。在原则上，此种分等方法与民国元年的分等法毫无分别。14年11月2日所颁的文官俸给表(即上述条例的附表)亦与元年的官俸法相似，主要的不同仅有两点：第一，特任官昔有薪1500元及1000元两级，今只有800元一级，俸额数亦较低。第二，旧时共有24级不同的俸给，今则只有13级不同的俸给，分级较为简单。

民国14年11月2日的文官俸给表，经国民政府于16年7月13日及10月26日先后加以修正。经此修正，俸给的级数较前增多，而级与级间的差别则较前减少。

民国18年8月14日，复有文官俸给暂行条例的颁行。此项条例，系由中央政治会议议决，函国民政府令饬行政院遵行。如谓为法律，则按立法程序，凡条例因非经立法院的议决不可；如谓为非法律，则该条例又曾经中央政治会议议决。当时国民政府对行政院的原令云：

> 案准中央政治会议函开，“关于文官俸给条例及文官俸给表一案，前准函请核议；经本会第 188 次会议议决，交胡委员汉民等审查。兹据提出审查报告，‘拟将原条例改称文官俸给暂行条例，并将调文酌加修正，请公决’等因。经本会第 189 次会议议决：‘(一)文官俸给暂行条例，照修正条文，由国民政府暂准行政院转饬所属各部会，于不牵动各该机关预算范围内依照办理；(二)将全案交立法院制定官俸法规’等因。除函立法院外，相应检同该暂行条例函达，希查照办理为荷”等由，查此案前据该院呈请“鉴核施行，并迅予公布”等情到府，当经提出本府第三十六次国务会议议决，送请中央政治会议核议在案，兹准函复前因，应即令行照办。

从此训令，可知民国 18 年的文官俸给暂行条例，并非完全的法律，而且系暂行性质。最后的法律固尚有待于立法院的议决。

但立法院历久未能制定一个正式的法律，而各机关又不尽能奉行此暂行条例；因为暂行条例所规定的俸给，关于简任官者，固较民国 16 年的修正文官俸给表为低。为谋迅速的救济起见，铨叙部乃于民国 22 年，制定暂行文官官等官俸表，呈请考试院，转呈国民政府于 9 月 23 日公布。

至在立法院方面，则自民国 18 年 7 月 31 日中央政治会议将官等官俸全案交该院制定官俸法规后，该院当于8月10日议决将该案付法制委员会会同财政委员会审查。嗣据报告审查结果，复于24年1月18日议决再付原审查委员会审查，但至今似尚未完成第二次的报告。

以上所述，为民国以来，关于官等官俸法规的演变经过。从此，第一，可知这种法规，廿年来，大体上一仍旧观。法律并未随时代而更新，国民革命并未引起若何剧烈的变更；第二，可知立法机关多年来迄未能制定一正式法律；既未有正式法律，则正应乘此机会为较彻底的革新。

至于暂行文官官等官俸表的内容，则为一般人所熟知。简单言之，官等有五，即特任，简任，荐任，委任四等，及雇员五等。雇员从严格的法律字义言，尚不得称为公务员或官吏，但就其一般的性质而言，则固可与公务员同列。各等官吏任命的方法，依其他许多法律所规定，各不相同。就其俸给而言，每等又分成若干级，计特任一级，简任八级，荐任十二级，委任十六级，按等级的高下，为支薪的标准。各机关的官吏，按各机关组织法及铨叙法之所定，均有一定等级，大概官阶愈高，则级与级间的差别亦愈大。高级负责官吏，于正俸之外，尚有所谓办公费者，则各机关各自为政，并无一定标准，其数往往超过正薪，审计机关亦若尚无法作有效的取缔。

以上所言系指一般的文官而言。此外，文职中尚有司法官(民国17年4月6日司法官官俸暂行条例)，法院书记官(同日法院书记官官俸暂行条例)，监所职员(同日监所职员官俸暂行条例)，使领官(民国19年12月27日外交官领事官官俸表)及警察官(民国23年5月17日暂行警察官官等官俸表)五种公务员，则虽同有“特任”“简任”等的分别，而其支俸方法则按单行法规办理。此种单行法规，或经主管机关径自公布，或呈准国民政府公布，但俱非经由立法程序的正式法律或条例。就其内容而言，则与暂行文官官等官俸表，虽微有出入，而无大别，故可不论。

文职公务员中，除以上五种外，尚有关邮电铁四类人员，其等级待遇均与一般公务员完全不同。他们均无“特任”“简任”之分；至其俸给，则关邮铁三类人员均较一般公务员为优，而以关邮人员为尤甚。

武职人员取官职分离之制，其任官任职时亦有“特任”“简任”等等之分，但其所得之俸，则依官或职而分，与“特任”或“简任”无关。就俸额而言，武职人员远不及文职人员。

各公立学员的教职员具有不完全的公务员的地位。校长有简任者，有荐任者，亦有委任者；职员由校长委任；教员由校长聘任。除教员外，政府机关中亦有若干聘任人员。政府机关中的聘任人员，其俸给相当于同等的公务员；但学校教员每较同等的公务员为低。

三

以上所述为现行官等官俸制度的由来及大概情形，今请稍作批评。

第一，是现行分等方法的不合理。本来所谓“特任”“简任”等等名词，可以看作各种不同的任命方法，而不必定以官等视之。日本除“亲任”，“敕任”，“奏任”，“判任”之分外，于支给官俸时，复以明治43年所颁的高等官官等俸给令，判任官俸给令，以及无数的详细敕令，分划成许多官等，以为支薪的标准。但即在日本，此“亲任”“敕任”等名词仍为划分俸给等级的主要标准。至在中国，则俸给等级完全先迁就“特任”“简任”等等，所以“特任”“简任”等等，不特表示不同的任命方法，而且确是官吏的基础分等。惟是此种分等方法殊不合理。所谓特任官者不尽是政务官，而简任官亦有为政务官者，于是“特”“简”之分不著。简任官，荐任官及委任官中又不知各包涵多少种，职务性质不同，地位高下悬殊的官，于是简任荐任及委任三等的互分亦乏意义。加以“任”之外，又有所谓“派”者，亦有“特”“简”“委”之分，则更缺乏准确的意义。依常理言之，“派”者当指暂时之意，但侨务委员会的委员用“任”，而导淮委员会的委员用“派”。是则“任”与“派”间的分别，最多也不过存在于“老公事”者的心目中，而并无任何合理的基础。

第二，分等方法的不通与不当，足以妨碍考试制度的推行。现行的考试以高等考试及普通考试为主要类别，高等考试及格者得任荐任官，普通考试及格者得任委任官。高考普考又均分成许多门类，如普通行政，财务行政等等。但因荐任官及委任官每等俱包含无数职务不同，地位不同的官吏在内，所以考试的门类虽多，而所考的科目与及格后被派的职务，仍可不发生若何的关系。在考试机关，须广设种种门类，执行已见困难，而用人机关则仍可以所取之才亦非真才，诋责考试机关。如有较合理的分等方法，则此种弊病要可减少。

第三，现行的分等方法，因为不是职务上的分等，而是官阶上的分等，因之极易酿成机关庞大，经费浩繁的恶果。盖中国人向重体制与颜面，特任官与简任官之间或简任官与荐任官之间，既无严格的职务上的分别，则同一职务，未有不愿其为特任或简任，而不为简任或荐任者，机关首领的官阶愈高，则机关的编制亦愈大，而经费亦愈增。民国成立二十余年来，名器之滥及官俸在行政费中所占百分比之大，官吏分等法的失当盖亦重要原因之一。

现行的俸给表亦发生许多不良的结果，其较为显著者如下：

第一，官吏等级的高下，与所任的职务的轻重难易，不发生直接的比例的关系；因此，按官吏等级而定的俸给，亦不成其为正当的报酬。同一书记在高级机关可为高级委任官，支俸百元以上，在低级机关者，则往往为一雇员，支俸不满50元。同一庶务，在高级机关者可为荐任官，支荐任官的俸给，而在低级机关者则仅为低级科员，甚或雇员，支低级科员或雇员的俸给。此种例子，不一而足。因此，在中国，俸给不是职务的报酬，不是工作的报酬，而成为地位的报酬。此种办法，不特有失公平，且对于吏风及行政效率亦往往发生极不良的影响。

第二，高级官吏的俸给过于高，而低级官吏的俸给又过于低。即舍雇员不论，特任官的俸给(公费尚不计在内)已十五倍于最低级的委任官。此种高下悬殊的状况实为一般国家之所无。在自由竞争的工商业中，俸给本无一定的标准，高者可以极高，低者可以极低，在艺术界中，此种高下悬殊的俸给，或比在工商界更为普遍。但公职究非私职可比。在提倡平等，提倡民权的社会，此种高下悬殊的俸给究不是善良的政策。而且在贫穷的中国，有了少数高俸给的公务员，其结果亦只会奖励一种过于奢侈的风气，过不经济的生活，其生活离一般的人民愈远，则其所愿见于实现的政策亦往往愈非利国利民的政策。同时，俸给较低的公务员，或则忙于糊口，日趋愚昧，或则非分的羡慕高官厚禄，驯至官常丧失，纲纪荡然。

第三，中央与地方之间，中央官吏的俸给过高，而地方官吏的俸给过低，省政府主席的俸给同于国民政府的文书局或印铸局局长，然而主席责任之大，固远在局长之上。县长的责任又何等重大，但其俸给只等于中央各部的科长，至于县政府局长科长的俸给则仅可与中央各机关的二等科员相比拟。近年来稍有才具之士之群集中央，而不肯赴地方服务，现行俸给制盖诚为一大理由。欲求国家的真统一，及全国的近代化，此种重内轻外的制度一日不变，恐亦一日不能收功。

第四，就中央的各种公务人员而言，一般公务员的俸给太低，而关邮铁三种人员的俸给又太高。管理一关的税务司，与管理一省邮务的邮务司，其俸给便可在省政府主席之上；责任轻微的特等税务员或甲等邮务员其俸给便可在县长之上。此种畸形制度，固为特殊的历史环境所形成，然亦不能不予纠正，且亦不难纠正。

第五，以从事教育的人员与公务人员比，则公务员的俸给过高，而教育界的俸给又过低。从事教育的人员固非严格公务员；但无论任职公立或私立学校，究为从事公职者。教育界人员俸给过低，则教育必难有生气。试观在德、法、日本等国，仕学俱不甚分，仕者亦有学，而学优者亦仕。在中国则至今仍只有学优则仕者，而不闻有仕优而学者。中国的工程教育极需一些有实际经验的教授。但事实上，则工程的学者，偶一踏进实际的工程事业，便不愿再回教职。工程方面如此，别的方面也大都如此。大学如此，中小学也是如此，其所以然则多半因为教员的俸给太低。

第六，就文职与武职言，则文职人员的俸给太高，而武职人员的俸给太低(空军或为例外)。中国将士之多，甲于天下，增高武职人员的俸给，对于国库诚可发生重大问题。然如不均平文武两种公务人员的待遇，则征兵之制决难实行，而武人的廉洁亦绝难维持。依现行法令，中将阶级的军职仅得月俸 450 元，但中将可任总指挥，以现时官场的生活程度而言，总指挥即在理论上，亦决难在月俸 450 元之下养廉。于是为军官者，其上荐者不能不赖公费以维持生活，其次焉者恃馈赠，其下焉者则恃征索，为维持军队的纪律，且为奖励军国民的精神起见，苟国力能容许增加武职人员的俸给，便应增之使与文职人员的俸给相称，即国力不能容许，亦应减低一般文职人员的俸给，使与武官处于同样生活水准线上。

总之，官吏俸给的多少影响于社会者甚大。如官吏的俸给低于一般的职业，则政府不能罗致优秀人才，而政治不易有生气。如官吏的俸给过高，则一般的职业必将有材难之感，而政治引诱力之过大，亦决非政治之福。故官俸的厘定实为一种重要的社会政策，不仅涉及官吏本身的报酬而已。

四

现行官等官俸制的缺点及流弊，已约略如上述。然则如何能补救这些缺点，并除去这些流弊？

欲补救上述的缺点，并除去上述的流弊，首先自须将官吏另行分等。分等的用处，上面已经说过，一可为考试的标准，再可为支俸的标准。特简荐委四等的分类，既因不合理而失其作用，自应毅然废去，而另求良法。废去后，凡须视为政务官而须经过一种政治上的考虑者(如现今须经中央政治委员会核准)，索性加以列举，不必再混称特任官。其余的官吏，在事实上必由主管机关，就合格人员中委用，根本就无所谓简荐委之分。如果有一部分公务员须经最高行政机关的核准，则亦不妨加以列举。

至于新的分等方法，则以可推行者为准，而不必急求过分的精细与新颖。各国关于官吏分等或分类的方法，以英国的演化为最正常，而美国现行的方法为最精细；至于大陆各国，则行政机关对于所属人员的分类，至今仍不甚统一。

英国向将一般公务员分成第一级书记(但此不能与中国所谓书记混用)，第二级书记，助理书记，青年书记数种；政务官与最高级的事务官则俱不在此分类之内。此种分类方法显太笼统，欧战前后十数年内因又成立一种新的方法。按现行方法，公务员分若干类。(一)为书记类。按1929年报告，此类约共九万人，为公务员中的主要部分。(二)为视察员类有三千余人。(三)为专门人员，共六千五百余人。(四)为次要视察及技术人员，约近九千人。(五)为手工作类，近十八万人，邮电两业的人员大都属之。(六)为信差等，近一万七千人。书记类大都须经考试，其余各类则或不经考试，或仅经考核。书记类又分为(子)行政，(丑)执行，(寅)书记，(卯)助理，(辰)速记打字，(巳)临时打字，(午)税务人员七级。若以中国现行制度衡之，则自(辰)以下均是雇员，而(五)(六)两类亦非文官官等俸给表中所指的文官。

美国最初所采制度与英国大同小异，亦将文官制度范围以内的公务员分为一级、二级、三级、四级四个级。现则按照1923年的分类法。按此法，文官制度范围以内官吏共分成五大类：即(一)专门与科学事务，(二)次专门事务，(三)书记，行政，及财务，(四)保管事务，(五)书记及机械事务。每类各分若干级与若干门，某门职务可有若干级，某级亦可有若干门。计共有四十七级，一千七百余门。级与门既如此繁复，故定法者更列举三千余种标准职位，以为各职分类时比照之用；即有新的职务发生，亦无不可比照各标准职位，而予以分类。至于俸给，则按所处的类门级而定。按美国文官制度的推行本只限于一部分的文官，但最近罗斯福总统有将全数文官，除极少数高级人员及亲信人员外，扫数纳入此范围以内之议。1923年分类法的精细程度似又将得一试验。

由简单的分类，到精细的分类，本为一般国家人事行政上自然的趋势。因之，谈新的分类方法者，颇有提倡美国式的职位分析制者。在理论上，最精细的职位分类自可赞成。但事实上中国此时不能，亦不宜有太精细的分类。不能有此种分类，因为在此时期精细的职位调查无法实现，调查者所欲知之事，被调查者必不能予以准确的答复。我们非不赞成此种调查，但在最近的将来，此种调查只能视为试办的调查，而不能以之为计划的基础。不宜有此种分类，因为中国官场最善于因循，规避，并取巧，精细的职位分类，即是可能，亦难于实行。不但不能忠实的实行，且其流弊恐将更大于现行的分等方法。

我们建议一种近似英国现行制度的官吏分类方法，将一般的公务员分为(一)行政与专门，(二)执行，(三)文书与财务，(四)抄录与机械四大类。若以此为分类的初步，则现在一般的司长，科长，技监，技正，厅长，县长，县政府科长等当属于第一类，科员则便应因其职务而分别安插在第二，第三，或第四类之内，邮务税务人员则大都当属于第二类以下。每类之中，自应参合英美成规，及中国向习，各分为若干级及若干门，但亦不应过于复杂。按现行文官官等制度，文官仅有 37 个的级，俸级亦不过 37 级。如每类分为六七级，再分为工、教、法、外文，普通行政，等 120 门，则总数即可有三四百种不同的职位。虽其复杂并不甚于现行制度，却尽可以满足目前的需要。至于武职人员的分等，则不妨暂仍其旧。

关于俸给，我们只能提出若干原则。第一，我们以为各职人员，无论文武，其待遇均应相等，不宜有厚薄之分，高下亦不宜悬殊。如以文书财务人员的俸给，为最多数人的俸给，则最高级的俸给似不应超过此平均数至五倍以上，最低的亦不应少于此平均数之半。我们的理想盖欲造成一贫富不太悬殊，生活程度亦不太悬殊的社会。至于平均数应为多少，则应将国家每年所需俸给公费的总数，加以总核，务使新法实行后的俸给总数不超过现支者为度。第二，每类官吏的俸给，应各分为若干级，如采每年晋一级之制，当使于若干年内达到最高级的俸给。假如文书财务类的最低级为月俸 80 元，最高级为 150 元，如今于八年内可以达到最高级，则每级便应相差 10 元。我们以为公务员的晋级不宜难，而擢升较高的一类则不宜较易(因教育不同之故)。晋级至无可再晋，加俸至无可再加时，便宜令之有如下的感想。即，如再继续服务，虽不能加薪，但可受退休金及恤金的保障。第三，因职位的关系，俸给较低之人，亦可命令俸给较高之人。例如县长之俸虽三百，但仍可命令俸额较高的工程师；不如此，则行政的近代化必将因传习的高下观念而阻滞。第四，关邮铁三种人员的俸给表，一时如不易完全革新，亦应定一期限，使之逐渐就范于一般公务员的俸给表。第五，公费应一律取消，只使领官得有外勤费；官吏办公所需费用，应另定详细办法，准其作正开支。

根据上述各原则而定的俸给表，在初实行时，必将发生重大困难。现任内外要职之人，予以月俸 800 元，公费又若干千百元，尚嫌不敷，如果再予核减，岂不将诱令伤廉？过渡的救济办法，或可由有权作政治考量的机关，于通过某人任要职时，酌加多少数目，为其特殊津贴；但此种津贴仍以政务官为限，一般的公务员则仍须严格的按俸给表支俸。

也许有人更要说，如果公务员的俸给，定得比一般私职的薪金为低，政府恐难诱致相当的人才。这层非难，诚有理由。但就中国现在各种职业而言，只新式工商业及自由职业的薪给甚高，其余皆甚低微。从事此种新式职业的人数，远无公务员为数之多，政府如稍作统制的工夫，当不难使此种职业的薪资减低。且如银行等业，其高级人员薪给之高，与夫低级人员薪级之低，亦反映着一种不健全的社会组织，政府亦本有纠正的责任。

以上所言，仍为原则；至于准确的分类及俸给表的制定，自仍须以事实为根据。入手的方法，似宜先由中央政治委员会制定若干关于官等官俸的原则，再交行政院会同铨叙部合组一调查机关，责以于半年内起草一种方案。这个方案只需求其合理可行，而不必求其精密高深。依此方案，便可制成一个新的法律。新法推行若干年后，然后再求成立一较精细较固定的职位分类法，而导中国的人事行政于最新式的方向。

WAR TIME GOVERNMENT IN CHINA*

I

Since the establishment of the Nationalist régime in Canton in the year 1925 by the Kuomintang, the government of China has undergone only one major structural change. At the beginning, aside from the machinery which assured control of the government by the Kuomintang, the one organ of political power was the State Council, under which functioned the various departments of administration, civil and military, of law-making and of adjudication. The State Council was a going concern, and the various departments were subordinate organs. In October, 1929, there oc-

* Dates, citations, and references are not given in this article. They can generally be found in Wang (Shih-chien) and Chien (Tuan-sheng), *Comparative Constitutional Law*, Bk. VI, Chap. 4. A third and revised edition of this treatise was published by the Commercial Press in July.

译文见附录2 “论中国的战时政治体制”。

curred a change. The Five Yuan were set up, each responsible to the Party machinery and each functioning independently. The State Council was retained, but, except for a brief interval, it no longer enjoyed substantial power.

The government of China, as it stood at the beginning of the war, was very much the government as set up in 1929, though necessarily with many important modifications. Supreme power rested with the Central Political Committee, which was a committee of the Central Executive Committee of the Kuomintang, charged with the direction and supervision of the government. It was not to be confused with the Central Executive Committee itself. While the Central Executive Committee met only at very long intervals, usually once or twice a year, and, being a large body of 300-odd persons, did little more than hear speeches and reports and pass resolutions, the Central Political Committee was a going concern and met every week to decide on important matters of state. It generally comprised all the important members of the Party and the Government, thus facilitating its assumption of power. At times when its membership was too large, as a result of the members of the Central Executive and Control Committees claiming the right to be present at all its meetings, power sometimes passed either to its presidium or to its Committee on National Defense, which would naturally be a much smaller body than the Central Political Committee itself.

At the apex of the government, which since 1929 was officially styled "the National Government of the Republic of China," stood the

State Council. In theory, it was the highest organ of government, but, consisting of some thirty persons who were mostly either no longer active in politics or otherwise out of power, it in practice wielded no power whatever and had no peculiar function of its own.

The chairman of the National Government was head of the state and chairman of the State Council, whenever the Council met. As chairman of the State Council, his duties were light. As head of the state, he had naturally many formal functions which commonly pertain to the head of a state.

Under the State Council stood the Executive Yuan, the Legislative Yuan, the Judicial Yuan, the Control Yuan, and the Examination Yuan-five yuan in all, as was prescribed by Dr. Sun Yat-sen in his teachings. The theory of separation of powers was well-known to Dr. Sun, but with the three established powers he also listed the examination and control powers. He wanted to see examination power independent of the executive power, as he held the old Chinese institution of scholastic examinations in veneration. He took the power of control away from the legislative department, as he seems to have been struck by the tyranny of parliaments, especially the Chambers of the Third Republic. So constituted, none of the five yuan could ever attain the height that is the British Parliament's, for instance. This is natural in view of the fact that in the complete scheme of his so-called "Five-Power Constitution, "there is to be a people's congress in control of all the yuan. As there was as yet no such congress, any yuan in the hands of a strong man was in a position to overshadow all the other yuan, as was not infrequently done.

If the five-yuan system followed the premeditated teachings of Dr. Sun, the set-up of an independent Military Commission was occasioned by the exigencies of the time. Both during the days of the Northern Campaign (to destroy the militarist régime at Beijing) and after Japan invaded Manchuria, it was considered necessary to establish a Military Commission which could unite in its hands all the military functions and be under a man of the highest military prestige. There was, of course, no theoretical obstacle to subordinating the Commission to the Executive Yuan. But the head of the Commission might be a man of greater prestige than the head of the Executive Yuan, and it might not be possible for the Executive Yuan to control the Commission. Hence ever since its inception, the Miltary Commission had always enjoyed a position of eminence, independent of the Executive Yuan, Even at the start of the war in 1937, when General Chiang Kai-shek was concurrently president of the Military Commission and president of the Executive Yuan. The two offices were not amalgamated and the Commission remained on an equal footing with the Executive Yuan.

There was yet another office which also exercised an important function. The advocates of the five-power system think that to entrust the Executive Yuan or its Ministry of Finance with the preparation of the budget would so greatly increase the power of the Executive Yuan as to make a proper balance of powers impossible. So they insisted on setting up an independent office which should be in charge of the functions of preparing the budget and of supervising its execution, and in

1931 the so-called office of the Comptroller-General was set up and placed directly under the State Council. To it the functions of collecting statistics and keeping accounts also belonged.

Were the foregoing all the principal organs of government, their interplay would already present a picture of great complications. But they were not all. There were Kuomintang organs as well, which in no negligible degree performed governmental functions also. Theoretically, except the Central Political Committee stated above, Party organs perform only party functions; but in truth many such organs went far afield into the realm of government and administration. The Standing Committee of the Central Executive Committee met as frequently as once a week, and there not infrequently policies of government were discussed and decided upon. If it encroached upon the proper authority of the Central Political Committee, the latter was in no position to complain. Also under the general supervision of the Standing Committee, the Central Executive Committee had subordinate to it many departments, such as the Departments of Organization, of Public Information, of Social Affairs, etc. Some of these departments, especially the Department of Public Information and the Commission on Training, were in fact administrative departments of no mean proportions. But, being Party departments, they were of course not subject to the control of the Executive Yuan.

The exercise of government functions, within such a frame, naturally could not be very simple. Both the All-Nation Congress and the Central Executive Committee of the Kuomintang were policy-making organs. That was obvious enough. Within the frame of government, policy-making power was lodged in the hands of the Central Political Committee. Neither legislation nor administration nor any other function could be outside the jurisdiction of that Committee. Legislation could be initiated by the Central Political Committee, by the State Council, by any of the five yuan other than the Legislative Yuan, or by members of the Legislative Yuan; but by whomsoever initiated, the bill must first be submitted to the Central Political Committee for consideration of the legislative principles therein embodied, unless the Committee waived that right in favor of the Legislative Yuan. Though on many occasions the Committee did waive the right, its preëminence as a legislative organ was never impaired, since it had the right to order the Legislative Yuan to reconsider the bills the latter might have passed.

In matters of administration, the control of the Central Political Committee was in practice perhaps less rigid. Whereas it had a voice in all enacted bills, it naturally could not go into every act of administration. Important matters of administration should in theory be referred to it for consideration. But there is no precise demarcation between matters which are important and matters which are not important. Hence if the president of the Executive Yuan happened to be the strongest leader of the Party, he could always enjoy a certain degree of freedom. It was only when the president was not as strong as some other leader or leaders of the Central Political Committee that the Committee came to exercise a minute control over administration.

The making of a budget illustrated most aptly the power of the Central Political Committee. Estimates were naturally prepared by the various spending departments and the Ministry of Finance and were compiled into one book of estimates by the Office of the Comptroller-General. But before they were considered either by the Executive Yuan or the Legislative Yuan, they must be laid before the Central Political Committee for general scrutiny. It was there that expenditures were drastically cut down and means of making up the deficits were discussed. The function of the Executive Yuan was little more than apportioning the appropriated sums to the various services, and that of the Legislative Yuan little more than formally enacting the budget.

Administration was further complicated by the existence of the Military Commission and administrative departments of the Party. In military matters, both the Executive Yuan and the Military Commission claimed control. The latter, being independent of the former, was considered the highest military organ. But the Ministry of War was an integral part of the Executive Yuan. Through the Ministry, the Executive Yuan was able to exercise some control over military affairs. Therefore when the Yuan and the Commission were headed by one person, the Yuan was able to know much of the affairs military. But when they were headed by two different persons, the Yuan must give place to the Commission, as far as military administration was concerned. The position of the Military Commision *vis-à-vis* the Central Political Committee in matters of defense, then, very much resembled that of the Executive Yuan *vis-à-vis* the Central Political Committee in matters of administration.

Matters like censorship might fall within the competence of either the Department of Public Information of the Party or the Ministry of Interior of the Executive Yuan. In case of either positive or negative conflict, the issue had to be settled by the Standing Committee of the Central Executive Committee.

The judicial function and the functions of examination and control were supposed to be exercised independently, and the Certral Political Committee should have no control over them. But that did not mean that they were entirely free from its control. The organization of the Judicial, Examination, and Control Yuan and their principal departments were determined by the Central Political Committee, and the important appointments were confirmed by it as well.

Ⅱ

The war brought to the fore many problems of readjustment and reorganization, as war in any country will. There is, however, this great difference. In either a fully democratic or a fully dictatorial country, the most important demand would naturally be to strengthen the executive arm, with or without accompanying demand for the simplification of the law-making process. But in China, which had maintained a peculiar régime of party dictator ship, dedicated to democracy, the endorsement by the whole nation of a war to resist aggression led instead to the demand for a more democratic form of government.

There were many groups outside of the Kuomintang which for

years had been demanding participation in the government. Among the organized groups, the Chinese Communist Party was the best known. It had for two or three years past been making the creation of a popular front its cardinal policy. But democracy was not the catchword of the Communists alone. Other groups, and a large number of intellectuals who were not in any way affiliated with any party or group, have also been demanding democracy. When the war broke out, it was no longer possible for the Kuomintang entirely to ignore such demands. An organization called the Advisory Council of National Defense was consequently speedily set up, to give advice to the Supreme Council of National Defense, which had then just assumed the functions of the Central Political Committee. It was a small body, consisting at first of only seventeen persons, and when it was superseded by the People's Political Council, almost a year later, it had no more than twenty-three members. In it were representatives of the Communist, the Youth, and the Nationalist Socialist parties, of the so-called Third Party, and of the Patriotic Federation, and also outstanding liberal independents like Hu Shih. As the mouthpiece of all the groups, organized or unorganized, outside the Kuomintang, it exerted considerable influence on the government, though constitutional power or power of compulsion was denied it. It met often, usually once a week, and its deliberations were facilitated by being presided over by the president of the Supreme Council of National Defense himself.

Thus began a series of partial attempts at transforming the Chinese polity into a democracy. The Advisory Council of National Defense led to the establishment of the People's Political Council, and the latter to that of the provincial and district political councils.

The People's Political Council was a direct outgrowth of the Advisory Council of National Defense. The Advisory Council held its first meeting on August 17, 1937. At the end of 1937, the Supreme Council of National Defense passed a resolution to have the Advisory Council expanded to seventy-five members. Before this could be realized, opinion was, however, gathering strength that something more akin to a representative body was needed. In conformity with this opinion, the Extraordinary All-Nation Congress of the Kuomintang, in March, 1938, passed a resolution declaring for the convening of a People's Political Council.

The People's Political Council was first convoked on July 6, 1938. It had then 200 members, divided into four categories: (A) eighty representing the provinces and special municipalities, nominated jointly by the government and the Kuomintang executive committees of the provinces and municipalities; (B) six representing Mongolia and Tibet, nominated by the Commission on Mongolian and Tibetan Affairs; (C) six representing the Overseas Chinese, nominated by the Commission on Overseas Affairs; and (D) one hundred representing cultural and economic bodies and also political activities, nominated directly by the Supreme Council of National Defense. The numbers nominated were to be twice as many as numbers apportioned; final choice rested with the Supreme Council of National Defense.

When the term of the First People's Political Council expired in

1940, membership was enlarged by forty and the manner of appointment modified, increasing the number in the first group by two and in the fourth by thirty-eight, and requiring representatives from those provinces and municipalities where provisional political councils had already been established to be elected by those councils. Since by 1940 provisional political councils, were in existence in a majority of the provinces and municipalities, most of the first group ceased to be purely nominated members. The percentage of the elected members will be further increased, in the Third People's Political Council, for, according to its new Organic Law of March 16, 1942, when it convenes in the fall of 1942, out of a total of 240 members, the first group will have 164, all of whom will be elected by the provisional political councils of the provinces and municipalities, except in those few where occupation by the enemy is rather effective, such as the Northeastern provinces, Hopei, Peiping, Tientsin, and a few others.

It thus can readily be seen that while the People's Political Council cannot claim fully to represent the people, there has been a consistent effort to make it more truly representative. It is true that category D of appointed members, though greatly reduced in number sixty in the Third people's Political Council——is still retained. But harsh criticism of that feature is not warranted. In his last years, Dr. Sun Yat-sen was very insistent in his advocacy of functional representation to make up for the deficiencies of geographical representation. Functional representation is no longer a panacea as it was in the early twenties, but it is only natural not to expect the Kuomintang to give it up. Furthermore, the experience with the first two People's Political Councils shows that appointed members are not, thanks to the Chinese genius for appeasing the opposition, incompatible with pliancy. In fact, category D has always included some of the most outspoken critics of the government, as well as some of the most outstanding leaders of China, again outside the Kuomintang.

Of the quality of members, it may be said that on the whole they have been on a high level and perhaps as good a lot as a purely elected body can show in China at present. The Supreme Council of National Defense, or its successor, the Supreme Committee of National Defense, has seen fit to provide the People's Political Council with a majority of Kuomintang members. But this is only natural, and no sane observer of Chinese politics will ever suppose that in a freely contested national election the Kuomintang would be reduced to a minority. The sagacity of the Supreme Council or the Supreme Committee does not lie in getting a majority of Kuomintang members elected or nominated, but rather in seeing that the various other parties and interests are represented in, and prominent non-Kuomintang leaders appointed or elected to, the People's Political Council. True, the Communist party has complained that it had no more than seven members in both the First and the Second Kuomintang; but such complaint is confined to that party alone and not shared by others. And for that matter, murmurs are heard among the rank and file of the Kuomintang because it, too, does not enjoy an ampler representation.

The powers of the People's Political Council have remained largely unaltered for all these years. The Council can both make proposals to the Government and question the Government about anything done or to be done. The Government is obliged both to make reports to the Council on important measures taken and to lay before it the important measures to be taken. A *priori*, this should enable the Council to have much voice in the affairs of the Government. But owing first to the proviso that in case of emergency the Supreme Council (or Committee) of National Defense may dispense with the obligation of securing the previous approval of the People's Political Council for any measure to be taken, and second to the lack of any specification as to what constitutes an "important" measure, the Government is free either to lay or not to lay before the People's Political Council any measure to be taken, either to report or not to report any measure that has been taken. As to the proposing power of the Council, it is limited by the fact that the Supreme Council (or Committee) of National Defense is not obliged to adopt the proposals. The questioning power is therefore perhaps the most effective weapon at the disposal of the People's Political Council. Though there is no means of compelling a minister to answer a question or to disclose a secret, no minister can quite be free from the anxieties of a searching question from the floor of the Council. In this way, the Council contributes no little to making the Government more responsible to the wishes of the country.

If the People's Political Council is to exercise its functions effectively , it perhaps should meet more often than hitherto . At the beginning , the Council was required to meet every months; but since

1939, the statutory requirement has been only a semi-annual session. In reality, owing to the long intervals required to renew the successive Councils, there have been, in all, only seven sessions, five of the First Council and two of the Second. The session itself is also extremely short, only ten days, which of course is sufficient neither for deliberation on measures to be proposed nor for scrutiny of measures taken or to be taken by the Government. The Government has the right either to call an extra session or to prolong a regular session beyond the statutory duration, but it does not view the exercise of that power with any satisfaction, and has never exercised it. Between sessions, there is also a Recess Committee of twenty-five, elected by the People's Political Council and meeting every other week. But the general rule that a committee charged with looking after the general interests of the whole body and not charged with any more specific function is often a committee without power, holds true in this case. Hence the existence of a Recess Committee does not make up for the infrequency of the sessions of the People's Political Council itself.

To pass any definitive judgment on the People's Political Council is not easy. It would be extravagant to claim that in it Chinese democracy has found anchor, or even to claim that through it China has made a long stride along the road to democracy. But if the function of a democratic assembly is to voice the opinion of the people and to make the government feel obliged to respect that opinion, the People's Political Council is not to be dismissed as a nonentity merely, because it is not a fully elected assembly or because it has yet to acquire the power of compulsion.

As a corollary to the People's Political Council, both the provinces and the districts below are to have political councils. In most of the provinces, district political councils will be established by the end of 1942, and they will be elected by the congresses of urban and rural communities and by the professional bodies of the district, the latter not to elect more than thirty per cent of the members. The provincial political councils are to be elected by the district councils. The elections are, therefore, very indirect; but it is nevertheless a proper beginning of the exercise of the electoral right. Pending the establishment of definitive provincial political councils, there have been provisional provincial political councils, made up of persons chosen by the Supreme Council (or Committee) of National Defense on nomination of the district governments and district executive committees of the Kuomintang and also professional bodies of each province, the nominations being very much like those in connection with the People's Political Council. In this respect, special municipalities are treated like the provinces.

The political councils of the provinces and districts are given similar powers, and enjoy a similar status, in the provinces and districts to the People's Political Council in the nation. Actual functioning varies, of course. The usefulness of a provincial provisional political council depends naturally on the caliber of the men who compose it and the attitude of the provincial government toward the council, which is no patt of the government.

Besides setting up the various political councils, there has been a demand for establishing a constitutional régime and transforming the government by the Kuomintang into a government by the people. This is no new demand. Before the war began, people had insisted upon it, and the Kuomintang, following the teachings of Dr. Sun, its founder, had promised it. In fact, a draft constitution was completed and formally proclaimed by the Government on May 5, 1936, and election of the National Congress was proceeding when the war broke out. If there had been no war, the Congress was to have met on November 12, 1937. Repeated demands for constitutionalism raised by the groups in the People's Political Council actually prompted the Kuomintang, through the Central Executive Committee, in November, 1939, to declare for the completion of the election of the delegates to the Congress and for the convening of the Congress on November 12, 1940. The elections held before the outbreak of the war were, as was to be expected, strictly managed by the Kuomintang; and the delegates chosen were mostly partisans of the Kuomintang. The constitution made, and the new government organized, by such a Congress naturally would not meet the wishes of the other parties. But the Kuomintang could not do otherwise. It could not be persuaded to concede too much to its opponents. Seeing that the new decision to convoke the National Constitutional Congress would do little to satisfy the demand for constitutionalism of the other parties, it rescinded it and deferred the convening of the Constitutional Congress until after the conclusion of the war, thus terminating, perhaps once for all, the controversy over establishing constitutionalism during the war.

Ⅲ

In so far as the government proper is concerned, there have been surprisingly few changes-surprisingly, because the war has been both very long and of a tremendous magnitude. The pre-war framework of the State Council superimposed upon the Five Yuan, with the Military Commission assuming an equal position, has remained unaltered. It is true that for a time, immediately after the war began, there was a movement to disengage a large part of the personnel of the government and to allow the non-essential organs to fall into desuetude. Thus the Legislative Yuan was practically a dead agency between July, 1937, and April, 1938, and legislation was by action of the Supreme Council of National Defense alone, without the concurrence of the Yuan. The Examination Yuan was also dormant for over a year. The Control Yuan, which has no day-to-day functions to perform, was virtually dead for even a longer period. But, one after another all were resurrected, and by the early months of 1939, the Five Yuan had been restored to their pre-war basis. The State Council itself has scarcely met since the war began; but that, too, can hardly be considered a change, since the Council has no definite duties assigned to it, and even during the years immediately preceding the war its meetings had become rarer and rarer.

The most serious attempt at overhauling the machinery of government to meet the exigencies of the war was when the Standing Committee of the Central Executive Committee of the Kuomintang resolved to proclaim the Articles of Organization of the General Headquarters, decided upon previously by the Central Political Committee, and to authorize the president of the Military Commisslon to function as the Generalissimo of the Armed Forces. There was then mooted the question of having the General Headquarters supersede all other organs of government and bringing all the indispensable departments of administration within the framework of the General Headquarters, retaining only the chairmanship of the National Government and also the Supreme Council of National Defense, which was then taking the place of the Central Political Committee. If this broad proposal had been realized, there would have been nothing short of a complete overhauling of the system then prevailing. It was, however, dropped almost as speedily as it was made. Even the proclaimed Articles of Organization for the General Headquarters was not put into actual operation. The only thing left of the whole ambitious scheme was that General Chiang Kai-shek, president of the Military Commission, became Generalissimo *de jute* as well as *de facto* by the authorization of August 27.

In lieu of organizing an all-absorbing and all-powerful General Headquarters, the Military Commission was very extensively expanded and strengthened. Before the war, it had as its subordinate offices nothing but minor ones necessary to its proper functioning. The great military departments, such as the General Staff, the Inspectorate-General, and the Military Advisory Council, although under its supervision, were separate organizations, and the Ministry of War was one of the ministries of the Executive Yuan. But in August and September of 1937 there were caused to be organized seven great departments of administration, namely, those of Political Affairs, Military Operations, Heavy Industries, Light Industries, Public Information, Political Works (attached to the Armed Forces), and Transport—all directly under the Commission. These were known as First Department, Second Department, etc. As the ministries of the Executive Yuan, the departments of the Central Executive Committee, and some other independent administrative offices were left largely untouched, confusion and duplication of authorities became unavoidable. For instance, the new Department of Heavy and Light Industries and the Ministry of Industry of the Executive Yuan had virtually identical functions, while the Ministries of Railways and of Communications of the Executive Yuan performed more or less the same duties as those falling to the new Department of Transport. The arrangement was obviously unsatisfactory and further reorganization necessary.

A reorganization of January, 1938, was more rational, if less radical. The seven departments now gave way to the four departments of Military Operations, Military Administration, Military Training, and Political Works. The three great independent military establishments were brought directly under the Commission, the General Staff becoming the Department of Military Operations, and the Inspectorate-General that of Military Training, with the Military Advisory Council retaining its old nomenclature. But functions which are not strictly military were left in the hands of either ministries of the Executive Yuan or departments of the Central Executive Committee. The Department of Military Administration remains a dual organization, being also the Ministry of War of the Executive Yuan.

The reorganization described was of course not final. Later there have been many minor changes, adding this or transferring that to the Military Commission. But no attempt has been made to eclipse the Executive Yuan. As it now stands, the Military Commission has directly under it, besides the four Departments and the Military Advisory Council above-mentioned, the General Office(under a chief), the Naval Office (under a commander-in-chief), the Air Office (under a commission with the Generalissimo himself as chairman), the Office of TransportControl (under a chief), the Office of Military Servicing (under a chief), the Office of the Judge Advocate-General, the Personnel Office (under a chief), the Commission on Military Pensions, the Commission of Control. the Commission on Party and Political Affairs in War Areas, and finally the Liaison Bureau. All the Commands are, of course, also under the Military Commission. It will thus be seen that the Commission, though a vast organization, has its functions largely confined to things military. The most doubtful case is the Office of TransportControl, which has taken over the management of highways, as well as the power of fixing priorities of transportation, from the Ministry of Communications.

There is yet another point in the reorganization of 1938 which requires mention. Before the war, the Military Commission was indeed a commission. As such, it was collegiate, and a meeting must be called when important matters of national defense (other than actual military operations, of which the President was by law to be in sole charge) were to be decided upon. But this was in theory only. The prestige of the then incumbent president, General Chiang Kai-shek, was such that power had long fallen into his hands, and the other members of the Commission were of little consequence. The conferring of the powers of Generalissimo on the President in August, 1937, caused the discrepancy between law and practice to disappear. The law was now also altered to make the President head of the Commission and other members merely assistants. The law also made the Chief of General Staff and the Deputy Chief who, together with the heads of the four Departments and the president of the Military Advisory Council, are *ex officio* members of the Commission, principal assistants of the President and empowered them to exercise general supervision over all of the departments, offices, commissions, and bureaus of the Commission. They thus out-rank other members of the Commission, though in practice they may not be able to exercise supervision except through the person of the Generalissimo.

The idea of setting up a General Headquarters, and also that of having a super-Military Commission dropped, there was naturally a necessity so to reorganize the Executive Yuan as to enable it to meet the requirements of the war; and in January, 1938, this Yuan was overhauled simultaneously with the Military Commission. Before the war, there were under the Yuan nine ministries (Interior, Foreign Affairs, War, Navy, Finance, Industry, Education, Communications, and Railways) and two commissions (Mongolian and Tibetan Affairs and Overseas Affairs). The Ministry of Navy was changed into the Naval Office and transferred to the Military Commission; the Ministry of Industry, together with some minor offices, were reorganized into a new Ministry of Economics; and the Ministry of Railways was merged into that of Communications —thus reducing the number of ministries from nine to seven. The change was dictated by considerations of both efficiency and economy. But subsequent changes have not been invariably in the interest of either, still less of both. In 1940, two new ministries were added. A Ministry of Agriculture was split from the Ministry of Economics, although there was little actual need for so doing. The Ministry of Social Affairs, so-called, was previously a department of the Central Executive Committee; with the transfer, there was much uncalled-for expansion. In 1941, there was added the Ministry of Food, necessitated by the acute problem of the rising price of grain and even shortage of rice. The raising of a relief organization to the status of an Executive Yuan Commission was also justified by the scale of work to be done. The organization of a Commission on Conservancy was a wise step, as it brought under its control a number of river boards. But, strange to observe, the Ministry of Trade ordered in March, 1941, to be set up by the Central Executive Committee to conduct the economic warfare has never been organized.

From the foregoing, it will readily be seen that in bold relief the war-time administration differs but little from the prewar administration. True, the Military Commission has been much expanded, and the Executive Yuan has also undergone changes. But there have been few innovations altering either the character of any of the existing organs of government, be it the Military Commission, the Executive or any other Yuan, or the State Council itself, or the relationship between these organs. Whether this is because changes in the administrative system are not needed or are of little consequence, can best be answered by reference to the changed status of the Central Political Committee.

IV

We have said that the government of China is government by the Kuomintang, and that the Kuomintang used to control the government through the instrumentality of its Central Political Committee. It is in this agency that important changes have taken place, and generally to make it better suited for directing the war.

The Central Political Committee was itself fairly large, and when the war broke out, all members and reserve members of the Central Executive and Control Committees had a right to attend its meetings. This made it both unwieldy and unsuited to the conducting of war. On August 11, 1937, the expedient of a Supreme Council of National Defense was resorted to. This was no new thing entirely. In the days before the war, from 1933 to 1935, when the situation in North China, due to Japan's continuous aggression, was most tense, the Central Political Council (predecessor of the Committee) had made use of a small Committee on National Defense to consider and decide on weighty measures, in place of the plenary Council. When the Central Political Council was reorganized into the Central Political Committee at the end of 1935, membership was limited to twenty-five, and for a short while it was thought that the Committee could discharge all of its functions without again resorting to the device of a small Committee on National Defense. Unfortunately, the ranks of the Central Political Committee were soon swollen by the attendance of other members and reserve members of the Central Executive and Control Committees, not members of the Political Committee. At the beginning of 1937, by resolution of both the Central Political Committee itself and the Central Executive Committee, the Committee on National Defense was revived, again as a committee of the Central Political Committee. The new Supreme Council of National Defense was, on the contrary, a substitute for, and in authority equal to, the Central Political Committee. It had as its chairman the chairman of the Committee on National Defense, General Chiang Kai-shek, and as its vice-chairman the chairman of the Central Political Committee. Mr. Wang Ching-wei, who later stooped to be a Quisling. As soon as the Supreme Council was set up, the Central Political Committee virtually ceased to function, and between August 11 and November 13, when the Supreme Council resolved to suspend its powers, it held only two meetings. The resolution of November 13, of course, killed the Central Political, Committee-at least for the duration of the war. A legally-minded person might indeed question the validity of a resolution passed to suppress a body which had created the body passing the resolution. But China was then at her most critical moment, and few were interested in legal niceties. The fact that the men in control of the Supreme Council were also in control of the defunct Committee was enough to warrant the temporary demise of the Committee.

The Supreme Council of National Defense was a smaller body than the Central Political Committee—which was the chief, if not the only, reason for its supplanting the Committee. By the Articles of Organization, it enjoyed emergency power of legislation not enjoyed by the Committee. Otherwise there was little difference between the two. The various committees which served the Committee also served the Council. The relation between the Council on the one hand and the Kuomintang and government departments on the other also more or less remained the same.

As time went on, it was found that the powers enjoyed by the Supreme Council were not enough, and that the procedure by which the Council exercised them was not direct and flexible enough to meet the needs of the war. In February, 1939, the Central Executive Committee, in a plenary session, sought to improve the situation by ordering the organization of a Supreme Committee of National Defense to take the place of the Council.

The Supreme Committee differs from the Supreme Council in several important respects. In the first place, power is more centralized in the hands of its president (who is, by the Articles of Organization, no other than the head of the Kuomintang himself, General Chiang Kai-shek) than in the hands of the chairman of the Supreme Council. In the second place, whereas the authority of the Council extended only to the departments of government, the Committee has authority over the departments of the Central Executive Committee as well. In the third place, whereas the Council could deal only with the Five Yuan and the Military Commission, the Committee can also issue orders to their subordinate departments. For this purpose, all the ministers, the heads of departments, and other principal administrators, wherever they belong, are madeso-called"executive members"of the Committee, while other members share in making the orders.

The Supreme Committee is by no means a small body. It includes the members of the standing committees of the Central Executive and Control Committees, the presidents and vice-presidents of the Five Yuan, members of the Military Commission, and other members nominated by the president of the Supreme Committee with the consent of the Standing Committee of the Central Executive Committee. Allowing for duplicates, total membership is not likely to be below twenty-five. Out of these, the President designates eleven to constitute the Standing Committee. This is naturally a much smaller body than the plenum, which is attended not only by all regular members but by executive members as well. It is this Standing Committee which holds weekly meetings and transacts the ordinary business. The plenum seldom meets. But lately, even the meetings of the Standing Committee have also a tendency to be swollen by attendance of those who are invited to be present. For instance, some of the more important ministers of the Executive Yuan, and also the chairmen of the more important committees of the Central Political Committee, are often present.

With the establishment of the Supreme Committee of National Defense, policy-making and initiation and formulation of important measures have largely been centered in its hands. The Standing Committee of the Central Executive Committee still meets weekly, but its deliberations are now strictly confined to matters of party administration. It seldom goes out of its field to interfere with matters of state. In case of conflicting jurisdiction between Party and Government, it is generally the Supreme Committee that decides, thus avoiding overlapping or contradiction. The Executive Yuan, too, has its weekly meetings; but it also takes orders from the Supreme Committee. It may still propose important measures, but these must first be submitted to the Committee before they can be acted upon. In pre-war days, there might have been cases of the Executive Yuan forcing the hands of the Central Political Committee. That is not done now. The Military Commission is not so much concerned with policy as is the Executive Yuan. But if a measure involving policy is to be determined, it, too, honors the authority of the Supreme Committee.

As to the process of legislation, substituting the Supreme Committee of National Defense for the Central Political Committee, it is largely the same as before the war. There is, however, this difference: in case of emergency, the Supreme Committee is empowered to order the proclamation of a law without it first being enacted by the Legislative Yuan.

Proposals made by the People's Political Council are also acted upon by the Supreme Committee of National Defense. The Committee may order the yuan or department concerned to formulate the proposals into laws or orders, or may simply drop them. In other words, though the Supreme Committee is not by law above the People's Political Council, it in fact enjoys a superior authority over it, as it does over all departments, both of the Party and of the State.

The Supreme Committee of National Defense has under it several very important organizations. There is the Secretariat, which, like all secretariats in the Kuomintang and in the government, does a good deal of real work; and the Secretary-General has always been a member of the Standing Committee. There are five committees of the Central Political Committee on Law, Finance, Economics, Foreign Affairs, and Education. They serve the Supreme Committee in the same way as they served the Central Political Committee. There are also the Planning Commission and the Control Commission, both set up toward the end of 1940. The Planning Commission is headed by the president of the Supreme Committee himself, and the Control Commission (not to be confused with the Central Control Committee of the Kuomintang) is subdivided into two sections in charge of Party and Government affairs, respectively. The idea was to have the Planning Commission plan, the Government and Party administration execute, and the Control Commission check up on whether execution is in accordance with the plan. It can, of course, not be supposed that in a country where statistical data are either lacking or not always reliable, where administrative machinery is defective, and where war has done so much to disturb the normal situation—a scheme as ambitious as this can be put into operation, let alone successful operation. In fact, thus far the Planning Commission has trodden the path of planning cautionsly, if not timidly. It has concerned itself only with a detailed scanning of the annual budgets. Even at that, it has never seen fit to go too deeply into the matter.

The key official in the Supreme Committee of National Defense, as well as in the entire Chinese political organization, is, it must be emphasized, the President. Organically, the President of the Committee and the Head of the Kuomintang are one and the same person. The Kuomintang has had no head since the death of Dr. Sun Yat-sen in 1925. Repeated attempts to make someone its head were doomed to failure, the reason being largely the coexistence of several leaders who could lay claim to that exalted position one as well as another. But when the war came, one of these had already died and the prestige of General Chiang Kai-shek had grown to such heights that no one could dispute his leadership. The necessities of the war also made the restoration of the institution inevitable. So, at the Extraordinary All-Nation Congress, in March, 1938, General Chiang was elected Head of the Kuomintang. As such, he is, of course, entitled to direct any party organization in existence or that may be created. He presides over the plenary sessions of the Central Executive Committee and the meetings of the Standing Committee, as well as over the Congress. If he so chooses, he can be the head of the party organ that controls and directs the government. And he did choose to be the president of the Supreme committee of National Defense. As long as the Kuomintang is the government, the president of the Supreme Committee is naturally all-powerful, with authority that cannot in any way be impaired by law.

If, therefore, General Chiang Kai-shek's authority is in law unlimited, in fact it is no less so, thanks to his concurrently holding the presidencies of both the Executive Yuan and the Military Commission. As head of the Party and president of the Supreme Committee Of National Defense, he is not required to be president either of the Yuan or of the Commission. But the fact is that he is both. He has always been the president of the Military Commission. Of the Executive Yuan, he has been the president since the beginning of 1936, except for the interval 1938 to 1940. He was once also Speaker of the People's Political Council, and is still on its Presidium. Though from the institutional point of view the practice of one man's holding all the leading posts of party and government tends to make that government personal, there is a good deal to be said in its favor, as it doubtless facilitates the handling of many urgent problems so often besetting a government in wartime.

It should, then, be emphasized that the most significant change in the machinery of government during war-time has been the creation of the Supreme Committee of National Defense and the centralization of power in the hands of its president.

V

Reviewing the developments that war has thus far brought about and looking into the future, one cannot help being struck by a number of problems which will await solution when the war is over.

The Kuomintang has ruled China for fourteen years. It has no intention to perpetuate rule by one party, and has professed constitutional democratic government as its ultimate goal. The politically articulate groups outside the Kuomintang have always clamored for democracy, To expect that the Kuomintang will practice self-denical and give up political power to its rivals or opponents is unthinkable, and the possibility of the rival groups being able to wrest that power from the Kuomintang is also remote. The Communist party may have that ambition; but, obsessed with a love for things Russian, it is unlikely to grow, if it grows at all, to such a stature as to be able to dispute political power with the Kuomintang.

But it is also to the interest of the Kuomintang to keep its pledges and prepare the country for a swift transition to democracy. If the pledges are broken or remain long unfulfilled, the Party will lose the moral right to govern. The existing People's Political Council is a promising instrument for introducing more and more non-Kuomintang participation in government. If some real power is given it, and if the politically articulate elements outside the Kuomintang are given more adequate representation on it, there is no reason why the Council should not develop into something from which a future assembly of the nation may very well derive lessons.

The Kuomintang has repeatedly declared for the convening of a National Congress to adopt a constitution. It may become necessary to call the Congress very shortly after the war is over, since further to postpone the step is likely to cause the Party embarrassment. Some three-quarters of the 1, 800-odd delegates were elected before the war, and their mandate has never been declared void, in spite of the passage of time. But a new general election will be necessary if the Congress is to obtain general support of the people. It is only by means of such an election that the party in power will be able to accord, by one means or another, ample representation to elements other than itself.

As a deliberative assembly, the National Congress, as provided for by the Organic Law of May 14, 1936, is too large. It was Dr. Sun Yat-sen's idea to have a large congress play the rôle of the people, much as the people in a direct democracy like some of the Swiss cantons would play it. If this idea is adhered to, as it would certainly be by the Kuomintang, there is no way of dispensing with a large congress. The question is whether, without sacrificing the large numerical size of some 1, 800 members, but confining functions to those of election and recall, and of initiative and referendum, as prescribed by Dr. Sun Yat-sen, it will be possible also to have a small body of persons elected by the Congress occupy a position midway between the People's Political Council and the Supreme Committee of National Defense. The function of the People's Political Council at present is more to hold the government responsible than to exercise any positive power of governing, while that of the Supreme Committee is the actual exercise of the governing power. If a small body of perhaps one hundred persons can exercise general supervision over the Five Yuan and at the same time share with the Executive and Legislative Yuan in the determination of policy, it could very well prove to be an effective substitute for, and successor to, both the People's Political Council and the Supreme Committee of National Defense, which, being a Kuomintang organ, will be out of place once the country passes to the stage of constitutional government. A strict adherent to Dr. Sun Yat-sen's teachings might raise the objection that this would run counter to his idea of entrusting the political power to the people or the people's National Congress and the governing power to the government of five yuan. But to allow a complete break with the past is no way to build up a permanent institution which will last. The function continuously discharged by the Central Political Committee and the Supreme Council and Supreme Committee of National Defense, and the usefulness of these in providing a link for the five yuan, certainly deserves as much attention as literary adherence to any set of rules and political organization, which in themselves should be adaptable to the actual conditions of the day.

If, however, after General Chiang Kai-shek, another strong leader is to follow, the solution of the constitutional problem may take an entirely different turn. General Chiang, and then the leader after him, may, in the capacity of president of the Republic, take the place now held by the Supreme Committee of National Defense. As president of the Republic, such a leader could always make himself a like between the five yuan and have a large voice in their affairs. But if such should happen, there would also be a possibility of the rise of personal government by the president , with the National Congress enjoying an ephemeral political power, and with the five yuan taking strict orders from him. Such a government can hardly by justified by conditions other than those of war-time.

Perhaps to practice democracy inside the Kuomintang is of more real significance than to try vainly to establish democracy for the country at large. If during the period of reconstruction the country shall continue in the hands of the Kuomintang, as it is not unlikely to do, it is evident that it will not be democratized before the Party itself is democratized. The Central Executive Committee, in a plenary session in March, 1914, was quite unanimous that both the organization and the leadership of the Party should be put on a more popular basis—that is to say, that election from below should be substituted for appointment from above as a method of organization for the executive committees of the provinces and districts. If this comes true—as it has not for some twelve of thirteen years—the Kuomintang will easily secure a much broader basis of popular support, and may become more solicitous about democracy in general.

When the war is over and reconstruction begins, the problem of administrative reorganization may be of even greater urgency than it has been during the war. During the war, the separate existence of the Military Commission not only has been tolerated, but has been actually welcomed, as it insures efficiency and dispatch in military operations. But if it is to continue after the war, not only the integrity of executive power will be non-existent, but friction between the Military Commission and the Executive Yuan will be unavoidable, especially if the two organs are not in the hands of the same man. The case for amalgamation is obvious enough. The question is whether it will be easy to effect the amalgamation and bring military power within the realm of the executive.

No one will claim that Chinese administrative organization was on a rational basis before the war, and there have been, in the course of the war, surprisingly few readjustments and little reorganization of the Executive Yuan. It cannot be supposed that the present administrative set-up will meet the needs of a reconstruction period. The war is a difficult business, but it is not nearly as difficult as the work of reconstruction. The war we have been conducting for five long years is in a sense a passive endeavor. Nothing more is required than to oppose resistance to the enemy's advance. But to reconstruct a war-torn country is something more. It will be a positive endeavor requiring sound planning and economic and efficient execution. Hence the necessity for overhauling the machinery of government to suit the needs of the day. To muddle through the business of government with the existing machinery, as we have been doing during the war years, will be fatal. But how the machinery shall be reorganized is something of which no one can as yet be sure. In other words, the problem of reorganizing the machinery of government, like the more fundamental problems of democracy and leadership, will be awaiting solution when the war is over—the more because solution of it has never been attempted during the war.

WARTIME LOCAL GOVERNMENT IN CHINA*

UNTIL VERY RECENT TIMES government and administration in China, both central and local, enjoyed a stable existence. From Chin Shih Huang Ti(256—207 B. C.) to the last days of the Manchus (1644—1911), the unitary empire maintained, on the whole, the same system of government and administration throughout. Of the multitudinous changes and reforms that took place during that long span of twenty-one centuries, many were bound to be of importance. But compared with the system that prevailed before the Chin Dynasty or the new one modern China has been attempting to install, what was founded by Chin Shih Huang Ti and the first Hart emperors (206 B. C. —221 A. D.)may indeed be said to have undergone only minor modifications. This is a most essential fact. It explains not only why there has been so much difficulty for modern China to

* 译文见附录3 “中国战时地方政府”。

arrive at institutional stability, but also why even in wartime the Chinese are continuing to occupy themselves with administrative experiments which are normally peacetime pursuits.

As far as local government was concerned, the more significant changes revolved around two issues: the first had regard to the system of geographical subdivision; the second was concerned with the way the central government maintained its supreme authority.

The Chin Empire was divided into forty *chun*, and the *chun* was in turn subdivided into *hsien*. As a basic unit of local government, the *hsien*, the number of which increased from about a thousand in the beginning to about two thousand at the present time, has since remained intact. But the areas that are superimposed over and above the *hsien* have changed frequently both in size and variety. While there was only the *chun* above the *hsien* during the Chin Dynasty, later times generally witnessed two areas of local government instead of one, the larger one being variously termed *tao*, *lü* or *sheng* and the smaller one, *chow* or *fu*. The names of these local areas are confusing. ① Adding to the confusion, the Mongolian and the Manchu Dynasties also instituted a semi-fixed area between the highest and the second highest areas, thus giving the impression that these empires had four and not merely three

① The more accepted translations of the names of the various local areas are as follows: *sheng*, province; *tao*, circuit; *lu*, circle; *chow*, prefecture; *chun*, prefecture; *fu*, prefecture; *hsien*, district. The terms are confusing. For instance, *chow* in the Chin times was a subdivision of the Empire, but under the Manchus it was only a smaller kind of *fu*.

areas of local government.

Why these repeated regroupings of the geographical units? The main reason was to facilitate central control. All through the twenty odd centuries, resort was had to two alternative expedients. When the topmost units were too large and unwieldy, they were split into more numerous and smaller areas to prevent centrifugal forces from developing. When however, these areas proved to be too numerous for centralized direction, they were grouped together into a smaller number of circuits and a trusted imperial supervisor was put in charge of each circuit, so as to help the imperial government tighten its control. These circuits in turn became fixed areas where particularism was entrenched and secession or even rebellion was nourished. This state of affairs inevitably compelled a reforming ruler or a new dynasty to redivide the country once more into smaller areas taking orders direct from the center.

To extend its influence effectively throughout the country, a central government can institute a system of control either monistically or pluralistically. monistically, if it is satisfied with its tight grip on the holder of local political power, for instance, the governor of a *sheng*; pluralistically, if it appoints different officials for the supervision of the different administrative branches in the local areas, for instance, a tax commissioner to look after the collection of taxes, a granary commissioner to look after the administration of relief work, etc., as was done during the Sung Dynasty. On this issue of monistic vs. pluralistic control, so to speak, the changes have been many and frequent.

While all the changes that occurred before the last years of the Manchu Dynasty were largely confined to the two issues above named, the impact of the West on China suddenly disturbed the relative stability of Chinese local institutions. Since the beginning of our century, the necessity of according the people the right of local self-government in a representative form has been everywhere acknowledged. After the Kuomintang, or the Nationalist Party of China, won power, that necessity even became a self-imposed duty. War or no war, the carrying out of a program of local self-government must remain one of the principal objectives of the Party.

What is the Kuomintang's program of local self-government? The answer is to be found in Dr. Sun Yat-sen's teachings. According to this founder of the Kuomintang, the *hsien* is to be the basic unit of self-government, while the *sheng* is to be a two-sided unit, both a sub-area for central administration and an autonomous area for the supervision of *hsien* self-government. Both *hsien* and *sheng* are to have an elected representative assembly and an elected executive head. Before the *hsien* attains self-government, the following conditions must first be fulfilled; the people must have been taught the exercise of four rights, namely, election, recall, initiative and referendum; there must have been a reliable registration of the inhabitants in the area; a complete survey of the lands; a system of police protection; and finally a system of highways connecting one *hsien* with its neighboring *hsien* . When all the *hsien* in a *sheng* attain self-government, the *sheng* itself also attains self-government, taking orders from the central government only when the functions pertaining to that government are being discharged.

It will be readily seen that the assignment for the regime, which is to teach and to help the people of the *hsien* to get the *hsien* ready for self-government, is a large and heavy one. It was Dr. Sun Yat-sen's belief that unless the people are self-governing in local affairs, they are not in a position to enjoy constitutional government. Hence the necessity for a period of tutelage by the Kuomintang, before the constitutional regime is introduced. This tutelage is a very important factor which cuts deeply into the picture of Chinese local government, both before and after the war.

A brief survey of Chinese local institutions at the time the war began can now be attempted. Aside from Outer Mongolia and Tibet, where Chinese sovereign right had been interfered with by one foreign power or another and where local institutions were of a peculiar nature, China was divided into 28 *sheng* which were subdivided into 1, 949 *hsien* . In most *sheng*, there were also administrative inspectors' areas intervening between the *sheng* and the *hsien*.

The *sheng* government was in law a committee of seven to nine members, with one of them acting concurrently as chairman and several as heads of the different branches of administration; in practice the chairman was the virtual head of the *sheng* government. The administrative branches were generally four in number. They were: Civil Affairs, Finance, Public Works, and Education. The commandant of the gendarmerie was seldom a member of the *sheng* government, but he enjoyed more or less equal rights with the administrative heads. All these officials were of course appointed by the central government.

The *hsien* government was headed by the *hsien* chief, appointed by the central government on the recommendation of the *sheng* government. Under him there were a number of bureaus with heads appointed by the *sheng* government, frequently on his recommendation. Both in theory and in practice the *hsien* government was single-headed.

The machinery through which the special administrative inspector carried out his functions was more fluid and less uniform. The law of March 24, 1936 made no attempt at uniform organization; there was little uniformity even after this law went into force. Generally speaking, the size of the inspectorate depended on whether the inspector was a *hsien* chief in the area or not. If he was, his office was merged with the *hsien* government. If not, there was a distinct office of the inspector, with two bureaus and several special assistants.

The functions or powers of the *hsien* were extensive. Under the laws of the National Government, the *hsien* had power over registration, police, fire, hygiene, relief, forest and game protection, public roads, waterways, parks, public works, public utilities, schools, gymnasiums, libraries, and museums. It was entitled to levy taxes and to raise loans. It had power to organize its urban and rural subdivisions for the purpose of local self-government. In practice, however, mere authorization could not mean much. Since the *hsien* did not yet enjoy self-government, its government was bound to take orders from the *sheng* government, which often left little work for the *hsien* government to do on its own accord. In other words, the *hsien* government became only a branch of the *sheng* government in the *hsien* and nothing more. Moreover, for the *hsien* to be really able to undertake the varied functions just enumerated, it must have ample funds, which are usually not available in an agricultural country such as China has been.

The powers of the *sheng* are even more extensive than those enjoyed by the *hsien* . Barring those which are universally reserved by the central government such as defense, currency, post, aerial and maritime communication, and foreign relations, almost all conceivable functions of the state were shared by the *sheng* . But here again, in the exercise of its powers, the *sheng* was at the absolute mercy of the central government. The *sheng* could rely on nothing to safeguard its position. Certainly not the Provisional Constitution of June 1, 1931, for it was practically silent on the position of the *sheng* . Nor on the teachings of Dr. Sun Yat-sen, for in the period of tutelage the *sheng* was not intended to be a self-governing unit. In other words, at the time the war broke out the *sheng* was a mere administrative area organized for the execution of central measures. If at times it did show some spirit of independence, it was rather due to the assertive spirit of some of its leaders than to the manifestation of any *sheng* will.

The administrative inspectorate possessed no powers or functions of its own. The administrative inspector was a mere liaison officer between the *sheng* and *hsien* governments. He performed no functions other than that of inspection and supervision for the *sheng* government.

Local government control at the time the war began was not the same throughout the country. The effectiveness of that control varied greatly. In some parts of the country where recalcitrant militarists of the old order were in power, the central government could do little to enforce its will. Sinkiang, North China and, the Southwestern *sheng* all belonged to that category. In other parts, the control by the central government was complete and the characteristics of a unitary and centralized state were very marked.

In the *sheng*, which was effectively under the aegis of the central government, control was exercised in various ways. In the first place, the central government, whether by the enactment through the normal legislative process or by ordinance-making, did most of the legislation affecting the *sheng* and the local administration. Very little legislative power was left in the hands of the local authorities. This existed in spite of a resolution passed in 1934 by the Fifth Plenary Session of the Central Executive Committee of the Kuomintang, entitled *Principles Governing the Division of Powers and Responsibilities between the Central and Local Governments*, which sought to limit the legislative power of the central government to the formulation of principles, leaving detailed regulative power to local governments.

In the second place, neither the *sheng* nor the *hsien* enjoied autonomy in the making of its budget. The *sheng* budget was drafted by the *sheng* government, but it had to be scrutinized by the Executive Yuan and enacted by the Legislative Yuan before it became definitive. Similarly, the *hsien* budget had to be approved by the *sheng* government and reported by the latter to the central government. In the third place, the Executive Yuan in general and the various ministries in particular had power to direct the *sheng* government and its various administrative branches. This was exercised in positive as well as negative ways. The central authorities could issue directives on their own accord, as well as on request from the local authorities. This power of direction was no mean thing. There was an enormous number of instructions and petitions shuttling back and forth between the superior and the inferior authorities. Fourthly, the central government held exclusive control of the personnel of the local government. It appointed all the heads of the *sheng* administrative branches and retained substantial power in the appointment of the inferior officials.

In addition to the regular governmental control, the existence of the Kuomintang organization throughout the country superimposed a second layer of centralized control. A detailed description of the nation-wide organization of the Kuomintang is out of place here. It is, however, essential to remember that Party headquarters existed for every *sheng* and every *hsien* throughout the country. The organization principle was that of so-called democratic concentration; that is, the bottom stratum of the Party officers and committees was to be elected by party members and the lower bodies were to organize the higher bodies, but power was to be concentrated at the top. In practice this was not done in the years before the war. There was concentration of power at the top, but there were hardly elections. The members of the *sheng* party organization were generally appointed by the national organization and those of the *hsien* organization by the *sheng* organization.

These local party organizations existed side by side with the local governments. While unlike the national party organization which instituted the National Government and had power to control it, and while they could not interfere with the functioning of the local governments, they nevertheless had a voice in local administration in that they could make proposals to their superior organization and ultimately lead the national party organization into taking a stand and giving directives to the central departments, which in turn checked and ordered the local administrations accordingly.

Theoretically, during the period of Party tutelage, it might be expected that in some places elected representatives might be found to exist side by side with the officials appointed from above. But such was hardly the case. And in those few *hsien* and municipalities where there was some sort of co-opted advisory councils to advise the appointed executive, the power of the people to influence the local administration was infinitely small. Thus before the war began, China was, thanks to the ability of the central institutions, both party and governmental, to control effectively the local institutions, quite a centralized and bureaucratic state with a tendency toward further centralization. That some *sheng* still remained semi-independent, where actual influence of the central government was small and even negligible, acted in no way as a deterrent to this tendency. In fact, it made the people at large less antipathetic to the trend toward centralization.

Then, is one justified in saying that, during the eight or nine years preceding 1937, the Kuomintang and through it the National Government of China did not make good use of the period of tutelage and seriously attempt to train the people for local self-government? Any intimation of that kind would be grossly unfair. If no headway was made during all those years toward real self-government, it was due rather to the immensity of the task than to the lack of endeavor on the part of the Kuomintang, as will be indicated.

During the six years of war, changes have been many. Some of these were occasioned solely by the exigencies of the war. But others had little to do with the war. Had there been no war, they would have taken place just the same. The most important of these non-war changes, if one may call them so, is the experimentation with the *hsien* government. The *hsien* must remain China's basic unit of local government, whether for democratic self-government or as an area for centralized administration. That is a necessary consequence of the institutional development of China. That is also in accordance with Dr. Sun Yat-sen's program of political reconstruction.

A modern *hsien* government must needs be radically different from the traditional one, largely on account of the rise of new governmental functions and the necessity to accord the people the right of self-government. Were these two conditions non-existent, there would perhaps be little need for trying to apply radical innovations to the *hsien* government. Since these conditions do exist, one has to attempt revolutionary changes. The longer these changes are withheld, the more difficult it will be to effect them.

Neither the Empire in its later years nor the Republic in its early years did much to bring about the desired changes. In the years around 1910 there were some feeble attempts to have the *hsien*, together with both its urban and rural parts, organized on a modern basis to perform modern functions, and also to set up representative local assemblies to fulfill the promise of self-government. But the attempts were so feeble that they were soon swept away by the reaction of the Yuan Shih-kai regime, and the life of the *hsien* went on in very much the same fashion as it had in the centuries gone by.

For this reason the Kuomintang, right after it came into power, was eager to perform something vast and do it within a short time. The *Law for the Organization of the Hsien of June 1929*, somewhat modifying a law with the identical nomenclature of the previous year, sought to organize the *hsien* on a modern democratic basis within the short period of six years. The steps by which the aims of this law were to be realized were as follows: first, the *hsien* was to be completely organized. The *hsien* government was to divide the *hsien* territory into an appropriate number of *ch'ü*. *ch'ü* into communes, rural and urban (*hsiang or chen*) and appoint the *ch'ü* chiefs. The appointed *ch'ü* chiefs were to convene the people of the commune in a communal assembly to elect a chief and a deputy-chief for each commune and also a few members of the committee of control. With these officials elected, communal governments and communal committees of control were to be set up. When the communal chief had assumed office, he was to divide the commune into appropriate numbers of *ü* (precincts) and *ling* (neighborhood units), with five families as the *ling* and five *ling* as the *ü*, call the people of the *ü* and *ling* respectively into meeting and have them elect a chief for each. Second, after the complete organization of the *hsien*, the *sheng* government was to get the consent of the Ministry of Interior to allow the *ch'ü* people to elect *ch'ü* chiefs and also *hsien* representatives to form *hsien* assemblies. Third, after the *ch'ü* chiefs were elected, the Ministry of Interior was to find out whether a certain *hsien* had fulfilled the prerequisites of a self-governing community. If the Ministry was satisfied, the *hsien* in question became a fully self-governing community and its people were to elect the *hsien* chief.

Unfortunately, the Law of 1929 could not be enforced. In the *sheng* where the ambitious program was not taken seriously, the work of *hsien* organization lagged and there seemed no possibility of completing the organization within a definite period. In those where orders to execute the law were rigid, the authorities did their work hastily and superficially, so superficially that the populace manifested little interest, still less competency, in the so-called elections.

The faults of the law were chiefly three. The first was that too much uniformity in a vast nation was impracticable. The second was that the division and subdivision of the *hsien* territory was too minute. And the third was that the law ignored the fact that to train a largely illiterate people in the arts of self-government requires something more than mere forms and formalities.

In March 1934, the Central Political Council enacted a statute, called *Principles for the Improvement of Local Self-Government*, which radically altered the provisions of the Law of 1929. The *ch'ü* as a local government area was virtually suppressed. The tempo was slowed down; real instead of unreal preparation for self-government was aimed at. Rigid uniformity gave place to a flexibility which allowed thc different *sheng* a full measure of freedom so long as they adhered to the central aim of preparing the people for self-government.

In the meantime, to facilitate eradication of the communist elements, who were then treated as bandits, several *sheng* by the order of the Bandit Suppression Command had resorted to the old Chinese institution of *pao-chia*, which came into existence in the middle of the Sung Dynasty. Ten families were to form a *chia*, ten *chia* were to form a *pao*, with federated *pao* at the top. The aim of this restoration was to chain the families together for the purpose of self-defense and of preventing any outlaws from lurking among the common people. Thus self-defense and the training for it was emphasized at the expense of self-government and the training for it. The communal organization as well as the *lü* and *ling* organizations disappeared. The *ch'ü* remained, but was transformed into a branch of the *hsien* administration; it was no longer a self-governing institution.

There followed a period of great confusion. Some *sheng* adhered, at least in letter, to the provisions of the Law of 1929. Others adopted the *pao-chia* system and abandoned any semblance of local self-government, at least for the time being. Still others resorted to a mixture of all, often incongruously.

It was against this background of confusion and lack of progress that General Chiang Kai-shek, as head both of the Kuomintang and of the government, decided to do something, even though the war was going on. What he did was the promulgation, through regular channels, of the *Outlines for the Organization of the Hsien and the Lower Areas*, in September 1939, which superseded both the Law of 1929 and the ordinances establishing the system of *pao-chia*. It should be added here that for many years a great variety of names has been applied to what should be normally called a law, and what is called *Outlines* is nothing less and nothing more than a law.

In a sense the new *Outlines* is a blending of the Law of 1929 and the *pao-chia* system. It retains the mechanism of self-defense through strict regimentation; at the same time it seeks to do the work the Law of 1929 started out to do. It represented the will of the Kuomintang, through General Chiang, to speedily transform bureaucracy and negative government by irresponsible gentry into modern self-government, without handicapping the prosecution of the war.

According to the *Outlines*, the *hsien* is divided into communes, while the communes consist of *pao* and *chia*. From family to *chia*, from *chia* to *pao*, and finally from *pao* to commune, the decimal system is to be adhered to, wherever possible. At any rate a *chia* shall not consist of more than fifteen or less than six families. The same holds true of the constituencies of the commune and *pao*. The *ch'ü* as a local area is in principle suppressed by the *Outlines*. Only when the area of a *hsien* is overly large, or when there are special circumstances necessitating an intermediate subdivision between the *hsien* and the communes, can *ch'ü* be allowed. In that case the *ch'ü* is to consist of from fifteen to thirty communes.

Both the *hsien* and the commune are legal persons or corporations, which means roughly that they are entitled to operate enterprises, to sue and be sued. Legal personality is denied to the *ch'ü*.

The *hsien* government is headed by a chief, for the time being to be appointed from above. There are to be a number of bureaus in charge of the different central and local functions. Side by side, there is to be an assembly composed of representatives elected by the communal assemblies, one for each commune. The professional bodies in the *hsien* may also send a few representatives to the assembly. On the *hsien* assembly falls the functions of legislation, advice and consent. The *ch'ü* organization, whenever set up, remains a branch of the *hsien* government and acts for it. Its most important functions are intercommunal police protection and public works.

The communal government is headed by an elected chief, who must possess certain qualifications, such as a training course in self-government, successful civil service examination, administrative experience, graduation from a middle school, etc. The chief has a number of assistants to take charge of the various communal functions. The communal assembly is composed of representatives elected by the *pao* assemblies, two representatives for each *pao*. The communal chief may concurrently act as chairman of the communal assembly. In view of the fact that modern trained and educated persons are scarce, the chief may also act as principal of the communal nucleus school and also as headman of the communal militia.

The *pao* has a chief and a deputy-chief, both elected by the *pao* assembly, to which each sends a representative. Each *pao* is to have a people's school① and to organize its own militia. When there is a dearth of personnel, the *pao* chief may concurrently hold the posts of principal of the people's school and headmen of the militia. The *chia* has a council of family heads which elects the *chia* chief.

So much for the organization of the new *hsien* and its subordinate governments. Obviously this elaborate machinery would be senseless if it had no mission to perform. Its mission is to help realize the Kuomintang's three principles of nationalism, democracy and livelihood. Or to put it more concretely, the "new *hsien*," as the *hsien* organized according to the provisions of the *Outlines* has since come to be called, must undertake to do the following things. It must organize its militia, with the *pao* as the basic unit. It must set up a large number of people's schools throughout the length and breadth of its territory, preferably one school in every *pao*, and one nucleus school in every commune. It must have a *hsien* health center, and if possible, also

① A nucleus school must be a full primary school with six grades. A people's school may not be such a school. Attached to both are classes for the adults.

communal health centers. It must also organize as many cooperatives as possible. Above all, by accelerating the complete organization of the *chia*, the *pao*, the communes, and itself, and by compelling the people to go to meetings and to exercise the electoral right, the people will gradually acquire the arts of democratic self-government.

How is it possible to finance and to man such an elaborate scheme as here outlined? Some doubted and some are still doubting the immediate possibility of finding adequate money and adequate men to do the job. General Chiang Kai-shek took a different view. He believed and presumably still believes that enough men can be trained and that the public properties of the *hsien* and the commune, generally in land, can be harnessed to finance practically all the immediate projects in question. With the *hsien* and communal economy gradually improving, other more ambitious projects might then be taken up. He stuck to this view, and the *Outlines* was declared to be applicable to all the *sheng* not under enemy occupation.

Since the promulgation of the *Outlines*, some four years have passed, and it may not be amiss to present a general appraisal of the results of this very important law. We have no up-to-date figures to rely upon. The latest figures issued by the Ministry of Interior bear the date of December 31, 1941. Some of these figures are very encouraging. Out of the total number of 1,469 *hsien* in Free China, the *Outlines* had been applied to 944. In 444 *hsien*, registration of inhabitants had been completed. In 332 *pao*, assemblies had been organized. There were altogether 21,306 nucleus schools and 142,595 people's schools, 798 *hsien* health centers, 1, 444 communal cooperatives, 5, 548 *pao* cooperatives, ① Some 9,029,722 militiamen had had their first training. And the trained personnel for local administration was as follows: trained by the *sheng*, 51, 580; by the *ch'ü*, 25, 816; by the *hsien*, 244, 220; altogether 321, 306, ② counting duplicates.

But figures alone do not necessarily give a true picture. The true picture is rather difficult to construct. The insistence of General Chiang on a speedy execution of this law has sometimes compelled the *sheng* authorities to reorganize hastily the *hsien* governments and their subordinate agencies and dress them in a new garb, without really altering their nature.

The actual result varies greatly from *sheng* to *sheng*. In some *sheng*, for instance in Hupeh, where training of the new personnel for local government was rigorous and thorough, and where the *sheng* authorities were in a position to attempt only what was at present possible, the results are gratifying. A new spirit can be seen to be operating in the localities, eager to do the right and courageous thing in blotting out old-time inefficiency and looseness with public funds and properties. In some other *sheng* the tendency to report only paper reforms is unfortunately rather marked, thus creating doubts as to the authenticity of their reports.

---

① Cooperatives were mostly in the *sheng* of Kwantung, Chekiang, Anhui, and Kiangsi.

② The figures for Kwangsi and Szechuan are especially large.

Then again, accomplishment also varies with the nature of the function. Things which do not need an elaborate outlay of funds or a trained personnel are better done than some other things. For instance, regimenting the adult males into militia organization is on the whole well done, whereas most of the socalled people's schools are rather unsatisfactory.

Of the two serious shortages, funds and men, the inadequacy in men is perhaps more to blaine for what has been left undone or done unsatisfactorily. To educate the people, to increase their productive power, to look after their health, and to govern them—the four groups of functions General Chiang repeatedly declared to be the task of the new *hsien* administrations—there must be a large and competent personnel. A typical Chinese *hsien* has an area of about 4,500 square kilometres and a population of 220,000. If the decimal system is followed, the 45,000 families in the *hsien* will have about 4,500 *chia*, 450 *pao* and 45 communes. In other words, in the *hsien*, some 450 people's schools and 45 nucleus schools and probably as many as 45 healthy centers have to be set up. On this scale, the number of teachers and doctors and nurses needed will be immense, and there exists at present few means of meeting the demand. Even the demand for an adequate personnel to man the *hsien* administration proper is not being met. What we now have is only a trifle of about thirty people for the general administration. These individuals are over-burdened with orders from above. They have little time to do anything on their own initiative or to plan what is necessary for the *hsien* . They have still less time to supervise what the communes are doing. For a new *hsien* to function properly, instead of thirty, some two hundred or three hundred are perhaps necessary.

The difficulty caused by the lack of competent personnel is patent to every observer. In the past Kwangsi has perhaps done more than any other *sheng* in trying to train a large corps of local government people. But it is open to question whether the persons who are subjected to this training are really trained. Kwangsi used to take pride in the so-called trinity of education, the militia, and civil administration. That is to say, the three functions of education, militia training, and local administration are welded together in the hands of one and the same set of administrators. In Kwangsi the program of training was therefore also trinitarian. But the result was not as satisfactory as was expected. Elsewhere, the short course of training has also yielded only indifferent results. Only when peace comes and greater care is taken in the choice of subjects and materials to be taught the trainees and when a longer period of training is permissible, will the training yield a better crop of local administrators. For the time being, there seems to be little prospect of substantial improvement over the present condition of inadequate training and consequent incompetence.

The attempt which is still proceeding, to effect a sweeping change in the character of the *hsien* government is naturally not the only wartime change, though it is easily the most important. Other changes may be discussed under four heads: Ⅰ. the increase in the power of local governments over the people; Ⅱ. further increase in central control; Ⅲ. the creation of representative bodies; and Ⅳ. more transient changes. The last consists of wartime makeshifts; the others would have occurred even without the war, though the war may have accelerated them.

Ⅰ. As a result of the expansion of state powers, the power of the local governments over the people has increased. Foremost among these new powers is the power of conscription. The *Conscription Law* was promulgated in 1933 and enforced in March 1936. With the coming of the all-out war of resistance, the administration of conscription became a more serious matter. In general it is a central government function administered in the *sheng* by the agents of that government directly, organized as the Office of Army Recruitment Area, one for each *sheng*. But in practice, this office cannot properly function without the assistance of the *sheng* government. Even more indispensable is the assistance of the *hsien* government which, together with its subordinate governments, is the only agency which has direct dealings with the people and know who are eligible for conscription. Thus it has become current for a bureau of coriscription to be included among the bureaus of the *hsien*. Being a new power in China, conscription is administered rather unevenly. In some places it is administered quite justly and strictly, in other places not so well. But in all eases it has immensely increased the power of the local governments over the life of the people.

The second group of powers arose out of the increased economic control by the government. The first thing to be controlled during the war was the import and export of legal tender and precious metals. Next the articles for export trade were placed under control. Both of these, however, have little to do with the people in general. They concern more particularly the merchant class. But as time went on, many of the articles for daily consumption were brought into the sphere of control, and with the extension of that control, also increased the power of the local governments over the people. At present even the inhabitants of remote villages in the countryside are feeling the hand of the government in economic matters. The most conspicuous is the fact that every landowner, besides paying the land tax in kind, must also sell a part of his grain to the government at a price fixed by it.

The third group of powers are social in nature and are in the sphere administered by the Ministry of Social Affairs. This new ministry was not established until 1940. With its establishment, social functions increased, and in the *theng* and *hsien* governments new administrations and bureaus were added to the already large number of administrations and bureaus. The local governments can now install public restaurants, public baths, public barber shops, etc., organize mass weddings, and also compel people to set up cooperatives.

Ⅱ. The increase of central control of local governments is evident. One need only mention the few most important measures by which the central government either intentionally or unintentionally has tightened its grip on the *sheng*. As noted above, the budgetary autonomy of the *sheng* was non-existent even before the war. It was, however, conceded that the *sheng* budget was distinct from the state budget. Though the central government enjoyed the power of scrutiny and consent, the making of the *sheng* budget was still mainly a *sheng* concern. But since 1942, the *sheng* budget as such was declared non-existent: it was merged into the state budget which includes items of in come and expenditure for the *sheng* . Thus by one stroke the semblance of *sheng* fiscal autonomy was swept away.

Secondly, land tax which used to be the mainstay of *sheng* revenue was declared, in 1941, a central revenue and the land tax administration in each *sheng* was separated from the *sheng* Finance Administration and made a direct agent of the Ministry of Finance. This action, together with the abolition of the *sheng* budget, so greatly weakened the *sheng* as a unit of government that may indeed lamented the passing of *sheng* autonomy.

Thirdly, more rigid control of the *sheng* accounts was instituted through the appointment of *sheng* comptrollers by the Comptroller-General. The comptroller has his office in the *sheng* government, but in the exercise of his functions he is independent of that government and is answerable only to the Comptroller- General.

Fourthly, through the appointment of a personnel officer by the Ministry of Personnel of the Examination Yuan, to be stationed in the *sheng*, the appointment and dismissal powers of the *sheng* government will be greatly limited.

Lastly, since the establishment of the so-called Party and Political Work Investigation Committee in 1941, it has been a practice of that Committee to send out annual commissions to tour the *sheng* and to make reports as to the faithfulness with which the *sheng* governments carry out the policies and orders of the central government and also as to the quality of their work. As the Investigation Committee increases the efficacy of its scrutiny, so also will the efficacy of central control be on the increase.

Ⅲ. The building up of representative institutions is one of the primary objectives of the Kuomintang, as it was, historically, also one of the factors which undermined the ancient regime. ① Before the war began, however, in spite of the provisions of the *Law for the Organization of the hsien* of June 1929, scarcely any local representative bodies had been established. Ordinarily, wartime is hardly the period in which representative institutions can be fostered. But in China the conditions were peculiar in two respects. In the first place, many of the peacetime efforts in other fields were continued unbroken by the war, and there was no reason to discriminate against efforts to introduce representative institutions. In the second place, the declarations by the minor parties of their faith in the war and in the Kuomintang leadership had made the calling of a People's Political Council in 1938 a necessity, and there was all the more reason for also setting up local representative bodies.

---

① In the closing years of the Manchu Dynasty, successive postponements of the inauguration of a Draft Constitution, dissatisfaction with the provisions of the Constitution (patterned after the Japanese), and the spurious nature of newly introduced provincial and local assemblies, all tended to create popular unrest and contribute to the overthrow of the Manchus.

The *Outlines for the Organization of the Hsien and the Lower Areas*, of *September* 1939, envisaged the emergence of fully representative assemblies in the *hsien* and in its lower areas. Until the creation of such bodies, it was decided, following the convening of the People's Political Council, to have provisional representative bodies for both the *sheng* and the *hsien* set up at once. There were two laws, one the *Organic Regulations of the Provisional Sheng Council*, and the other, the *Organic Regulations of the Provisional Hsien Assembly*. The *hsien* assembly is more truly representative than the *sheng* council, as its constitution is in accordance with the provisions of the *Outlines for the Organization of the Hsien and its Lower Areas*. There is to be one representative for each commune elected by the communal assembly and also some representatives from professional bodies. The *sheng* council is less popular. Its members are chosen by the Supreme Committee of National Defense from among the candidates in part proposed by the *sheng* government and in part by the various *hsien* governments in consultation with the Kuomintang organization and civic bodies of the *hsien*. Because of the difference in the method of election, the powers of the two bodies also vary. While the *hsien* assembly possesses a full measure of power which generally belongs to such a body, the *sheng* council enjoys only advisory and consultative power, very much in the same fashion as the People's Political Council.

Provisional *sheng* councils have been established in eighteen provinces, many of which have seen their councils renovated once and a few even twice. But *hsien* assemblies have been set up in only a few *sheng*, for, before the new *hsien* is organized fully according to the provisions of the *Outlines*, it is well-nigh impossible to organize the assembly.

The efficacy of these bodies as the expression of the popular will varies in the different *sheng*. Many of the *hsien* assemblies of Szechuan have done well and deserve the trust of their constituencies. The *sheng* councils in many of the middle Yangtze *sheng* have also proved themselves to be worthy representatives of the people, though they are not elected by them. They are independent, they voice the wishes of the people and they air their grievances. All in all, the results of these semipopular bodies have more than met the expectations of their well-wishers.

Ⅳ. Besides the changes or trends of development which are likely to continue in peacetime, there are of course more transient changes which have occurred during the war years. First, one may mention the extension of the military power at the expense of the civil. Before the war, the *sheng* government had already been placed under the supervision of the so-called Pacification Commissioner, if there was one in the *sheng*, in so far as matters relating to the maintenance of peace were concerned. That supervision is of course continued. But after the war began, the *sheng* government also became subject to the control of two other agents. The one was the so-called War Area Committee for Political and Party Affairs, since abolished. The other was the War Area Commander.

What is even more significant than the *de jure* control exercised by these military people is the fact that, since the war began, more and more commanders have taken over concurrently the chairmanships of the *sheng* governments, with the result that military and civil governments are at times difficult to distinguish.

Secondly, as the result of the increase of government functions, both the *sheng* government and the *hsien* government have grown in size. Many new agencies, commissions, bureaus and committees have been added to the existing machinery. In the *sheng*, if all laws and ordinances of the central government are enforced or complied with, there should be, in addition to the four administrative branches, one secretariat, and one gendarme ' s office, the following independent offices; a comptroller's office, a land office, a conscription office, a food office, an office to administer the *Law of General Mobilization*, an office for cooperatives, an office for stage transportation, a health office, an office for social affairs, an office for the training of personnel, an A. R. P. office, and a censor's office. In fact, the independent offices became so numerous that Ceneral Chiang Kai-shek himself proposed to the plenary session of the Kuomintang Central Executive Committee, in November 1942, that all the new offices be amalgamated into the four standard administrative branches, outside which only the Secretariat, the Comptroller's Office, and the Gendarme's Office should be allowed to remain. Thus far this very timely proposal has yet to be enacted into law.

Thirdly, owing to the war and to subsequent occupation of parts of the country by the enemy, the government seat of a *sheng* is often inaccessible or not easily accessible. For these areas the *sheng* government may set up a branch government with substantially independent powers. These branch governments are not to be confused with the special administrative inspectorates which are lower in rand and take orders from the *sheng* government. In the coastal *sheng*, where enemy penetration is deep, such branch governments are quite common.

Fourthly, there is also the very special kind of *hsien* government, the so-called war area *hsien* government, to be noted. As the result of enemy penetration, it is often impracticable to maintain a regular *hsien* government at a fixed point. In that case much is left to the discretion of the *hsien* chief, thereby enabling the more enterprising chiefs to either themselves fight in guerrilla fashion or to assist the guerrillas in the area and also to prevent as much of the revenue and resources from falling into the hands of the enemy as possible.

The real wartime expedients are not likely to become permanent after the war. As such, they do not possess the importance attaching to the first three groups of changes.

The problems of local government in China are many. None of them has been solved by the experience gained during wartime, but many have been brought into sharper relief by war exigencies. The time-honored problem of geographical division and subdivision for the purpose of local government remains. Division of the *hsien* into communes of manageable size, with the *ch'ü* as an optional superior division, is a sensible arrangement. But the mechanical division of the commune into *pao* and *pao* into *chia* needs re-examination on the basis of the experiences of the last decade or longer. Is that sort of division sensible? Is it conducive to the fostering of a democratic and spontaneous spirit among the people? These are questions which need answering. Then, above the *hsien*, shall there be just one government, the *sheng* government, or two governments, the *sheng* government plus the special administrative inspectorate, or as in the days of Yuan Shih-kai, plus a *tao* government? If there is to be only the *sheng*, the latter probably will have to be redivided into a larger number of smaller units than there are today.

The war has multiplied the agencies of central control as well as of local government. The machinery is too complicated, too confusing. The people who are the governed are bewildered. The superior governments heap orders on the inferior ones, and the latter are overburdened with paper work. Unless both the local and the central government machinery is simplified, administrative progress is likely to be hampered.

The problem of finding sufficient numbers of competent men for local administration is always serious in a vast nation with a high rate of illiteracy. This has been touched upon in connection with the experimentation China has been making with the so-called new *hsien* system. More widespread education and more thorough-going training for local officials constitute the key to the problem.

Provision of adequate funds is also essential to the successful realization of modern local self-government. For the time being it seems advisable to limit the objectives of local administration. If in the years immediately following the war, the local governments were to concentrate their attention on the attainment of a few essential aims and to refrain from other less urgent tasks, the few men and the small funds available might be turned to best use. Furthermore, to aim at a few essential things will also better capture the imagination of the people on whom must depend the success of any work done or sponsored by the local government. Just what to begin with constitutes another difficult question-perhaps all the work that the new *hsien* is supposed to accomplish, perhaps not so much. The choice must be made with extreme care.

Finally, as past experiences seem to have indicated, one must not seek to realize democracy by the orthodox route alone. No doubt the people should receive training in the use of the ballot box and the like if that is feasible. Feasible or not, there is no harm in also trying to impose fully representative or quasirepresentative bodies on the people. The People's Political Council, the *sheng* provisional political councils, and the *hsien* assemblies, all organized after the war began, have all accomplished something in the way of strengthening the democratic element of the nation. The time may yet be far away when the Chinese people will be able to exercise the four political rights of election and recall, initiative, and referendum. In the meantime, it is only by the existence of these, at present more or less artificial representative bodies, that there will be some force to counteract the bureaucratic tendencies of the time and also to minimize the excesses of centralization which, though a good thing in so far as it serves to cement the unity of the nation, is not without its drawbacks. All these problems have to be solved before there can be both progress and stability in the local government system.

Changking, August 1943

统一战线·人民政权·共同纲领*

中国人民政治协商会议的召开是四万万七十五百万人天字第一号大事，也是中国有史五千年以来天字第一号大事。他划了一个时代。他继往而开来。要真能了解人民政协，不但其开会期间所通过的决议、所提出的报告和代表的讲话须得领会，其酝酿及筹备期间的一切资料也该阅读，不但和政协直接有关的资料，实则近百年整部中国革命的历史也是不可缺少的知识。

由此可知，说明人民政协的意义和记录人民政协的成果是不容易的。我今应《观察》编者的命，试写这篇文章，只能贡献一些感想，请求读者批评而已。

一、人民政协与继往开来

中国人民政治协商会议的胜利完成任务，具有继往开来的伟大意义。

“继往开来”本是历史演变中习见之事。秦始皇结束了

* 原载《观察》1950 年第 6 卷第 1 期

春秋战国的局面，开创了大一统的新朝，有其继往开来的意义。明太祖的后嗣，在明孝陵前立起"治隆唐宋"的大石碑，也含有继往开来的意义。但是，这次人民政协所包含的"往"与"来"，不但程度上要远比过去的"往"与"来"为广大，要远比过去的"往"与"来"为深刻，并且在本质上也是根本不同的。

人民政协的参加者，包括五十年来，自戊戌政变，直至人民解放战争，一切在某一个阶段曾经发生过进步作用，而在今日又是拥护革命的人们。只消具备这两个条件，无论他们在过去五十年内所经由的途径是如何曲折而不同，他们都有代表的人物参加政协。这是对于生者而说。在政协开会期中，建立了一个为国牺牲的人民英雄纪念碑，并将刻如下的碑文：

> "三年以来，在人民解放战争和人民革命中牺牲的人民英雄们永垂不朽!"
>
> "三十年以来，在人民解放战争和人民革命中牺牲的人民英雄们永垂不朽!"
>
> "由此上溯到一千八百四十年，从那时起，为了反对内外敌人，争取民族独立和人民自由幸福，在历次斗争中牺牲的人民英雄们永垂不朽!"

政协所要纪念的人民英雄是众多的。但他们无一不是为了人民而牺牲的，尽管各人的革命意识在一〇九年中有种种的参差。这对于逝者的兼容并包也表示了承继过去百年余的革命的意义。

但是"继往"的工作，无论做得如何完满，总不如"开来"之有积极性。要"开来"，首先需要人民的团结，更需要团结了的人民有共同建设新中国的决心，和领导建设的机构。人民政协实现了这个团结，表示了这个决心，也建立了这个机构。人民政协因此做了光明的新中国的接生婆。

二、统一战线与大团结

“统一战线”不是一个崭新的名词。远在国共合作及由此而进行的大革命的时期，统一战线在实质上即已由中国共产党的发动而存在。日本帝国主义者侵吞东北后，中国坚持全国人民一致抗日。抗战后期，中共复号召组织联合政府，加强团结，和平建国。蒋介石匪帮的先期的背叛孙中山，屠杀革命战士，以及近年的撕毁旧政协，掀动内战，不但没有变更中共的政策，反而更显衬出来统一战线的必要和正确。

中共所提倡的统一战线是新民主主义即人民民主主义的革命战线。毛主席在“中国共产党与中国革命”中分析得透彻明确，何者为革命的对象，何者必然是或可成为革命的动力。根据这一个分析，中共所提倡并领导的统一战线乃包括了工人阶级、农民阶级、革命军人、知识分子、小资产阶级、民族资产阶级、少数民族、国外华侨及其他爱国民主分子。这是一个广大的人民战线。这包含了全中国百分之九十以上的人口。

统一战线是中国革命人民的大团结。由统一战线各个组织成分的代表所组成的人民政协自然是大团结的具体表现。人民政协中有各民主党派的代表，有各解放区的代表，有解放军的代表，有各人民团体的代表，有各少数民族的代表，有国外华侨的代表，有其他爱国民主分子的代表。代表纵然没有能经由正式选举产生，而只是经由周详公允的协商产生，但他们的代表性，不特在过去的中国从未有过，亦为资本主义国家之所谓“民选”代表所望尘莫及。

尚不为众所周知的，是代表们的团结如何坚强而有力，如何亲切而热烈，如何出于至诚。此一阶级对另一阶级的信赖尊敬，此一民族对另一民族的亲爱友好，以及一切党派、一切人民团体、一切代表们对中国共产党的领导的竭诚接受，无论在代表的发言中，或在各方面献旗献物的典礼中，都有了充分的、热情洋溢的表现。这样的真诚大团结，几乎是不可想象的。然而在政协中实现了。

大团结的实现，证明了统一战线的正确，证明了中国革命需要如上所列举的各种组织成分来共同参加，也说明了建设也同样需要他们来共同参加。不但在新民主主义的建设阶段中，因为有阶级及连带而产生的党派的存在，需要统一战线来调和矛盾，得到统一，即使到了时机成熟，进入社会主义阶段的时候，中共也宣告了“一定要和各民主党派，各人民团体，各少数民族及其他民主人士进行协商并共同地加以决定……愿意和一切愿意进入社会主义的人们一道，共同地进入社会主义”(刘少奇先生语)。换一句话，即统一战线将延长下去，延长到已经进到了社会主义，中国只有一个阶级、一个政党、不再需要统一战线时为止。

这是中国人民革命的大团结，也是中国人民建设的大团结。这不是说开政协时需要统一战线，需要团结，开过政协即认为已尽了团结之功。久长的统一战线，永久的团结，已经在“人民政协组织法”及“共同纲领”第十三条中有了具体的规定：政协全体会议召开时，由全体会议执行统一战线的工作，闭幕时则由全国委员会为协商机关。只消参加统一战线者能牢记住、并体会着中共倡导这一组织形式的深意，从而以全力来参加新民主主义的建设工作，不骄矜，不懈怠，不搞山头，则统一战线所能继续产生的效用，必将永为1949年政协同样伟大，更加伟大。

三、人民的政权与民主集中制

人民政协建立了人民的政权，其具体规定则为“中华人民共和国中央人民政府组织法”。

这是一个简括而了不起的大法。

新民主主义的社会不同于社会主义的社会。存在着于后者的只是一个阶级——工人阶级，存在着前者的则有几个阶级——在目前及相当长久的将来的中国则为工人阶级、农民阶级、小资产阶级及民族资产阶级。在社会主义国家，专政者为工人阶级。在中国则专政者为四个阶级，而以工人阶级为领导，以工农联盟为基础。但是，社会的组织形态尽有不同，政权的组织形式却可不必有基本上的出入。人民民主专政的四个阶级尽管是多个的阶级，但是他们的任务是相同的，即是完成新民主主义的革命，建设新民主主义的国家。任务既然相同，则在政权的组织形态上，便无法采用资本主义国家各种制衡对立的制度，而可仿行社会主义国家的民主集中制了。所以，中华人民共和国的政治制度，基本上是同于苏联的。中央政府如此，下级政府也是如此。

政权属于人民。人民太众多了，所以人民须通过他们所选代表所组成的代表大会，以行使政权。这个代表大会在苏联 1924 年宪法中为苏联苏维埃代表大会及中央执行委员会，在 1936 年宪法中为最高苏维埃。在中华人民共和国的中央则为全国人民代表大会。（在普选的全国人民代表大会召开以前，则由人民政协全体会议代行之。）在中央以下各级，则为各级人民代表大会。但代表大会仍是一个数额相当巨大集会，多则一二千人，少亦五六百人，过少便缺乏代表性。若大的一个会只能讨论并议决若干最重要事件，并产生一个经常可以执行职务的组织。这个组织，在苏联1924年宪法中为中央执行委员会的主席团，在1936年宪法中，则为最高苏维埃的主席团。在中华人民共和国的中央，为中央人民政府委员会，在中央以下各级，则为各级人民政府。人民代表大会自己及大会闭会期中的人民政府，均为行使政权的机关。这与苏联的制度在基本上是完全相同的。

应当说明，政权机关就是国家最高机关，也就是全权机关。资本主义国家采用所谓三权分立之制，设有三个机关，分掌立法、行政及司法三权，互相牵制，各不上下。他们因此自诩为民主，而诅咒有全权机关的国家为极权主义者。实则一个国家民主与否，要看这个国家的人民能不能实际参加政权的行使。苏联及新中国的人民，经由他们的最高苏维埃或全国人民代表大会(今暂为人民政协)，是参加了政权的行使的。参加资本主义的政权者，实际上只是资产阶级。一般人民，对于议员的选举，根本无左右之权。所以他们并不能经由议会，以参加政权。至于总统的选举，一般人民更少左右之权，他们经过总统以参加政权的可能更等于零。极权主义是民主的对面。与法西斯主义是离不开的。我们和苏联是民主，而那些日益接近法西斯的帝国主义国家才行了极权主义。

也应当补充说明，全国人民代表大会(暂为人民政协)和人民政府委员会，既然都是最高权力机关，两者的权力自然相等。代表大会固然可以变更人民政府委员会所通过的法律及决议，人民政府委员会也可以变更代表大会所通过的法律及决议(共同纲领除外)。所不同者，代表大会产生了人民政府委员会，所以代表大会在开会之时，人民政府委员会便不能享有最高权而已。

人民政府委员会设主席副主席，亦为委员会的组成分子，和委员均由政协选举。

人民政府委员会下设政务院、人民革命军事委员会、最高人民法院及最高人民检察署四个机关。政务院是一般的执行机关。人民军事委员会为管辖并指挥武装力量的机关。在解放战争尚待进行到底，国防力量尚待分别充实或建立以前，特设军事机关自有必要。最高人民法院职司审判，其需要显而易见。但这与三权分立之制无关。独立审判，中华人民共和国必能尊重，但审判的独立绝不致于妨害政权的整个性，有如资本主义国家所表现的丑态，因为人民政府委员会是有权指导最高人民法院的。最高人民检察署负有检察违法之责。

政务院组织和一般国家的执行机关相似。但有一个特点：这就是双重式的指导办法。若干执行部门之上，设立了一个共同的指导委员会。他不是执行机关，但他可为政务院总理分担一部分指导的责任。此外，若干署既直属于政务院，同时又受若干有关的部的指导，这两种双重式的指导，如不善处理，势必形成系统上的紊乱，和执行上的纠纷。但如处理得法，则行政效率必大可提高。

政务院所属各机关中，人民监察委员会是有特殊的性质的。他不是执行机关，而是监察机关。但他既直隶政务院，则他的监察权力可以直接达到行政部门各个机关。这比资本主义国家由议会行使监察，或比国民党政府由毫无实力的监察院行使监察，自然要合理多了。

但是，一个政府，无论在形式上如何民主，在系统上如何整齐，仍然可以弄得十分不民主，搅得十分纷乱。只有在民主集中制之下，可以保证民主，保证效率。民主集中制是苏联的优点，也是中国共产党习用的制度。民主者，乃指人民代表大会由人民选举，而人民政府委员会则由人民代表大会(今暂为人民政协)产生；人民政府委员会须向代表大会负责并报告工作，而代表大会须向人民负责并作报告；代表须吸取人民的意见，政府须吸取代表的意见。集中者，乃指人民政府委员会领导下级机关，而下级机关则服从人民政府委员会。以此类推，较下各层的机关亦须层层维持领导及服从的关系。如此，最高政权机关既已秉民主的精神，吸取群众的意见，执行机关于执行时亦自然能为群众所了解，而取得充分的服从和合作。

可以肯定地说，中华人民共和国的政府制度确是民主的，整齐的，简括的，不特非中国前此的制度所可比拟，即比之苏联亦无逊色。

应警惕者，目前正是统一战线正式组成的初期，在人事的配置上，许多机构不免偏于庞大。中央人民政府委员会有委员共 63 人。政务院下的委员会可能亦将设置很多的委员，各部署则设置若干个的副长。这固与制度无关，但亦往往可以增加人事上的困难和效率上的低落。最好的预防，还得依靠民主集中制的运用。如果领导者能善于集中，而参加者能时刻不忘群众，能遵守少数服从多数的精神，则各领导机构名额的过分庞大亦将无损于制度的毫末。

四、共同纲领与稳步前进的建设

共同纲领和统一战线是相互为生的。没有统一战线，不可能有共同纲领。共产党的纲领将只是共产党一党的纲领，代表无产阶级的纲领；工商界所提的纲领将只能代表民族资产阶级的利益。反之，没有共同纲领，也不可能有持久的统一战线。因为没有共同纲领的战线，必是分裂的战线。

但是，共同纲领不能因为是各党派、各阶层所共同提供意见，然后取得协议，而变成为一个混合的，杂凑的纲领。这是因为政协全体代表和统一战线中的一切分子都承认了新民主主义革命和新民主主义建设的必要。他们所要求的并接受的共同纲领必然是新民主主义纲领。这就说明了共同纲领既不是一党一方面的纲领，而又不是无原则的“共同”纲领；既有别于一党或一方面的纲领，又有别于混合的纲领。

共同纲领可称之为新民主主义的纲领。新民主主义的革命——反帝、反封建、反官僚资本——仍须进行到底；新民主主义的建设——政治的建设、经济的建设、文化的建设、国防的建设——亟须开始。“共同纲领”六十条没有一条不是涉及这样的革命(或革命成果的保卫)，或是这样的建设。新民主主义的革命不能超过三个敌人的范围，所以除了这三个敌人以外便不在被革之列。新民主主义的建设，是以建立一个独立的、民主的、和平的、统一的和富强的中国为目的。工业化成了建设的重点(虽则这工业化一定要和社会主义化亦步亦趋)，其他方面的建设则须配合了工业化进行。

中国是生产落后的国家。要增加生产，首须恢复生产；恢复之后，才能说到发展。在中国物质的条件之下，实事求是的精神势须和建立社会主义的远景求得切实的调和。这一个调和在共同纲领中是充分匀调地写录下来了。为奖励生产起见，私有财产制度是得到了保护的，私营工商业也得到了鼓励，但是国营经济和合作社经济又为纲领所强调。凡是接近社会主义的设施，而国家最近决无力量兴办者，纲领决不提及。但是，凡可以操纵国民生计的事业，纲领也决不任他们落在私人手中。整个的纲领只是提倡稳步前进的经济建设，和配合着的国防建设和文教建设。纲领不唱高调，但也处处为进入社会主义作了准备。纲领能满足民族资本家发展生产的要求，也能满足共产党培养社会主义基础的要求。这个调和的奇迹，首要归功于统一战线，更要归功于新民主主义的切合实际，能为四个人民革命阶级所共同信仰。

* * * *

统一战线的组成是不易的。宽严稍有出入，即易招致散漫或褊狭的弊病。政府制度的确定也是不易的。资本主义国家和中国前此的制度既无多可以取法，而社会主义及新民主主义国家的制度，亦不能生吞活咽。共同纲领的拟订更是不易。勉求迁就各方面的要求，则必流于杂凑。为求工业化而过分奖励私营工商业，则有流于资本主义的危险。过分加强国营事业，则因国家财力薄弱之故，必将延缓生产的发展。

在万难之下，代表统一战线的政协召开了。通过了政协组织法，保持了长期的统一战线。通过了政府组织法，选举了政府委员会，确立了民主集中制的原则。通过了共同纲领，以新民主主义为建国的政治基础。一切开国时的困难是克服了，新的中华人民共和国和其政府也诞生了。凡此种种，大家都明白，均得归功于中国共产党和毛主席的领导。新民主主义适应了中国革命的需要，也照顾到中国全体人民的利益。人民拥护了共产党，共产党也依靠了人民。在领导的党与人民相互结合之下，统一战线组成了，人民政权建立了，建国纲领也有了共同的方案了。这是中国共产党的伟大。这是毛主席的伟大。这是中国人民的伟大。

建设新中国今后不是没有困难的。但建设的困难终将为中国共产党所克服，为毛主席所克服，为中国人民所克服。人民政协在中国共产党和毛主席领导之下做了继往开来的工作。统一战线内的各个阶级，各个分子，今后必将在中国共产党和毛主席领导之下，以群众的意志为自己的意志，诚如毛主席所说：“以勇敢而勤劳的姿态工作着，创造自己的文明和幸福，同时也促进世界的和平和自由。”这是可以预期的。

HOW THE PEOPLE'S GOVERNMENT WORKS*

The People's Republic of China, founded on October 1, 1949. is not quite three years old. But in the very short period of its existence, the Chinese people, working through their own governments at every administrative level, have done much that amazes the outside world and brings immense satisfaction to themselves.

In September 1949, the Chinese people, composed of the workers, peasants, petty bourgeoisie and national bourgeoisie, convened the Chinese People's Political Consultative Conference. The conference, in which 662 delegates participated, adopted *The Common Programme of the Chinese People's Political Cousultative Conference*, *The Organic Law of the Central People's Government of the People's Republic of China* and *The Organic Law of the Chinese People's Political Consultative Conference*. After electing

* 译文见附录 4 “人民政府如何运作”。

the Chairman, Vice-Chairmen and members of the Central People's Government, it proclaimed the founding of the People's Republic of China.

The swiftness with which these steps were taken showed that the Chinese people, free after ages of oppression, would brook no delay in organizing their own political power for their own benefit. But this did not mean that the steps were hasty or inadequately discussed in advance. On thc contrary, views and opinions on the composition of the conference, as well as on the contents of the fundamental documents to be issued by it, had been exchanged for over a year previously between the political parties, popular organizations, nationalities and other units which later sent delegates. When the Conference met there was even more thorough discussion, especially in committees, of *The Common Programme* and other laws to be enacted, as well as of the personnel to be nominated for leading posts. Every delegate had his say and left his imprint on the historic work that was done.

The democratic spirit that permeated the deliberations and actions of the People's Political Consultative Conference was a good augury for the people's democracy of new China.

Structure of the People's Power

Since then, thousands of local people's representative conferences of all circles (hereafter referred. to as people's representative conferences) have been convened throughout the country as prescribed by *The Common Programme*, taking as their guide the standard of performance set by the People's Political Consultative Conference of September 1949. This activity has been all-important, for in the simple scheme of the governmental structure of new China, the people's representative conference—later to be supplanted by the people's congress—occupies a key and pivotal position. The democratic operation of the people's representative conferences insures the democratic operation of the entire government.

The Common Programme stipulates that the state power of the People's Republic of China belongs to the people, and that the people's congress is the organ of state power. When the Congress is not in session, the People's Government which it elects becomes the organ for exercising state power. This is true at all levels. Each people's congress is to be elected by universal franchise, but pending the convocation of the people's congresses elected by universal franchise; the Chinese People's Political Consultative Conference nationally and the people's representative conference locally, are convened instead. The former acts for the All-China People's Congress and the latter for the local people' s congress.

By October 1, 1951, that is, two years after the founding of the People's Republic, people's representative conferences had been convened in all the 36 provinces into which the mainland of China is now divided. In the countryside, where not even a pretence of democratic government had existed under any previous Chinese government, people's representative conferences or peasant representative conferences were convoked in many thousands of hsiang (sub-districts).

People' s Representative Conferences had also been convened in all but 46 of the 2, 158 *hsien* (districts). Municipal people's representative conferences have met in all 156 municipalities. Borough People's Representative Conferences, as well as city-wide ones, have been held in 54 out of 96 municipal areas with a population of over 100,000.

How Representatives Are Chosen

These representative conferences, being a transitional form of the people's congresses, are gradually becoming fully elective. The Municipal People's Representative Conference of Beijing illustrates this process. When the first Conference was convened in August 1949, half a year after the liberation of the city, the participants were all appointed by the Beijing Military Control Committee in consultation with local political party branches, people's organizations, national minority groups and other bodies. while a number were appointed directly for their personal merit. In the second conference, three months later. 76 per cent of the representatives were elected, directly or indirectly, by the members of their own parties, organizations or groups. At the third conference, convened in February 1951, the proportion of elected representatives rose to 83 per cent.

In the fourth conference, elections for which have just been completed, the proportion is still higher. Out of a total of 519 delegates to the present conference, 173 were elected directly by their constituents, 278 were elected indirectly, and only 51 were appointed. In other words, the proportion of elected representatives has risen to 87 per cent. Special appointment was still deemed desirable in the case of a number of specialists of high standing who can contribute much to the deliberations of the conference, as they have to those of earlier ones. In addition, 17 members of the Beijing Municipal People's Government, including the Mayor and Vice-Mayor, act as *ex officio* delegates.

The election of representatives usually consists of two steps: nomination and voting. In well-organized bodies like the trade unions in the urban centres and peasant associations in the villages, preliminary panels of candidates are first made up by the basic units. Names on which agreement cannot be reached are eliminated by conferences chosen by the basic units, after which the list is presented to the entire unit for discussion. If there are still objections to any candidate, further conferences are held, and the process of discussion or revision is repeated. After such nomination by general consent, the voting itself signifies final approval of the candidates by the electors. But even at this late stage, the electors are tree to propose candidates whose names do not appear on the list.

Election is not new in China. There were elections, of a kind, as early as the last days of the Manchu dynasty before its fall in 1911. During the twenty-odd years of his reactionary regime, Chiang Kai-shek too called three "general elections" in addition to numerous local ones. But, national or local, all these elections were bogus, with the masses of the people taking no part, exercising no control, and indeed generally unaware that they were taking place at all. It is only since the birth of the People's Republic that elections have become genuine, been treated seriously, and involved the people as a whole.

The masses now take elections seriously because they have learned that the people's representative conferences at all levels are effective organs for the exercise of state power, and as such are directly connected with their own life and happiness. Everyone looks upon the elections with lively interest because of the accompanying intensive educational campaigns, which acquaint them with the record of performance of each people's representative conference and people's government--both assessing their achievements and criticizing their mistakes.

Electing People's Governments

The people's conferences elected in this way in their turn elect the people's governments. Thus the incumbent Central People's Government was elected by the Chinese People's Political Consultative Conference of 1949. The people's government at local levels are, according to *The Common Programme*, each to be elected by the corresponding people's congress, and, pending the convocation of the congress, by the people's representative conference as the latter gradually assumes the functions and powers of the congress. Carrying the provisions of *The Common Programme* into effect, some municipal people's governments were elected by the representative conferences as early as in November 1949. By the end of 1951, people's representative conferences had assumed their power of electing the people's government in about half the provinces and municipalities.

The people's government so elected is also an accurate reflection of the make-up of the united front in its own locality. Thus, in the sub-districts, which are predominantly agricultural in population, the members of the people's government are mostly peasants. But in a metropolis like Beijing, where universities and schools account for a considerable part of the population, there are no less than five professors and two school teachers among the 26 members of the municipal people's government. The election of the members of the people's government by the people's representative conference also requires elaborate consultation and discussion among its constituent groups, so as to insure general agreement.

No Separation of Powers

The Common Programme, based on mutual agreement between representatives of the people, clearly defines the rights and obligations of every class and group in the New Democracy. The people, the people's representative conference and the people's government are all committed to advancing it and building up the country under its provisions. There is therefore no conflict of interest between them, and the separation of legislative and executive powers is not considered necessary.

The Chinese Peoples' s Political Consultative Conference and the Central People's, Government, or the local people's representative conference and the local people's government, represent respectively the organ of state power and the organ for exercising state power between sessions. Both can legislate, lay down policies of administration and perform other important acts so long as the decisions of the latter do not counter the prior decisions of the former.

The close working unity of the two organs is made still easier by the existence of the National Committee and Standing Committee of the PPCC on the highest level and of the consultative committees of the local people's representative conferences. These are interim committees of the Chinese People's Political Consultative Conference and the people's representative conferences respectively. They can be frequently called together and in fact often meet in joint session with the people's governments.

It is in the sphere of administration that the people's government, through the administrative organs set up under it. has exclusive competence. Thus the Government Administration Council with its various ministries and commissions performs the administration of the Central People's Government, while the provincial and municipal departments of administration do the same in the people's governments of the provinces and municipalities.

To say that these organs assume full competence of administration does not mean, however, that the people's conference cannot bring its opinions to bear on the administration. Just the contrary. Since it is the administrative departments that touch the interest of the population in the most direct fashion, the people and their representatives voice their views, freely and frequently, on the way in which they are conducted. The administrative departments and personnel of new China have to pay close attention to such expressions. In people's China there is division of work, but no division of power. The people are supreme and their representatives are all-potent. The state power belongs to the people.

How People Participate

The people are masters of state power in practice as well as in theory. First of all, they take an active part in government. One form of their active participation is that they initiate governmental action through their representatives. The people send in large numbers of proposals and suggestions to be considered, and if accepted, to be passed as resolutions, by the representative conferences. Often, too, they give their opinions directly to the members of people's governments or to the administrative departments concerned. The subjects on which they express themselves are both numerous and varied.

In a district (*hsien*) or subdistrict (*hsiang*) they may ask for the repair of a bridge over a country stream. In a city they may urge regulation of house rents; an industrial zoning scheme; the removal to a safe distance of hazardous enterprises such as match factories; the founding of commercial investment companies to provide a healthy outlet for surplus capital and prevent speculation; improved educational facilities for workers, etc. Provincial representatives are requested to speed the dredging of waterways for navigation, clear clogged irrigation systems, organize better marketing facilities for agricultural products and so on.

Some suggestions can be dealt with immediately by administrative authorities on the spot. Others have to be discussed by the people's government council. Still others are subject to consideration by the interim committee of the representative conference or the conference itself.

Another form of active participation is the rallying of the people to give effect to the measures and movements for the defence and welfare of the country. An instance of this is the nationwide movement for Aid to Korea and Resistance to American Aggression. It was initiated, as an urgent necessity, by a joint declaration by eleven political parties and groups represented in the Chinese People's Political Consultative Conference, but its success depended on the active support of every Chinese. The fervency of patriotic response was as great in the remote countryside as in the factories and schools of the great cities.

In far-off southern Szechuan province last summer, while helping the peasants to effect the land reform, I saw group after group of young peasants, men and women, volunteer to keep the aggressors away from our border and help neighbouring Korea. Most of those I asked gave two main reasons for their action. One was that, since the U. S. government had supported Chinese landlordism in our War of Liberation, It must be resisted just as the landlords had to be fought. The other was that, since the people's state is their own and has done so much to advance their interests, they must naturally rise in its defence.

A further instance was the anti-drought movement in south Szechuan. As a result of insufficient rainfall last winter, some districts there suffered drought, with the result that the soil threatened to be unsuitable for spring planting. The situation could only be remedied by building temporary reservoirs and filling them with all available water, from the streams, from the valleys and from new wells which needed digging. This could only be done by collective efforts in each locality. Yet because the peasants' plots were small and scattered, some being nearer to water-sources than others, such collective effort was deemed impossible in the past. Under a government that belongs to the people and has proved its concern for the interest of every member of the rural community, the situation has become different. The peasants in south Szechuan, as elsewhere, readily see the wisdom of building common reservoirs to irrigate all the surrounding farms.

Through their representative conferences, the peasants in affected areas have discussed and adopted various anti-drought measures and carried them out zealously, without delay or friction, the local administrative authorities seeing to it that not a single farm remains beyond the reach of water. With the people's government and the people themselves working in unity, the calamitous consequences of drought in former times have been avoided. At this writing, the spring crop in south Szechuan is growing as in normal years.

Freedom of Criticism

As masters of state power, the people also criticize the government without hesitation. No limit is placed on the time and place in which such criticism can be raised. It can be done in writing or verbally on the floor of the representative conferences. Written criticisms can be signed or anonymous. Administrative personnel, especially at lower levels where they are more numerous but less carefully chosen and trained than those above, are urged to welcome open criticism and are forbidden to suppress, discourage or ignore it. At first, some representatives hesitated to criticize malfeasant or negligent officials, being suspicious that it would have no effect or even invite reprisals. Soon however, they were convinced by facts that all valid criticism was well accepted and was followed by speedy action to correct the abuses complained of. Now all such hesitation has disappeared.

It is a common thing, at a subdistrict representative conference, to see a delegate publicly reproaching a member of the subdistrict government for bad conduct, and for the member concerned to criticize himself in his reply, offer apologies, and pledge to act better in the future. Such interchanges of criticism and self-criticism also occur in representative conferences at higher levels, although they are somewhat less common there. It is to be added that in all cases of serious criticisms, involving charges of breach of law, careful investigation by superior authorities precedes any action that may be taken against the person charged.

The more the people are able to criticize the government, the more they feel their responsibility in electing the persons best qualified to represent them in the people's conferences, and through them the best qualified members for the people's governments. In the movement against corruption, waste and bureaucracy in the first half of 1952, criticism and self-criticism as applied to government personnel reached a new high. The result was a still more intimate relationship between the people and the government. In the elections which followed, the people scrutinized their candidates with even greater care than they had done previously. The process has also led to a much greater and more detailed interest in what the government is doing.

Popular Support

As a result of the people's active participation in government in all these ways, the support that they give to it has reached a high degree of warmth and firmness. The people have come to realize that the entire structure of people's governments, correctly and wisely led by Chairman Mao Tse-tung, has not only secured them many benefits but has also educated them to be full masters of their own affairs at every level. They have become confident of their own strength and are making ever-greater contributions to the building of a flourishing and glorious motherland.

That the material and tangible benefits that have accrued to the people lead to solid support for the government is understandable enough. The workers, peasants, petty bourgeoisie and national bourgeoisie have all gained enormously in the nearly three years' existence of the People's Republic. But the educative process by which the people are taught to take part in the affairs of government is an equally important factor in making for eager and resolute support. Here again, we may take the peasants as an illustration. Though they were grateful to the people's Government for the distribution of land, they at first took little or no interest in government and even considered themselves incapable of such interest—being shy of meddling in affairs which they considered "above"them. Now, however, they have learned to take their share in government, and in doing so have ceased to look at it from"below. "Instead, they now consider themselves their own masters in every way. The change is most profound. The people and government have become inseparable and the government has come to have all the strength that only the masses possess and can give.

The Source of Strength

A government that can command the solid and unqualified support of the masses and call forth their active participation is bound to be efficient, effective and capable of realizing great reforms. A people that possesses and exercises political power in its own interest is bound to be animated by a high degree of patriotism and to spare no effort in the task of building up its country.

The apparently miraculous changes that have taken place in China stem from one fact. Thanks to the leadership of the Chinese Communist Party, the industrious, valiant and sagacious Chinese people have at last won their revolution, thrown off the imperialist, feudal and bureaucratic-capitalist yoke once and for all, and emerged as true masters of their own destiny. This explains why so much could be done, and has been done, since the birth of the People's Republic not quite three years ago.

开展政治学研究的重要意义*

我是在1917年，即六十多年以前选上了政治学作为我的研究领域的。自从那时开始，一直到1952年北京政法学院成立，这三十多年中，我先是学习政治学，后来教授政治学。1952年以后，我对政治学的教学和研究工作就中断了。同时对我国各校来说，政治学的命运也是众所周知的。既然政治学不被看作一门独立的学科，那就很难说得上它在这几十年有什么进展，对国计民生起过什么作用了。

但是在历史上，中国人对政治学方面的问题向来是很关心的。甚至在孔子、孟子以前，例如在尚书、诗经"雅论"中就有关于政治问题的论述。至于四书关于政治的论述，比起五经更是多得多，更要集中得多。从中国古代到清末、民国，诸子百家很多都对政治学有很大兴趣。可以说在我国历史上，政治学的研究向来是受到重视的。

关于外国，我对阿拉伯和犹太的社会情况知道得太少，对东方古代印度也是一无所知。但是，关于古代希腊和罗

---

* 选自《政治与政治科学》群众出版社1981年

马的情况，据我所知，政治学很早就有了，而且很早就比较发达。许多政治学的基本问题和基本概念，在古希腊时期，特别是柏拉图和亚里斯多德，早就有所论述，有所深透的研究。到欧洲中古时期，宗教势力很大，基督教神学成为权威，政治学被压抑和摧残。但是，自文艺复兴后，政治学摆脱了宗教神学的束缚，又重新兴起，重新成为一门独立的学科。从文艺复兴以来的三、四百年，政治学获得迅速和巨大的发展。政治学不但成为一门独立的学科，而且是一门极其重要的学科。政治学的研究，不论从广度和深度来说，都有很大的发展。当然，在中国或在外国，不论取得顺利发展或被忽视的时期，政治学的命运都是与其特定时期的社会状况紧密相连。在过去的政治学中，有些是为当时的统治阶级服务的，而另一些则是不愿忍受统治阶级的压迫和奴役，是反对当时的专制统治的抗议书和争取自由民主的呼吁书。柏拉图的《理想国》属于前者，而卢梭的《社会契约论》则属于后者。从比较深刻的意义来讲，过去的政治学总不免带有某种程度的局限性。

现在我们要重新建立政治学。我希望在马克思主义指导下经过大家的努力和摸索，能够产生一种新的政治学，新的关于各种政治课题的学问，以有别于旧的政治学，同中国几千年的政治学和外国传入的政治学相比，应该是截然不同的。

在建国之初，我们曾经希望有新的政治学，就像希望有新的哲学、新的经济学、新的法学一样，而且那时也一度出现过以“新政治学会”命名的组织。可是，在那个时候，我们在学术方面由于种种原故，没有足够的勇气坚持向新的方向前进。那时，我们片面强调向苏联学习，而我们自己却没有能够独立地去探索一条新的道路。这是一件很可惋惜的事情。苏联自从十月革命以来，在科技方面的进步，是比较明显的。原因是：一来，苏联在科技方面有相当的基础；二来，苏联在学习西方先进科技方面，没有什么东西拖它的后腿，即使有的拖了后腿，也不怎么严重，时间也不太长。但是，苏联在哲学社会科学方面，六十年来几乎没有什么比较好的进展，对政治学的研究，尤其缺乏。苏联现在对外推行霸权主义，不断对别国进行侵略，进行政治和经济的控制和掠夺。苏联这种情况的出现，同它所实行的政治制度，权力过分集中而又僵化，压制民主，以及它的一套行政管理制度和干部制度等等，究竟有没有关系，同苏联在政治学方面的落后状况，究竟有没有关系，这些都是很值得我们深思的问题。

至于我们中国，自从解放以来的几十年中，在政治学方面没有多少成就可言，旧的政治学都不再学了，新的政治学更谈不上。这种情况确实是使人感到很不满意的。现在必须坚决把它改过来。

所以，我们现在要成立中国政治学会，开展对各种政治问题的研究，着手在高等院校设置政治学的教学，这是一件大好的事情，是很值得我们庆幸的大事，无论对于政治学的内容、科研、教学等哪个方面，我个人认为：都应该提倡首创精神，采取一些新的想法，写出一些新的论著，使得我们的政治学能够满足在新的历史阶段所提出的要求，能够在我们前进的道路上对所出现的政治问题作出正确的解答，从而推动我们国家的繁荣昌盛。

我们的国家，虽然地大人多，但经济并不发达，文化相当落后。在国际上，在我们党的领导下，在三十多年来，我们已经从半封建半殖民地的国家变成为一个独立的社会主义国家，但是，在经济上和军事上我们还不是一个富强的国家，可以不受侵略，不受威胁的国家。当前大小霸权主义在我国边界，虎视眈眈，不让我们安宁。我们不能对这种强敌压境的状况放松警惕。我们必须迅速发展生产，大力发展科学文教事业，提高人民的物质和文化生活水平。我们还必须增强我们的国防力量，以便在遇到侵略时有足够力量进行抵抗。所有这些任务，都要求我们首先管理好我们的国家，都要求我们建立正确的政治制度和采取适当政治手段来保证我国沿着社会主义的轨道前进。在这个意义上，政治的积极作用显然是巨大的，不可忽视的；因而，政治学的研究和探讨是极其重要的。

要发展政治学，创立新的政治学，还必须借鉴古今中外的一些优良的制度和有效的管理方法。例如：在政治制度方面，某些西方国家给予地方一些权力，我们也可以考虑。我们的国家，幅员广大，各个地区各有其特点，少数民族聚居的区域尤其是如此。在这种情况下，避免过分的中央集权而给予地方以一定的灵活性的权力，可能会有较好的效果。在行政管理方面以及选举制度方面，西方国家的一些先进方法也值得我们借鉴。例如，数学分析、电子技术、控制系统在政治领域中的应用，都值得我们去探索或吸取的。至于各国政治学对新出现的政治问题的理论探讨，其中也有值得我们研究借鉴的东西。为了人民的利益，为了使我国成为一个高度民主、高度文明、现代化的社会主义强国，我们的政治学应该吸取有利于我们这个根本目的的一切东西。

解放以来，正当我们努力争取建立和巩固社会主义国家的基础的时候，我们不幸遭到“文化大革命”的十年浩劫，许多工作遭到破坏或中断。现在我们处在百废待兴的境地，每一个中国公民，对于加紧建设我们的国家，对于发展我们的经济、文化和国防，都是负有责任的。我们正面临着改革我国政治制度，清除封建主义、官僚主义的污垢，实现社会主义民主这个极其艰巨的任务。对此，我们每一个政治学工作者更是义不容辞。中国政治学会正在这个时候成立，这件事的本身就是一个很大的鼓舞。对我们中国政治学会的成立，我表示衷心的祝贺！对我国广大政治学工作者，为开创我国的政治学，为我国在政治上取得进步所作出的努力，表示衷心的祝贺！我相信，我国政治学界不论从事教学研究的同志，或从事宣传鼓动的同志，在党的领导下，一定能够同心同德，通力合作，既坚持互助合作的精神，又发扬每个人的主动性和创造性，在不久的将来，人民民主和社会主义的政治学，一定会开花结果，面貌焕然一新！

附录1
第二十五章　一个民享与民治政府的展望*

在中国这样的国家里，由于八年抗战的影响和国外对立的意识形态的两极分化，使百年来新旧之间的冲突日益激烈，这些正在出现的社会变化将对政府的形式和运行方式产生深远的影响。推测中国政府的未来或考虑哪些改革是有实效和可行的，均极为困难。当前的改革毫无意义，除非它们是针对即将发生的社会变化的背景去设计的。

我们在本书前几章中已经遇到了多种多样的政府问题。有些是带根本性的问题，要解决它们尚有待于社会问题解决之后；也有些相对地说是简单的问题，有可能简单地解决。

*　　*　　*　　*

一切有思想的中国人，不排除在政府任职的人们，已经对行政机关的缺陷和无能感到震惊。

如果有人要从大量的公众舆论来衡量中国问题的重要

* 本文由仓理新译，沈叔平校。

性，他会得出这样的结论；行政机构的缺点及管理方法的无能，在一切重要问题中居于首位。但这并非实情。他们所见到的都是相对简单的问题。任何时候只要赋予政府高级领导人一定的事业心，就很容易调整行政组织间的隔阂、重叠以及不合逻辑的安排，没有必要求助于政府机构的控制作为维护个人权力的手段。

对于行政方法而言，也是如此。这些方法在最近一个世代中已经被一些官员们曲解。这种曲解主要是由于把集中的权力安排在少数人手中。这些恶习，如：一个集一切权力的领袖把个人命令反复无常地下发任何高级或低级的官员，以及甚至在政府的一部分高级官员中缺乏责任心，对这一切无人喜爱和庇护并为人人所谴责。它们之所以存在，是因为领导错误地认为它们能使他的统治牢靠。什么时候当最高层领袖或领导们有更多的事业心，并愿意具有一种安排有序的行政机构(它与完全个人控制的机构不同)时，这些恶习才能较容易地被清除。

我们说行政机制问题和效率问题是比较次要的问题并且能够较容易地解决，这并不是说它们能被解决得非常完善。在这些事物中不可能是完善的。即使在所有的行政管理中最好的，如：中国唐朝前期或清朝前期以及第一次世界大战前的普鲁士的行政管理，都不是完善的。一个能够成功地执行政府政策的行政管理机构应该被看成是一种好的机构。对这个尺度是没有疑问的，如果有一个有事业心的领导，他不同于炫耀聪明的领导，便能在中国建立起一种相当好的行政机构。今天中国的文官比他们上一辈好得多并更能干。这些被选入行政机构的年轻人是相当好的，也许没有更好的了。简化他们的机构，相信他们正在为国家和人民的兴盛工作，要给他们充分的权力和责任，他们将不会玷污自己的信誉，其威信不会比当代某些治理得最好的国家的官员们的威信少。

* * * *

中央集权制和与之相对的分权制是较难解决的问题。仅仅以好的领导代替坏的领导，并不能解决这个问题。首先，需要认真地，现实地考虑中国政府在最近的将来希望进行的工作，其次，认真研究我国不同地域的民情和资源。在中央和地方政府之间分配那些不可能实行的职责是毫无意义的。把一项具体的职责分配给一个没有资源去履行该义务的省，等于扼杀这项职责。把某项职责分配给某个对中央政府存有戒心的省也是不明智的。

此外，边远地区和民众的离心倾向，必须由一个强有力的中央政府很好地使之平衡。否认这些由地区和民众的任何程度的地方自治，势必造成当地民众的不满。随便同意他们地方自治的要求，就等于将他们割让给某个强大的邻国一样。因此，必须格外小心，给予他们足够的地方自治去满足他们多年的渴望，以至不失去他们的依附。

一般来说，中国人没有联邦制的思想，中国一直是一个统一的国家。但是直到今天集权制和分权制对立的问题确实存在。过度集权使许多不一致的法律无效和无法执行，在一些社会和经济条件明显不同的地区造成不满。过度集权意味着否定民族国家和某些地区事实上的分裂状态。要解决这个问题，需要建立一种制度；一些省和全国人口中某些特殊部分，一方面能够实行不同程度的地方自治，另一方面，还要有一个拥有充分权力的中央政府，去维持民族统一并促进广泛的民族利益。但是，解决这个问题将不依赖于联邦制制度。它必须更为灵活，使之易于从不断的尝试和失误中作出必要的修正。

* * * *

反复出现的个人独裁，通常是军人独裁，从袁世凯掌权的那些日子始，就已经是各种良好政府的对立面。过去四十年的经验是：这种独裁存在于内战，通常还伴随着重税，依赖外援，法律和秩序不再是政府的关心之事。这并不是说没有军事独裁就必然意味着和平、繁荣、法治和秩序，但是这的确说明军事独裁不消失，这种福分就不会降临。

在中国这样的国家，政治上强有力的政党必须与军事力量有联系，在这样的国家中也不存在有影响的组织，例如：基督教会和商会，没有人能够有效地抵抗背后有军事力量的独裁者。除了独裁者自身外，仅次于他的最有权力的集团通常是独裁者的工具，无论这个工具是军队，或者是官僚机制，或者是政党。除非建立一个强有力的组织，它能够像军事力量自身那样有力地指挥军队，铲除军事独裁是不容易的，过去多数试图与这种独裁斗争的人，用建立一个新的军事力量的方式。他们失败了，因为一个军事力量成功地驱逐一个独裁统治之后几乎不可避免地建立起另一个新的军事独裁。

这个军人独裁的难题向人们提出了一个最基本的问题：如何创立一个非军事力量，它能够推翻军人独裁而同时又能防止它重建军人独裁。这种力量必然是和人民大众(他们拥有物质的和精神的手段支持这个力量)合成一体的。

* * * *

在中国是否应当建立民主政治？如果应当建立，那么什么类型的民主政治最适于中国，这是一个比人们所看到的还要复杂得多的问题，早在“同盟会”初期，民主已经为大多数思想敏锐的中国人所接受并将此作为维新的最终目标。这是应该如此的。但在建立什么形式的民主问题上却不一致。它应该是瑞士各州的模式还是英语国家的模式？或是像在1936年宪法上所规定的苏维埃社会主义共和国联盟的民主？还是其他模式？即使同意中国的民主应当仿效英语国家，究竟是选择大不列颠式的内阁政府还是美国式的总统制政府，仍然是一个症结问题。

民主改革的问题是一个涉及很多方面，包括许多中国在过去四十年中遇到过的政体问题。人们熟悉的争论性问题有：一党制还是多党制，内阁制还是总统制，两院制还是一院制，直接选举总统还是间接选举总统，政治权和统治权的差别问题，以及其他许多问题，这些问题都关系到民主的意义和民主观念的应用。

解决任何上述争论性的问题必须对中国人民的能力做出调查。如果人民是贫穷、涣散、没文化和软弱，那么无论是一党制还是多党制就人民所关心的福利问题而言，并无多少区别。同样，对于其他争论的问题也是如此，无论选择何种政体对人民来说都是一样的。

在所有这些争论的问题中，那个与现实不符的形式问题，在过去的四十年或更多的时间里，一直在折磨着中国的政治思想家和宪法制定者。几乎每个草拟和制定宪法的人都接受和承认民主的观点，他所向往的无论何种民主模式，都可以感动他或符合他的设想。但是，他却很少想到人民的能力。他让那带有自己心愿的思想充分发挥。他设想立刻有一个民主制度，人民和政府都将按民主精神行动，前者通过固有的渠道表达他们的意志，后者遵守人民的意愿。相信监护作用的孙逸仙大概就是过于强调形式而忽视了现实。如果说他能成功地缔造了具有一批真正政治精英的国民党，并使他们充满了权力的意志，但不是为了争权夺利，而是为了给人民那种民主政府和控制的能力，他确实可能成功地建立了一种与现实相符的形式。不幸的是，他失败了，或者公正地说，国民党辜负了他。

形式和现实冲突的问题还将继续存在。在形式与现实未能一致之前，中国政府仍然继续为两种情况，要么是虚弱动摇的，要么是强大而对人民很坏的，甚至两者俱备。

在形式与现实这个问题上，古老的帝国更幸运些，它具有使形式和现实充分协调的效力。运用权力的能力掌握在少数人手中。这就是现实，权力被限制在少数人手中。形式并不妨碍现实。从这种政府制度中产生的强力与稳定的优越性是很明显的。尽管这种政府很可能忽视败坏的道德对人民品性的影响，但是，来自西方的冲击已经对它宣告无可怀疑的终结，复辟是不可能的。

最大的来自西方的令人困惑的影响是西方哲学强调个人尊严和个人价值的地位。传统的中国思想不是不愿意接受个人尊严的概念，但是只有社会地位高的人才有这种概念。普通人可以受到庇护或者甚至受到照顾，但他不能要求具有不可剥夺的道德和法律的权力或者个人的尊严。西方的哲学，在另一方面，无论是 18 世纪的理性主义或者是 19 世纪的功利主义，还是今天的马克思主义，都倾向于：崇拜个人或者崇拜由个人组成的集体。不论哪种情况，都不同于中国人对少数身居高位或掌握权力的人的崇拜。西方对个人的这种偏爱已经在中国人的意识中产生了如此重大的影响，以至认为权力不应再被限制在少数人手中，而必须争取平等。

拒绝接受少数人组成的政府已经在中国引起一场巨大的民主革命浪潮。有时，当革命看起来已经成功，皆大满意并以为很容易维持住政府。但是，当人民意识到这种成功是虚幻的，或者革命被挫败时，革命运动会重新开始。这个过程将持续下去，从未曾也不可能被阻挡。

既然人民无力为民主而斗争，而又确实地要求民主，这就存在了一种矛盾。这种矛盾不能消除，除非人民具备了为民主而斗争的能力。

*　　　*　　　*　　　*

然而人民怎样才能获得这种能力呢？显而易见，这种能力绝不可能由那些已经垄断了权力的人恩赐给予他们。只有他们的经济状况和教育状况得到明显的改善之后，才能获得这种能力。要提倡彻底的经济改革并改变全社会人民的观点。当群众获得了在和平环境中生活和工作的机会，摆脱了恐惧和贫困，受过一定的教育并意识到他们自己的尊严的时候，他们将有兴趣和能力建立一种可以称之为民主的政府形式。

使人民群众能够工作并享受工作福利的经济改革，首先必须导致甩掉套在大多数人身上的枷锁使他们当前的贫困和不安全状态得到减轻，并且对他们要求改善生计的手段，给予机会和援助。更具体点说，一定要在土地所有制方面来一次革命性的变革，务使国民党和中国共产党都接受的"耕者有其田"的格言得到彻底的实现。给农民带来痛苦万状的高利贷一定要消灭。在消灭高利贷和土地改革的同时，还必须鼓励工业和手工业，在有必要时，甚至由国家加以促进。显然，就中国现在的社会结构而言，改善占人口四分之三的大多数农民，意味着整个民族的改善。但是由于中国人口与可耕地相比要大得多，因此只靠农业不能帮助中国人民获得相当不错的生活水平。鼓励发展工业及手工业，同时进行土地改革，是提高人民的经济生活并使他们在政治上获得他们利益的唯一办法。

此外，在摆脱贫困的同时，也必须摆脱恐惧。只有人民受到更多的教育，他们才想摆脱这种恐惧感，并能够意识到他们在此社会中与他人都是一样健全的，并拥有同样的权利对公共事务发表自己的观点。那些在过去，甚至现在，相对地摆脱贫困的农民，依然是：要么对政府毫无兴趣，要么不敢表达自己的意见。因为他们缺乏必要的教育，使他们认识到自己并不低人一等。因此. 某种教育同改善物质条件同等重要。这种教育可以在也可以不在学校中进行。问题的本质就是使人民懂得，政治并不仅仅是那些掌权的人或天生享有特权以及受过高等教育的人们所关心的事情。

只有当人民获得了生活的手段以及在政治活动中获得利益时，民主才能实现。那时，人民将有能力并从自身利益得到启发，起来阻止属于少数人的或只为少数人服务的政府。他们将有能力做这件事，因为他们已经不用在经济上依赖于统治阶级。他们的自身利益将指明他们去做这件事，因为他们新近获得的经济地位，只能由维护他们利益的政治制度所保护。

*　　　*　　　*　　　*

当中国发生这样的国民经济改革以及这样的社会意识变化时，全面的真正的民主才能出现。如果民主包含着形式和制度两个方面，那么在形式方面所做的细微变化将变得次要了。如果人民愿意将重要的行政权力授予总统，那么接踵而来的便是一个总统制的政府形式。这个总统不可能变为个人独裁者，因为谁也不能对一个有自信并受过政治教育的人民进行独裁统治。人民也许愿意有一个由选举产生的，被人民授权的享有行政权和立法权的理事会。同样的理由，这个机构也不能蜕化变质为寡头政治。毫无问题，军事独裁或军阀主义也不能存在。没有人敢做这种打算。假如他敢，他随时都会被推翻。甚至更难的问题，集权与分权的问题也能得到满意地解决。有政治觉悟的人民成为国家的主人，他们有强大的权力，但只用于他们自己集体的利益上，不必担心中华民族的分裂或瓦解。既然不存在这种恐惧，自然会授权一些省成立地方自治政府，特别是对那些在文化上与大多数中国人有着显著不同的民族聚居的地方。

如果中国政府的这些主要问题(政府的适当形式，防止军阀主义和个人独裁，集权和分权的问题)能够在有了民主的实质时均很快被解决，那么，余下的那些较次要的问题也会更加容易处理。行政组织很容易加以安排。法令将更适合社会条件。过去的坏组织，坏行政管理，坏立法主要归因独裁领导。既然独裁者不能从一个有自信与有公共利益的人民中存在下去，这些相对地较小的弊端很容易被减少到使这个新政府在和别国较好的政府相比时能够得到赞扬。

*　　　*　　　*　　　*

没有人说经济改革和对群众进行政治教育等大量任务是容易完成的。但这不是不可能的。不仅如此，有几种力量为进行这种改革和教育而正在起着作用。民族主义是其中之一种，对平等的迫切要求(找不到一个更恰当的字来表达这一种迫切要求)。是另一种力量。

从本世纪初以来，民族主义成为中国生活的一个要素。它从来没有像现在这样渗透到生活的各个方面。过去，中国人觉得他们正在被世界更强的民族压迫或歧视。虽然民族主义的消极方面仍然多少在中国人的意识中起作用，但现在也出现了积极的一面。中国人希望看到自己民族的强盛与兴旺，并不以凌驾于其他民族来满足自己的愿望，他们渴望发达并有良好秩序的民族生活。规模不断扩大的大战以及这种战争至今仍然存在的危险，更不用提那种令人不安的产生于列强竞争的形势，这些问题都使中国人民深信必须增强他们民族的力量。首先，中国人民必须有能力生活在不受其他民族威胁的环境中。其次，他们能致力于维护和平。

现时的中国是如此心神错乱以及如此混乱，以至使那些肤浅的观察者，特别是那些不抱同情心的人，无力发现中国人民的民族主义情绪究竟有多么深。这些人不相信中国贫穷的人民能够意识到他们自己的民族。无论有教养的阶层怎样表达这种意识，通常被考虑的仅是其消极方面，或者准确地说就是排外主义。但事实是，大多数中国人穷的和富的，受过教育与未受过教育的，都具有强烈的民族主义积极意识。例如，他们都深信，只有提高他们的民族，才能防止战争灾难的复发，不受其他民族统治，而且成倍地加强和平的力量。

民族主义在使经济和社会发生根本变化方面是一个强有力的因素。每个有思想的不为眼前利益所蒙蔽的中国人，都会认识到如果中华民族不能通过全国人民在经济与社会的提高迅速地复兴，就没有前途。今天真正和崇高的民族主义与普遍提高整个民族的决心不可分割地连在一起。

同民族主义相似，平等主义也是一个强有力的因素。虽然现在还不平等。但是生活在上世纪最后二十几年的政治与社会的宣传鼓动家已经做了他们的工作。那种满足和顺从于普通人的斯多葛式的态度，已经让位于要改善他们经济命运的愿望。他觉得有资格去做这件事。他受战争灾难和权贵剥削的苦越多，那些宣传鼓动对他的影响就越持久。平等成为老百姓自我保护的一种手段。

作为一种观念，平等已经成为一种被普遍接受的事物。它比某些表面上更先进的西方国家更少引起非议。以前许多鼓吹者们都没有实行过这个观念，但也不妨碍它继续成为普遍承认的观念。另一方面，某些更为忠实的鼓吹者做了很多使平等成为现实的工作，于是增强了人民的信念：平等应该到来并且一定到来。

平等的思想是不可抗拒的。它从未在任何地方被成功地拒绝过。如果它有朝一日破灭了，那只有在大多数人民都认为他们所享受的平等的好处不过是一个大骗局的时候。只有在那些国家，其不同社会地位之间的不平等条件是分等级的而不是两极分化的，平等才有可能实现。但是两极分化一直是中国的情况。这个过程现在正在加速。大多数中国人都很穷，只有极少数富人享受到财产和政治权力的物质利益，因此平等主义理想的不可抗拒性就很容易被认识。

平等主义的理想是发生根本的经济和社会变化的强大动力。（它们是实现民主所必需的）。当这些变化一旦开始之后，它也是加速这些变化的冲击力。越有真正的平等，那些从平等中获得利益的人便会更进一步要求平等。这种倾向确为所有有平等主义立法的国家注意到了，不论它采取的是温和的手段方式，或是社会民主的，还是共产主义的。

不容置疑，现在在实行彻底的经济和社会变革的道路上还有许多障碍。其中一些障碍来自内部。既得利益的阶级总是反对这样的改革。改革措施无论在哪里出现，哪里就会出现反对势力。还有一些障碍来自外部。中国的根本变化，虽然最终对所有国家均有利，但是被认为这种变化将损害他们本阶级利益的人们所不欢迎。准确地说，这是由于这些变化的动因是民族主义和平等主义，是反动集团的对立面（特别是外部的）；这些动因只能用来加强中国内部的因素，从而进一步促进对经济变化和社会变化的要求。

如果这种考察是正确的，由于西方的冲击中国人不能由于未找到真正民主的某种形式而止步；如果这种假定是正确的，中国人不会得到任何真正的民主，除非先要在一大范围内发生经济和社会的变化；更进一步说，如果这个理由也是正确的，民族独立和经济平等的强烈要求将导致这些变化，然后，我们被导致实际上重申孙逸仙的三民主义。这并不是出乎意料的吻合。孙逸仙的最终目标具有惊人的远见，他的动机恰恰是最高尚形式的爱国主义。他希望一个民主的、社会主义的、繁荣昌盛的国家，代替一个中古时代的、衰退的帝国或者是这个帝国的残余。正是这些目标和动机，对于今天的大多数中国的思想家来说，仍然是至高无上的；他计划要废除的那些状态依旧存在；他在晚年寻求去使用的那些力量仍在活动着。这种吻合是很自然的。

三民主义并无错误。但是可能发现不恰当的解释，误说实情，言过其实的演讲，如果仔细检查孙逸仙的演讲甚至也会发现一点这样那样的不当之处。在一大群拥有自己风格的三民主义理论家的解释中也能见到许多失误和错误。但是为什么要三民主义对这些失误和错误负责呢？三民主义并不能解释大约在 1924 年确立的孙逸仙全部观点的内容。

更有甚者，甚至在孙逸仙的革命的三个时期中，也可以找到一条正确的，能成功地完成上述现实的道路。军事时期，即肃清对革命的军事障碍，是十分必要的，它太简单明了以至无须解释。训政时期，如果它的全部意义就在于为人民在公共事务中获得一种利益、一种平等的意识，这个意识就是任何人都和别人一样享有同样的权利和能力对公共事务发表自己的见解。如果革命成功了，当回顾革命历程时，发现在最终达到真正宪政的民主形式的政府以前，曾经经历过军事时期和训政时期，这并不令人吃惊。如果发现所有的权宜手段、妥协和代替物(它们改动了三个时期的一般程序)耽误了孙逸仙最终目标成功地实现，也不应令人吃惊。

但是有一件事是肯定的，无论谁想实现孙逸仙的三民主义，或者把我们的精力限于解决政府的问题，实现以民主实质作为民主形式的基础，为了这项任务的成功，就必须在几方面胜过已经失败的国民党。成功需要更多地理解那些关心这些原则的人民。一个成功的政权一定更要和人民打成一片，一定不能认为自己是在人民之上的。它必须不同于那种仅仅表白自己遵守三民主义或歪曲三民主义的政权，它必须是更加真正民族主义的，更加真正社会主义的和更加真正民主的政权。

* * * *

有人会认为这里所提出的这种革命，便是号召在人类的价值观念方面发动一场根本的变化。它的确是这样做的，而且这个还要继续下去的变化正是一件好事。

在这样的革命中，革命的组织者和优良政府的管理者一样，这些领导们的思想是非常重要的。他们仅有能力并为革命目标献身的精神是不够的。甚至仅具有“位高则任重”的态度也是不够的。对他们来说最需要的是和人民群众打成一片并主张消灭差别。他们必须绝对无私地工作。他们必须用一切可能的办法去激发人民发扬对公共事务产生兴趣。但是他们一定不能期望永远担任领导或者是永不朽的首脑。如果这样做就意味着仍然存在一个统治阶级，人民必须为少数人统治的旧中国传统依然继续。

过去的领导们并非没有出现过英明的领袖。他们推翻过暴君，纠正过陋习，致力过改革。但是，他们从来没有这样无私，以至不认为他们是天生的领袖。他们不能接受这样的观点：自己和所有的人都是平等的，没有什么领导应该永远存在。因此，他们决不抛弃显赫的地位和领导者的角色。对于旧政权来说，它们的确适于做人民的领导者。假如现在的领导者们仍然持有这种自己重要、高高在上的观点，真正的民主很明显就不可能存在。幸运的是现在只有那些较老的，较过时的领导们才持这种高高在上的观点。那些新的和年轻的领导，那些既占人数多又年轻两者优势的领导们对此持不同观点。他们坚信他们的使命是帮助民众在公共事务中产生积极的兴趣，为此他们自己深入群众。他们有一套完全不同的人类价值观念。他们盼望人民而不是领导变成主宰民族命运的真正主人。

受过良好教育并活跃在公共事务中的新的、年轻的人们，换句话说，是真正的精英(首脑)，他们具有更多的优点。他们急于实现经济改革，政治平等和民主的实质。他们充分意识到在这个积极变化的世界中如果不赶快发展成为一个繁荣昌盛的国家，中国便会失去作为一个国家的时机。他们决心在他们的有生之年，实现这些伟大的政治，经济和社会变革，他们已经知道这些变革是一个民族繁荣富强的前提。

他们的队伍最初是小的。受过教育的大多数人不能允许自己消失在大量被唤醒的民众之中。对中国的将来幸运的是，精英的新人数正在增加。由于他们人数的增加，他们不会在摆出新的领导方向上失误；这种领导最终能够在一个适当的短时期内，完成中国的经济变化和社会前景的变化。

* * * *

应该把一则令人振奋的按语作为结论性的评价。现时存在的政府，其形式之不完善正如其功能之贫乏。在内战引起的巨大破坏中以及在民众所承受的痛苦中，白天似乎是黑暗的。但是，与目前的黑暗对比，仍然存在着信心和决心，即人民一定要并能够被唤醒起来去建立一个政府，一个会为他们自己经济和社会的提高而工作的政府，并且是他们有能力去控制的政府。既然这种信任和决心要不容延误地达到一个真正民享与民治的政府，这种信心和决心便是对中华民族未来真正的乐观主义。

附录 2
论中国的战时政治体制*

一

自国民党于1925年在广州建立国民党政权以来，中国的政治体制仅经历过一次重大的结构变革。最初，除去一个保证党对政府控制的机构外，还有一个政权机关即国民政府委员会，它的下面设民政、军政、立法和审判各职能部门。国民政府委员会是一个正常运转的机关，各部门是下属单位。1929年10月发生了变化。五院成立，它们各自对党的机构(国民党中央执行委员会——译者注)负责，各自独立行使职责。国民政府委员会被保留下来，然而除一个短暂时期外，它不再掌握实权。

---

* 本文中的日期、引文及参考资料均未加注，大体上可在王世杰和钱端升合著《比较宪法》第六编第四章中找到。该书第三版修订本由商务印书馆于7月出版。

原载1942年4月《美国政治学评论》(The American Political Science Review)，朱立人译。

中国政府在抗日战争开始时的情况与1929年成立的政府极其相似，不过当然有了许多重要的变更。最高权力归于中央政治委员会，它是国民党中央执行委员会的一个委员会，负责指导监督政府。中央政治委员会不可与中央执行委员会本身混淆起来。中央执行委员会间隔很长时间才召集一次会议，通常每年一次或二次，因有三百多人，机构庞大，开会时不过听取发言和报告，以及通过决议罢了，而中央政治委员会则是一个正常行使职权的机关，每周举行一次会议，决定国家重大问题。中央政治委员会通常由党和政府的全体重要成员组成，从而便利于它掌握权力。有时，由于中央执行委员会和中央监察委员会的成员要求享有出席中央政治委员会一切会议的权利，以致造成它的成员过多，因此往往不是把权力转移到它的常务委员会，就是转移到它的国防委员会，而常务委员会和国防委员会自然是比中央政治委员会小得多的机构。

在1929年后正式称为“中华民国国民政府”的政府顶层，设置了国民政府委员会。从理论上说，它是最高政府机关，然而因为由多半不是不再积极参与政治、就是已经失去权力的约三十人组成，实际上它毫无权力，并且没有自己的特殊职责。

国民政府主席为国家元首，每逢国民政府委员会召集会议则担任主席。作为国民政府委员会主席，他所负的责任不重。作为国家元首，他当然享有通常属于国家元首的许多正式职能。

按照孙中山先生学说的规定，国民政府委员会之下设立了行政院、立法院、司法院、监察院及考试院——总共五院。孙中山先生对于三权分立学说颇为精通，但在既定的三权之外，他又列入考试权和监察权。他尊重中国古老的科举考试制度，因而设想将考试权独立于行政权之外。他似乎对议会特别是法国第三共和国会议的专横深有感触，所以将监察权从立法部门分离出来。五院如此组成，任何一院都不能达到权力的极点，例如像英国议会那样。这是自然的，鉴于在孙中山先生的所谓“五权宪法”整个计划中，将设立人民的代表大会以控制各院。由于至今还没有这样的代表大会，所以任何一院掌握在强有力人士的手中，致使其他各院黯然失色，这种情况并非罕见。

倘若五院制是遵循孙中山先生深思熟虑的学说的话，那么独立的军事委员会的设置乃是适应时势危急的需要。在北伐（打倒北京军阀政权）时代和日本侵略东北三省之后，认为有必要设立一个军事委员会，把所有军事职能均统一置于它的掌握之中，并由具有最高军事威望的人士领导。当然，将该委员会隶属于行政院，在理论上是毫无障碍的。但该委员会的首脑也许是比行政院首领威望更高的人士，因而行政院不可能控制该委员会。所以军事委员会自成立以来，始终享有显赫地位，独立于行政院之外。即使在 1937 年抗日战争开始，蒋介石将军同时担任军事委员会委员长和行政院长时，两个机关也没有合并，军事委员会仍然与行政院处于平等地位。

还有一个机关也行使重要的职能。五院制的提倡者认为：把编制预算的任务委托给行政院或它所属的财政部，会极大地增加行政院的权力，以致使适当的权力均衡成为不可能。于是他们坚决主张设置一个独立的机关，承担编制预算及监督其执行的职责，所以在 1931 年成立了所谓的主计处，直属于国民政府委员会。除编制预算外，主计处还行使收集统计资料及会计的职责。

上述机关是政府的所有主要机关，它们的相互作用早已呈现出一个非常错综复杂的局面。然而它们不是全部机关。此外还有国民党的机关，它们在并非无足轻重的程度上也行使政府的职责。从理论上说，除上述的中央政治委员会外，党的机关只执行党的职能；然而事实上，许多这样的机关却远离本职而进入政府和行政的领域。中央执行委员会常务委员会经常举行会议，多达每周一次，会上常常对政府的政策也进行讨论并作出决定。如果常务委员会侵犯中央政治委员会的正当职权的话，后者也不能抱怨诉苦。而且，在常务委员会的全面监督下，中央执行委员会把许多部门置于它的属下，例如组织部、宣传部、社会部等。这些部中的一些部，特别是宣传部和训练委员会实际上在很大程度上是行政部门。然而，因为它们是党的各部门，当然不受行政院的支配。

在这种结构之内，行使政府职能自然不可能是极其轻而易举的。国民党的全国代表大会和中央执行委员会二者都是决策机构。这一点十分显而易见。在政府结构之内，决策权操在中央政治委员会手里。不论立法、行政还是任何其他职能，都不可能不在该委员会的管辖之内，立法可由中央政治委员会、国民政府委员会、五院中除立法院外的任何一院或立法院委员倡议；但不论由谁提出，法案必须首先提交中央政治委员会对法案所包含的立法原则进行审议，除非该委员会放弃此项权利以支持立法院。中央政治委员会虽然确实多次放弃这种权利，但它作为立法机关的卓越地位从未受到损害，因为它有权命令立法院重新审议后者可能已经通过的法案。

关于行政，中央政治委员会的控制事实上或许不甚严格。鉴于它在通过的一切法案中有发言权，当然它不可能参与一切行政行为。理论上重要行政问题应提交它审议。不过，在重要问题和非重要问题之间缺少明确的界限。因此，倘若行政院院长碰巧是党的最强有力的领袖，他往往享有一定程度的自由。只有当行政院院长不及中央政治委员会某一其他领导人或一些领导人有力时，该委员会才开始对行政行使微不足道的控制。

编制预算一事可以极其恰当地说明中央政治委员会的权力。概算当然由各开销部门和财政部编造，并由主计处汇集成预算书。但在行政院或立法院对预算进行审议之前，必须提交中央政治委员会进行总审查。正是在中央政治委员会，支出作大幅度的削减，并对弥补赤字的办法进行讨论。行政院的职责不过是把拨款分配给各部门，而立法院的职能也只是在形式上通过预算而已。

军事委员会及党的行政部门的存在还进一步使行政复杂化。在军事方面，行政院和军事委员会二者都要求控制。军事委员会因独立于行政院之外，所以被视为是最高军事机关。然而军政部门是行政院的一个主要部分。通过军政部，行政院才能对军事行使某种程度的控制。所以，当行政院和军事委员会由一人领导时，行政院便能在很大程度上了解军事。但当它们分别由二人领导时，就军政而言，行政院必定让位于军事委员会。因此，在国防方面军事委员会的地位对中央政治委员会，同在行政方面行政院的地位对中央政治委员会极其相似。

像审查这样的问题也许不是属于党的宣传部就是属于行政院内政部的权限。万一发生积极冲突或消极冲突，这个问题便必须提交中央执行委员会常务委员会解决。

司法职能以及考试和监察的职能应该独立行使，中央政治委员会不应加以控制。然而这并不意味着它们可以完全不受该委员会的控制。司法、考试、监察三院及其主要部门的组织由中央政治委员会决定，重要的人事任命同样由该委员会批准。

二

战争使许多调整改组的问题处于显著地位，如同任何国家在战争中出现的情况那样。然而在这一点上，存在着很大差别。不论在一个非常民主的国家，或是在一个十足独裁的国家，极其重大的需要当然是加强行政权力，有时还附带要求简化立法程序，有时则否。但在中国，过去维持党独裁的特殊制度，由于致力于民主，要全国对反侵略战争表示赞同反而导致要求一个更加民主的政府。

国民党之外还有许多集团，若干年来它们一直要求参加政府。在有组织的集团中，中国共产党是众所周知的。过去二三年它一直把建立人民阵线作为它的基本政策。但民主不单单是共产党人的口号。其他集团以及与任何党派或团体毫无关系的大量知识分子，同样一直在要求民主。当抗日战争爆发时，国民党不再可能忽视这种要求。结果，一个称为国防参议会的组织迅速成立，以便向当时刚代行中央政治委员会职能的国防最高会议提出建议。国防参议会是一个小型组织，起初只有十七个成员，大约一年后当它被国民参政会取代时，它仅有二十三名成员。其中有共产党、青年党、国家社会党、所谓的第三党、全国各界救国联合会的代表，以及还有杰出的无党派开明人士如胡适。作为除国民党外的有组织或无组织的一切集团的喉舌，它对政府产生了相当大的影响，纵然未曾给予它宪法权力或强制权力。它经常举行会议，通常每周一次，因主持会议者为国防最高会议主席本人，所以审议颇为顺利。

于是开始了把中国的政治制度转变为民主政体的一系列部分尝试。国防参议会导致国民参政会的建立，而国民参政会又导致省县参议会的设置。

国民参政会乃是国防参议会发展的直接结果。国防参议会于1937年8月17日举行首次会议。1937年终，国防最高会议通过一项决议，把国防参议会扩大到七十五名成员。然而在此事实现之前，越来越高涨的意见认为需要一个更加近似于代议制机关的组织。按照这个意见，国民党临时全国代表大会于 1938 年 3 月通过一项决议，宣布召开国民参政会。

国民参政会于 1938 年 7 月 6 日举行首次会议。当时它有二百名参政员，分为四类：(一)八十人代表省及特别市，由省市政府及国民党省市执行委员会联合提名；(二)六人代表蒙古和西藏，由蒙藏委员会提名；(三)六人代表海外华侨，由侨务委员会提名；(四)一百人代表文化界、经济界及政治活动者，由国防最高会议直接提名。提名的人数应为分配人数的双倍，最后由国防最高会议选定。

当第一届国民参政会任期于 1940 年届满时，参政员人数增加了四十名，任命方式也有所改变，第一类增加二名，第四类增加三十八名，需要由早已成立的临时参议会选举的代表，则由省市参议会选举产生。由于到 1940 年多数省市已有临时参议会，所以第一类中的多数不再是完全提名的参政员。第三届国民参政会的选举的参政员百分比将进一步增长，因为根据 1942 年 3 月 16 日新的组织条例，当它将于 1942 年秋季召开会议时，在总数二百四十人中，第一类将占一百六十四人，他们全部由省市临时参议会选举产生，除少数被敌军实际占领的省市，如东北三省、河北、北平、天津及其他少数地方。

因此不难看出，虽然国民参政会不能声称充分代表人民，但始终努力使它更加具有真正的代表性，毋庸置疑，第四类指定成员的人数虽然大为减少——第三届国民参政会只有六十人——但此类仍然保留。然而对这一特点的严厉批评是没有充分根据的。孙中山先生在晚年非常坚决主张职业代表制以弥补地域代表制的缺陷。职业代表制不再像在二十年代初期那样是一种补救办法，不过也不指望国民党会放弃它。此外，头两届国民参政会的经验表明，由于中国人有安抚反对派的天才，指定的成员未必不采取柔顺态度。事实上，第四类常常包括一些也是国民党外的非常坦率批评政府的人士，以及中国的一些最杰出的领袖。

关于参政员的素质，从整体来看，可以说，他们的水平很高，也许可以与目前中国一个完全选举的机构所显示的大相媲美。国防最高会议或它的后身国防最高委员会认为国民参政会的席位国民党员应占多数。然而这是理所当然的，中国政界没有任何明智的观察家会认为，在自由竞争的全国选举中国民党将成为少数。国防最高会议或国防最高委员会的明智不是在于使多数国民党员当选或被提名，而是在于务必使其他各党派和利益集团推出代表及使卓越的非国民党领袖被指定或当选参加国民参政会。

国民参政会的权力这些年来基本没有改变。参政会既可向政府提出建议，又可就已做或将做的任何事情提出询问。同样，政府有义务既将已采取的重大措施向参政会提出报告，又向它提出将要采取的重要措施。照此推论，这应使参政会对政府的事务能够享有很多的发言权。不过，首先由于倘若遇有紧急情况，国防最高会议或国防最高委员会可无需就行将采取的任何措施预先征得国民参政会的同意；其次由于对何者构成“重要的”措施缺乏任何规定，政府可以向国民参政会提出或不提出任何行将采取的措施，报告或不报告任何已采取的措施。至于参政会的建议权，因国防最高会议(或委员会)没有义务采纳建议而受到限制。所以，询问权也许是国民参政会所掌握的最有效的武器。尽管无法强迫部长回答询问或透露机密，但没有任何部长可以完全免除参政会会场上彻底追究的忧虑。参政会藉此使政府对全国的愿望更加负责，从而作出相当大的贡献。

国民参政会如想有效行使它的职能，它也许应比此前召开更多的会议。最初，参政会法定每三个月举行一次会议；但从1939年以后，法定半年召集一次会议。事实上，由于参政会换届必须有长时间的间隔，所以总共仅举行过七次会议，第一届参政会五次，第二届参政会二次。每次会议会期极其短促，仅有十天，当然既不足以对要建议的措施进行审议，也不足以对政府已采取的或要采取的措施进行审查。政府有权或召开临时会议，或延长正常会议超过法定时间，但它不满足于行使这种权利，并且从未行使过此项权利。在休会期间，还有由国民参政会选举产生的25人驻会委员会，每隔一周举行一次会议。但是，如果一个委员会只负责照料整个机构的一般利益，而不承担任何更加明确的职责，它往往是没有权力的委员会，这一通则在这里同样适用。因此，驻会委员会的存在并没有弥补国民参政会本身不经常举行会议的缺陷。

要对国民参政会作出任何明确的评价不是轻而易举的。如果声言中国的民主政治在国民参政会中找到希望，乃至声言由于国民参政会中国在走向民主政治的道路上已取得了长足的进步，那是夸张之辞。可是倘若民主议会的职责是发表人民的意见并使政府必须尊重人民的意见的话，那么不能把国民参政会当作无足轻重的机构，仅仅因为不是完全选举的议会，或因为它尚未取得强制权力。

作为国民参政会的必然结果，下级的省县也要设参议会。在多数省份，到1942年底县参议会将建立起来，并由城乡社区的代表大会及县的职业团体选举产生，后者选举的议员不超过30%。省参议会由县参议会选举产生。所以选举是间接的；然而这是正确行使选举权的开端。在设立确定的省参议会之前，已存在省临时参议会，是由国防最高会议(或委员会)根据县政府和国民党县执行委员会及各省职业团体的提名，所选定的人士组成的，这种提名与国民参议会参政员的提名十分相似。关于这一点，特别市与省相同。

省县参议会在省县被赋予的权力和享有的地位，与国民参政会在国家中的权力和地位相似。当然，实际行使的职责则不相同。省临时参议会的效用自然取决于其成员的素质和省政府对待它的态度，参议会不是政府的一部分。

除设置各级参议会之外，还要求建立一个立宪政权并把国民党控制的政府变成人民治理的政府。这不是什么新的要求。抗日战争开始之前，人民对此曾提出坚决的要求，国民党遵循它的缔造者孙中山先生的学说也曾作出允诺。事实上，政府已制定宪法草案，并于 1936 年 5 月 5 日正式颁布，国民大会选举正在进行时，抗日战争爆发了。倘若没有战争，国民大会本定于 1937 年 11 月 12 日召开。国民参政会中各团体屡次提出关于立宪制度的要求，实际上促使国民党通过中央执行委员会于 1939 年 11 月宣布国民大会选举已告完成，定于 1940 年 11 月 12 日召开。正如预料的那样，战争爆发前举行的选举被国民党严密操纵；选出的代表大部分为国民党的党羽。这样的国民大会所制订的宪法及所组织的政府，自然不会符合其他党派的愿望。然而国民党不可能改变做法。它不可能被说服对其反对者作出过多的让步。鉴于召开国民制宪大会的新决定几乎不会满足其他党派关于立宪制度的要求，所以国民党废除此项决定，把制宪大会的召开延迟到战争结束之后，从而也许彻底终止了关于在战时建立立宪制度的争论。

三

就严格意义上的政府来说，变更之少不禁令人惊讶——之所以令人惊讶，是因为战争的时间长，而且具有巨大的重要性。战前的凌驾于五院之上的国民政府委员会组织仍然没有变化，军事委员会享有与五院平等的地位。诚然，紧接抗日战争开始之后的一段时间，有解除大部分政府人员的举动，允许废弃不重要的机关。因此，立法院从 1937 年 7 月到 1938 年 4 月实际上已成为停止工作的机构，立法工作单由国防最高会议代行，无需立法院予以合作。考试院也休止了一年多。无日常职务可执行的监察院事实上闲置了更长时期。然而它们相继恢复，到 1939 年头几个月五院已恢复到战前基础。国民政府委员会本身自战争开始以来几乎没有举行过会议；但这种情况几乎也不可认为是一个变革，因为国民政府委员会没有任何指定的明确职责，即使紧接在战前时期它的会议也越来越少。

当国民党中央执行委员会常务委员会决议颁布大本营组织条例，并授权军事委员会委员长行使海陆空军大元帅的职责时，中央政治委员会在前决定对彻底检修政府机构以应付战争的紧急需要作出极其认真的尝试。于是提出如下的问题：由大本营代替政府的所有其他机关，把所有必不可少的行政部门置于大本营的组织之内，仅保留国民政府主席及当时取代中央政治委员会的国防最高会议。这项范围广泛的建议如果实行的话，那完全是对当时存在的制度的彻底检修。然而此项建议如同提出时一样，昙花一现，几乎马上就放弃了。甚至已颁布的大本营组织条例实际上也没有执行。整个庞大计划留下的唯一东西是，军事委员会委员长蒋介石将军根据 8 月 27 日的授权，成为法律上和事实上的大元帅。

代替组建无所不包的和独掌大权的大本营，军事委员会得到极其广泛的扩充加强。战前，军事委员会只有为执行它的正常职责所需的小机构作为自己的附属单位。大的军事部门如参谋本部、训练总监部和军事参议院虽受它的监督，然而却是单独的组织，而军政部则为行政院的诸部之一。但到了 1937 年 8、9 月，有必要组织七大行政部门，即政治部、军令部、重工业部、轻工业部、新闻检查局、政训部(隶属于三军)和运输部——它们都直接置于军事委员会之下。这些部通称一部，二部，等等。作为行政院的诸部，中央执行委员会的各部门，以及其他一些独立的行政机构基本上没有触动，因此职权的混乱和重叠乃是不可避免的。举例来说，新设的重工业部、轻工业部与行政院的实业部实际上执行同样的职责，而行政院的铁道和交通部履行的职责或多或少地与新设的运输部相同。这种布局显然是不能令人满意的，因而有必要进一步改组。

1938 年 1 月进行的改组比较合理，即使不甚彻底。这时七个部改为四个部，即军令部、军政部、军训部和政治部。三大独立军事机构直接置于军事委员会之下，参谋本部改为军令部，训练总监部改为军训部，而军事参议院则保留其原来名称。但是，严格来说非军事性质的职能则交给行政院诸部或中央执行委员会的部门，军政部依然是一个双重组织，也是行政院的军政部。

上述改组当然不是最后的。后来有过许多小的变化，军事委员会增加这个单位或改变那个机构。但没有试图超越行政院。按照现在的情况，除上述四部和军事参议院外，军事委员会的直属单位还有：办公厅(设主任)，海军总司令部(设总司令)，航空委员会(委员长亲自领导)，运输统制局(设局长)，兵役署(设署长)，军法执行总监部，人事局(设局长)，抚恤委员会，点验委员会，战地党政委员会，以及联络局。当然所有这些指挥部均隶属于军事委员会。因此可以看出，军事委员会虽是一个庞大的组织，但其职能基本上限于军事性质。最可疑的是运输统制局，它从交通部接管了公路管理及决定运输优先事项的权力。

1938 年改组工作中还有一点需要提及。战前，军事委员会确实是一个委员会。它本身实行合议制，当重要的国防问题(除实际军事行动外，根据法律主席单独负责军事行动)必须作出决定时，则应召开会议，然而这不过是理论罢了。当时在职的主席蒋介石将军的威望是如此之高，以致权力长期掌握在他的手中，而军事委员会的其他成员则无足轻重。1937 年 8 月把大元帅的权力赋予军事委员会委员长，致使法律和实际之间的矛盾顿时消失。现在法律也已作了修改，规定委员长领导委员会，其他成员不过作为助手而已。法律还规定参谋总长、副参谋总长、四部部长及军事参议院院长为当然委员，并授予他们权力对军事委员会所属各部、会、厅、局行使一般监督。因此，他们的等级高于军事委员会的其他成员，虽然事实上他们不能行使监督，除通过委员长本人外。

建立大本营及设置最高军事委员会的主张放弃后，自然有必要改组行政院，使其能够适应战争的需要；1938 年 1 月，行政院与军事委员会同时进行彻底检修。战前，行政院下设九个部(内政部、外交部、军政部、海军部、财政部、实业部、教育部、交通部、铁道部)及两个委员会(蒙藏委员会和侨务委员会)。海军部改为海军总司令部，移归军事委员会；实业部连同若干小机构改为新的经济部；铁道部并入交通部——从而把九个部减少到七个部。这次改革是按照提高效率和厉行节约两个考虑行事的。然而以后的改革往往不是为了效率或节约，更不必说是为了二者了。1940 年增设两个新部。从经济部分出农林部，虽然实际上几乎无此必要。所谓的社会部从前是中央执行委员会的一个部，改变之后作了许多不必要的扩大。1941 年，为粮价上涨和稻谷缺乏的尖锐问题所迫，增设粮食部。由于救济工作规模的需要，将救济组织的地位提高到行政院的一个委员会，也是无可非议的。组建水利委员会颇为明智，因为它把若干河流委员会置于它的支配之下。但是，说来奇怪，为了进行经济战，1941 年 3 月中央执行委员会命令设立的贸易部，从未创建起来。

综上所述不难看出：非常明显，抗日战争时期的行政机关与战前的行政机关几乎没有什么区别。诚然，军事委员会已有了大幅度的扩充，行政院也已经历了一些变革。然而，不论在改变政府的任何现有机构，如军事委员会，行政院或任何其他院，或国民政府委员会本身的性质方面，还是在改变这些机构之间的关系方面，都几乎没有什么创新。不管这是否因为行政制度的变革并不需要或者无足轻重，这个问题可从参考中央政治委员会地位的改变得到最好的回答。

四

我们已经说过，中国的政府是国民党控制的政府，国民党以前惯常通过它的中央政治委员会这个工具控制政府。正是这个机构发生了重大的变化，通常是使它更好地适合于指挥战争。

中央政治委员会本身相当庞大。当战争爆发时，中央执行委员会和中央监察委员会的全体委员和候补委员均有权出席它的会议。这就造成它臃肿而运转困难，不适合于指挥战争。1937 年 8 月 11 日，采取了设立国防最高会议的权宜办法。这不是什么崭新的事物。抗日战争前的时代，从 1933 至 1935 年，由于日本的不断侵略，华北局势极度紧张时，中央政治会议(中央政治委员会的前身)利用小型的国防委员会审议并决定重大措施，以代替其全体会议。当 1935 年底中央政治会议改组为中央政治委员会时，委员仅有 25 人，有个短暂时期认为该委员会可以执行其全部职能，不再需要设置小型的国防委员会。令人遗憾的是，不久中央政治委员会的人数，由于非本委员会委员的中央执行和监察两委员会的其他委员和候补委员的出席而造成膨胀。

1937年初，根据中央政治委员会自己及中央执行委员会的决议，国防委员会恢复，再次成为中央政治委员会的一个委员会。相反，新的国防最高会议成为中央政治委员会的代替机构，它们二者的权力相等。国防最高会议由国防委员会主席蒋介石将军及中央政治委员会主席汪精卫先生分别担任主席和副主席。汪精卫后来堕落当了汉奸。国防最高会议一成立，中央政治委员会便停止行使职务，从8月11日至11月13日国防最高会议决定终止其权力时，它仅仅召集过二次会议。当然，11月13日的决议撤销了中央政治委员会——至少在战争时期。关于这种做法，产生一个问题：国防最高会议通过撤销中央政治委员会的决议，而中央政治委员会此前设立了通过此项决议的国防最高会议；因此，有法律头脑的人士对此项决议的效力确实可能表示疑问。然而中国当时处于最危急的时刻，几乎无人对法律细节感兴趣。控制国防最高会议的人也掌握撤销的委员会这一事实，足以证明该委员会的暂时让位具有充分的根据。

国防最高会议是一个比中央政治委员会为小的机构，这就是前者代替后者的主要理由，即使不是唯一的理由。根据组织条例，国防最高会议享有紧急立法权，而中央政治委员会则否。在其他方面，二者简直没有什么差别。为中央政治委员会服务的各专门委员会，同样也为国防最高会议服务。一方面国防最高会议，与另一方面国民党和政府各部之间的关系，也或多或少地依然一样。

随着时间推移，不禁发现：国防最高会议享有的权力不足，它据以行使权力的程序不是直接的，灵活的程度不足以应付战争的需要。1939年2月，中央执行委员会全体会议谋求改善这种情况，命令组织国防最高委员会以代替国防最高会议。

国防最高委员会在若干重要方面不同于国防最高会议。第一，二者相比，权力更大集中于前者的委员长手中(根据组织大纲，委员长正是国民党总裁蒋介石将军)。第二，国防最高会议的权力仅及于政府各部，而国防最高委员会还对中央执行委员会各部行使权力。第三，国防最高会议只能与五院和军事委员会打交道，而国防最高委员会还可对它们的下属各部颁发命令。为了这个目的，所有政府部长、中央执行委员会部长及其他主要行政官员担任国防最高委员会的所谓“执行委员”，而其他委员则参与制定命令。

国防最高委员会决不是小型机构。它包括中央执行和监察两委员会常务委员会委员、五院正副院长、军事委员会委员、国防最高委员会委员长提名经中央执行委员会常务委员会同意的其他委员。如果把双重身份计算在内，委员总数不大可能少于二十五人。委员长从中指定十一人组成常务委员会。自然这是一个比全体会议小得多的机构，全体会议不但所有正式委员出席，而且还有执行委员出席。正是这个常务委员会每周举行会议，处理日常事务。全体会议极少开会。但在最近，由于有被邀请者列席会议，常务委员会也有膨胀的趋势。例如，行政院若干较重要的部长及中央执行委员会较重要委员会的负责人经常列席。

随着国防最高委员会的设立，重要措施的决策、倡议、制定基本上集中在它的手中。中央执行委员会常务委员会仍然每周举行一次会议，但它的审议现在严格限于党务。它极少越出自己的范围去干预国事。倘若党和政府的管辖发生冲突，通常由国防最高委员会作出决定，从而避免了架床叠屋或矛盾。行政院同样每周举行会议；不过它也接受国防最高委员会的命令。行政院仍可能提出重要措施，但在执行之前必须先提交国防最高委员会。战前时期，可能有这样的情况，即行政院迫使中央政治委员会表态。这种情况现在则不容许。与其说是军事委员会参与政策，不如说是行政院参与政策。但一项与政策有关的措施有待决定，军事委员会同样要尊重国防最高委员会的权力。

至于立法程序，大体与战前一样，国防最高委员会代行中央政治委员会的职权。然而有这样一点区别：如遇有紧急情况，国防最高委员会有权命令颁布法律，无需先交立法院通过。

国民参政会提出的建议国防最高委员会也照样执行。国防最高委员会可命令有关院或部把此项建议制成法律或命令，或者直率地搁置一边。换言之，纵然国防最高委员会根据法律不能凌驾于国民参政会之上，但事实上它却享有对后者的最高权力，如同它享有对党和政府所有部的最高权力一样。

国防最高委员会下设若干十分重要的组织。有秘书厅，像党和政府的所有秘书处一样，它承担大量的实际工作；秘书长往往由常务委员会委员担任。中央政治委员会有法制、财政、经济、外交、教育等五个专门委员会。它们为国防最高委员会服务，就像它们过去为中央政治委员会服务一样。还有中央设计局和党政工作考核委员会，二者都是 1940 年终成立的。设计局由国防最高委员会委员长本人领导，党政工作考核委员会(不可与国民党中央监察委员会混同)又分为两个部门，分别负责党务和政务。计划是由设计局主持设计，党政机构负责执行，而考核委员会则核查执行是否是按照设计的。当然不能设想，在一个统计资料缺乏或往往不可靠的国家——在那里，行政机构存在缺陷，战争造成严重的创伤，搅乱了正常局面——像这样雄心勃勃的计划可以付诸实施，更不必说实施之后会获得成功了。事实上，设计局至今已小心翼翼地走上设计道路，即使不是诚惶诚恐的话。它只管仔细审查年度预算。虽然如此，它从未认为应当深入研究问题。

必须强调，国防最高委员会及整个中国政治组织的关键官员是委员长。从组织上说，国防最高委员会委员长和国民党总裁为同一人。自1925年孙中山先生逝世以后，国民党一直没有首脑。多次想使某人担任它的领袖的尝试都注定失败了，主要原因是有若干领导人同时存在，他们彼此都自认为这个崇高职位非我莫属。但当抗日战争来临时，其中一人早已去世，而蒋介石将军的威望上升到这样的高度，以致谁也不能争夺他的领袖地位。战争的需要也使恢复这个机构成为不可避免的事。于是在1938年3月临时全国代表大会上，蒋介石将军当选国民党总裁。当然，凭这个资格他有权指挥现有的任何党组织或可能创建的党组织。他主持中央执行委员会全体会议、常务委员会会议及代表大会。如果他愿意，他可以担任控制指挥政府的党机构首脑。他的确愿意担任国防最高委员会委员长。只要国民党与政府二而为一，国防最高委员会委员长自然独掌大权，享有法律决不能削弱的权力。

因此，倘若蒋介石将军的权力在法律上是不受限制的，由于他同时担任行政院长和军事委员会委员长，事实上确是如此。作为党的总裁和国防最高委员会委员长，他没有必要任行政院长或军事委员会委员长。然而事实是他兼任这两机构的首脑。他一直任军事委员会首脑。至于行政院，除1938至1940年这段时期外，自1936年初以来他一直任院长。他还一度任国民参政会议长，现在则任参政会主席团成员。从组织机构的观点来看，纵然一人兼任所有党政领导职位的做法易于使政府成为个人所有，但有许多言论表示赞成，因为这种做法无疑地便于处理战时经常困扰政府的许多紧急问题。

因此，应当强调，战时政府机构最重要的变化乃是设立国防最高委员会以及把权力集中在它的首脑的手中。

五

在回顾战争迄今所引起的事态发展和展望未来时，人们不禁想起战争结束之后有待解决的许多问题。

国民党统治中国已达十四年之久。它不打算永久一党统治，并已宣布把民主宪政作为它的最终目标。国民党外政治上结合起来的团体经常大声疾呼，要求民主，战争一旦结束，他们的呼声可能更加高昂。然而如何达到民主呢？指望国民党将实行自我牺牲，把政权拱手让给它的敌手或反对者，那是不能想象的，而敌对团体从国民党手中夺取政权的可能性也是极小的。

然而，国民党如果信守诺言，使国家准备迅速过渡到民主政体，那也是于它有利的。倘若违背诺言，或继续长期不履行诺言，党将失去统治的精神权利。现国民参政会是一个实行越来越多地非国民党参与政权的有希望的工具。倘若赋予国民参政会一定的真正权力，倘若给予国民党外的政治上结合起来的分子在参政会中更充分的代表权，参政会没有理由不会发展成为某种机构，以致将来的国家议会大可从中获得教益。

国民党屡次宣布召开国民大会，制定宪法。有必要在战争结束之后立即召开国民大会，因为再拖延这个步骤便可能使党进退失据。一千八百余名代表中的约 3/4 已于战前选出，尽管时间变迁，他们的委任从未宣布无效。不过，如要国民大会获得人民的普遍支持，那么举行新的选举将是必要的。只有依靠普选，执政党才能用种种办法给予除它自己之外的成员以充足的代表权。

作为一个议事的议会，正如 1936 年 5 月 14 日组织法所规定的，国民大会过分庞大。孙中山先生的主张是由大型的大会起人民的作用，在很大程度上就像人民在类似瑞士某些州的直接民主政治中起的作用一样。如果遵守这个主张——国民党肯定会遵守这个主张——，那就没有办法免除大型的大会。问题是，不牺牲约 1800 人这样大的人数规模，而按照孙中山先生的指示，把职能限制在选举、罢免、创制、复决四项职能上，是否也可能由大会选出少数人组成小型机构，处于国民参政会和国防最高委员会之间的位置，行使职责。国民参政会目前的职能是使政府负起责任，多于自己行使任何积极的统治权，而国防最高委员会的职能则是实际行使统治权。倘若约一百人组成的小型机构能对五院行使全面监督，同时与行政、立法两院共同决定政策，它大有可能证明是国民参政会和国防最高委员会二者的有效代替机构和继任机构，国防最高委员会是国民党的一个机构，国家一旦过渡到宪政时期，它便将不在其位了。孙中山先生学说的忠实信徒也许会提出反对意见，说这是违反他主张把政权交给人民或人民的国民大会以及把统治权交给五院政府的思想的。但是，允许与过去彻底决裂，决不意味着建立一个经久不变的永久机构。中央政治委员会、国防最高会议、国防最高委员会相继执行的职能，以及这些机构在为五院提供联系方面的益处，肯定应该受到注意，一如应该在文字上遵守任何一套规则和政治组织，而这些规则和政治组织本质上应能适应当时的实际情况。

然而，如果在蒋介石将军之后，另有一位强有力的领袖继之而起，立宪问题的解决可能出现完全不同的情况。蒋介石将军及继他之后的领袖，可能以中华民国总统的资格，取代现在国防最高委员会的位置。作为中华民国总统，这样的领袖往往可以使自己成为五院之间的纽带，并对它们的事务享有很大的发言权。然而，倘若发生这种情况，也有可能出现总统控制的个人政府，国民大会仅有朝不保夕的政权，而五院则严格接受他的命令。除战时情况之外的任何情况，简直不能证明这样的政治体制是正当的。

也许在国民党内部实行民主政治比徒然在全国建立民主政治更具有实际意义。倘若到了重建时期，国家继续掌握在国民党手中——这种情形不是不可能的——，要在国民党本身民主化之后，国家才会民主化。1941 年 3 月，中央执行委员会全体会议完全一致同意：党的组织和领导应建立在更加普遍的基础上——换句话说，以下面的选举代替上级的指定，作为省县执行委员会的组织方法。这一点如果实现——已有约十二三年没有做到——，国民党将易如反掌地获得更加普遍支持的广阔基础，并可能更加关心全局的民主政治。

当战争结束及重建开始时，行政改组的问题也许比在战时更加迫切。战时，军事委员会的单独存在不仅得到容忍，而且实际上受到欢迎，因为它保证军事行动的效率和敏捷。然而，倘若它在战后继续存在，不但行政权的完整将不存在，而且军事委员会与行政院之间的摩擦将是不可避免的，尤其如果两个机关不是掌握在同一人手中。在这种情况下，两个机关需要合并是至为明显的。问题是实行合并以及把军权置于行政领域之内，是否容易办到。

谁也不会声称中国的行政组织战前是建立在合理的基础上的。在战争时期，行政院的调整改组简直少得令人惊讶。不能认为目前的行政体制将能应付重建时期的需要。战争是一桩艰巨的事，但战争远不像重建工作那样艰巨。我们进行了足足五年的战争，在某种意义上是被动的努力。所需要的不过是用抵抗来阻挡敌人的前进。但重建饱经战祸的国家的任务更为艰巨。那将是积极的努力，需要完善的规划及经济有效的执行。因此，有必要对政府机构进行彻底检修以适应当时的需要。像我们在战争年代所做的那样，用现有机构对政府事务敷衍了事，将是无可挽回的错误。但机构将如何改组是至今没有谁敢说胸有成竹的。换句话说，正如民主政治和领导的更加根本的问题一样，改组政府机构的问题将等待战后解决，——因为这个问题的解决在战时从未作过尝试，所以更加要等待到战后解决。

附录 3
中国战时地方政府*

直至近代，中国中央的及地方的政府和行政机构才进入稳定状态。从秦始皇帝(公元前 246—210 年)到满清(1644—1911 年)末期，总的讲，这个大一统的帝国一直贯串着同样的政府和行政制度。在这漫长的二十一个世纪中所发生的无数变革中，有很多当然都是很重要的。可是，无论是秦以前的政治制度或现代中国正在努力建立的政治制度，若与秦始皇帝和汉代诸皇帝(公元前 206 年—公元后 220 年)所建立的制度相比较，可以说只经历了很小的变革。这是一个十分重要的事实。它不单说明了现代中国在实现制度上的稳定为什么困难重重，也说明了为什么中国人，甚至在战时，仍在忙于通常只有在和平时期才能进行的各种行政管理的尝试。

从地方政府的情况看，较为关键的变革主要围绕在两

---

* 原载 1943 年 12 月美国《太平洋季刊》(Pacific Affairs)，张连仲译、沈叔平校。

个方面：第一为有关地理区域划分的制度；第二为有关中央政府如何保持它的最高权威的方式。

秦帝国分为40个郡，郡又进而分为县。作为地方政府的基本形式的县，尽管其数量从开始约1000个，增加到目前的大约2000个，其制度却一直未曾变动。但县以上的行政机构其面积及建制都不断变动。秦朝时，县以上只有郡一级行政机构。以后的朝代，一般则有两级而不是一级，较大的称为道，路或省，较小的称为州或府。这些地方区域的名称很乱①。更有甚者，元朝和清朝在最高一级和第二级的之间又加上半固定的一级，使人觉得这两个朝代有四级，而不是三级地方政府。

为什么地域性的机构不断重新组合划分呢？主要原因是为了加强中央集权。二十几个世纪以来，解决的办法为使用两个交替的权宜之策。当最高机构过于庞大，运转不灵时，就被分为更多的较小的区域，以防止离心势力的发展。而当这些小行政区变得数目过多不利于中央指挥时，就加以重新组合成少数的区域，由钦派大员管辖每一区域，以便有助于朝廷能加强控制。这些区域于是又成为固定的行政区，随之形成很多特区和孕育着地方分裂甚至反叛。这种状态不可避免地又迫使一些致力变革的统治者或新王朝，重新将全国划分为较小的区域，直接服从中央政府指令。

为了有效地扩大影响，中央政府可以建立单一的或多种的统治系统。单一的，如果政府满足于对地方政治实权人物（比如，一省之长）

---

① 各种地方机构：省、道、路、州、郡、府、县，其名称很混乱。比如，在汉时，州为中央政权直属的地方行政单位，而在满清时期，州不过是一级较小的府。

的严密控制；多种的，如宋朝的作法那样，政府委派不同的官员监督地方的不同的行政部门。比如，派一税务官监督税收，另一救济官员监督救济工作，等等。在这个单一系统控制还是多种系统控制的问题上，可以说一直变化不断。

直到清朝末年，所有的变化绝大部分限于上面所提到的两种情况，然而，西方对中国的冲击突然动摇了中国地方各级政治制度的相对稳定。自本世纪初以来，全国各地都承认有必要给人民选举代表进行地方自治的权力。国民党掌权后，这种必要甚至成为了一种自我承担起来的责任。不管是否在进行战争，该党的主要目标之一就是推行地方自治的方案。

那么国民党的地方自治方案有什么内容呢？答案在孙逸仙博士的教导中可以找到。按照这位国民党创建者的解释，县将成为自治的基本单位，省则成为双重作用的机构——一方面为中央政权的下属一级，另一方面是对县级自治机构进行督管的自治区域。县和省都应有选举产生的代表大会(国民议会)和选举产生的行政首脑。要使县得到自治权力，必须先满足下列条件：人民必须受过如何行使下列四种权利的教育：选举、罢免、提案、决议；对各地区居民必须已经进行可靠的登记；详细调查土地一次；有一个警察保护的系统；最后，有一个公路系统将一个县与周围各县连接起来。当一个省里所有的县都实现了自治，这个省也就实现了自治，只有当中央政府行使授予它的职能时，省政府才接受中央的命令。

很显然，省级政权所承担的，即教导并帮助县里的人民做好自治的准备，是一个巨大而繁重的任务。孙逸仙博士认为除非人民能够在地方事务上自己管理自己，他们就不具备享受宪政的条件。因此，在宪政建立之前，有必要由国民党执行一个训政时期。这个训政是一个重要的因素，对战前和战后的中国地方政府建设都留下深深之印迹。

现在，我打算简单地考察一下战争开始时中国的地方制度。除外蒙和西藏外——在那里，中国的主权一直受到这个或那个外国的干涉，而且当地的地方制度特殊——中国分为28个省，它们又进一步分为1949个县。在大多数省里，省与县之间还有一层行政专署。

省政府在法律上由七至九人组成的委员会，其中一人被推举为主席，其余为各行政机构部门主持人；在实际生活中，该主席就是省政府的真正首脑。各行政机构一般为四个。它们分为：民政、财政、公共事业和教育。地方警备部队的指挥官很少成为省政府成员，但他享有与那些省府行政首脑大体相同的权力。所有这些官员当然都由中央政府任命。

县政府由县长为首，县长经省政府推荐由中央政府任命。他管辖几个局，局长官通常是由他提名，省政府任命。在理论上和实际上县政府都由一人领导。

那些行政专员们进行工作的机构是稍为变化不定的。1936年3月24日通过的法律并未规定任何单一形式；在该法律生效后，也没有一致的形式。总之，专署的规模要看专员是否同时是当地的县长。如果是，他的衙门就与县政府混为一体，如不是，就会有一个单独的专署，一般由两个局及一些专业人员组成。

县的功能或权力很广。依照国民政府的法律，县有权管理户籍、警察、消防、卫生、救济、林业及保护野生动物、公共道路、水路、公园、公益事业、公共事业、学校、体育馆场、图书馆和博物馆等。它有权征税、发行公债，有权组织它下属的城乡区域进行地方自治。然而实际上，单从它的权力而言意义不大。因为，县尚未实行自治，县政府当然要听命于省政府，而后者又很少让县政府自主办事。换句话说，县政府仅成为省政府在县一级的分设机构而已。此外，如果县要想真正能够执行上述各种职能，就必须有足够的资金，但在中国这样的农业国，一般是无法得到的。

省一级的权力比县一级的更为广泛。除去那些通常属于中央政府的权力，如防卫、货币、邮政、海空交通、外交等之外，几乎所有可以想象出的国家职能省都分享到。但是当省真要行使它的权力时，同样要完全听命于中央政府。省没有任何可依靠的东西去确保它的地位，1931 年 7 月 1 日的临时宪法肯定不行，因为它根本就未提及省的地位。孙逸仙博士的言论也不行，因为在训政期间，省并未被视为一自治体。这就是说，当战争爆发时，省不过是用以贯彻中央意图的执行区域。即使它有时显露出一些独立性，主要是它的一些领导人的独断思想而非任何省的意志的显示。

行政上专区一级并无任何特有的权力或职能。专员仅仅是省政府和县政府之间的联络员。他的职能只限于代表省政府对县进行检查督导。

在战争开始时，地方政府的控制力在全国并不相同。这种控制的有效程度差别很大。在那些属于旧秩序的顽固军人掌权的地方，中央政府几乎无法按其意志行事。新疆、华北及西南各省均属此类。在其他地区，中央政府能够进行全面控制，统一的中央集权国家的特征很明显。

在那些由中央政府有效地进行管理的省份，中央的控制体现在各个方面。首先，中央政府，不论是通过正常立法手续所订立的法规或自行颁布法令，确立了绝大部分的涉及省和地方行政区的法律。地方当局只有极少的立法权。即使国民党于 1934 年召开的中央执委会第五次全会通过的称之为《中央与地方政府权、责分立原则》决议案，规定中央政府的立法权限于制定一些基本原则，把订立细则的立法权留给地方政府以后，这种状况依然如旧。

其次，省和县都无权自己编定预算。省预算由省政府草拟，但必须经行政院详细审查，再由立法院通过才能确定。同样，县财政预算也要经省政府批准，并由后者上报中央政府。第三，行政院在各方面，各部委在具体方面均有权指导省政府及其各执行机构。这种权力起到正反两方面的作用。中央政权可按其意图发号施令，也可按地方当局要求颁发法令。这种指挥权力非同小可。大量的指示和请示公文，在上级与下级机关之间不断来回旅行。第四，中央政府对地方政府的人事安排实行全面控制。它委任省级各机构的负责官员并对更低级官员的任命也拥有很大权力。

除了正常的政府控制外，国民党组织在全国的存在，又增加了第二层的中央控制。在此不必详细讨论国民党在全国范围内的组织。可是，应记住国民党党部在全国各省各县都存在。它的组织原则便是所谓的民主集中；即党的基层官员和基层委员会由党员选举产生，下级组织应结合成高一级的组织，但权力要集中在最高层。这一点在战前尚未实现。当时权力集中在上级，然而却几乎没有选举。省党部组织的官员通常由党中央机构任命而县一级党部官员则由省党部任命。

这些地方的党部与地方政府同时并存。尽管它们不像中央党部能组织国民政府并加以控制，尽管它们不能干涉地方政府的职能，却在地方行政机关中很有影响。它们可向上级党部提出建议，最终促使中央机构依此对政府的中央各部门进行指导，而后者又会依此去检查与命令地方行政机构。

从理论上讲，在国民党实行训政期间，可以期望在某些地方，有民选代表与上面委派的官员一起共事。但实际上完全不是这么一回事。在为数不多的县、市里，有某种合作性的参议会向委任的官员提供咨询，然而人民对地方政权的影响几乎微不足道。因此，战前，由于党和政府双方的中央集权效力，能够有效地控制地方机构，中国在相当程度上是一个中央集权和官僚统治的国家，并有进一步中央集权的趋势。当然，在某些省份中央政府的实际影响很小甚至几乎不存在，它们仍然保持半独立状态，但对中央集权的趋势并无任何阻碍作用。实际上，这反而使多数人对这种集权趋势不太反感。

那么，人们是否能说，在 1937 年以前的八九年间，国民党及中国国民政府并未充分利用训政期，并认真地设法训练人民实行地方自治呢？任何这类说法都是十分不公的。如果说这些年来在真正自治方面进展不大，这主要是由于这一任务繁大，而不是国民党没有尽心竭力。对此下文将加以解释。

在六年战争期间，发生了许多变化。有一些完全是为了应付战时紧急情况。但是，另外一些则与战争无关。即使没有战争，它们也照样会发生。最重要的与战争无关的变化，假使人们可以这样称呼它们的话，便是在县级政府进行试验。不论是为了民主自治，还是作为中央集权的行政区域，县都必须是中国地方政府的基本单位。这是中国政治发展的必要结果，也符合孙逸仙博士政治建设的规划。

一个现代的县政府必须与传统意义的县政府截然不同，主要是由于新政府职能的发展以及要给人民予自治权的必要性。假设这两个条件不存在，也就不必要尝试对县政府进行激烈变革。既然这些条件确实存在，人们就不得不试图进行革命性的变革。这些变化被耽误的时间越长，把它们付诸实施的困难就越大。

在清朝末年和民国初年，中国政府都未采取必要措施去促进这种应有的变化。1910年前后，曾有过一些微弱的努力，将县及它所管辖的城乡地区，在现代基础上组织起来以发挥现代的职能，并建立地方代表会议以实现自治的许诺。但是，这种尝试如此软弱无力，很快就被袁世凯的反动政权清除了。县级机构仍以多少世纪以来同样的方式运转着。

为此，国民党一取得政权，就迫不及待地要在很短时间内对此大干一下。1929年6月制定的《县政府组织法》多少修正了前一年通过的同样的法律，并设想在短短的六年之内使县建立在现代民主基础之上。为使该法律的目标得以实现，提出了以下步骤：第一，一个县要完全组织起来。县政府要把全县划分为适当数量的区，区再划分成镇或乡，并委任区长。区长要召集乡或镇的民众在乡镇的会议上选举乡、镇的正、副乡镇长，和人数不多的管理委员会委员。选举之后，就可以建立乡镇政府和乡镇管理委员会。乡长、镇长任职后，要把乡、镇再分成若干闾（比乡小一级的行政单位，后称保。译者注）和邻，每五户为一邻，五邻为一闾，并召集人们选出各级负责人。第二，在一个县的各级组织全部建立起来之后，省政府就应争得内政部批准，让各个区的居民选举区长和县代表去组织县议会。第三，选出区长之后，内政部要审核有关县是否具备自治社会的条件。如果内政部认可，该县便成为一个完全自治的社会，并由人民选举产生县长。

很不幸，1929年的这个法令无法实施。有些省对这个宏伟的计划毫不重视，因而，县各级的组织建设拖拖拉拉，使得这项工作的完成遥遥无期。在那些要求严格执行这一项法令的省份，当局却在走过场，做表面文章，这使得公众对所谓的选举漠不关心，更不用说参加竞选了。

该法令的缺点主要有三。第一，在一个大国苛求一致性是不实际的。第二，县及其下级的区域划分太细。第三，该法令忽视了一个客观事实，训练一个主要是文盲的民族学会自治，需要比组织形式和程序更多的东西。

1934 年 3 月，（国民党）中央政治委员会通过了一个规章，叫作《改进地方自治的基本原则》，该规章极大地修改了 1929 年法规的条款。实际上取消了区作为地方政府的一级。速度放慢了；目标是为实行自治，进行真正的而不是虚假的准备。僵死的一致性让位于灵活性，允许各省完全自由，只要它们继续以训练人民进行自治为中心目标。

与此同时，有些省恢复了起源于宋朝中期的旧中国的保甲制。每十户组成一甲，十甲为一保，再上为联合大保。这样做的目的是为了把各家连锁起来，以便自卫，防止任何非法之徒藏身于民众之中。于是自卫和为此进行的训练就取代了自治和为此而进行的培训。闾与邻之类的组织都消灭了。区一级虽然保留下来，但已转换成县政府的分支机构；再也不成为自治的一级机构了。

接下来的是一段大混乱时期。有些省至少在字面上仍坚持 1929 年法的条文。其他省则推行保、甲制，取消了任何与地方自治有关的组织，至少在目前如此。还有些省出现了很不协调的大杂烩。

为了改变这种混乱和毫无进展的状态，身兼国民党和政府首脑的蒋介石将军，不顾正在进行的战争，决定采取措施。他通过正常渠道于 1939 年 9 月颁布了《县及下属机构的组织大纲》，这个法律取代了 1929 年的法令和建立保甲制度的法令。这里应指出，多年以来，人们使用了许多不同的名称来称呼应被叫作法律的文件，而所谓大纲就是法律。

某种意义上讲，新的大纲是 1929 年的法律与保甲制的混合。它一方面通过严格的管制保留了自卫系统的机构；同时决定继续 1929 年的法令所开始的工作。它通过蒋将军表达了国民党的意志：在不影响战争进程的情况下，尽快将官僚制度和由不负责任的官员为首的起消极作用的政府，转换为现代的自治政府。

按照该大纲，县又分为乡镇，乡镇下设保、甲。由家组成甲，由甲组成保，保组成乡镇。在可能的情况下，仍坚持十进位制。不论什么情况，一甲不能多于 15 户，也不得少于六户。乡与保的组成也是如此。此大纲在原则上取消了区作为一级的地方机构。只有当县的面积太大，或因特殊情况，有必要在县、乡之间设置一中间机构时，才设立区。在这种情况下，区由 15—30 个乡组成。

县和乡镇都是法人或法人组织。这意味着它们有权开办企业，有资格在法庭控告或被控告。区则无法人资格。

县政府由县长领导，目前他由上级委任。有一批机构负责各种中央和地方的职能，与此并存的还应有一个议会，其成员由每个乡镇代表会各选举一名，县内行业组织也可选送一些代表。县议会职能为立法，建议及批准权。区政府一经建立则为县政府的下属机构，并为其工作。它最重要的职能为乡镇警备治安和公共事业。

乡级政府负责人由选举产生，他必须具备某些条件，如受过有关自治政府课程的培训，通过公务员考试，有从事行政工作的经验，受过中等教育等等。乡长有一批助手负责乡里各方面事务。乡镇议会成员由各保代表会选举产生，每保二人。乡镇长也可以同时是乡镇议会主席。考虑到受过现代教育和培训的人员很缺乏，乡镇长也可作为乡镇中心学校的校长及乡镇武装的指挥官。

保有保长、副保长，均由各甲出一人所组成的保代表会选出。各保应设一所民校[①]并组织民团。如人员缺乏，保长可任民校校长、民团团长。甲由各家家长开会选举甲长。

以上介绍了新的县及下属政府的机构。很明显，如没有职责，这台精密的机器就毫无用处。它的职责就是实现国民党的三民主义(民族、民主、民生)。具体讲，"新型县"(人们一般这样称呼按大纲组建的县)应致力下列工作。它要以保为单位组建民团；应在全县范围内开设大批民校，最好是每保有一校，每一乡镇有一所中心学校。县应有一卫生中心，如有可能还要设立乡镇卫生中心；并应大量组建合作社。总之，通过加速完成县、乡镇、保、甲组织的建设，通过强迫民众参加会议行使选举权，民众就会逐渐掌握民主自治的技能。

如何从财政上、人力上保证上述的详尽规划得以实现呢？有些人曾怀疑，甚至现在仍怀疑能否立即找到足够的资金和称职的人选开展这一工作。蒋介石将军却不这样认为。他一直相信可以培训足够的人员；县和乡镇的财产，主要是土地，足够用于支持目前所有的规划。随着县、乡经济的逐渐发展，还可以开始实施更宏伟的规划。他坚持这一观点，因此《大纲》被宣布对所有非敌占区的省都适用。

《大纲》颁布以来，四年已过去了。现在，对这十分重要的法律所产生的后果给予赞扬也许并不为过吧。我们手中没有现时的数字。最新的数字是内政部于 1941 年 12 月 31 日公布的。其中一些数字十分令人鼓舞。在中国自由区的1,469个县中，《大纲》已在 944 个县中得到实施。444 个县已完成了居民登记。332 个保建立了代表会。共建

① 中心小学必须是六年制完全小学。民校则可能不是。两者都附带开办成人班。

了21,306个中心小学，142,595个民校，798个保合作社。①9,029,722名民兵接受了初级训练。为地方行政机关训练了下列人员：受省级训练的51,580人；受区级训练的25，816人；受县级训练的244,220人；包括重复受训的在内，共为321,306人。②

仅是数字并不一定代表真正情况。真正情况很难描述出来。蒋将军坚持迅速推行这一法律，迫使一些省政府匆忙重组县及下属机构，并给它们冠以新名称，而实际上并未改变其性质。

各省的实际成果差异很大。某些省，如湖北，对地方政府新人的培训进行得活跃、彻底。省政府致力于那些当前较为现实的工作，结果很令人满意。在当地可以见到一种新的精神，大力去做正确的、需要勇气的事情，去彻底改变过去对公共基金和财产的管理和使用所出现的低效率和放任现象。在其他一些省，有一种很明显的不良趋势，他们只谈些字面上的改革，这样就使人怀疑他们报告的真实性。

同样，各省所取得的成就，按其所做的事的性质而言，也有差别。像那些不太花钱的事或受训人员的事，比其他的工作就完成得好一些。比如：征招成年男子参加民兵的工作总的来说做得较好，而绝大部分所谓民校却难令人满意。

在钱和人员两个严重的短缺中，人员的短缺恐怕是有些事未能做或未能做好的更大原因。蒋将军反复强调新县政权的四组功能：教育民众，提高他们的生产力，照顾他们的健康并管理他们，做这些工作都要大批合格人才。一个典型的中国的县，其面积大约为4,500平方公里，人口约为220,000。如按十进制，县里的45,000户人家能组成

① 合作社大多数在广东、浙江、安徽和江西。

② 广西和四川的数字特别大。

4,500个甲，450个保，45个乡镇。也就是说，一个县要建立450个民校，45个中心小学和45个卫生中心。照这个规模，将需要大量的教师、医生和护士，而现在只有很少的手段满足这一需求。甚至县政府正常工作所需的人力也不能得到满足。现在一个县只有大约三十余人负责一般行政工作。这些人穷于应付上面的各种指令，几乎没有时间能够主动去做什么工作或为该县规划必要的工作，就更没有时间指导各乡镇的工作了。一个新的县要正常运转，需要的不是三十，而是二，三百个人员。

对每个观察家来说，由缺乏合格人才而引起的困难是十分明显的。过去，广西比其他各省在培训大批地方政府人员方面做得较多。但这些应受训的人是否受到真正的训练却很值得怀疑。广西过去一直对所谓教育、军事、民政三位一体的制度感到骄傲。也就是说，教育、军事训练、民政三种功能集中掌握在同一批行政人员手中。因此，广西培训计划也是三位一体的。但是，其结果并不像预期的那样理想。在别的地方，短期培训班的结果也同样不佳。只有将来和平到来了，对受训人员所用的课程和教材进行了更细致的选择，较长时间的训练成为可能之后，才能训练出较好的地方行政人员。目前，现在这种训练不足和随之而来的能力不足现象，很难有重大改进的前景。

现在仍在实行的对县政府工作性质进行全面改造的尝试，当然不是战时唯一的变革，尽管这是最重要的变革。其他变革可按下列四点分别讨论：Ⅰ．地方政府加强管理民众的能力；Ⅱ．中央控制的进一步强化；Ⅲ．代表机构的创立；Ⅳ．一些临时的变革。最后的一点包括战时临时措施，其他的没有战争也会产生，尽管战争可能加速了它们的进展。

Ⅰ. 作为国家权力扩展的结果，地方政府对人民的权力也增强了。在这些新权力中首先是征兵权。1933 年颁布兵役法，1936 年 3 月修订。随着全面抗战的到来，征兵工作变得越来越重要。总的来说，它属于中央政府的职能，它通过中央设置在每省的一个直属机构——征兵地区办公室来执行。但实际上，这个办公室若无地方省政府的帮助就无法正常工作。它更离不开县政府的帮助，因为县政府和其下属政府是唯一能直接与人民接触的机构，它们才知道谁该应征。这样，现在县政府各局中就包括了兵役局。它作为中国一个新的权力机构，征兵工作执行得很不平衡。征兵工作在某些地区，执行得相当公正、严格，在其他地区则不太好。但在任何一种情况下，它都大大地加强了地方政府对民众生活的控制权力。

第二组权力来自政府对经济不断加强的控制。战时首先受到控制的是法定货币和贵重金属的进出口。其次，外贸出口货物受到控制。但这两方面对大众一般影响不大，它们只对商人特别有影响。但是，随着时间的推移，许多日用消费品都被列入控制范围，随着控制范围的扩大，地方政府对民众的控制也进而加强了。即使偏远农村的村民也感受到政府对经济的控制。最明显的事实是每个土地所有者除了交付土地税外，还必须按政府所订价格交售一部分谷物。

第三组权力为社会性的，属社会事务部管辖范围。这个新的部 1940 年才成立。随着它的建立，社会职能得到强化。省、县政府都在已有大量的厅和局上又加上新的厅和局。地方政府现在可开办公众饭店、公共浴室、公共理发店等等，组织集体婚礼，并能迫使民众开办合作社。

Ⅱ. 中央对地方政府明显地加强了控制。中央政府有意或无意加强对各省的控制，我们只需举出其中一些重要措施便得到证明。如上文所述，甚至在战前，省政府也没有做到预算自主。然而，当时省预算与国家预算分立。尽管中央政府享有审查、批准权，省预算仍基本由省里制定。但从1942年起，省预算就不再单独存在，在国家预算中包含了对省一级的收支项目。这样，只轻轻的一笔，省财政的自主权就被勾销了。

其次，过去，土地税为省收入的主要来源，1941年划归中央，各省土地税收机构从省财政部门分开并为中央财政部一个直属机构。这一步骤，加上省预算被取消，大大削弱了省作为一级政府的地位，以至阻碍了它的自治进程。

第三，由总审计长任命的各省审计官员对省的财政账目进行更为严格的控制。审计员在省政府办公，但是，在执行公务时独立于省政府，只对总审计长负责。

第四，由于考试院的人事部委派了一位驻省的人事官员，省政府的任免权将大受限制。

最后，自从1941年建立了所谓党与政治工作调查委员会之后，该委员会每年派人巡察各省，并就省政府执行中央政府政策、命令的忠诚程度和他们的工作情况做出报告。随着调查委员会不断加强审查，中央政府的控制也得到加强。

Ⅲ. 建立各级代表机构是国民党的主要目标之一，历史上它也是促使封建王朝覆灭的因素之一。[①] 战前，尽管有1929年6月通过的《县级组织法》的条款，却没建立起几个地方代表机构。但是，在中

---

① 在满清末年，不断推迟宣布宪法草案，人民对宪法条文(按日本模式制定的)的不满，以及新成立的省、地方议会的虚伪本质都触发了社会的动乱，并对满清王朝的覆灭起了一定作用。

国，情况却有两点特殊。第一点，许多在和平时期进行的工作并未因战争而中断，因此，没有理由停止为建代表机构所进行的努力。第二点，在一些小党的宣言中认为在战时以及在国民党领导之下，有必要成立人民政治协商会议的要求，在1938年已经实现，所以就更有充分的理由建立各级地方代表机构。

1939年9月通过的《县及下级地区组织大纲》提出了在县及其下级地区建立具有最充分代表性的议会。它决定，随着人民政治协商会议的召开，在上述机构组成之前，在各省、县两级立即建立临时代表机构。有两个法律与此有关，一为《临时省议会组织条例》，另一为《临时县议会组织条例》。县议会比省议会更具有代表性。因为它的构成符合《县及其下级地区组织大纲》。每个乡镇议会选举一名代表，另有一些代表由各行业团体推选。省议会代表性就不太广泛，其候选人，一部分由省政府提出，其他的由各县政府与县里国民党组织和民众团体协商提出，经最高国防委员会决定最后人选。因为选举方法不同，两个议会的权力也不同。县议会具有这级议会所应有的一切权力，而省议会，正如人民政治协商会议那样，只有参议协商的权力。

临时省议会已在18个省组建，其中很多省以前曾组建过它们的议会一次甚至两次。但是，只在几个省里成立了县级议会。因为，新型县政府在按照《大纲》建设好之前，根本就无法组织县议会。

这些作为表达民意的机构的效果各省不同。四川的许多县议会做得很好，得到它们所代表的团体与选民信任。长江中游一些省份的省议会也表明它们能代表民众，尽管它们不是民选产生的。它们是独立的，能表达民众的愿望和疾苦。总之，这些半民意的机构所产生的结果比人们期望的还要好。

Ⅳ. 除了那些在和平时期仍然会继续发生的变革和发展潮流之

外，在战时，还发生了更多的临时性变化。首先，人们会提到军事势力的扩张，缩小了民政权力。战前，省政府已处于所谓和平特派员的监督之下，他的职能只是在维持和平方面进行督察。这种督察仍在进行。但是，在战争开始后，省政府又受到另外两个机构的控制，一个叫作政、党事务战区委员会，后来已取消。另一个叫是战区司令部。

使这些军事人员依法进行的控制的更重要的事实是，越来越多的军事指挥官在战争开始后同时兼任了省主席的职位。结果，使得军队和平民政府有时很难区分。

第二点，由于政府职能的增长，省、县政府都扩大了规模。在原有机构上又加上许多新的代理机关、咨询机构、局和委员会。在省一级，如果中央政府的所有法规都必须遵照执行，在上述四种办事机构外还必须加上：一个秘书处，警备部队指挥部，还要有下列独立办公室：审计办公室，土地办公室，征兵办公室，食品办公室，《总动员法》执行办公室，合作社办公室，交通运输办公室，卫生办公室，社会事务办公室，人员培训办公室，防空措施办公室，和新闻检查办公室。事实上，独立办公室数量变得如此之多，蒋介石将军本人不得不在 1942 年 11 月召开的国民党中央常委会上提出所有新办公室都并入这四个标准办事机构，只允许保留秘书处，审计处和警备部队指挥部。但是，时至今日，这一非常及时的提议仍未形成法律。

第三点，由于战争和后来部分国土被敌人侵占，经常无法或很难到达省政府所在地。为此，省政府可能会建立具有很大独立性的省政府的分设机构。不应将这些分设机构与特别行政专区混淆，后者比省级别低，并受省政府领导。在沿海敌人入侵很深的省份，有很多这种省的分设政府。

第四点，也有一些县有这种特殊性。比如，那些被称为战区县的县政府，由于敌人的入侵，在一个固定地点保持一个正常的县政府就不太切合实际了。在这种情况下，有许多事情就要由县长自行决定，使得更多比较有能力的县级领导人参加游击战，或支援本地游击队，并尽力保护国家财产、资源不落入敌人手中。

真正战时的权宜应变之策，在战后恐怕很难长久固定下来。因为它们并不具备前三组变革所有的重要性。

中国地方政府的问题很多。战争时期所获得的经验并未能解决其中任何一个难题。但是很多问题由于战时紧急状况都有了很大缓和。长期以来存在的，对地方政府地区域的划分及其下一级区域的划分问题仍然存在。将县划分为大小适中的乡镇，有时在上面建立区，是一种明智的措施。但是，根据过去十余年的经验，需要重新考虑把乡镇分为保、保分为甲的机械作法。这种划分是否合理？它对于培养民众的民主、自发精神有没有益处？这些都是需要回答的问题。另外，在县以上，应该有一级政府——省政府呢，还是两级政府(省政府加上特别行政专署)，或者像袁世凯时期，加上个道政府呢？如果只有省一级，那么后者则应划分为比目前数量更多更小的单位。

战争使中央控制的代理机关和地方政府的机关成倍增长。这架机器太复杂，太混乱了。被统治的人感到困惑。上级政府给下级发大量命令，后者穷于应付各种公文来往。除非中央和地方政府都精简，否则，就要必然阻碍行政进步。

在一个文盲率很高的大国，找到足够的地方政府合格人才一直是个严重问题。对这一点，在中国一直在进行所谓新型县的试验中，已经有所触及。解决这个问题的关键在于更广泛的教育和对地方官员进行更彻底的训练。

提供足够的资金对于成功地实现现代地方政府自治也是十分必要的。目前，似乎应限制地方机构的目标。如果在战后几年内，地方政府能把注意力集中在几个核心项目上，停止那些不太紧急的工作，那么，他们所掌握的有限资金、人力就会发挥最大作用。进一步讲，集中于几项重要核心工作也会吸引民众的想象力，而地方政府无论从事或支持什么工作要取得成功，都要依靠民众。从何处着手又是一个难题——也许从所有新县要做的事开始，也许不要把摊子铺得太大。对此要十分小心地做出判断。

最后，正如过去的经验所表明的，不应只按正统方法争取实现民主。毫无疑问，如果可行，民众应学会使用投票箱或类似的东西。不论是否能走得通，让人民接受完全有代表性的或半代表性的组织并无害处。人民政治协商会议，省临时政治协商会，和县议会都是在战争爆发后建立起来的，都在加强这个国家的民主因素方面取得了一定进展。中国人民能自主地行使选举、罢免、提案和公民投票权四项政治权力的日子可能仍很遥远。目前，只有这些多少有些人为的民意代表机构的存在，才能成为与目前的官僚倾向抗拒的力量，才能把过渡到中央集权的趋向减到最少的程度。因为，过渡中央集权是有缺陷的，尽管目前它能巩固全国的团结有作用。若所有这些问题都得到解决，地方政府系统才能取得进步和稳定。

附录 4
人民政府如何运作*

中华人民共和国，建立于 1949 年 10 月 1 日，现在还未满三年。但是在它成立的很短的时间内，中国人民通过他们自己的各级政府的工作，已经取得很大成就使外部世界感到惊奇，也使他们自己感到非常满意。

1949 年 9 月，中国人民(由工人、农民、小资产阶级和民族资产阶级组成)，召开了中国人民政治协商会议。这次会议，有 662 名代表参加，通过了《中国人民政治协商会议共同纲领》，《中华人民共和国中央人民政府组织法》和《中国人民政治协商会议组织法》。选举主席，副主席和中央人民政府委员之后，它宣告了中华人民共和国的成立。

采用这些快速的步伐表明中国人民，从多年的压迫获得自由以后，要刻不容缓地为他们自己的利益，组织他们自己的政治权力。但是这并不意味着这些步伐是草率的，

* 原载 1952 年 7 月《中国建设》英文版(China Reconstruction)，仓理新译沈叔平校。

或是前进中未经充分讨论的。正相反，关于会议的组成、在会议期间准备要分发的基本文件的内容，于一年多以前就在各政治党派，群众团体，各族人民，以及那些后来选出代表的单位中交换了观点和意见。会议开始后，特别在委员会中，关于共同纲领和计划通过的其他法律以及领导机构人员的提名等，又进行了更深入的讨论。每一个代表在此会议所做的历史性的工作上，都发表了他的意见并盖了他的印章。

渗透在人民政治协商会议的审议和活动中的这种民主精神，是对新中国的人民民主的一个好预兆。

人民的权力机构

从那时以后，数以千计的包括各方面的地方人民代表会议（从此以后便称这种会议为人民代表会议）都已按照《共同纲领》的规定在全国各地召开了。它们都是以 1949 年 9 月的人民政治协商会议的标准为指导的。这种活动为建立新中国政府机构的初步体制起了十分重要的作用，人民代表会议——后来为人民代表大会所取代——站在一个关键的和中枢的地位。人民代表会议的民主行动保证了整个政府的民主行动。

《共同纲领》规定中华人民共和国的国家权力属于人民，人民代表大会是国家权力的机关。当人民代表大会闭会期间，它选出的人民政府即为行使国家权力的机关。各级权力机构都是如此。每一个人民代表大会均由普选产生；但是，在普选的人民代表大会召开以前，全国的中国人民政治协商会议和地方人民代表会议代替召开。前者行使全国人民代表大会职权，后者行使地方人民代表大会职权。

到 1951 年 10 月 1 日为止，在人民共和国建立两年以后，人民代表会议已经在中国大陆现时划分的所有的36个省召开过了。在农村，以前在任何中国政府统治下，甚至连一个装饰性的民主政府也没有，人民代表会议或农民代表会议在数千个乡(在区之下)召开了。人民代表会议也已经在2158个县中(除了46个以外)所有的县(地区)召开过。市人民代表会议已经在全部156个市召开过。自治区人民代表会议，像市那样大的，已经在10万人口以上的96个自治区里的54个区举行过。

如何选举代表

这些代表会议，作为人民大会的过渡形式，是逐步变成完全由选举产生的。北京市人民代表会议可以说明这种过程。当1949年8月第一次会议召开时，即这个城市解放后半年，参加者全部由北京市军事管制委员会与地方的政党支部、人民团体、少数民族团体和其他团体协商后指定的，而一部分被直接指定者是由于他们个人的功绩。在三个月以后的第二次会议，76%的代表由他们自己的政党、组织或小组成员直接或间接选举出来。在1951年2月召开的第三次会议，选举代表的比例上升到83%。

在选举刚刚结束的第四次会议，其比例仍然是较高的。在出席会议的全部519名代表中，173名直接由他们的选民选出，278名为间接选出，只有51名是指定的。也就是说，选举出来的代表比例已升高到87%。特殊的指定，仍被认为是合乎需要的，就一定数目的名望高的专家来说，他们能给予会议的审议以更多的贡献，像以前指定的代表那样。另外，17名北京市政府的成员，包括市长和副市长，为当然代表。

代表的选举通常有两个步骤：提名和投票。在组织较好的团体，如城市中心的工会和农村的农会，候选人的初步名单第一次由基层单位提出，其中不能达成协议的名字再经基层选出的会议排除掉，之后，这个名单再交到整个单位去讨论。如果仍对某候选人有反对意见，将召集进一步的会议，再重复讨论或修改程序。产生了普遍同意的候选人名单以后，投票本身表明候选人为选举者的最后认可。但是，甚至在这个最后阶段，选举者还可以自由地提出名单上没有出现的候选人。

选举在中国不是什么新奇的事。这里有过一些选举，如徒有其名的满清王朝在 1911 年被推翻以前的最后日子里的那种。在蒋介石二十多年反动统治时期，他也举行过(除了许多地方选举之外)三次“普选”。但是，所有的选举无论是国家或地方的都是骗人的，人民群众没有份，执行时没有控制，并且确实人们普遍都不知道选举是否进行过。只有在人民共和国诞生以后，选举才变成了名副其实的，被严肃对待的，并且包括了全体人民。

现在人民群众严肃地对待选举，因为他们已经知道各级人民代表会议是执行国家权力的有效的机关，而且它们都直接关系到他们自己的生活和幸福。每一个人对选举都有热烈的兴趣，因为随着深入细致的教育运动，使他们了解每一个人民代表会议和人民政府的工作报告——两者都评价了它们的成就和批评了它们的错误。

选举人民政府

由选举产生的人民代表会议用这种方式选举人民政府。这样，中央人民政府任职者于 1949 年由中国人民政治协商会议选出。地方各级人民政府，按照《共同纲领》，每一个都由相应的人民大会选出，并且在人民大会召开以前，由人民代表会议选出，因为后者渐渐承担人民大会的作用和权力把《共同纲领》规定的条款付诸实施，一些市人民政府早在1949年11月就由人民代表会议选出。1951年底，人民代表会议已经在大约全国一半的省和市，承担了他们选举人民政府的权力。

人民政府按这样方式选出，也是统一战线组织对它自己地位的一个准确反映。这样，在区以下的地方，农业人口占优势，人民政府的成员多数是农民。但是在一个像北京这样的大城市，那里大学和学校的人员在人口中占相当大一部分，在北京市人民政府的26名成员中，有不少于5位教授和两位学校教师的成分。人民代表会议在选举人民政府成员的过程中，也需要和各选举团体进行复杂的协商和讨论，为的是保证普遍的同意。

权力不分离

《共同纲领》基于人民代表之间相互的一致，清楚地规定每一个阶段和团体在新民主中的权利和义务。人民、人民代表会议和人民政府都承担义务去促进《共同纲领》，并按它的条款建立国家。因而在他们中间没有利益的冲突，立法权和行政权的分离是不必要考虑的。

中国人民政治协商会议和中央人民政府，或者地方人民代表会议和地方人民政府，分别代表国家权力机关以及在两届会议期间中执行国家权力的机关。两者都能立法，制定行政的政策和执行其他重要法令，只要后者的决定不得违反前者以前的决定。

这两个机关的工作紧密一致，由于人民政治协商会议的全国委员会和常务委员会在最高一层的存在，以及地方人民代表会议的协商委员会的存在，而比较容易得到保证。它们各自是中国人民政治协商会议和人民代表会议闭会期间的委员会。它们能够经常地被召集开会，事实上，它们常与人民政府开联席会议。

这是在行政的范围内，人民政府，通过在它之下设立的行政机关行使其权限。从而，政府行政会议、它的各部和委员会执行中央人民政府的行政工作，同时各省市的行政部门在省和市的人民政府中做同样的工作。

说这些机关承担行政的全部权限，无论如何并不意味着，人民会议不能提出它对行政有影响的意见。正相反，既然它是行政部门，它直接与全体居民的利益相连，人民和他们的代表说出他们的观点，自由地和经常地，通过一定的渠道表达出来。行政部门和新中国的领导人对这种表达的内容必须十分重视。在人民中国，存在着分工，但是没有权力的分离。人民是至上的，他们的代表们是强有力的。国家的权力属于人民。

人民如何参与

在实践上和理论上，人民是国家权力的主人。首先，他们积极参与政府。他们积极参与的形式之一，即通过他们的代表对政府的活动提出倡议。人民发出大量的提议和建议要被考虑的，如果被接受，就会被代表会议通过成为决议。通常，他们可以给人民政府的有关部门或向其成员直接提意见。他们所表达的意见涉及许多方面。

在一个区或乡，他们可能要求在一条乡间小溪上修一座桥。在城市，他们可能催促订立房租的法规；制定一个工业区的规划；把有危险的企业，如火柴工厂，迁移到一个安全的距离之外；建立商业投资公司；为剩余资本提供一个健康的出路并防止投机；改善工人的教育设施；等等。他们要求省的代表为了灌溉，加快疏浚水路；清除被阻塞的灌溉系统，为农产品组织较好的市场设备等等。

一些建议能当场被行政当局处理。其他的一些建议则要经人民政府委员会讨论。还有另外的一些建议则由代表会议闭会期间的委员会或会议本身去考虑。

另外一种积极参与的形式，是把人民团结起来为国家防卫和福利的实施出力。其中一个例子是抗美援朝的全国性运动。这是作为一个紧急的需要，由中国人民政治协商会议内有代表的十一个政党和团体，发表一个联合声明而发动的，但是它的成功依靠每一个中国人的积极支持。中国人民强烈的爱国热情，在边远的农村如同在大城市的工厂和学校一样巨大。

去年夏天，在遥远的南方四川省，当我去帮助农民实行土地改革时，曾经看见，年轻的农民，男男女女，一批接着一批参加志愿军抗击侵略者离开我国边界，并且帮助邻国朝鲜。在我所问到的人中，多数人说他们这样做有两个主要原因。一个是，因为美国政府在我们的解放战争中支持中国的地主所有制，所以必须抵抗它，就像打倒地主一样。另一个原因是，自从人民国家是他们自己的以后，已经为他们的利益做了这样多的事，他们当然必须起来保卫它。

另外一例子是四川南部的抗旱运动。由于去年冬天雨水不足的结果，几个区有旱情，农田有不适于春耕的危险。要改善情况只能赶修临时水库，并从小溪，山谷和需要挖掘的新井，用凡是一切有可能找到的水，去灌满水库。要做到这些，只能靠每一个地方的集体努力。然而，由于农民的地块很小又很分散，而且有的地离水源比别的地近，这样的集体出力在过去是不可能想象的。但在一个属于人民的政府，而且已经证明它关心农村每一个成员的利益，情况就不同了。在四川南部，和别的地方一样，已经看出为灌溉所有周围农田去建设公共水库时农民的才智。

通过他们的代表会议，在受旱情影响地区的农民，已经讨论和采用了各种抗旱措施，并且热情地去执行，没有耽误或摩擦，地方行政当局则注意不能有一块水达不到的地。人民政府同人民自己工作取得一致，避免了从前干旱所造成的灾难的后果。在写本文时，四川南部的春季作物象正常年月一样正在生长。

批评的自由

作为国家权力的主人，人民也毫不犹豫地批评政府。提批评意见，不受时间和地点的限制。根据在代表会议的发言权，批评可以写成书面的或者口头提出。书面批评可以是署名的或者是不署名的。行政人员，特别在低层，他们比起上层的工作人员，人数更多却缺少仔细挑选和训练，要督促他们欢迎公开批评，禁止他们压制、不鼓励或忽视批评。开始，有的代表批评违法乱纪的或有过失的官员时有点犹豫，怀疑这是无效的甚至会引起报复。不久，不管怎样，事实使他们信服；所有正确的批评都被很好地接受，接着以快速的行动去改正那些遭抱怨的弊病。现在所有这种犹豫已经消失了。

这是一件很平常的事，在一个区代表会议中，可以看见一个代表公开指责一个乡政府成员的错误领导，也可以看见有关成员在回答中作自我批评，表示认错并保证将来要改正等等。这种批评和自我批评的交替进行也在高层次的代表会议中出现，虽然它们在后一种会中尚有点不够普遍。另外，在此还要附带指出，在所有严肃批评的事例中，包括对违法的控告，如果经过高级当局仔细的调查，被指控的人会受到各种可能的处理。

人民愈是有能力批评政府，他们就愈会感到他们有责任选出最合格的人去当人民会议的代表并通过他们选出最合格的人民政府的成员。在1952年上半年反对贪污、浪费和官僚主义的运动中，在政府人员中批评和自我批评的实践达到了新的高潮。结果是导致人民和政府之间进一步密切了彼此的关系。和以前相比，在以后的选举中，人民在审查他们的候选人时甚至比以前更为仔细。这个进程已经引起人民对政府在做什么产生了更大的和更细微的兴趣。

民众的支持

人民通过所有这些方式积极参与政府的结果，使他们在热情和坚定地支持政府两方面达到了一个新的高度。人民开始认识到人民政府的整个机构，由于毛泽东主席正确和英明地领导，不但保证了他们许多利益并且教育他们在各级政权中做处理自己事情的完全主人。他们已经确信自己的力量，并且正在作出更大的贡献去建设一个繁荣与辉煌的祖国。

人民已经取得了物质的和有形的利益，这些利益使得人民对政府的坚决支持是可以充分理解的。成立中华人民共和国差不多三年了，工人、农民、小资产阶级和民族资产阶级都已经获得了巨大的利益。但是，那个教导人民参与政府工作的教育过程，对人民热情而坚决地支持政府也是一个同样重要的因素。我们在这里，再一次以农民为例。虽然他们对分地给他们的人民政府是感谢的，但开始时，他们对参与政府很少或没有兴趣，甚至认为他们自己没有能力去做这件有兴趣的事情——他们认为这件事是“上面”的事情，因而对此畏缩不前。现在，无论如何，他们已经学会去承担他们对政府的责任，并且已经不再停留在只从“下面”去看这些事情。相反，现在他们认为在每一个方面他们都是自己的主人。这个改变是最为深远的。人民与政府已经变得不可分离了，政府已经开始具有了人民群众占有并能给予的全部力量。

力量的来源

一个能得到民众可靠和无条件的支持，并且能够号召他们积极参与的政府，必然是高效率的、有力的和能够实现巨大改革的。一个在它自己的利益上，拥有并能够行使政治权力的民族，必然是为高度的爱国主义所激励的，并在建设它的国家事业上不遗余力。

在中国已经发生的，分明是奇迹般的改变，导源于一个事实。那是由于中国共产党的领导，勤劳，勇敢和精明的中国人民终于取得了他们的革命成功，永远摆脱了帝国主义，封建主义和官僚资本主义的枷锁，并且成为他们自己命运的真正主人。这说明，自从人民共和国诞生尚不到三年期间，为什么能够做那么多的事，并且已经做了那么多的事。

我的自述*

1900年我生于当时江苏省属松江府，今属上海市上海县的钱家塘。家中世代以行医为生，但母亲和祖母们，除家务外，也操耕织。1905年，是旧中国科举制废除和新学兴起的一年。是年父亲和伯父们开始教我读书识字，接着就在家乡读私塾，直到1910年夏。1908年，即我八岁前，只勉强能背诵《四书》、《史鉴节要》、《诗经》、《左传》和《唐诗三百首》部分篇章，由于同族各家延聘了一位圣约翰毕业的先生当塾师，兼授国文、数学、英文、史地等科目，使我耳目一新，进步颇大。1910年下半年我随堂兄到上海城内就读于敬业学堂，一年后又转入养正学堂，至1912年冬小学毕业。1913年春考入松江（江苏）省立三中，四年后毕业。为了投考名声颇著的清华学堂，1916年我转入师资很深的上海私立南洋中学，插入五年级，次年夏毕业，报考清华，即被录取。二年清华转瞬即逝，1919年获官费赴美

* 这是一篇个人毕生经历的自述，由于体衰多病，不便续传，权以此述代自传，敬请读者见谅。

留学，第一年我插入北达科他州立大学四年级读政治学，翌年夏获文学学士学位，暑期就读于密执安大学政治系，旋去哈佛大学，所学各课属历史、政治和经济三系合成科目，偶尔也旁听哈佛法学院的一些课目。1922 年 1 月我完成硕士课业，同年 6 月被授予文学硕士学位。1923 年 11 月完成哲学博士所需课业并通过了各种考试，并于 1924 年夏获哲学博士学位。自 1920 年 9 月初进哈佛到 1923 年 12 月初离去，在哈佛共三年两个月。其间，除暑假在佛蒙特州立大学学习拉丁语和西班牙语外，1922 年春又赴华盛顿数周在国会图书馆查阅资料，并向参众两院的书记长和若干委员会的主席请教国会委员会的权力与进行工作的具体情况，以便较好地完成《议会委员会——比较政府研究》这一博士论文。这三年又两个月确是我一生学习较顺利，较有成就的一段时期。结束哈佛的学业后，藉校长罗威尔先生的介绍函柬，我漫游欧洲各国半载有余，就教于英、法、德、奥某些宪法或政治学教授、学者，访问了各国议会议员和工作人员，同时熟悉了某些大图书馆的情况。1924 年 5 月，结束了近五年的游学生涯，东返祖国，元月初抵达上海。

1924 年秋，我开始任教于清华，并在此后的二十八年中，主要以教书为业，也以教书为生。但我一直是关心国内外政治的。我尝写过不少政治性的文章，一度还脱产任天津《益世报》社论主笔，也曾在国民政府大学院任职，此外，也参与了一些政治性会议。

1924 年，我来到清华，先是担任教员。1925 年秋，清华首次招收本科，自后逐步成为一所完全的大学，我也随之而成为教授。1927 年春季，我开始在北京大学兼任教授，教政治和法律两系的宪法课。

1927 年春夏奉系军阀入关，对教育界，报界人士极为横暴，我于是南走沪宁，秋季应南京中央大学之聘为政治系副教授。“副教授”

为该校是年教师最高职称，因有人认为只有像巴黎、里昂等大学的教授才配称“教授”，于是，凡受该校聘者，不问男女老少，也不论文、法、理、工、农、医，一律贬称“副教授”，受之者颇觉可笑，幸而我并无愠色。1929年秋，由于中央大学国民党派系之争和学生罢课，我被迫辞职。失了教书之业，我只好另谋出路，乃于1929年10月至1930年夏翻译了屈勒味林的《英国史》。1930年秋，我再度回到清华教书，同时在北大兼课，直到1934年初离北平去天津《益世报》为止。这期间，除教书备课之余，我还撰著了《德国的政府》一书，此书原为译述1919年威玛宪法下德国政制和政治生活而作，参考德文资料和德文原著较多，基础较厚，在我所著浅薄不足称道的书籍中，尚不失为有价值的一本。我到《益世报》本为宣传抗日，因撰写社论笔锋触及对日妥协派，不得不于1934年9月被迫离去。后乃远适南京，再度就聘于中央大学。中央大学法学院教师中，不少曾是我早年的学生，因此，校长罗家伦希望我去法学院有助于加强学术空气。谁知中央大学仍然派系林立，到了1936至1937那一年，我除偶尔不得不代理法学院院长职务外，只能倾全力于政治系附设的行政研究室工作，并组织该室同仁在一年内完成了两卷本《民国政制史》。

1937年夏，我返北大，刚到北平一周，“卢沟桥事变”突发，8月13日日本又在上海挑起战争，于是南京政府特促胡适、张忠绂和我等北大三教授赴美、法、英等国宣传抗日，争取各方的援助，及至1938年返国时，北大已与清华、南开组成西南联合大学，校址先在长沙，继在蒙自，最后落脚于昆明。自此以后到抗战胜利结束第二年返回北平，我一直在西南联大任教。抗战期间，我除努力教书，宣传抗战，抨击弊政外，曾于1943年撰著了《战后世界之改造》一书。

抗战胜利后，西南联大在1946年5月正式宣布解散。我于同年秋回到北平，仍在北大执教。1947年10月底我应邀赴美，在哈佛大学任客座教授约一年。在此期间，我以讲课的内容编著了《中国政府与政治》(英文本)一书，主要是评述辛亥革命以来的南京政府，由于资料所限，我当时无法将解放区的政府与政治写入书中，每念及此，总以为憾。该书1950年由哈佛大学出版。

在1924年到1949年的二十五年中，我写过不少文章，有学术性的，有介绍情况的，也有评论国内外时事乃至谴责国内外反动势力的文章。最早多在晨报副刊上写一些介绍性的文章，其后在北京大学，武汉大学等校的社会科学季刊上发表过一些论文和书评，后来也为《东方杂志》写过一些长篇文章。三十年代，我曾几度参加太平洋学会会议，于是也在美国政治学会的《政治学评论》，外交学会的《外交季刊》和《太平洋季刊》诸刊物上写过一些文章(英文)。

就所写文章而言，较富有政治性的，自然要首推我所主持或负责编辑过的那些日报和期刊。这有1927年4月至10月中在北京、上海出版的《现代评论》和1939年至1941年在昆明出版的《今日评论》。我还曾一度任天津《益世报》主笔，专写社论，不编新闻。《益世报》当时是北方两大报之一，罗隆基曾为主笔，由于批评蒋介石而被驱走。后该报聘我就任“主笔”，并希望我稍变罗隆基的文调，以求“保全”日报。不料后来蒋介石终因我的一篇社论《论华北大势——兼送黄委长南行》大为恼火，并立即勒令邮局对《益世报》停邮，使我在该报呆了八个月写了百七十篇社论后被迫离去。此外，我在解放前的二三年内还为《观察》杂志写过多篇政论文章，抨击国民党的法西斯统治。

新中国诞生前夕，我正在美国哈佛大学任教。1948年秋，国内解放战争进展十分迅速，形势发展令人快慰。当时，虽有美国友人劝我暂时留美教书，但我已经看见新中国的曙光，决心回国，经多方设法，在旧金山觅得船只启程。1948 年 11 月终于回到北平。不久我被推为北京大学法学院院长。此时，北平即将解放，我已做好了思想准备并配合地下党组织和进步同学做好了一切护校准备。1949 年 1 月，终于迎来了北平的解放。解放不久，我就以社会科学界代表的身份出席了由中国共产党召集的，有各民主党派、团体参加的中国人民政治协商会议，与大家共商建国大计。1949 年 10 月 1 日，我荣幸地登上天安门城楼参加新中国的开国大典，看到象征着中国真正独立的五星红旗冉冉升起，听见《义勇军进行曲》威严的声音，不禁热血沸腾。我意识到，为了中华民族的富强昌盛和自立于世界民族之林，我将会不知疲倦地从事祖国需要我做的工作。

在 1952 年，高等院校进行院系调整，我被抽调筹建北京政法学院，作为第一任院长，我的宗旨是全力为新中国培养及输送高质量的政法人才。可惜的是，院系调整后，政治科学作为一门学科却被取消了，我的研究工作也只得就此中断了。直到七十年代末期，中国共产党的十一届三中全会以后，我国的政治学才重新回到了大学讲堂和研究所。此时，我已属耄耋之年，虽又受聘于北大、外交学院、南开大学，但终因体衰多病，力不从心，许多研究计划自难实现，每念及此，总有不胜惋惜之感。但聊以慰藉的是中国新一代的政治学家正在成长，为中国社会主义建设和中国的政治制度服务的政治学，必将再现异彩。

由于政治学教学和研究的中断，在 1952 年以后，我的主要精力转向了新中国的法制建设和外交事务活动，此类活动往往占去了我大半时间。1954 年我被邀请作为第一届全国人民代表大会宪法起草委员会的顾问，参与了中华人民共和国第一部宪法的起草工作。

新中国建国之初我先后被任命为中国人民外交学会副会长和对外

友协副会长，并按照周恩来总理的指示，积极推进新中国与各国非政府间的外交活动。1955 年 1 月我率团参加印度第四十二届科学大会，在新德里就中国的新宪法作了主题报告，并拜会尼赫鲁总理，之后，又到巴基斯坦克拉什参加巴基斯坦科学促进协会第七届会议。同年 6 月我又前往赫尔辛基参加世界和平代表大会，为增进中国和世界各国爱好和平使者的交流尽力。1956 年春天，我和刘宁一、程潜、傅作义等人出席了在斯德哥尔摩举行的世界和平代表大会特别会议。1957 年我又对锡兰进行了访问。

作为对外友协成员，我曾多次接待来访的外国客人，较重要的一次是为争取实现中日关系正常化而于 1955 年 11 月接待前首相片山哲率领的全日本保护宪法联盟代表团。周恩来总理和陈云、彭真等领导人出席了我主持的宴会，毛泽东、刘少奇、朱德、周恩来参加了双方签署的联合公报仪式。1956 年，我又奉命接待英国工党领袖、前首相艾德礼来访，为增进中英双方的互相了解和发展关系尽心尽力。

新中国成立以来，我始终积极关心国内政治生活，并热心参与各项社会活动。1949 年 8 月我出席了北京市各界人民代表会议，并被推选为北京市政治协商委员会副主席。作为一名政法教育工作者，我参加了政务院的文教委员会和华北高等教育委员会的工作，并担任了中国政治法律学会副会长，为我国政法事业的发展尽绵薄之力。在全国人民代表大会和中国人民政治协商会议中，我曾当选为第一届人大代表，法案委员会副主任委员和第一届政协代表，第二届政协常委，第三、第四届政协委员，第五届政协常委，第六届人大常委兼法律委员会副主任委员。

1957 年的反右运动和 1966 年开始的“文化大革命”，我和许多知识分子一样遭受了磨难。但是，1960 年春节和 1973 年周恩来总理两次给予我亲切的关怀和坦诚的鼓励，却使我永志难忘。可以说，在那检讨不起作用，实事不能求是，呼吁不获同情，妻儿不能幸免的多灾多难的岁月里，我之所以能够饥即食、病即医，坚定地生存下去，是与周恩来总理的开导分不开的。也正是由于他的厚爱，我方能在动乱尚未结束时的1974年就被安排到外交部国际问题研究所任顾问并兼任外交部法律顾问。在垂暮之年，我幸能为我国外交政策的研讨和尔后1982年宪法的制定挥洒余热，这算是可以告慰于关心我的人们的两件事了。

值得一提，却又令人深感痛惜的是，1962年我在北京政法学院奉命主编一部高等教育部拟定的教材，书名是《当代西方政治思想选读》。其时，按原计划我从五六十名西方著名学者的书籍中酌择其要旨，由其他三人译成中文约一百五十万字，译后由我最后校阅，并对原著者写简短的介绍。全书成七、八篇，二、三十章，每章每篇也由我作篇章介绍，最后加以编者的长序。此项工程颇大，到1966年“文革”开始时，已译一百二十万言，其中约十分之六七已经过我最后校阅；我还部分写出作者个人介绍。可叹“文革”伊始，这一小小事业就成了“革命”的对象，译稿至今不知去向。

总而言之，我自1917年涉足政治学专业至今已有七十年矣。我一向认为，政治学乃是研究国内外政治活动、政治组织(包括政府体制)、国际关系，兼而纵论时势的一门科学。1949年以前，基于推动中国政治进步和制度昌明的理想，我不但著译了几部介绍西方民主政治制度和论述中国辛亥革命以来政治制度的书籍，而且也写过大量抨击时政，评述时势，论证国际关系对策以及政治学书评等类文章。新中国成立后不久，由于众所周知的原因和尔后我身受逆境的折磨，政治学的教学和研究在我国被迫中断将近三十载。1978年以来，政治学在中国又重新恢复应有的地位和声誉，越来越多的学生、学者和政府的文职人员都逐渐认识到学习政治学和研究政治学的重要性。我以为，在新的历史时期和新的历史阶段，政治学也要注入新的研究方法，新的分析方法，为解决人类社会政治活动和组织制度的新问题服务。在中国，政治学的研究尤其要为建立适合中国国情的社会主义政治体制和民主法制服务，此乃政治学具有不朽生命力之所在。

至于我一生，经历了不同的时代，走过了曲折的道路，功过是非如何，窃以为还是留待来者评说为好。

所获专业学术职称和兼任职务：

- 美国哈佛大学博士学位　1923
- 清华大学教授　1925
- 南京中央大学教授(代理法学院院长)　1927
- 北京大学教授(兼法学院院长)　1947
- 昆明西南联合大学教授　1938
- 美国哈佛大学客座教授　1947
- 太平洋学会中国代表
- 北京政法学院教授兼院长　1952
- 北京大学、外交学院兼职教授　1980
- 中国政治法律学会副会长　1954
- 南开大学法学研究所名誉研究员　1984
- 中国政治学会名誉会长　1980
- 中国法学会名誉会长　1985
- 中国大百科全书政治学编辑委员会顾问　1984
- 中国国际法学会顾问　1984
- 中国政法大学名誉教授　1988

• 国际问题研究所顾问　　1974
• 东北法制心理函授学院顾问　　1982
• 华人、华侨华人历史研究会名誉副会长　　1985

所获社会职务：

• 天津《益世报》主笔　　1934
• 昆明西南联合大学校委会委员　　1938
• 北京大学校委会常委、法学院院长　　1946
• 中国人民第三次访朝慰问团第一分团长　　1952
• 中国科学院访印、巴代表团团长　　1956
• 世界和平代表大会中国团团员、世界和平理事会理事　　1952
• 全国总工会法律顾问　　1980
• 中国国际文化交流中心理事　　1980
• 中国联合国协会理事　　1980
• 中国法律咨询中心顾问
• 欧美同学会名誉会长
• 西南联大校友会、北大校友会名誉会长
• 外交部法律顾问
• 中国外交学会副会长
• 中国对外友协副会长
• 世界和平理事会特别会议中国团团员
• 各国议会联盟大会人民代表执行委员会委员
•《中国建设》(英文)编辑

钱端升主要著作目录

(一)著作

《法国的政治组织》(商务印书馆，1930 年初版)

《德国的政府》(商务印书馆，1934 年 6 月初版)

《法国的政府》(商务印书馆，1934 年 7 月第一版)

《比较宪法(合著)》(商务印书馆，1938 年初版，1947 年第七版)

《民国政制史(主编)》(商务印书馆，1939 年初版，1946 年增订第二版)

《战后世界之改造》(重庆出版社，1942 年)

《The Government and Politics of China》1912—1949(中国政府与政治) (美国哈佛大学出版，1950 年)

(二)译著

《英国史(History of England)》(G. M. Trevelyan，1926 年版　商务印书馆，1933 年初版)

(三)论文

《Are there inherent political rights of man? (人的政治权利存在继承吗?)》(哈佛大学，1920 年)

《Freedom of speech(言论自由)》(哈佛大学，1920 年)

《Rider legislation in Congress(国会中立法的附加条款)》(哈佛大学，1921 年)

《The open door policy of China(中国的门户开放政策)》(哈佛大学，1921 年 3 月)

《The United States Commerce Court(美国的贸易法庭)》(哈佛大学，1921 年 4 月)

《Thomas Hart Benton and the Public lands(托马斯·哈特·本顿和公共土地)》(哈佛大学，1922 年 1 月)

《Jams Harrington(詹姆斯·哈林顿)》(哈佛大学，1922 年 4 月)

《Parliamentary Committees：A study in Comparative Government(议会委员会：比较政府研究)》[博士论文] (哈佛大学，1923 年)

《清华改办大学之商榷》(《清华周刊》第 333 期，1925 年 1 月)

《治外法权问题》(《晨报》七周纪念增刊，1925 年 12 月 1 日)

《政治学》(《清华周刊》第 336 期，1926 年 1 月)

《清华学校》(《现代评论》第 2 卷第 52 期，1926 年)

《收回上海租界的迫切》(《现代评论》第 5 卷第 122 期，1927 年 4 月 29 日)

《美国对华外交》(《现代评论》第 5 卷第 13 期，1927 年 2 月 5 日)

《晚近几年宪法中立法与行政的关系》(《社会科学》季刊，1930 年)

《中欧新政府》(《社会科学》季刊，1930 年)

《德国和普鲁士政府》(《社会科学》季刊，1930 年)

《宪法论》(《社会科学》季刊，1930 年)

《国民会议不要弄成党的官吏的会议(笔名：德谟)》(《社会科学》

季刊，1931 年）

《西班牙新宪法》（《武汉大学社会科学季刊》，1933 年 4 月）

《苏联新宪法》（《武汉大学社会科学季刊》第 7 卷第 3 号）

《美国国会开会前的政治观察》（《益世报》（天津）社论，1934 年 1 月 4 日）

《中国外交的出路》（《益世报》（天津）社论，1934 年 1 月 5 日）

《如何挽救新疆局面》（《益世报》（天津）社论，1934 年 1 月 6 日）

《溥仪称帝前后应有之防范》（《益世报》（天津）社论，1934 年 1 月 13 日）

《内蒙自治问题》《益世报》（（天津）社论，1934 年 1 月 20 日）

《最近几年内日苏间会有战事吗？》（《益世报》（天津）社论，1934 年 1 月 21 日）

《日外相广田的演说》（《益世报》（天津）社论，1934 年 1 月 24 日）

《一·二八两周年又过去矣》（《益世报》（天津）社论，1934 年 1 月 29 日）

《法国内阁的更迭》（《益世报》（天津）社论，1934 年 2 月 1 日）

《古物的政治可以不玩了罢！》（《益世报》（天津）社论，1934 年 2 月 7 日）

《华侨的疾苦》（《益世报》（天津）社论，1934 年 2 月 9 日）

《藏事不可忽视》（《益世报》（天津）社论，1934 年 2 月 2 日）

《钱币革命不可随便提倡》（《益世报》（天津）社论，1934 年 2 月 10 日）

《山海关之收回》（《益世报》（天津）社论，1934 年 2 月 11 日）

《用洋人与迷信洋人》（《益世报》（天津）社论，1934 年 2 月 12 日）

《国际环境与外交路线》（《益世报》（天津）社论，1934 年 2 月 14

日）

《怎样可以促进我们国家的近代化》(《益世报》(天津)社论，1934年2月18日)

《裁军问题与中国》(《益世报》(天津)社论，1934年2月19日)

《中日问题果能解决吗?》(《益世报》(天津)社论，1934年2月22日)

《对日应采取何种策略》(《益世报》(天津)社论，1934年2月23日)

《复兴民族几个必备条件(上、下)》(《益世报》(天津)社论，1934年2月24、25日)

《二次大战在酝酿中》(《益世报》(天津)社论，1934年2月26日)

《长春今日的傀儡戏》(《益世报》(天津)社论，1934年3月1日)

《宪法初稿评议》(《益世报》(天津)社论，1934年3月2日)

《德奥与欧洲》(《益世报》(天津)社论，1934年3月5日)

《内蒙的自治》(《益世报》(天津)社论，1934年3月8日)

《何以弭贪污豪夺之风?》(《益世报》(天津)社论，1934年3月11日)

《英兵侵入滇边事件》(《益世报》(天津)社论，1934年3月17日)

《意奥匈成立三角协定》(《益世报》(天津)社论，1934年3月19日)

《论宪稿中人民代表机关的保守性》(《益世报》(天津)社论，1934年3月24日)

《中美修改商约》(《益世报》(天津)社论，1934年3月27日)

《国联改组问题》(《益世报》(天津)社论，1934年4月30日)

《论宪章中的人权章》(《益世报》(天津)社论，1934年4月1日)

《论华北大势——兼送黄委员长南行》(《益世报》(天津)社论，1934年4月3日)

《对日要不卑不亢》(《益世报》(天津)社论：1934年4月7日)

《日本之外交策略》(《益世报》(天津)社论，1934年4月10日)

《论日本问题告日本人》(《益世报》(天津)社论，1934年4月12日)

《华北对日外交的方略》(《益世报》(天津)社论，1934年4月15日)

《日本的恐吓政策》(《益世报》(天津)社论，1934年4月20日)

《再论日本的东亚政策》(《益世报》(天津)社论，1934年4月21日)

《国际形势的鸟瞰》(《益世报》(天津)社论，1934年4月22日)

《我们不能孤立》(《益世报》(天津)社论，1934年4月25日)

《美国与中日问题》(《益世报》(天津)社论，1934年4月26日)

《论日本外务省与军部》(《益世报》(天津)社论，1934年4月27日)

《英国与中日问题》(《益世报》(天津)社论，1934年4月29日)

《废除苛捐杂税》(《益世报》(天津)社论，1934年4月30日)

《俄国与中日问题》(《益世报》(天津)社论，1934年5月1日)

《菲律宾的独立》(《益世报》(天津)社论，1934年5月3日)

《一旬余来的日本外交》(《益世报》(天津)社论，1934年5月2日)

《中国能和日本妥协吗?》(《益世报》(天津)社论，1934年5月6日)

《五七纪念告中国国民》(《益世报》(天津)社论，1934年5月7日)

《国人应多去日本游历考察》(《益世报》(天津)社论，1934年5月

11 日）

《日本反对中国与外国合作》（《益世报》（天津）社论，1934 年 5 月 12 日）

《努力禁烟毒》（《益世报》（天津）社论，1934 年 5 月 15 日）

《国联与通邮问题》（《益世报》（天津）社论，1934 年 5 月 16 日）

《黑田案件与日本政局》（《益世报》（天津）社论，1934 年 5 月 22 日）

《中俄关系应更密切》（《益世报》（天津）社论，1934 年 5 月 29 日）

《裁军会议的末日》（《益世报》（天津）社论，1934 年 6 月 2 日）

《中日悬案与东亚和平》（《益世报》（天津）社论，1934 年 6 月 12 日）

《评立宪运动及宪草修正案》（《东方杂志》第 3 卷第 19 号，1934 年 9 月）

《论外交政策——各界人士意见特辑》（《外交评论》1934 年 12 月）

《评中华民国宪法草案》（《东方杂志》第 31 卷第 21 号，1934 年 10 月）

《论中日关系》（《中国新论》第 2 卷第 1 期 ，1935 年）

《论中日邦交告日本人》（《日本评论》第 8 卷第 1 期，1935 年）

《论极权主义》（《半月评论》第 1 卷第 1 期，1935 年 2 月）

《青年与国家》（《教育播音演讲录》第 1 辑，1935 年 10 月）

《孙中山先生的宪法观念》（《民族杂志》1935 年 10 月）

《迷信与习惯》（1935 年）

《各种职业的薪给不能相差太远》（1935 年）

《政治活动应制度化》（1935 年）

《波兰新宪法》（《南京中央大学社会科学丛刊》，1936 年 4 月）

《世界资源重新分配问题》(《中国国际联盟同志会》创刊号，1936年5月)

《论官等官俸》(《行政院研究月刊》，1937年2月)

《拥护国联与制裁侵略》(《重庆日报》，1938年9月)

《论外交根本政策》(《新民族》第2卷第13期，1938年10月)

《论国联政策为唯一正大而有利的政策》(《世界政治》，1938年12月)

《慕尼黑协定与欧洲和平》(《捷克问题与国际形势论丛》，1938年)

《论张伯伦的绥靖政策》(《云南日报》，1939年1月)

《抗战第二期政治》(《益世报》(天津)，1939年3月)

《英苏谈判的前途》(《云南日报》，1939年6月)

《论今后的抗战》(《民国日报》，1939年7月)

《论苏德互不侵犯条约》(《云南日报》1939年8月)

《自助然后人助》(《益世报》1939年8月6日)

《国联政策的实施及应用》(《世界政治》第4卷第1期，1939年)

《国联与和平机构》(《世界政治》，1939年)

《德胜法败的教训》(《民国日报》，1940年7月)

《我们需要怎样一个世界》(《云南日报》，1940年8月)

《美国当前的外交策略》(《云南日报》，1940年)

《中日战争和美国今后的行动》(《云南日报》，1940年)

《欧战与美国今后的行动》(《云南日报》，1940年)

《新世序与世界公务员》(《世界政治》，1943年1月)

《今后世界民权建设之展望》(《民权建设中的世界与中国》，1943年1月)

《战略与政略——评罗邱的作战计划》(《时事日报》，1943 年 5 月)

《国际的经济分工合作为和平基础论》(《当代评论》第 1 期，1943 年 6 月 3 日)

《现代化》(《中国青年》，1943 年 6 月 15 日)

《论战后国之大小》(《东方杂志》，1943 年 6 月 30 日)

《胜利后之对日政策》(《日本评论》，1943 年 6 月)

《War－time Government in China(论中国的战时政治体制)》(《美国政治学评论》，1942 年 4 月)

《New China Demends(新中国的要求)》(美国《外交季刊》，1943 年 7 月)

《中美苏英友好合作为和平基础论》(《当代论坛》，1943 年 7 月)

《战后应否有一国际人权宣言》(《国际编译》，1943 年 8 月)

《Wartime Local Government in China(中国战时地方政府)》(美国《太平洋季刊》，1943 年 12 月)

《战后的中国外交政策》(1945 年 4 月)

《世界大势与中国地位》(《观察》第 2 卷第 3 期，1947 年 3 月)

《The Role of the Military in Chinese Government(军事在中国政府中的地位)》(美国《太平洋季刊》，1948 年 11 月)

《统一战线・人民政权・共同纲领》(《观察》第 6 卷第 1 期，1950 年)

《How the People's Government Works(人民政府如何运作)》(《中国建设》第 4 期，1952 年 7 月)

《为了人民的教育而争取和平》(《世界知识》第 39 期，1952 年 10 月)

《Chinese－British Friendship. (中英友谊)》(《人民中国》，1954

年8月)

《今日的比利时》(《世界知识》第7期，1956年)

《开展政治学研究的重要意义》(《政治与政治科学》，群众出版社，1981年)

《为我国政治学的发展进言》(《政治学研究》第1期，1986年)

《蔡元培政论集·跋》(《群言》，1988年5月)